CEDREC NIGHTINGALE

FOGO DOS DEUSES

TÉCNICAS E PRÁTICAS DE MAGIA COM VELAS

ARDANE

AVISO

A editora e seus escritores não se responsabilizam por eventuais lesões ou prejuízos sofridos pelo leitor que possam decorrer da utilização do conteúdo presente nesta obra e sugerem prudência ao ponderar sobre as práticas apresentadas neste livro. O conteúdo desta leitura não tem como objetivo substituir orientações de profissionais da área médica ou psicológica. Recomenda-se aos leitores procurar seus especialistas em saúde pessoal para tratamentos. O uso de ervas, plantas e óleos essenciais deve ser feito com cuidado, e uma investigação detalhada acerca de qualquer planta citada neste livro deve ser conduzida pelo leitor antes de manuseá-la. Ao lidar com fogo, siga as medidas de segurança contra incêndios e jamais deixe velas ou outras fontes incandescentes sem supervisão.

CEDREC NIGHTINGALE

FOGO DOS DEUSES

TÉCNICAS E PRÁTICAS DE MAGIA COM VELAS

ARDANE

Publicado originalmente em 2023 pela Editora Ardane

Editor responsável: Claudiney Prieto
Coordenação Editorial: Luciana Papale
Ilustrações: Shaul Harrison
Capa: Ardane Books
Revisão: Papale's Editorial
Diagramação: Décio Lopes

DADOS INTERNACIONAIS DE CATALOGAÇÃO NA PUBLICAÇÃO (CIP)
CÂMARA BRASILEIRO DO LIVRO, SP, BRASIL

N688 Nightingale, Cedrec

Fogo dos Deuses: técnicas e práticas de magia com velas / Cedrec Nightingale – 1ª edição – São Paulo: Editora Ardane, 2023.

ISBN: 978-65-85370-23-3

1. Magia. 2. Velas. 3. Esoterismo. I. Título.

CDD 133.43
CDU 133.4

EDITORA ARDANE
www.ardane.com.br
Fone: (11) 97774-4013
E-mail: contato@ardane.com.br
Instagram: @ardanebooks

AGRADECIMENTOS

Este livro é uma homenagem sincera à mulher que moldou a minha jornada desde o início: minha mãe. Ela enfrentou desafios sozinha, dedicando todas as suas forças para que eu tivesse a liberdade de me tornar quem sou hoje. Com amor e carinho, ela me educou, criando um ambiente onde meus sonhos pudessem florescer e se tornar realidade.

Agradeço também ao meu marido, um companheiro paciente, que me apoiou incansavelmente ao longo deste processo. Ele enfrentou com coragem inúmeros desafios para garantir que este projeto ganhasse vida e luz.

Minha gratidão se estende aos amigos que têm sido uma presença constante em minha jornada de autoconhecimento, transformação e Magia. Algumas amizades, que começaram na adolescência, têm sido fonte de apoio e inspiração ao longo dos anos.

Não posso deixar de mencionar a Deusa das Estrelas e o Deus de Chifres, cuja presença nunca me abandonou, mesmo nos momentos mais obscuros da minha vida. Eles me guiaram pacientemente até que eu finalmente compreendesse como acender meu próprio fogo interior.

A todos vocês, minha eterna gratidão. Esta obra é resultado não apenas do meu esforço, mas do amor, apoio e influência de cada um de vocês. Que ela possa servir como uma centelha de inspiração e conhecimento para todos aqueles que buscam a Magia e a transformação em suas próprias vidas.

DEDICATÓRIA

Dedico este livro a todos os buscadores inquietos, almas curiosas e amantes da Magia que, como eu, rejeitam respostas superficiais e anseiam por uma compreensão mais profunda e prática da Arte. E a todos que desejam desvendar os segredos do oculto sem barreiras, pois acreditam que a Magia é uma força libertadora, disponível para ser explorada, conquistada e usada para transformar sua vida.

E se me cabe um conselho, não tenham medo da jornada. Questionem o caminho, a prática e os mestres que aparecem ao longo do seu tempo. Ninguém tem o poder de transformá-lo em um grande Bruxo a não ser você mesmo. Embora unidos em Covens e Tradições, nossa jornada é solitária. Sempre haverá dores, cabe apenas a nós mesmos transmutá-las.

Que a partir de agora o fogo possa arder em seu coração e lhe dar o que for preciso para enriquecer sua jornada.

SUMÁRIO

PREFÁCIO

Você está prestes a embarcar numa viagem fascinante ao coração da Magia com um dos mais fascinantes elementos da natureza: o Fogo.

Guiado pela mão habilidosa e iluminada de Cedrec Nightingale, você terá acesso a um mundo onde o fogo, em sua dança hipnótica e transformadora, torna-se a chave mestra para desvendar mistérios ancestrais e poderes mágicos adormecidos.

Desde os primórdios da humanidade, o fogo tem sido um símbolo de purificação, renovação e iluminação. Em *Fogo dos Deuses*, com sua pluma tão mágica quanto os feitiços que tece, Cedrec nos leva a explorar as profundezas do desconhecido e a acender a chama sagrada que reside em cada um de nós. Com os conhecimentos compartilhados neste livro, você vai reacender a chama ancestral da Magia do Fogo com uma visão contemporânea. Esta obra é ao mesmo tempo um tributo à Tradição e uma janela para o futuro da Bruxaria.

Poucos na Arte seriam capazes de criar uma obra com tamanha perspicácia e profundo conhecimento, revelando as sutilezas da Magia com Velas, que engloba saberes sobre cores, aromas, formas e a linguagem simbólica que entrelaça nossas intenções e desejos. Assim, este livro é um convite para descobrir a riqueza e a complexidade de um universo mágico que tem permanecido oculto aos olhos de muitos. O autor não só compartilha seu vasto conhecimento sobre o tema, como também revela aspectos da sua jornada pessoal com o Fogo, levando-nos para além da mera teoria, oferecendo um relato íntimo de como a Magia com velas pode transformar nossa vida. Sua paixão pelo Fogo, elemento de transformação e vitalidade, é contagiante e nos incentiva a buscar a centelha divina dentro de nós mesmos.

Tenho a certeza de que, mais do que um guia, este livro se tornará um companheiro essencial em sua jornada espiritual. Cada capítulo é uma revelação de como tocar a sabedoria dos Deuses.

Cedrec também aborda o aspecto mais desafiador da Magia: a transformação interior. Ele nos mostra que a verdadeira Magia acontece dentro de nós. As velas e as chamas são meros instrumentos, símbolos que podem nos ajudar a acessar mais facilmente as partes mais profundas de nossa psique e espírito. Ao compartilhar suas próprias experiências e insights, o autor, além de nos ensinar a manipular a energia mágica, ainda nos guia a olhar para dentro, incentivando um processo de autoconhecimento e crescimento pessoal.

A narrativa de Cedrec é poética e poderosa, tecida com uma sinceridade que ressoa profundamente. Ele escreve como Bruxo, mas também como um amigo e mentor, compartilhando sua jornada com uma honestidade e vulnerabilidade que é raramente vista em obras do gênero. Seu estilo é envolvente e acessível, tornando os conceitos complexos compreensíveis para iniciantes, ao mesmo tempo que oferece profundidade e novas perspectivas para os mais experientes.

Este livro é também um testamento da resiliência e da força da Magia nas adversidades, lembrando-nos a importância da luz que deve ser acesa em tempos de escuridão, tanto literal quanto metaforicamente. A Magia ígnea pode ser uma verdadeira ferramenta de empoderamento para enfrentar desafios, superar obstáculos e realizar nossos sonhos mais profundos.

Em sua essência, esta é uma celebração da Magia e do potencial humano. A voz única e poderosa de Cedrec vem para nos lembrar de que todos nós temos a capacidade de acender a chama da mudança, da cura e do crescimento em nossa vida, desde que sejamos capazes de reconhecer e abraçar o poder que reside dentro de cada um de nós.

Cedrec Nightingale, com sua sabedoria e seu coração aberto, oferece a todos os leitores e adeptos um verdadeiro guia para a Magia com Velas, um farol de inspiração e transformação.

Ao virar a última página de *Fogo dos Deuses*, você vai encerrar um livro e abrir um novo capítulo em sua própria jornada mágica.

Que a chama acesa por este lindo trabalho brilhe intensamente em seu coração!

Claudiney Prieto

INTRODUÇÃO

O fogo é uma força ancestral, luminosa e dançante, que tem servido como um portal para o Divino desde tempos imemoriais. Esta chama hipnótica tem sido companheira constante das Bruxas, traçando sua jornada ao longo das eras, desde as grandes fogueiras cerimoniais até seus Caldeirões acesos em seus altares. Dentro deste universo de muita magia, as velas se tornaram ferramentas fundamentais, desempenhando um papel vital na prática mágica das Bruxas, iluminando seus feitiços e rituais com sua chama sagrada.

Por trás da fascinação do fogo, reside um profundo mistério esperando para ser desvendado. O que está realmente guardado nessa dança flamejante? Será que há práticas mais precisas que podem ser reveladas? Será que o fogo que arde nas velas carrega um poder que vai além de simplesmente ser um bastão de cera em combustão?

A resposta a essas perguntas é tão complexa quanto a própria Magia que envolve o fogo e as velas. A chama é símbolo de transformação, purificação e iluminação espiritual. Ela representa a centelha divina que reside em todos nós e nos conecta ao Universo. Quando uma Bruxa acende uma vela, ela não está apenas criando luz física, mas também invocando a luz espiritual e a energia necessária para seu trabalho mágico.

Cores, aromas e formatos diferenciados nas velas desempenham papéis inusitados na Magia. Cada cor pode representar um aspecto único da vida, como amor, proteção, cura, prosperidade. Os aromas podem evocar estados de espírito e emoções que são essenciais para alcançar um objetivo mágico. E o formato da vela pode simbolizar desejos ou intenções específicas.

A Magia do Fogo não se limita à chama visível; ela se estende ao reino da mente e da alma. A meditação diante da chama de uma vela pode abrir portais internos, revelando insights profundos e estados de consciência expandida. O fogo também é usado para purificar, banir energias negativas e consagrar objetos rituais.

O fogo das velas é um lembrete constante de que a Magia está viva e de que as Bruxas têm o poder de moldar suas vidas de acordo com sua vontade e visão. Portanto, a resposta à pergunta sobre o poder do fogo das velas é um ressonante "sim", o fogo é um veículo para a transformação e a realização de desejos que vai além de sua aparência física.

Quer fazer Magia com o fogo? Então convido você a mergulhar fundo neste reino de conhecimento mágico através das páginas deste livro. Aqui, vamos explorar mais do que apenas a superfície, indo muito além da simples técnica de acender velas e fazer pedidos. Vamos desvendar os mistérios e as nuances da Magia com Velas, desvendando sua história rica e suas conexões com várias culturas e tradições.

Você vai descobrir que o uso de velas na Magia é muito mais do que um ato simbólico; é uma poderosa forma de manifestação e transformação. Através da compreensão de suas propriedades e da aplicação de rituais e encantamentos específicos, você será capaz de desbloquear o vasto potencial mágico das velas.

Então, esteja preparado para embarcar em uma jornada mágica que transcende os limites da Magia superficial com velas. Uma visão holística, enriquecedora e transformadora, que vai desvendar um universo de possibilidades mágicas que podem ter permanecido ocultas até agora.

Ao longo das páginas deste livro, você será conduzido em uma jornada mágica que visa capacitá-lo a entender, dominar e aplicar a Magia em sua vida cotidiana. Aqui, o conhecimento é desmistificado, os rituais são descomplicados e os segredos são revelados. Acredito que a verdadeira Magia é aquela que pode ser compreendida, assimilada e usada para trazer mudanças significativas e positivas. A liberdade de praticar a Magia, como apresentada aqui, é uma busca pelo entendimento e pela maestria pessoal. É uma jornada de descoberta interior, uma exploração dos reinos ocultos que moldam nossa realidade e uma oportunidade de utilizar essas forças para manifestar nossos desejos e objetivos.

Uma das minhas paixões mais profundas, que me acompanha desde a infância, é o fascínio pelo fogo. Este elemento representa para mim muito mais do que uma simples chama; é um símbolo poderoso de transformação, energia e vitalidade. Quando olho para o fogo, vejo não apenas a dança das chamas, mas também uma reflexão do que ocorre dentro de mim.

As chamas do fogo espelham as chamas que queimam em meu interior, aquela centelha de paixão, criatividade e desejo de um futuro mais pleno e satisfatório. Elas representam o calor que aquece meu coração, um sentimento de completude que sinto quando estou alinhado com meu propósito e objetivos. Não tenho medo do amanhã, pois vejo o fogo como um símbolo de esperança, indicando um caminho iluminado em direção a um futuro repleto de vida e realizações.

É minha esperança que minha paixão pelo fogo, essa chama que arde dentro de mim, possa tocar seu coração e acender uma centelha semelhante em sua própria jornada. Que você também possa encontrar essa sensação de completude, essa coragem de encarar o desconhecido com confiança, sabendo que o fogo interior é uma força motriz que pode iluminar até mesmo os caminhos mais sombrios.

Aqui, você não encontrará dogmas ou mistérios inacessíveis, mas, sim, um guia acessível e funcional para a Magia, que visa remover as incógnitas e oferecer uma abordagem prática e direta. Acredito que a Magia é uma ferramenta poderosa, e todos têm o direito de usá-la para seu próprio benefício, crescimento espiritual e autoaperfeiçoamento.

É verdade que, à medida que buscamos nossa própria luz interior, podemos nos deparar com as sombras que habitam ao nosso redor. No entanto, lembre-se de que é justamente a luz que revela as sombras. Não desanime com os desafios ou dificuldades que possam surgir, pois a luz que você gera é uma força imensamente poderosa. Concentre-se nessa luz, no calor que ela emana e no movimento constante em direção à expansão e ao crescimento. Lembre-se de que, às vezes, basta uma pequena fagulha para acender uma transformação profunda e duradoura. Portanto, permita que sua chama interior brilhe intensamente, pois, com determinação e confiança, você é capaz de incendiar seu caminho em direção a um futuro brilhante e cheio de realizações.

Chamas do Passado: Magia e História Entrelaçadas

O destino do homem primitivo era incerto e precário, com a extinção pairando como uma ameaça constante. Sem as garras afiadas ou o tamanho impressionante de seus predadores, o homem era vulnerável na luta pela sobrevivência. Naquela época distante, o conhecimento do mundo ainda estava engatinhando e o homem não possuía a tecnologia ou as ferramentas que mais tarde se tornariam seus trunfos.

Nesse cenário sombrio e desafiador, surgiu um presente Divino que mudaria o curso da história humana para sempre: o fogo. Não se tratava apenas de uma descoberta; era uma dádiva da divindade, um recurso que iluminou o caminho da humanidade. Sem o fogo, é quase inconcebível imaginar onde estaríamos hoje.

Muito além de uma fonte de calor e luz; o fogo era a chave para a sobrevivência. Com ele, o homem primitivo desenvolveu a capacidade de cozinhar alimentos, tornando-os mais seguros e nutritivos. O fogo também afastou predadores noturnos, proporcionando segurança durante a escuridão. Mais do que uma ferramenta de sobrevivência, era um catalisador para a evolução humana. Foi com a luz dançante das chamas que os primeiros homens puderam se reunir à noite, contar histórias, compartilhar conhecimento e fortalecer laços sociais. O fogo trouxe luz à escuridão, conforto à incerteza, aqueceu os dias e noites de inverno e trouxe esperança para um futuro desconhecido. Com o tempo, a humanidade aprenderia a usar o fogo para moldar o mundo à sua volta, forjando ferramentas, derretendo metais e impulsionando o progresso.

Hoje, nossas realizações são incontáveis e o fogo continua sendo uma parte fundamental de nossa existência. Desde as luzes que iluminam nossas casas até os foguetes que exploram o espaço sideral, o fogo é uma metáfora para a nossa busca constante por conhecimento, poder e transcendência. Assim, podemos olhar para trás, para aquele presente Divino, e reconhecer que, sem o fogo, nossa história teria sido muito diferente, nossas realizações muito menos grandiosas e nosso potencial muito menos realizado.

Subestimar a riqueza e a complexidade envolvidas no trabalho com a Magia do fogo, especificamente com velas, é como ignorar deliberadamente uma linhagem ancestral de sabedoria e conhecimento que tem prosperado ao longo dos tempos. A Magia com Velas é uma tradição que se estende por séculos, uma prática que tem evoluído em paralelo com a jornada da Bruxa por eras. Em vez de simplificar essa arte ancestral em um mero ato de acender uma vela e formular um desejo, este livro busca trazer à tona uma perspectiva profunda e abrangente sobre o trabalho mágico com o fogo e as velas – algo, acredito eu, que poucas pessoas tiveram a oportunidade de explorar em toda sua magnitude.

A Magia com Velas é um dos pilares mais antigos e respeitados das práticas mágicas e espirituais ao redor do mundo. Do antigo Egito às tradições nativas americanas, das Bruxas europeias aos Xamãs asiáticos, o fogo sempre desempenhou um papel vital. Dentro das chamas das velas, reside um universo de símbolos, significados e energias que transcendem a mera iluminação. Cada vela é uma manifestação do Divino, uma conexão direta com as energias elementares e espirituais que permeiam nossa existência.

Vem comigo resgatar essa ancestralidade ígnea que existe dentro de cada um de nós.

I. A Essência da Bruxaria

Dominando os Segredos dos Elementos

Para que possamos materializar nossos propósitos por meio de Magia, precisamos primeiro buscar por métodos de trabalhos mágicos. Aqui neste livro, todo meu raciocínio e práticas mágicas estarão ligadas amplamente ao que chamamos hoje de "Magia Natural", e é justamente por isso que este capítulo para mim é de extrema importância. Afinal de contas, é necessário compreender os conceitos deste tipo de prática mágica, como ele se organiza e como acessá-lo para que todo resto continue fazendo sentido e sendo funcional.

A Magia Natural é uma abordagem da prática mágica que se baseia na conexão com a natureza e na utilização dos elementos naturais para manifestar intenções e influenciar o mundo ao nosso redor. É uma forma de Magia que reconhece a interconexão entre todos os seres vivos e valoriza a energia e a sabedoria presentes na natureza.

Existem diversos sistemas mágicos e formas de fazer Magia, cada um com sua peculiaridade e *modus operandi*. Comparando com diversos outros métodos, podemos observar que a Magia Natural enfatiza simplicidade e acessibilidade, porque propõem que usemos da própria natureza e tudo o que possa ser encontrado nela como uma forma de centrar e canalizar o poder da vida e da criação. Parte do processo também pede conexão e interação com os ciclos da natureza, as fases da lua, as estações do ano e os ritmos da Terra, e é por isso que as práticas mágicas podem ser tão expansivas, expressivas e ganhar contextos únicos de praticante para praticante. Ela valoriza a conexão com o ambiente natural e o aproveitamento da energia presente nos elementos da natureza para realizar trabalhos mágicos.

A Magia Natural também está ligada à cura holística e à conexão com o corpo, mente e espírito. Ela reconhece a importância de equilibrar e harmonizar esses aspectos da vida para promover a saúde e o bem-estar geral. Além disso, incentiva a criatividade e a expressão individual. Não há uma abordagem única ou correta para praticá-la, permitindo, assim, que cada pessoa desenvolva sua própria conexão com a Magia, crie seus rituais e explore sua intuição, interesses e necessidades.

Por isso enfatizo que a Magia Natural em si não é o único modo de se fazer "Magia", ela faz parte de um amontoado de técnicas que podem ser usadas para se trabalhar a "Magia", trata-se de uma prática que se baseia na conexão e na manipulação de energias sutis que acreditamos estarem presentes na natureza. Em geral, quando falamos de processos ritualísticos relacionados à Magia Natural, encontramos fortemente difundido o conceito dos quatro elementos: Terra, Ar, Fogo e Água, e é justamente através deles que toda Magia se faz. E muito além disso, temos ainda o uso dos elementos presentes no meio ambiente, como as plantas, os minerais, os animais e os fenômenos naturais, que vão ajudar você a realizar feitiços, rituais e trabalhos mágicos.

A ideia do uso dos quatro elementos em processos de Magia é muito antiga e está ligada a tradições e filosofias que buscavam compreender e explicar o funcionamento do nosso mundo. A organização do conceito dos quatro elementos geralmente é atribuída à Grécia Antiga, especialmente aos filósofos pré-socráticos, pensadores que viveram e desenvolveram suas ideias antes de Sócrates, considerado um dos fundadores da filosofia ocidental. Esses filósofos atuaram entre os séculos 6 e 5 AEC e contribuíram para o surgimento e o desenvolvimento da filosofia como uma disciplina independente. Neste arcabouço, eles se interessavam principalmente por questões relacionadas à natureza do mundo, à origem e à constituição da realidade. Buscavam explicar esses aspectos por meio de princípios naturais e racionais. Antes de olharmos para o uso mágico do conceito dos elementos como criadores de tudo, foi preciso, ao longo do tempo e do estudo de diversos pensadores, que essa ideia formasse um corpo. Com base na reflexão, discordância e muita pesquisa, finalmente eles chegaram a um resultado.

Tales de Mileto propôs que a Água era o princípio básico de todas as coisas, Anaxímenes tinha convicção de que o Ar era o elemento primordial, estes dois conceitos mais tarde foram refinados por Heráclito, que disse que o Fogo era um dos elementos fundamentais.

Nosso querido Aristóteles, expandiu todas estas visões e dele a teoria dos quatro elementos se fez presente: Terra, Ar, Fogo e Água. Segundo ele, esses elementos eram as substâncias primordiais que compunham todas as coisas e possuíam qualidades específicas associadas a cada um deles. Por exemplo, a Terra era fria e seca, a Água fria e úmida, o Ar quente e úmido e o Fogo quente e seco. Os elementos também teriam uma ordem na qual a Terra estaria no centro, acima dela viria a Água, depois o Ar e mais acima o Fogo. Nas práticas mágicas, vemos em muitos processos de criação de Círculos Mágicos, esses mesmos movimentos para consagração e banimento do espaço seguindo a respectiva ordem delimitada pelo filósofo.

Essa concepção dos quatro elementos foi adotada e amplamente utilizada ao longo dos séculos, a ideia dos quatro elementos na Magia foi integrada em diversas tradições mágicas e esotéricas, como o Hermetismo, a Alquimia, a Astrologia, a Bruxaria e por aí afora. Cada elemento passou a ser associado a qualidades, simbolismos, correspondências e energias específicas, permitindo sua aplicação prática na Magia.

É muito importante deixar claro que esta ideia dos elementos dentro dos processos mágicos jamais deve ser interpretada de forma literal ou colocada como um método científico, trata-se de uma linguagem simbólica, filosófica e espiritualista de observar a vida, um sistema de correspondências que auxiliam todos os buscadores a compreender e a trabalhar com as energias sutis presentes no Universo.

Falando ainda de natureza, sabemos que é por meio dela que buscamos os poderes para dar forma aos nossos desejos. Tendo em vista essa configuração, não podemos esquecer de mencionar um quinto elemento: o Éter. O espírito, o quinto elemento transcendental e incorruptível que influenciou também a Alquimia e a Magia hermética.

Nos trabalhos alquímicos, o éter era considerado o princípio espiritual que permeava todas as coisas, conectando o mundo físico ao mundo espiritual. O termo "éter" vem do grego *aither* e foi utilizado por filósofos também gregos para descrever um elemento que preenchia o espaço além dos quatro elementos tradicionais.

Na filosofia de Platão, o éter era considerado o elemento celestial e Divino, em contraste com os elementos terrestres, que eram sujeitos a mudanças e corrupção. Na Magia, o éter é frequentemente relacionado a energia cósmica, aos Deuses, a força universal, a conexão espiritual e a consciência divina. Ele é a divindade e o DNA Divino dentro de nós, e é devido a este quinto elemento que conseguimos dar vida às coisas. É por este elemento, o pedaço dos Deuses dentro de nós, que conseguimos costurar os fios sutis de energia do Universo como grandes tecelões de nossos próprios destinos. A partir daí a Magia se faz concretizada.

A MAGIA DOS QUATRO ELEMENTOS

Para que este capítulo não fique incompleto vou falar um pouco sobre cada um dos elementos e suas correspondências, mas deixo claro que nossa jornada aqui vai nos levar ao caminho mágico do elemento Fogo, do despertar da Chama da Bruxa e de todos os trabalhos mágicos relacionadas às velas e aos mistérios do fogo.

Os elementos são a fonte geradora do "poder" que se manifesta em nossos rituais. Conforme afirmado pelo filósofo grego Empédocles, todos os seres animados e inanimados são compostos pela energia desses elementos. Seguindo esse raciocínio, durante um ritual, nós, Bruxos, buscamos nos alinharmos e nos integrarmos energeticamente com os elementos, permitindo que nossas magias se concretizem e se tornem realidade. É por isso que diversas ordens mágicas e iniciáticas se preocuparam em criar correlações de usos para cada um dos elementos.

O Elemento Terra

Representando a materialização e a manifestação, o elemento Terra é o poder que sustenta o crescimento, a sabedoria prática e a estrutura. A Terra nos conecta aos padrões da vida existentes em nosso mundo, podendo ser humanos, animais, vegetais ou outros mais. Ela representa a realidade do nosso dia a dia, a rotina e os rituais que nos tornam reais. É o elemento que nos ensina a assumir a responsabilidade por nós mesmos, pois é a essência desse compromisso. Através da Terra, aprendemos a cuidar de nossas necessidades físicas e emocionais. Ela nos ajuda a encontrar estabilidade e a construir uma base sólida para nossa vida. É por meio deste elemento que compreendemos a importância do trabalho árduo, da disciplina e do equilíbrio na busca por nossos objetivos.

Assim como a Terra é a base sólida que sustenta tudo o que existe, a incorporação deste elemento em nossas práticas mágicas e espirituais nos permite ancorar nossas intenções e trazer nossos desejos para a realidade de forma tangível. A Terra nos lembra de que, para que nossos sonhos se realizem, precisamos agir de forma responsável, criando bases sólidas para então construirmos sobre ela. Ao término de nossa jornada neste plano, é para a terra que retornamos, reconhecendo então a importância de nossas conexões com a ancestralidade, pois todos os seres que vieram antes de nós também retornaram para essa mesma terra. A Terra é o elemento que dá forma ao nosso lar físico, à construção de nossas casas e templos. É responsável por trazer as coisas à existência, pois possui o poder da persistência, da forma e da função. Em alguns momentos, sua atuação é simples e direta, enquanto em outros é complexa e ramificada. A Terra é a força material por trás das mudanças e criações. Além disso, é ela que nos mantém firmes quando sentimos que nosso mundo está de cabeça para baixo e ainda ajuda a nos reerguer, a encontrar equilíbrio e a reconstruir nossa vida quando tudo parece instável. A conexão com a Terra nos lembra de nossa natureza terrena e nos convida a cultivar um relacionamento harmonioso com o ambiente que nos rodeia. Ela nos ensina a importância de cuidar de tudo o que é nosso, do solo fértil que sustenta a vida, e a valorizar a interdependência entre todos os seres vivos. Então, para além das forças naturais que se manifestam através da terra vermelha sobre os seus pés, o elemento Terra representa sua estrutura física, pele, carne e ossos. Assim como a terra é o solo fértil que sustenta o crescimento das plantas, nosso corpo é o receptáculo que abriga nossa essência e nos permite experimentar o mundo material. Nossa pele, como a camada externa do nosso corpo, é simbolicamente relacionada à Terra, porque ela nos protege das influências externas e é o ponto de contato com o ambiente ao nosso redor. Da mesma forma, os músculos e a carne são os componentes sólidos e densos do nosso corpo, representando as raízes mais profundas e os mistérios abaixo do solo.

Em suma, a Terra representa o retorno à origem, a conexão com a ancestralidade e a importância de construir um lar físico. É a força manifestadora, sustentadora e transformadora, que nos ajuda a encontrar estabilidade e a reconstruir nossa vida quando necessário. É um elemento poderoso e fundamental em nossa jornada, lembrando-nos constantemente de nossa conexão e do nosso papel como cocriadores neste mundo.

Características do Elemento Terra:

Direção: associado normalmente à direção Norte, que representa a estabilidade, a solidez e o alicerce.

Qualidades: considerado frio e seco, o que representa sua natureza estável e sólida. Este elemento é associado à firmeza, à resistência e à paciência.

Representações naturais: na Magia, as representações naturais deste elemento incluem pedras, cristais, terra, areia, minerais, plantas, árvores e tudo o que está enraizado no solo.

Cores: geralmente tons terrosos, como marrom, verde-escuro, preto e tons de ocre.

Significado simbólico: o elemento Terra é frequentemente associado aos aspectos materiais da vida, como a prosperidade financeira, a estabilidade física, a saúde e o bem-estar. Também representa a conexão com a natureza, a força da Mãe Terra, a grande Deusa geradora e nutridora.

Energia: considerada feminina e receptiva, a Terra traz sensação de aterramento, estabilidade e equilíbrio.

Intenções e práticas: o elemento Terra pode ser invocado e trabalhado em rituais e feitiços relacionados a questões como prosperidade, estabilidade emocional, cura física, conexão com a natureza, construção de alicerces sólidos, desenvolvimento de habilidades práticas e manifestação de desejos materiais.

Ritual e Magia: ao trabalhar com o elemento Terra, você pode incorporar práticas como a criação de altares com objetos e símbolos relacionados à Terra, realizar meditações conectadas à natureza, utilizar cristais ou pedras para fins específicos, praticar jardinagem ou agricultura mágica e realizar feitiços que envolvam elementos terrosos.

O Elemento Água

Com sua natureza fluida e em constante mutação, o elemento Água representa nossas emoções e sentimentos, além de ser um dos elementos que simboliza os aspectos femininos da vida. Está intrinsecamente ligado à ancestralidade, sendo os mares, rios, cascatas, geleiras, cachoeiras, chuvas e todas as fontes de água presentes desde os tempos de nossos antepassados. A água é a conexão que nos mantém vivos, presente em nosso corpo como o sangue que carrega toda a carga genética dos primeiros seres humanos de nossa linhagem, desde tempos imemoriais. Este elemento também representa nosso subconsciente, pois assim como a água, nosso subconsciente está sempre em movimento. Assim como as ondas que vêm e vão, as emoções e os pensamentos fluem em nossos níveis mais profundos, conectando-se à sabedoria ancestral e às memórias que foram passadas de geração em geração.

A água nos ensina sobre adaptabilidade e transformação, pois ela pode ser tanto turbulenta quanto tranquila. A água nos lembra da importância de permitir que nossas emoções fluam livremente, mas também de que devemos encontrar equilíbrio e serenidade quando necessário. Estamos falando de um elemento poderoso, que representa nossas emoções, nossa conexão com a ancestralidade e o aspecto feminino da vida. Convida-nos a explorar as profundezas de nosso subconsciente e a encontrar harmonia entre a fluidez e a estabilidade. Ao honrar e trabalhar com a água, podemos acessar sua energia curadora e nutridora, assim como a linhagem da qual viemos.

Este elemento também é um símbolo de purificação, sendo associado aos ritos de passagem que trazem consigo o significado da morte e do renascimento. Em diversas culturas, a morte é descrita como uma jornada, como "atravessar as águas". Na mitologia grega, há uma história que está relacionada ao "rio das almas", conhecido como o "Rio Estige", um corpo de água mítico que circundava o Submundo, o reino dos mortos governado por Hades. De acordo com a crença, quando alguém falecia, sua alma precisava atravessar o Rio Estige para chegar ao reino dos mortos, aqueles que desejavam garantir uma passagem segura e sem obstáculos através do rio costumavam realizar rituais e cerimônias específicas. Um desses rituais envolvia a oferta de uma moeda para Caronte, o barqueiro dos mortos, como pagamento pelo transporte pela água.

O elemento Água também é utilizado em rituais de cura, harmonização e abertura da intuição. É empregado para aprimorar a sintonia psíquica, pois o poder da água é imenso e tem a capacidade de permitir que o ser humano transcenda seus limites e alcance a sabedoria e a visão. Ao mergulhar nas águas purificadoras, estamos simbolicamente deixando para trás o que não serve mais, purificando nossos corpos e mentes. Essa purificação nos prepara para um novo começo, para o renascimento e para a jornada de transformação que nos aguarda. A Água é um elemento sagrado que nos conecta com a fluidez da vida e nos lembra da importância de nos adaptarmos às mudanças e de permitirmos que as velhas energias se dissolvam, dando lugar ao novo.

Assim como a água é essencial para a vida em nosso Planeta, nossos fluidos corporais desempenham um papel vital em nosso organismo. As lágrimas, por exemplo, são um dos fluidos corporais mais simbolicamente ligados ao elemento Água. Uma expressão emocional representando sentimentos de tristeza, alegria, alívio ou qualquer outra emoção intensa. As lágrimas são um meio de liberação emocional e purificação, permitindo que as energias emocionais fluam e sejam processadas. A saliva, por sua vez, está relacionada ao elemento Água por sua natureza fluida. Também pode ser considerada como comunicação quando, por exemplo, compartilhamos um beijo ou falamos palavras amorosas. Assim como a Água é um elemento fundamental para a fertilidade e a criação, o esperma e os fluidos vaginais representam a energia vital e a capacidade de gerar vida. Fora a fluidez do sangue em nossas veias, simbolizando a vitalidade, a emoção e a intuição

A Água nos convida a buscar a sabedoria que vem da intuição e a honrar a capacidade de renovação que reside em cada um de nós. Em suma, a Água é um símbolo de purificação, renascimento e transcendência. Ela desempenha um papel significativo nos rituais de cura e na busca pela sabedoria e visão. Ao reconhecer e utilizar o poder do elemento Água, podemos nos conectar com sua energia transformadora e permitir que ela nos guie em nossa jornada de crescimento espiritual.

Características do elemento Água:

Direção: elemento associado normalmente à direção Oeste. Representa o pôr do sol e a energia fluida e emocional.

Qualidades: considerado frio e úmido, este elemento reflete sua natureza fluida e adaptável. Está associado à intuição, empatia, sensibilidade e fluxo emocional.

Representações naturais: na Magia, as representações naturais do elemento Água incluem todas as suas formas como mares, rios, lagos, chuva, conchas, corais, plantas aquáticas e flores com aroma suave.

Cores: geralmente tons de azul, verde-água e prateado, que evocam a sensação de calma e serenidade.

Significado simbólico: o elemento Água é frequentemente associado às emoções, ao subconsciente, à intuição e à fertilidade. Representa a fluidez da vida, a purificação emocional e a capacidade de se adaptar às mudanças.

Energia: considerada feminina, receptiva e suave. Traz a sensação de fluxo, acolhimento e poder emocional.

Intenções e práticas: o elemento Água pode ser invocado e trabalhado em rituais e feitiços relacionados a questões como intuição, cura emocional, amor, empatia, sonhos, purificação e renovação. Também é frequentemente utilizado em feitiços de adivinhação, rituais de banimento e limpeza energética.

Ritual e Magia: ao trabalhar com o elemento Água, você pode incorporar práticas como meditação, por exemplo, junto a corpos de água, banhos rituais, utilização de água consagrada em feitiços, práticas de *scrying* (adivinhação utilizando água) e criação de poções e elixires mágicos.

O Elemento Ar

Intrinsecamente ligado aos processos intelectuais e ao impulso para a manifestação do conhecimento, o elemento Ar é o suporte essencial para a existência humana, assim como a Terra. Além disso, o Ar nos conecta à ancestralidade. Quando inspiramos, preenchendo nossos pulmões com o mesmo ar que nossos antepassados respiraram. O ar é o sopro de vida da Deusa. Quando expiramos, compartilhamos nossa essência vital com o mundo. Assim como os outros elementos, este é fundamental para nossa existência. Sua energia é criativa, ativa, seca e expansiva, com qualidades associadas ao masculino.

O vento, o sopro, a fumaça são expressões do Ar em movimento. Um excelente purificador de energias negativas, capaz de transformar situações estagnadas em algo novo, conferindo-lhes movimento. O Ar renova conceitos ultrapassados e difunde boas ideias e sentimentos novos, inspirando-nos a buscar clareza mental, a expandir nossa consciência e a comunicar nossos pensamentos e ideias de maneira fluente. E ainda nos encoraja a explorar novos horizontes e a abrir caminhos para o crescimento intelectual.

Ao honrar o poder do Ar, podemos aproveitar sua energia dinâmica e criativa para promover transformações positivas em nossa vida e no mundo ao nosso redor. O elemento Ar representa a capacidade de ter ideias inovadoras e de manifestá-las no mundo. É através do pensamento criativo que podemos conceber novas possibilidades e soluções para os desafios que enfrentamos. O Ar nos inspira a explorar novos horizontes, a questionar o *status quo*, a buscar a originalidade em nossas expressões criativas e ainda proporciona a capacidade de expressar nossos pensamentos, sentimentos e ideias através da fala, da escrita e até mesmo da linguagem corporal. Por meio da comunicação, podemos compartilhar informações, estabelecer conexões com os outros e transmitir nossas intenções e desejos. Além disso, o elemento Ar está ligado à intuição e à inspiração, ele nos conecta com os reinos mais sutis da consciência e nos permite acessar insights e conhecimentos que vão além do pensamento lógico. Através da conexão com o Ar, podemos receber inspiração criativa, visões e percepções intuitivas que nos guiam em nossa jornada.

Para as Bruxas e Bruxos que compreendem que os Deuses estão em tudo, ao respirarmos, estamos absorvendo sua essência e nos sintonizando com sua força transformadora. Nossos pensamentos e sentimentos ganham forma à medida que inspiramos e expiramos, depositando nossa energia no mundo. O ato de respirar é considerado sagrado em diversas culturas e comprovadamente tem o poder de acalmar o corpo e desacelerar nossos impulsos. A respiração é muito mais poderosa do que podemos imaginar. Muitas vezes subestimamos o potencial deste elemento dentro de nós. Ao conscientizarmos e honrarmos o poder da respiração, podemos utilizar este elemento sagrado para promover equilíbrio, harmonia e cura tanto em nós mesmos quanto no ambiente ao nosso redor. Cada inspiração é uma oportunidade de nutrir nosso ser com a energia vital da Deusa, revitalizando-nos e fortalecendo nossa conexão com a divindade. Cada expiração é uma liberação, permitindo que o que não nos serve mais seja deixado para trás, abrindo espaço para novas possibilidades e transformações. Portanto, reconheça o poder da sua respiração como uma ferramenta sagrada para se conectar com a Deusa e manifestar sua energia no mundo. Ao cultivar uma prática consciente de respiração, você pode acessar a profundidade do seu ser e despertar a Magia interior que existe em você.

O Ar desempenha um papel fundamental como elo entre o Céu e a Terra, conectando nossa existência aos planos espirituais. Por meio dele e da nossa respiração, somos capazes de trazer para nosso corpo as energias dos planos astrais, que são essenciais para manifestar nossa vontade e torná-la realidade. Ao respirarmos, absorvemos força e poder provenientes dessas esferas sutis. Com sua natureza etérea, permitimo-nos transcender as limitações do plano físico e nos conectarmos às esferas mais elevadas da consciência. Ele é o veículo que nos permite acessar a sabedoria cósmica, inspirar insights e expandir nossa compreensão do Universo. Ao honrar e utilizar conscientemente o poder do Ar, podemos fortalecer nossa conexão com os planos espirituais, alinhar nossa vontade com as energias cósmicas e manifestar nossos desejos e intenções com maior clareza e eficácia. O Ar nos concede a capacidade de nos elevar acima das limitações terrenas e acessar a vastidão do potencial infinito que existe dentro de nós.

Características do elemento Ar:

Direção: associado normalmente à direção Leste, representa o nascer do sol e a energia expansiva e mental.

Qualidades: considerado quente e úmido, reflete sua natureza dinâmica e em constante movimento. Está associado à mente, à clareza mental, à comunicação e à criatividade.

Representações naturais: na Magia, as representações naturais do elemento Ar incluem o vento, penas, sinos, incensos, folhas secas, fumaça e flores leves.

Cores: geralmente tons de amarelo, laranja e branco, evocando a sensação de leveza e clareza.

Significado simbólico: o elemento Ar é frequentemente associado ao intelecto, à sabedoria, à criatividade e à liberdade de pensamento. Representa a capacidade de se comunicar, de se adaptar às mudanças e de transformar ideias em ação.

Energia: considerada masculina, ativa e expansiva. Traz sensação de liberdade, inspiração e transformação.

Intenções e práticas: o elemento Ar pode ser invocado e trabalhado em rituais e feitiços relacionados a questões como clareza mental, comunicação, inspiração criativa, aprendizado, liberdade e transformação. Também é utilizado em práticas de visualização, meditação, respiração, feitiços de proteção e purificação do espaço.

Ritual e Magia: ao trabalhar com o elemento Ar, você pode incorporar práticas como meditação em ambientes ao ar livre, utilização de incensos para limpeza energética, escrita de afirmações ou poesias, criação de sigilos e prática de visualização para manifestação.

O Elemento Fogo

Serei breve aqui, porque, ao longo do livro, o fogo será nosso companheiro, sendo explorado em toda a sua magnitude. Este é o elemento que simboliza nosso corpo espiritual, sendo a centelha divina dos Deuses que reside dentro de cada um de nós. Além disso, ele representa o potencial sexual e o ímpeto da sexualidade. Simbolicamente, este elemento está intrinsecamente ligado à vontade, ao desejo, à ação, à paixão e à transmutação. Em muitas culturas, o fogo é considerado um elemento que jamais pode ser extinto, pois ele representa a vida em constante renovação e a energia que nos impulsiona a seguir os caminhos da Mãe Terra.

A Magia do Fogo pode ser impressionante, com seus resultados se manifestando de maneira rápida e espetacular. Ele é simultaneamente o elemento mais palpável e o mais espiritual entre todos os outros, representa a chama da transformação que arde dentro de nós e no mundo ao nosso redor. Sua natureza dual, tanto física quanto espiritual, reflete a capacidade do fogo de incendiar nossa paixão interior, iluminar nosso caminho espiritual e, ao mesmo tempo, trazer mudanças concretas e visíveis em nossa realidade.

Invocamos o Fogo para abordar questões relacionadas à autoridade, cura, purificação e iluminação espiritual. Em uma variedade de rituais, recorremos a fogueiras, tochas e, com muita frequência, velas. A purificação através da queima de ervas é um recurso poderoso para o afastamento de entidades e criaturas espirituais de baixa vibração.

Observamos o simbolismo do Fogo muitas vezes representado pela queima de papéis, fotografias ou objetos. Esse ato funciona como um rito de passagem, marcando o encerramento de ciclos e momentos indesejados em nossa vida. Assim, o Fogo não apenas desempenha um papel fundamental nos rituais espirituais, como também é uma poderosa ferramenta para a transformação e a purificação em nossa jornada pessoal.

Características do elemento Fogo:

Direção: associado normalmente à direção Sul, representa o auge do sol, a energia ardente e apaixonada.

Qualidades: considerado quente e seco, reflete sua natureza vigorosa e apaixonada. Está associado à paixão, à coragem, à força de vontade e à transformação.

Representações naturais: na Magia, as representações naturais do elemento Fogo incluem chamas, velas, vulcões, incêndios, sol, óleos e ervas que geram ardor e calor como pimentas, menta, gengibre, etc.

Cores: geralmente tons de vermelho, laranja e dourado, evocando a sensação de calor e vitalidade.

Significado simbólico: está frequentemente associado à paixão, à criatividade, à coragem e à transformação interior. Representa a capacidade de enfrentar desafios, de manifestar desejos e de incendiar a vida com entusiasmo.

Energia: considerada masculina, ardente e transformadora. Traz a sensação de coragem, motivação e força interior.

Intenções e práticas: pode ser invocado e trabalhado em rituais e feitiços relacionados a coragem, paixão, criatividade, purificação, desejo e transformação pessoal. Também é utilizado em práticas de meditação focada na chama, em rituais de purificação, banimentos, quebra de feitiços e para atrair sucesso e prosperidade.

Ritual e Magia: ao trabalhar com o elemento Fogo, você pode incorporar práticas como a meditação com uma vela acesa, a criação de rituais de purificação por meio do fogo, a escrita de objetivos e desejos em papéis queimados ou a realização de feitiços de proteção com a chama da vela.

A VERSATILIDADE DA MAGIA NATURAL

A Magia Natural é pura e simplesmente uma ferramenta que pode ser implementada facilmente dentro de uma filosofia de vida, pode ser agregada a outros sistemas mágicos e até mesmo se tornar o pilar de práticas de uma religião. Isso é possível, porque a Magia é algo que está em todos os lugares, inerente ao ser humano.

Trabalhar com Magia nos lembra da interconexão entre todos os seres vivos e nos convida a reconhecer e a honrar a sabedoria e a energia presentes na natureza. Esta conexão pode ser experimentada por qualquer pessoa, independentemente de sua etnia, classe social, sexualidade ou o que for. Ela não requer ferramentas complexas nem caras para que seja experimentada e praticada de forma funcional, porque valoriza o uso de elementos naturais prontamente disponíveis para a maioria das pessoas. Além disso, a prática da Magia Natural pode ser adaptada e personalizada de acordo com as necessidades e preferências individuais. Fora que existe neste processo grande beleza, porque este tipo de Magia nos encoraja a assumirmos o controle da nossa vida, trazendo-nos mais confiança, colocando-nos em processos de autodescoberta e fazendo com que a manifestação de nossas intenções se tornem só mais um dos muitos pontos positivos ao longo do caminho.

A Magia Natural, de certo modo, é tão livre, que não pertence a nenhum grupo específico e pode ser usada por todos. É por isso que costumo dizer que a Magia é de todos, mas não é de ninguém.

Em essência, a Magia Natural está pautada na compreensão de que tudo no Universo é interconectado e possui uma energia única. Por isso, as Bruxas que se apropriam desse modo de fazer Magia trazem para si o poder da vida e da criação encontrados na natureza. A partir desse ponto, elas harmonizam e canalizam este poder por meio do uso de diversos materiais ritualísticos com os quais esse poder se conecta a seus desejos ou vontade.

Esses desejos então são elevados aos mundos espirituais e\ou geram movimentos importantes nos reinos emocionais do praticante e vão ainda além dos mistérios e das sincronicidades que acontecem no processo, materializando-se no físico. É desta forma que a materialização do feitiço se torna possível.

Olhando a Magia Natural como um sistema que possibilita a nossos desejos se concretizarem, canalizamos de diferentes maneiras a energia da natureza que é direcionada para um propósito específico e, junto a força de nossa intenção, moldamos e influenciamos a realidade. Trabalhar em harmonia com as forças da natureza, como com os elementos, as fases da lua e os ciclos sazonais, por exemplo, e ainda alinhar nossas práticas com os fluxos naturais do Universo, auxiliam a fortalecer todo o processo mágico.

Alinhando-se com a natureza ao seu redor, compreendendo seus ciclos, suas manifestações, seu poder físico e espiritual, é possível se permitir curar suas feridas e moldar a sua realidade por meio de Magia. Assim como em todos os outros diferentes modos de se fazer Magia, a Magia Natural visa a mudança e a transformação da sua realidade pessoal. É a serviço da mudança que todos os trabalhos de Magia se manifestam, sejam estas mudanças interiores, atuando diretamente no praticante de Magia, ou exteriores, no mundo físico a qual ele habita.

O primeiro passo para o domínio da Magia Natural é reconhecer que somos parte da natureza. Somos parte integrada do mundo em que vivemos e, por sermos parte dele, somos capazes de promover mudanças, assim como as mudanças que ocorrem ao nosso redor refletem em nós.

Trabalhar com a Magia Natural é encontrar o equilíbrio entre o palpável e o invisível, dentro da conexão com a natureza, compreendendo que se conectar com a natureza também é se conectar com você mesmo, criando um entendimento de que tudo está ligado e interligado.

II. A DANÇA DAS CHAMAS

Descubra a Magia Profunda do Fogo

Para que a Magia com o Fogo seja algo alcançável de verdade, capaz de fazer mudanças poderosas em nossa realidade, é preciso entender que só estamos vivos hoje por conta deste elemento. Por isso é crucial compreender a importância do fogo em nossa vida. Desde os primórdios, o fogo desempenhou um papel vital na evolução e no progresso da humanidade.

Durante o período Paleolítico, o fogo representou uma das primeiras interações do homem com uma reação química natural. Antes de dominar a arte de produzir fogo, os seres humanos dependiam da aleatoriedade de raios ou incêndios florestais espontâneos para obterem esse precioso recurso. Essa dependência do acaso limitava o acesso ao fogo, restringindo seu desenvolvimento e bem-estar. A descoberta de como produzir e controlar o fogo foi um marco crucial para o avanço da humanidade em direção à civilização como conhecemos hoje. O homem primitivo aprendeu a manipular o fogo para diversos propósitos, desde aquecer-se e iluminar seu ambiente, até cozinhar alimentos e afastar predadores. O fogo proporcionou calor, segurança e conforto, permitindo que as sociedades se estabelecessem, evoluíssem e prosperassem.

O fogo trouxe consigo um elemento de transformação e purificação. Ao observar as chamas dançantes, o brilho luminoso magnético e como consumia com agilidade tudo o que entrava em contato com ele, os seres humanos reconheceram no fogo uma energia sagrada e transcendental. Esse reconhecimento levou à associação do fogo com rituais, cerimônias e práticas espirituais, incluindo a Magia com Velas, que utiliza o fogo como uma ferramenta poderosa de manifestação e transmutação.

Compreender a importância histórica e simbólica do fogo nos permite reconhecer sua influência fundamental em nossa jornada como seres humanos. O fogo representa a chama da vida, o poder da transformação e a força motriz por trás de nossa busca por conhecimento, evolução e conexão com o Divino. É por meio dessa compreensão que podemos explorar de maneira mais profunda a Magia com Velas e aproveitar todo o potencial que o fogo oferece em nossas práticas mágicas. Podemos despertar o nosso fogo interno, o Fogo da Bruxa.

Há 300 mil anos, os Homo erectus, os Neandertais e os antepassados do Homo sapiens já incorporavam o fogo regularmente em suas vidas diárias. Ao aprender a controlar e manter o fogo por conta própria, essas espécies humanas deram um passo audacioso em direção ao aprimoramento de suas habilidades. O uso diário do fogo trouxe uma série de benefícios para essas espécies humanas em evolução. Inicialmente, o fogo fornecia calor e proteção, permitindo que os hominídeos sobrevivessem em diferentes ambientes e enfrentassem as variações climáticas. Além disso, o fogo servia como uma fonte de luz, estendendo o período de atividades produtivas e sociais durante as horas escuras do dia.

Com o passar do tempo, esses hominídeos em evolução também desenvolveram ferramentas, aproveitando a tecnologia disponível para melhorar sua capacidade de lidar com o ambiente e obter recursos. As ferramentas de pedra, como machados, raspadores e lascas, foram aprimoradas e refinadas, permitindo que eles caçassem, cortassem alimentos, construíssem abrigos e realizassem uma série de atividades que contribuíram para sua sobrevivência e bem-estar.

Embora não haja registros escritos dessa época, pesquisas arqueológicas e estudos sobre culturas indígenas contemporâneas nos fornecem insights sobre essas práticas. Uma das técnicas mais antigas e conhecidas para a produção de fogo é a fricção. Nesse método, duas peças de madeira são esfregadas uma contra a outra até que a fricção gera calor suficiente para iniciar uma combustão. Existem diferentes variantes dessa técnica, como as puas de arco. No arco, uma vara é girada rapidamente em movimento de vaivém, enquanto outra vara é torcida velozmente contra uma base de madeira.

Outro método utilizado pelos humanos primitivos era o golpe percussivo. Nessa técnica, uma pedra dura, como sílex ou pirita, por exemplo, era batida contra outro pedaço de pedra, o impacto gerava faíscas que podiam ser direcionadas para um material combustível, como musgo seco ou um ninho de palha. Além desses métodos, é possível que os humanos primitivos tenham explorado outras formas de gerar fogo, como o uso de lentes de cristal ou a utilização de substâncias químicas reativas. No entanto, a falta de evidências arqueológicas dificulta a confirmação dessas práticas.

É importante ressaltar que a habilidade de gerar fogo de forma intencional foi uma conquista significativa na história da humanidade. O fogo proporcionou uma série de benefícios aos nossos antepassados, os primeiros humanos descobriram que o fogo não só podia ser controlado, mas também utilizado estrategicamente para modificar o ambiente ao seu redor. Eles aprenderam a fazer queimadas controladas em suas áreas, com o objetivo de transformar bosques densos em campos mais abertos. Essa prática permitia facilitar a caça, proporcionando uma visão mais clara e reduzindo os locais de esconderijo para os animais.

Os humanos primitivos descobriram que, dependendo de como o fogo se espalhava e era posteriormente apagado, eles podiam caminhar pelos restos fumegantes e aproveitar os recursos ali disponíveis. Os animais que se tornavam presas mais fáceis após o incêndio, como roedores e pequenos répteis, eram coletados para alimentação. As nozes e os tubérculos carbonizados que sobreviviam ao fogo, tornavam-se mais acessíveis e eram colhidos como fonte de alimento. Essa prática de queimada controlada não apenas proporcionava benefícios imediatos para a subsistência dos humanos primitivos, como também tinha efeitos a longo prazo no ambiente. A criação de campos abertos permitia o crescimento de uma vegetação diferente, atraindo uma variedade de animais e promovendo a diversidade de espécies. Esse conhecimento e prática foram passados de geração em geração, contribuindo para a evolução e sobrevivência da humanidade.

Com o desenvolvimento do controle do fogo, os seres humanos primitivos começaram a estabelecer acampamentos por períodos mais longos, seja por uma estação inteira, seja até mesmo de forma permanente. Essa mudança trouxe consigo uma série de benefícios práticos, promovendo a segurança, a nutrição e o conforto, pavimentando, assim, o caminho para o desenvolvimento de comunidades mais estáveis e complexas.

A mobilidade dos primeiros seres humanos foi grandemente ampliada. Antes, eles precisavam se agrupar em grandes bandos para garantir sua segurança e suprimento de alimentos. O domínio do fogo trouxe uma nova perspectiva. Pequenos grupos de homens agora podiam se aventurar por territórios mais distantes em busca de recursos vitais, como comida e abrigo. O fogo lhes proporcionou uma sensação de proteção contra animais selvagens e permitiu que explorassem novas áreas com maior confiança. Além disso, ao se afastarem de suas áreas tradicionais, eles também descobriram novos espaços e expandiram seus conhecimentos sobre o mundo ao seu redor.

Essa maior mobilidade deu origem a uma série de mudanças no estilo de vida desses primeiros seres humanos, explorando diferentes ambientes, eles passaram a se adaptar a diversas condições e a adquirir conhecimentos valiosos sobre a natureza. Essa exploração mais ampla também contribuiu para o desenvolvimento de estratégias de sobrevivência mais avançadas, bem como para a troca de informações e ideias entre diferentes grupos. Assim, o controle do fogo não apenas ampliou a mobilidade dos seres humanos, permitindo-lhes vagar por lugares mais distantes, como também abriu novas possibilidades de exploração, descoberta e interação social. Esse avanço teve um impacto significativo em sua capacidade de se adaptar, prosperar e de expandir sua presença no mundo.

O fogo revelou seu poder transformador ao alterar a química dos alimentos. A descoberta e o domínio do fogo pelos seres humanos desencadearam uma série de transformações em nossa alimentação e saúde, como o hábito de cozinhar alimentos, que foi um passo crucial nesse processo. Com o fogo, os humanos passaram a ter a capacidade de transformar alimentos que antes eram difíceis de serem digeridos em sua forma natural, como trigo, arroz e batata, em alimentos que se tornariam itens essenciais em nossa dieta graças ao cozimento. O calor do fogo quebra as fibras e torna esses alimentos mais palatáveis, além de liberar nutrientes e facilitar sua absorção pelo organismo. Ao cozinhar nossa comida, os germes, parasitas e micro-organismos que poderiam causar doenças são eliminados, tornando os alimentos mais seguros para o consumo humano. A temperatura elevada do fogo é capaz de matar esses agentes patogênicos, garantindo que nossa alimentação seja mais saudável e reduzindo o risco de infecções e enfermidades. O fogo não apenas possibilitou a diversificação de nossa dieta, tornando os alimentos mais digeríveis e nutritivos, como também contribuiu para a segurança alimentar e saúde da espécie humana. Sua capacidade de transformar a química dos alimentos e eliminar agentes nocivos foi um avanço crucial em nossa evolução, proporcionando uma base sólida para o desenvolvimento de nossa sociedade e civilização.

Desde os primórdios, o fogo desempenhou um papel central na formação das primeiras sociedades humanas. Era ao redor das fogueiras que os primeiros grupos se reuniam, criando um ambiente de convivência e colaboração. Nas habitações primitivas, o fogo ocupava uma posição de destaque. Sua presença era um ponto focal de fascínio e mistério, despertando um sentido místico nas mentes dos seres humanos. A fogueira era o coração da comunidade, onde histórias eram contadas, experiências compartilhadas e laços sociais fortalecidos. Ao redor do fogo, os primeiros indícios de cultura e tradição começaram a emergir, dando início ao desenvolvimento de valores e costumes coletivos.

Esse fascínio místico em relação ao fogo também pode ser observado nas crenças e rituais das sociedades antigas, onde o fogo era frequentemente associado a divindades e considerado sagrado. Sua presença era vista como uma força vital e transformadora, capaz de purificar, proteger e conectar o humano com o Divino. Dessa forma, o fogo desempenhou um papel crucial na formação das primeiras sociedades. Sua presença no centro das habitações marcou o início de uma convivência coletiva e o despertar do potencial criativo e cultural da humanidade.

Sem o fogo, nossa sociedade não teria sobrevivido e tido tantas transformações ao longo do tempo. Junto à evolução do ser humano, o fogo vem como um presente sagrado e Divino, possibilitando nossa melhoria contínua e sobrevivência. Em muitas culturas ao redor do mundo, o fogo é considerado uma emanação divina e possui um significado espiritual profundo. Essas crenças estão enraizadas na observação de que o fogo é uma força poderosa e transformadora, capaz de gerar calor, luz e energia. O fogo é frequentemente associado a Divindades e Deuses em diversas tradições religiosas e mitológicas, em muitas culturas antigas, como a grega, romana, egípcia e hindu, existem Deuses ou Deusas que personificam o fogo ou têm uma estreita relação com ele. Por exemplo, no hinduísmo, Agni é o Deus do Fogo e é reverenciado como o mensageiro dos Deuses e o intermediário entre o Céu e a Terra.

Essas Divindades do fogo são frequentemente retratadas como figuras poderosas e sagradas, detentoras do conhecimento, da purificação e da transformação. O fogo é visto como um símbolo de renovação, purificação espiritual e iluminação. Considerado um veículo para a comunicação com o Divino e um meio de conectar o humano com o transcendental. Muitas vezes utilizado em rituais religiosos e cerimônias sagradas, com o propósito de invocar a presença divina, purificar e consagrar espaços e transmitir intenções e oferendas aos Deuses. A associação do fogo com o Divino também está relacionada à sua capacidade de transformar e transmutar. O fogo é capaz de queimar, destruir e purificar, simbolizando o poder de renascimento e regeneração espiritual. Essa ideia é frequentemente expressa em alegorias e mitos, nos quais o fogo é utilizado como uma ferramenta de purificação e renovação.

Portanto, o fogo é considerado uma emanação divina em muitas culturas pelo mundo devido à sua natureza poderosa, transformadora e purificadora, sua presença e simbolismo estão intrinsecamente ligados à espiritualidade humana, conectando o terreno com o transcendental e desempenhando um papel significativo em rituais, crenças e práticas religiosas. Ele carrega consigo o poder transformador e transmutador da realidade, por isso é compreendido por diversas vertentes mágicas como a essência da transformação; quem sabe até o espírito dos próprios Deuses.

QUANDO O FOGO SE TORNOU MÁGICO

Depois de olhar para a história do desenvolvimento da humanidade e ver como o fogo foi importante como um elemento físico, fica uma dúvida: em que momento o fogo se tornou mágico?

Dentro da Magia Natural, a comparação por meio da observação dos fenômenos físicos está alinhada. Acreditamos que, de algum modo, os mesmos fenômenos físicos estão ligados a forças espirituais e conectados a todos os planos de existência.

Essa abordagem se baseia na ideia de que existe uma interconexão entre os aspectos físicos e espirituais da realidade. Na Magia Natural, acredita-se que os mesmos princípios e leis que regem o mundo físico também se aplicam ao mundo espiritual. Isso significa que os fenômenos físicos, como os ciclos naturais, as estações do ano, o movimento dos corpos celestes, as propriedades das plantas e minerais, entre outros, são vistos como reflexos ou manifestações das forças espirituais subjacentes. Essa perspectiva reconhece que tudo no Universo está interligado e que existe uma correspondência entre o microcosmo e o macrocosmo, ou seja, entre o indivíduo e o Universo como um todo. Através da observação e comparação dos fenômenos físicos, é possível obter insights e compreensão sobre as forças e energias espirituais que permeiam a existência. A Magia Natural busca explorar essa interconexão e usar esse conhecimento para trabalhar com as forças espirituais e os diferentes planos de existência.

Por isso é muito comum observarmos que Instrumentos Mágicos têm uma usabilidade espiritual alinhada com a física, como, por exemplo, uma faca no contexto físico é utilizada para cortar, dividir e proteger, enquanto no contexto mágico e espiritual, ela desempenha funções semelhantes, mas em sentido mais simbólico e energético.

No aspecto mágico, a faca pode ser usada para "cortar os véus", ou seja, para abrir caminhos e estabelecer conexões com planos superiores, divindades ou energias espirituais. Ela também pode ser utilizada para "dividir os espaços mágicos", como traçar Círculos Mágicos de proteção ou delimitar áreas sagradas durante rituais e práticas mágicas.

Além disso, a faca pode ser empregada como uma ferramenta de proteção contra energias negativas. Simbolicamente, ela representa a capacidade de cortar e eliminar influências indesejáveis, atuando como uma barreira de defesa contra energias nocivas ou intenções maléficas. Essa dualidade de funcionalidades da faca, tanto no aspecto físico quanto no mágico/espiritual, reflete a conexão entre o mundo material e o mundo espiritual na prática da Magia. Os Instrumentos Mágicos são escolhidos e consagrados pelos praticantes para potencializar suas intenções e direcionar suas energias de acordo com suas necessidades e objetivos.

Quando falamos do poder dos elementos nada disso é diferente, suas ações e movimento dentro da realidade física e palpável é total e completamente espelhada nos reinos espirituais. Veja alguns exemplos das inter-relações dos fogo:

O FOGO E A CONEXÃO COM DIVINO

Como vimos, por muito tempo o homem primitivo viveu como escravo da imprevisibilidade dos raios e das queimadas que ocorriam de forma esporádica, pois ainda não dominava a arte de criar o fogo por si próprio. Essa dependência do fogo o colocava em uma posição de vulnerabilidade, fazendo com que esse elemento despertasse uma relação ambígua com o Divino, podendo ser visto tanto como um presente quanto como uma maldição. O fogo, em sua essência, possui a capacidade de consumir e destruir, mas também de transmutar e transformar, essa dualidade intrínseca faz com que o elemento Fogo seja envolto em uma aura mística e sagrada, conectando-nos com o Divino de uma maneira profunda. Ele se revela como um portal que nos permite estabelecer uma conexão íntima e acolhedora com as forças divinas que nos cercam.

A chama que dança e se agita diante de nossos olhos pode ser interpretada como um símbolo de comunhão com os Deuses, uma ponte entre o mundo terreno e o Divino. Através do fogo, podemos evocar e invocar as energias sagradas, buscando orientação, proteção e inspiração em nossa jornada espiritual. Ele nos convida a nos elevar além dos limites da existência cotidiana, permitindo que nossa alma se conecte com o transcendente.

O Fogo e o Poder do Novo

No período paleolítico, o fogo surge como a primeira reação química com a qual o homem primitivo entra em contato de maneira espontânea, possibilitando uma nova e fascinante interação com a natureza. A observação desse fenômeno nos revela que o fogo possui uma capacidade única de trazer algo novo à realidade de forma rápida, intensa e brilhante, como a chama que acabou de ser acesa. Essa característica do fogo desperta em nós a compreensão de que ele pode ser utilizado como uma poderosa ferramenta para manifestar mudanças e novidades em nossa vida. Assim como o fogo transforma rapidamente o que toca, ele também possui o potencial de acelerar o processo de criação e materialização de nossos desejos e intenções. Ao utilizar o elemento Fogo de maneira consciente e direcionada, podemos invocar sua energia vibrante e ardente para trazer à existência aquilo que desejamos. Em rituais mágicos, cerimônias ou em práticas de manifestação, o fogo representa a centelha que impulsiona a manifestação de novas experiências, ideias e oportunidades.

É importante lembrar, que o fogo deve ser manejado com respeito e cuidado, pois sua natureza é imprevisível e pode causar danos se não for adequadamente controlado. Assim como a chama que arde intensamente, é necessário equilíbrio e sabedoria para utilizar o fogo de forma responsável, canalizando sua energia para criar mudanças positivas em nossa jornada. Portanto, ao reconhecer o poder do fogo como um agente de transformação, abrimos portas para o surgimento do novo e permitimos que ele irrompa em nossa vida com a mesma rapidez e intensidade que uma chama recém-acesa. Que possamos utilizar essa energia de forma consciente e inspirada, trazendo coisas novas e positivas à nossa realidade com a ajuda deste elemento tão poderoso e fascinante.

O Fogo da Alma

Quando os homens inventaram as primeiras pederneiras e puas de arco e corda, adquiriram o poder de criar o fogo por vontade própria, um importante marco em seu processo evolutivo. A partir desse momento, um mundo de possibilidades se abriu diante deles e muitas novas conquistas se tornaram alcançáveis. O fogo, além de ser uma força externa que nos aquece e ilumina, é também um símbolo poderoso do controle interior que temos sobre nós mesmos. É a chama que arde em nossos corações, representando nossa vontade e determinação para alcançar todos os objetivos que desejamos. A habilidade de controlar o fogo nos faz refletir sobre o controle de nosso próprio poder e potencial.

Ao dominar o fogo, despertamos o reconhecimento do Deus e da Deusa que residem dentro de nós. Reconhecemos que somos Divinos em nossa essência, capazes de trazer vida e manifestar nossos desejos mais profundos. O fogo nos convida a despertar a centelha divina que habita em nosso ser, permitindo-nos moldar a realidade de acordo com nossa vontade e intenção. Ao reconhecer e honrar o Deus e a Deusa internos, tornamo-nos cocriadores conscientes de nossa realidade, utilizando nosso potencial para manifestar o que desejamos para nossa vida e na vida daqueles ao nosso redor. Portanto, o controle do fogo não apenas nos permite dominar a força elemental externa, mas também nos convida a explorar e dominar a força interior que reside em cada um de nós. É uma lembrança constante de nosso poder e capacidade de transformação. Que possamos acender a chama sagrada dentro de nós, despertar nosso potencial Divino e manifestar nossos sonhos e aspirações mais elevados no mundo.

O Poder do Fogo de Banir e Purificar

A habilidade de utilizar o fogo para realizar queimadas de forma organizada, transformando bosques densos em campos abertos, trouxe inúmeros benefícios para a vida humana, facilitando a caça, o plantio e o desenvolvimento das comunidades. Essa prática demonstra o poder do fogo como um instrumento de transformação e de renovação. Além disso, o fogo possui um significado simbólico profundo como uma ferramenta de banimento e purificação. Assim como queima as matas fechadas, o fogo tem o poder de consumir o que nos atrapalha, seja no plano físico, mental, emocional ou espiritual. O fogo é capaz de abrir caminhos em nossa vida, permitindo a entrada de luz e dissipando as dificuldades que nos cercam.

Ao utilizar o fogo como um instrumento de banimento, somos capazes de afastar as energias negativas e os obstáculos que nos impedem de alcançar nossos objetivos. O fogo purifica tudo o que está maculado, permitindo que possamos seguir adiante com mais clareza e determinação. No entanto, é importante ressaltar que o fogo deve ser utilizado com sabedoria e responsabilidade. Assim como o fogo purifica, ele também pode destruir se não for controlado adequadamente. Devemos estar conscientes do poder que possuímos ao utilizá-lo. O fogo se torna um aliado poderoso em nossa jornada, capaz de banir aquilo que nos impede de progredir e purificar aquilo que precisa ser transformado. Ao acender a chama do fogo sagrado em nossas práticas e rituais, podemos canalizar sua energia para obter clareza, renovação e superação de obstáculos, permitindo que possamos avançar em direção aos nossos objetivos com determinação e sucesso.

O Poder do Fogo de abrir Passagem

As queimadas nas florestas e matagais desempenhavam um papel crucial no desenvolvimento do trigo e de outras gramíneas. O fogo atuava como um agente de limpeza, removendo árvores e arbustos que competiam por luz solar, água e nutrientes com as plantas desejadas. Essas queimadas controladas criavam um ambiente propício para o crescimento do trigo, permitindo que ele recebesse uma quantidade adequada de luz solar e acesso aos recursos necessários para seu desenvolvimento saudável. O fogo também contribuía para a renovação do solo, pois liberava nutrientes essenciais contidos nas cinzas resultantes da queima.

A prática ancestral de queimadas se baseava no conhecimento observacional e na compreensão das necessidades das plantas cultivadas. Os antigos agricultores compreendiam que, ao eliminar a vegetação indesejada por meio do fogo, podiam proporcionar condições favoráveis para o crescimento das culturas alimentares.

Essa relação entre as queimadas controladas e o desenvolvimento do trigo reflete a sabedoria ancestral e a habilidade dos povos antigos em trabalhar em harmonia com a natureza, utilizando o fogo como uma ferramenta de manejo do ambiente. Em quantos momentos da nossa vida estivemos em situações sufocantes, nas quais de uma forma simbólica, ou não, faltava-nos água, nutrientes e coisas básicas para sobrevivência e felicidade? Por vezes, o fogo consome aquilo que desconhecíamos ou não esperávamos, revelando-nos elementos tóxicos que estavam nos prejudicando. Nesse processo de purificação, ele cria um espaço verdadeiro para o crescimento de coisas novas. Assim como uma queimada controlada na natureza abre espaço para que a vida se renove, o fogo em nossa vida desempenha um papel semelhante. Ele nos liberta das amarras do passado e dos padrões de pensamento e comportamento que nos limitam. Ao purificar e remover o que já não nos serve, o fogo nos possibilita dar espaço para o florescimento de novas ideias, oportunidades e relacionamentos. É necessário compreender que a purificação através do fogo requer um equilíbrio entre soltar o antigo e permitir o surgimento do novo. Ao abraçarmos o poder do fogo, devemos estar dispostos a encarar a transformação e a soltar aquilo que não nos serve mais. Com coragem e consciência, podemos utilizar o fogo como uma ferramenta para criar um espaço seguro e fértil, onde novas oportunidades e realizações podem prosperar.

O Poder de Ver o que Estava Escondido e o que não Queríamos Aceitar

Antes da descoberta do fogo, os primeiros seres humanos viviam em grandes grupos e raramente se aventuravam durante a noite, uma vez que a escuridão os deixava vulneráveis aos perigos desconhecidos. Com a chegada do fogo, tudo mudou. Os humanos agora podiam explorar territórios distantes, afastando-se dos agrupamentos densos em busca de alimento, abrigo e novas oportunidades. O fogo proporcionou uma nova camada de segurança e proteção. Sua luz brilhante afasta a escuridão, revelando os perigos ocultos e proporcionando sensação de conforto e confiança aos nossos antepassados. Com a capacidade de acender fogueiras, eles podiam criar um ambiente iluminado à noite, permitindo que se aventurassem além de seus territórios conhecidos.

De fato, o fogo desempenha um papel fascinante quando se trata de visão e revelação. Além de iluminar o ambiente e dissipar a escuridão, ele cria sombras que podem revelar aspectos ocultos do mundo ao nosso redor. A chama dançante e o brilho do fogo podem nos guiar para ver além do que é visível à primeira vista.

O fogo tem o poder de trazer à tona a verdade e revelar aquilo que está oculto. Ele pode iluminar segredos escondidos e facilitar a descoberta de coisas que anteriormente estavam fora do nosso campo de visão. Seu calor e luz podem proporcionar clareza e permitir que enxerguemos além das aparências superficiais. Com seu aspecto introspectivo, ao olharmos para as chamas, podemos refletir sobre nós mesmos e confrontar nossas próprias sombras. O fogo nos convida a explorar nosso mundo interior, a confrontar nossos medos e a descobrir aspectos ocultos de nossa própria psique. Na prática da vidência e adivinhação, o fogo é um aliado poderoso, sua energia vibrante e a capacidade de gerar movimentos e formas diferentes podem ser utilizadas como um meio de acesso a informações além do alcance dos sentidos comuns. Ao mergulhar na contemplação do fogo, podemos abrir uma conexão com o mundo espiritual, buscando insights e respostas para questões mais sutis e profundas. O fogo é um elemento que vai além da mera iluminação física, ele carrega consigo um poder simbólico de visão, revelação e autoconhecimento. É uma ferramenta valiosa para explorar os mistérios do Universo e trazer à luz aquilo que está além da superfície do nosso mundo cotidiano.

O Poder Transmutador do Fogo

A descoberta do fogo revolucionou a alimentação humana, trazendo consigo uma profunda transformação na forma como nos nutrimos. Ao utilizar o fogo para cozinhar os alimentos, os seres humanos encontraram uma maneira de tornar mais palatáveis e digeríveis certos alimentos que antes eram desafiadores para o organismo humano processar. O fogo é um agente de transformação e transmutação, permitindo que os alimentos sejam submetidos a processos de cocção e cozimento, alterando sua composição química, tornando-os mais facilmente assimiláveis pelo nosso sistema digestivo. Isso possibilitou aos seres humanos explorarem uma variedade maior de alimentos e obterem nutrientes de forma mais eficiente.

O poder do fogo está intrinsecamente ligado à capacidade de promover transformações em diversos níveis, sejam eles físicos, mentais ou emocionais. Sua energia ardente possui a habilidade de trabalhar com facilidade questões que envolvem mudanças e transmutações essenciais para nossa vida. Assim como o fogo é capaz de transformar a matéria, ele também pode impulsionar a realização de nossos desejos e aspirações. Sua energia intensa e fervorosa fornece o impulso necessário para alcançar metas e objetivos, incendiando nossa motivação e determinação. Além disso, o fogo tem um aspecto purificador, ao longo de seu processo, ele é capaz de queimar e eliminar aquilo que não nos serve mais, seja a nível externo, interno ou espiritual. Essa purificação pode envolver questões desconhecidas ou sutis que podem estar prejudicando nosso sucesso ou bem-estar. O fogo age como uma força catalisadora, queimando obstáculos, limitações e energias indesejadas, permitindo-nos avançar com mais clareza e vigor.

O Fogo do amor, da União e da Sexualidade

O fogo ocupava um lugar central nas habitações dos homens primitivos, servindo como fonte de calor para aquecer seus corpos e como ponto de encontro no final do dia. Ele desempenhava um papel vital na proteção das famílias enquanto dormiam.

Nas polis gregas, o fogo era reverenciado como o elemento central e cada lar deveria manter uma chama perpétua, representando a presença sagrada da Deusa Héstia. Na mitologia grega, Héstia era a Deusa do Lar, da Lareira e da Chama Sagrada. A chama perpétua de Héstia era considerada o centro e o coração de cada lar nas polis gregas. Era um fogo eterno, mantido constantemente aceso como um símbolo da presença divina e do vínculo sagrado entre os Deuses e os humanos.

Na Grécia Antiga, o culto a Héstia era profundamente valorizado e respeitado. Em cada cidade ou comunidade existia um local designado para o culto à Deusa, conhecido como "Hestiadion", que era um Santuário ou Templo onde a chama perpétua era mantida acesa por Sacerdotisas e Sacerdotes dedicados a Héstia. O fogo era alimentado com oferendas de óleo e incenso e sua extinção era considerada um presságio de desgraça ou infortúnio para a comunidade. Manter a chama acesa era uma responsabilidade sagrada e uma tarefa crucial que simbolizava a segurança, a proteção e a prosperidade da cidade. Até os dias atuais, vemos o fogo como um símbolo poderoso de acolhimento e amor. Em filmes românticos é comum ver casais se reunindo em frente à lareira, encontrando calor e paixão, seguindo o exemplo da chama que dança diante deles. Nos lares, ainda preservamos tradições que envolvem o fogo, como oferecer uma xícara de café quentinho na cozinha, um copo de leite antes de dormir ou um chá calmante. Esses rituais nos permitem criar um momento de conforto e conexão, centrando-nos em torno do elemento vital que é o fogo.

Essas práticas tradicionais destacam a importância contínua do fogo como um elemento que nos nutre e nos aquece, tanto fisicamente quanto emocionalmente. O fogo nos lembra da necessidade humana de buscar conforto, segurança e intimidade dentro do nosso lar. Ele nos conecta com as tradições ancestrais que valorizavam a sua presença como um elemento sagrado. Ainda hoje, mesmo com os avanços da tecnologia, o fogo permanece como um símbolo de união e proteção em nosso cotidiano.

O fogo arde, esquenta, brilha e ilumina, assim como o amor dos nossos avós, pais, familiares. Como o amor das famílias que nós escolhemos, os amigos que nos acompanham e todos os que se unem às nossas causas.

E tem também o fogo da paixão ardente do sexo, do tesão, que faz com que a nossa cabeça pire em fantasias mirabolantes. O suor que é resultado dos corpos em movimento e unidos gera energia vinda de dois mundos diferentes que se colidem. O fogo tem o poder de aquecer as coisas, de ampliar nossas emoções, fortalecer os nossos laços, de nos dar a capacidade de reconhecer o amor que existe dentro e fora de nós e que permite que a gente possa amar e sentir prazer sem medos, travas e inseguranças.

O Poder de Morte e Destruição do Fogo

O fogo desempenhou um papel significativo na história do desenvolvimento de armas. Na pré-história, os primeiros indícios do uso do fogo como arma remontam ao período Paleolítico, quando os seres humanos descobriram que podiam utilizar o fogo como uma ferramenta para se proteger e caçar. Uma das primeiras aplicações do fogo como arma foi o uso de tochas incendiárias para afugentar animais selvagens ou inimigos. O fogo fornecia uma vantagem significativa ao ser humano, permitindo assustar e intimidar outros seres vivos que eram ameaçadores. Além disso, era usado para criar barreiras defensivas, como cercas, que impediam a aproximação de adversários.

Com o tempo, a compreensão do fogo evoluiu e os humanos começaram a dominar a arte da produção de armas mais avançadas. A descoberta da metalurgia possibilitou a criação de armas de fogo, que utilizavam a combustão controlada de pólvora para disparar projéteis.

A relação entre a vida e a morte está entrelaçada de forma intrínseca em muitos aspectos e o fogo exemplifica essa conexão paradoxal. Por um lado, é fonte de vida e origem das coisas, proporciona calor, luz e a capacidade de transformar materiais em novas formas. Todavia, o fogo também representa a morte, pois tem o poder de destruir e extinguir a vida. Ao observá-lo, percebemos essa dualidade fascinante do agente purificador e renovador, consumindo o que não é mais necessário e abrindo espaço para o novo, ao mesmo tempo que é capaz de trazer o fim e a morte física das coisas. Essa ambiguidade do fogo nos leva a refletir sobre a transição entre a vida e a morte. Assim como o fogo consome a matéria, ele também nos lembra que a morte é parte natural do ciclo da vida. De certa forma, o fogo pode ser visto como um portal, uma passagem para o outro lado, representando a transição da existência terrena para um estado além da vida. Essa dualidade nos convida a refletir sobre a natureza efêmera e transitória da vida e nos lembra da importância de apreciar cada momento e valorizar o tempo que temos. O fogo nos lembra da impermanência e da necessidade de deixar ir o que já não nos serve mais, abrindo espaço para o crescimento e a renovação. Em sua essência, pode ser considerado uma porta de conexão com os Deuses e com o mundo transcendente, representando a imensidão divina, capaz de criar e destruir. Como um portal, o fogo permite acesso ao reino dos mortos e aos domínios dos poderosos.

É nessa perspectiva que este elemento atua com um poder transformador e purificador, tendo a capacidade de desfazer feitiços, magias e rituais, rompendo com amarras energéticas e proporcionando quebras poderosas. Além disso, o fogo também pode auxiliar a iluminar a passagem das almas perdidas para o reino dos mortos, guiando-as em sua jornada além da vida terrena. A intensidade do fogo é capaz de destruir de forma veemente qualquer energia ou objeto que esteja em seu caminho, sua natureza ardente e voraz consome tudo o que encontra, queimando até a sua essência. Assim, o fogo representa uma força poderosa de purificação e destruição capaz de eliminar obstáculos e energias indesejadas. Na sua relação com os Deuses e com o mundo espiritual, o fogo é considerado um aliado sagrado, simbolizando a energia vital e a conexão com o Divino. Por meio das chamas, é possível estabelecer uma comunhão com as forças superiores, invocar a presença dos Deuses e buscar orientação espiritual.

O Fogo e a Ancestralidade

Além de suas diversas simbologias, o fogo está intrinsecamente ligado à ancestralidade e à força criadora que permeia tudo. Para muitos povos, esse elemento é considerado uma manifestação da vida em constante renovação, sendo impossível extingui-lo por completo. A Magia se torna presente quando estabelecemos uma conexão adequada com o fogo, trazendo sua poderosa energia para nossa vida e nos fundindo a ela. Essa conexão só se manifesta quando nos permitimos unir nossas energias pessoais com as do fogo, por meio de práticas como meditação, vivências e exercícios de conexão.

Ao nos sintonizarmos com este elemento, somos capazes de despertar seu potencial mágico em nossas jornadas espirituais e pessoais. Essa união nos proporciona um profundo sentido de pertencimento, conectando-nos com nossa ancestralidade e com a força primordial que permeia a existência. Quando trabalharmos com o fogo de forma consciente e respeitosa, podemos acessar seu poder de transformação e renovação. Ele nos guia em rituais e cerimônias, auxiliando-nos na purificação e na manifestação de nossos desejos mais profundos.

Essa conexão nos permite explorar os aspectos mágicos e sagrados do fogo, integrando suas qualidades em nossa jornada espiritual e em nosso crescimento pessoal.

Quando nos conectarmos com o fogo, abrimos espaço para uma profunda compreensão de nossa própria essência e de nossa conexão com a ancestralidade. A Magia se revela quando nos permitimos mergulhar nessa energia ígnea, despertando seu poder transformador em nossa vida e nos harmonizando com a grandeza da criação.

Para acessar verdadeiramente as forças transformadoras da natureza, é necessário mergulhar em sua imensidão e se conectar com ela de forma profunda. É necessário sentir a presença de cada parte da natureza dentro de nós ou reconhecer o que está faltando em nossa realidade em relação a ela. A vivência do poder dos elementos é mais do que apenas realizar rituais simbólicos, como acender uma vela ou fazer uma fogueira. Trata-se de incorporar a essência da vela e da fogueira, de estar intrinsecamente interligado com a força desses elementos de modo que eles se tornem um com você. Isso implica em uma conexão íntima e visceral com os elementos naturais. É preciso envolver todos os sentidos, sentir a chama da vela ou o calor da fogueira em sua pele, perceber o cheiro da madeira queimando e ouvir o crepitar das chamas. É necessário estar em sintonia com as características e propriedades desses elementos, compreendendo sua energia e como ela se manifesta em sua vida.

Ao se tornar um com os elementos, você se torna um canal para sua energia e poder, tornando-se capaz de direcionar essa energia de forma consciente e intencional, utilizando-a para criar mudanças e transformações em sua realidade. Essa prática vai além de um ato superficial, é uma fusão de sua própria essência com a essência dos elementos, permitindo que você se torne um agente de manifestação e equilíbrio na interação entre o mundo natural e o seu mundo interior.

A Magia é considerada um ato de vontade, ou seja, é o direcionamento intencional da energia para concretização de um objetivo específico, e essa vontade não está desvinculada das emoções. Pelo contrário, as emoções desempenham um papel fundamental na prática da Magia. A vontade, quando acompanhada de emoção, torna-se mais poderosa e direcionada. As emoções estão intimamente ligadas à energia emocional que carregamos dentro de nós. Quando direcionamos essa energia emocional para a prática da Magia, estamos canalizando emoções como a paixão, a determinação, a alegria ou até mesmo a raiva e a tristeza, dependendo do objetivo desejado.

Essas emoções são emanação do fogo visceral dentro de nós e servem como combustível para a vontade, dando-lhe impulso e intensidade. Dão vida à Magia, conferindo-lhe uma carga emocional que influencia o resultado final. As emoções podem moldar a forma como a energia é canalizada e como o Universo responde à nossa intenção.

Além disso, as emoções também têm o poder de direcionar o rumo da Magia. Dependendo das emoções envolvidas, a Magia pode tomar diferentes direções e ter resultados distintos. Muitos magistas optam por desenvolver seus próprios feitiços, porque acreditam que cada elemento e detalhe do feitiço deve ter um significado simbólico e estar em harmonia com o propósito que desejam alcançar. Ao criar seus próprios feitiços, os magistas têm a oportunidade de expressar sua intenção de forma única e personalizada. Cada parte do feitiço, seja um objeto, uma palavra, um gesto ou qualquer outro elemento, torna-se um símbolo que carrega uma conexão direta com o objetivo desejado. É como criar um bordado meticuloso, onde cada ponto e cor são cuidadosamente escolhidos e posicionados para dar forma ao propósito pretendido.

Ao escolher e criar esses símbolos, o magista está moldando e direcionando a energia de acordo com sua intenção. Cada elemento escolhido é carregado de significado e representa uma faceta do objetivo a ser atingido. Essa atenção aos detalhes simbólicos e à conexão entre cada parte do feitiço ajuda a potencializar a energia e a direcioná-la de forma mais precisa, além de conter nela a essência do fogo da Bruxa, a verdadeira vontade contida em suas ações.

A verdadeira vontade é vista como a expressão mais autêntica e profunda do eu, a vontade interior, que está alinhada com a essência única de cada pessoa, com seu espírito, e a sua emanação, que é a chama, o fogo primário da Bruxa. E vai além dos desejos superficiais ou influências externas, representando a busca e a realização da nossa natureza mais essencial.

Ao seguir a verdadeira vontade, a Bruxa tem maior capacidade de alcançar seus sonhos e objetivos. Isso ocorre, porque a verdadeira vontade está ligada à paixão, ao compromisso e à motivação intrínseca, que são fatores-chave para a consecução de metas pessoais.

A Bruxa, ao seguir sua verdadeira vontade, busca estar em harmonia com sua essência mais profunda e autêntica. Isso implica descobrir e abraçar o propósito individual, as paixões e os desejos intrínsecos. Ao seguir sua verdadeira vontade e se conectar ao elemento Fogo, a Bruxa fortalece sua prática mágica, trazendo alinhamento, poder e direção aos seus rituais e trabalhos. Através dessa conexão, a Bruxa pode canalizar a energia do fogo para criar mudanças positivas em sua vida e no mundo ao seu redor. Embora tudo isso seja muito bonito e poderoso de se dizer, compreender nossas verdadeiras vontades leva tempo, carinho e muita atenção com nós mesmos.

Precisamos iniciar um processo de autoamor e cuidado, com uma sinceridade extrema e quase visceral sobre tudo o que conhecemos, desconhecemos, desejamos e repudiamos em nós mesmos e no mundo.

III. ENCANTOS DO FOGO

Dominando o Poder das Chamas

Neste capítulo, exploraremos o fogo como um meio para realizar a Magia, reconhecendo-o como um poderoso instrumento capaz de concretizar nossas vontades e objetivos. Compreender o fogo dessa maneira é fundamental para facilitar a manifestação da sua Magia no mundo real. Nosso objetivo é estabelecer uma abordagem mais prática e técnica para compreender esse elemento, a fim de desenvolver métodos mais eficazes de sua utilização. Ao adentrarmos nessa compreensão mais mecânica, seremos capazes de estabelecer uma conexão mais profunda com o fogo, descobrindo maneiras de aplicá-lo de forma mais precisa em nossas práticas mágicas. Quando dominarmos esses métodos, podemos despertar o poder do fogo na nossa vida e manifestar nossos desejos com maior eficiência.

Os Instrumentos Mágicos desempenham um papel importante na prática da Magia. São ferramentas simbólicas que ajudam a direcionar e focalizar a energia durante um ritual ou feitiço. Cada instrumento possui sua própria simbologia e correspondência energética, o que os torna poderosos auxiliadores na manifestação da intenção mágica.

Podemos ressaltar o foco e a concentração como um dos passos mais importantes que um Instrumento Mágico pode gerar em seu praticante. A relação entre o elemento Fogo e o foco/concentração é estreitar a prática da Magia, Apesar de o fogo em geral ser considerado um elemento dinâmico e enérgico, que representa a força, a paixão e a transformação, sua trepidação, iluminação, calor e até mesmo sombras geradas por ele podem auxiliar em processos de concentração, visualização e relaxamento.

Ainda sobre a visualização, mas agregando neste momento correspondências, o fogo possui atributos e qualidades únicas que podem enriquecer nossos rituais e práticas mágicas. Ao nos conectarmos com o fogo, atribuirmos a ele significados simbólicos. Nossa mente é capaz de criar imagens mentais mais vívidas e poderosas, fortalecendo nossa intenção e direcionando nossa energia de forma mais assertiva. Como um instrumento de visualização, podemos imaginar chamas ardentes e brilhantes que representam a paixão, a transformação e a força vital. Essas visualizações intensas nos permitem criar uma conexão profunda entre o elemento e nossas intenções, emoções e o que mais for necessário para estabelecer vínculos no momento do ritual ou do feitiço.

Ao associar o fogo a certas correspondências simbólicas, como quando damos cores às chamas através de processos químicos, ao usarmos vitrais para refletir cores diferentes ou até mesmo velas coloridas, podemos ampliar o cabedal de correlação que possibilita as conexões mágicas. Quando atribuímos ao fogo relações com Deusas, Deuses, criaturas elementais, espíritos, planetas e muitos outros atributos, estamos ampliando de forma massiva sua potência em nossos rituais, porque, junto ao fogo, fazemos pontes com energias de outros seres.

Por exemplo, podemos usar uma vela na cor vermelha em um ritual de proteção junto a nossa intenção e desejo, o que já surtiria algum efeito. Porém, se vincularmos a esta magia outras correspondências, na intenção de torná-las baterias energéticas, chegaremos em um outro nível de Magia. Podemos invocar um Deus da Guerra e sua energia confrontadora para banhar nosso desejo com sua energia, usar a fase minguante da lua para auxiliar os processos de proteção e/ou untar a vela com óleo de consagração e vesti-la em pimenta, o que também traria mais uma camada de poder. A presença de todas estas correspondências junto ao fogo amplia a potência de sua Magia, porque foram criadas diversas outras conexões.

Outra coisa importante de falarmos aqui, é sobre o fogo como um instrumento capaz de gerar estados mentais apropriados para a prática mágica, desempenhando um papel fundamental na criação de um ambiente propício para o trabalho espiritual. Ao nos conectarmos com o fogo, seja por meio de velas, tochas, caldeirões, seja por qualquer outro meio, somos capazes de entrar em um estado de consciência alterado que vai nos tornar mais receptivos às energias sutis e à nossa própria intuição. Ao segurar ou contemplar o fogo, sentimos sua energia vibrante e transformadora nos envolvendo. Essa força nos transporta para um espaço sagrado dentro de nós mesmos, onde podemos nos sintonizar com as forças espirituais que nos cercam. A chama do fogo dançante e radiante nos induz a um estado de concentração e foco, acalmando nossa mente e abrindo caminho para uma conexão mais profunda com o Divino.

O elemento Fogo possui uma natureza ardente e apaixonada. Ao trabalharmos com ele, despertamos essa mesma energia dentro de nós. Isso nos impulsiona a explorar nossos desejos e intenções mais profundos, permitindo que nos conectemos com nossos próprios poderes interiores e com as forças, Deuses, seres e criaturas ao nosso redor. Dessa forma, ao utilizar o elemento Fogo como um instrumento para gerar estados mentais apropriados à Magia, somos capazes de criar um ambiente sagrado e propício para a prática mágica. O fogo nos envolve com sua energia inspiradora e nos ajuda a acessar os reinos espirituais, despertando nossa intuição e nos tornando mais receptivos às mensagens e orientações que fluem em nossa jornada mágica.

Temos também o fogo como uma forma de trazer para perto o poder ancestral, desempenhando um papel importante quando usado como um Instrumento Mágico, onde, nele, podemos observar raízes históricas e tradicionais. Ao nos conectarmos com o fogo como um símbolo ancestral e primordial, trazemos à tona a sabedoria e a prática dos antigos, enriquecendo nossa experiência mágica e conferindo a ela um significado mais profundo.

Assim como o fogo foi reverenciado e utilizado pelos nossos antepassados em rituais e cerimônias, ao incorporá-lo em nossas práticas mágicas, honramos e nos alinhamos com a tradição e o conhecimento transmitido ao longo das gerações. O fogo representa a chama eterna que arde dentro de nós, conectando-nos às nossas raízes e à essência ancestral que permeia nossa existência.

Desse modo, ao utilizarmos este elemento como uma forma de trazer para perto o poder ancestral, abrimos um canal de comunicação com os antigos sábios e praticantes, permitindo que suas energias e ensinamentos fluam através de nós. Essa conexão com o passado nos oferece uma perspectiva mais ampla e uma conexão mais profunda com a Magia, tornando nossa prática mais autêntica e significativa.

Velas, Caldeirões, Fogueiras, Tochas e todos os outros instrumentos que nos permitem manusear o fogo e podem ser usados em nossos rituais trazem à tona a presença dos nossos ancestrais. Por eles, invocamos sua sabedoria e poder. Esses instrumentos carregam em si a energia ancestral, tornando-se canais através dos quais podemos nos conectar com as forças e entidades que nos precederam.

A TOCHA

Os encantamentos e a Magia do Fogo podem ser encontrados e manipulados por meio de diversos Instrumentos Mágicos, um deles é a Tocha, que têm desempenhado um papel significativo ao longo da história, operando funções práticas, simbólicas e cerimoniais. Seu uso remonta aos tempos antigos, quando a humanidade dependia da luz do fogo para iluminar ambientes escuros e realizar atividades noturnas. As tochas têm uma importância fundamental na busca e na manipulação do elemento Fogo, sendo uma de suas funções primárias fornecer luz para ambientes escuros. Antes do advento da eletricidade, as tochas eram uma fonte essencial de iluminação durante a noite. Elas eram usadas em cavernas, túneis, florestas e em diversas atividades ao ar livre. Tochas são ferramentas para encontrar e canalizar a energia do fogo, permitindo que iluminemos não apenas os ambientes escuros, mas também os caminhos ocultos da nossa jornada interior, das nossas emoções mais profundas e dos reinos espirituais.

Assim como as tochas nos ajudam a enxergar o que está obscurecido pela escuridão física, elas também nos auxiliam a iluminar os aspectos ocultos da nossa psique e do mundo espiritual. Ao segurarmos uma tocha, podemos encontrar clareza, revelar segredos e explorar as profundezas do nosso ser. Quando manipulamos o fogo por meio das tochas, podemos acessar seu poder transmutador, que nos permite trazer luz para as trevas, dissipar o medo e despertar nossa força interior.

Dessa forma, as tochas representam não apenas uma fonte de luz física, mas também uma conexão com o fogo como elemento espiritual. Ao utilizá-las, podemos nos conectar com a energia do fogo e seus atributos de paixão, vontade, criatividade e transformação. As tochas se tornam um símbolo poderoso, que nos guia em direção à iluminação espiritual e ao despertar do nosso potencial interior.

Tochas também eram utilizadas para transmitir mensagens e sinalizar eventos significativos. Essa habilidade está diretamente ligada à manipulação das capacidades de sinalização, aprimoramento da comunicação e gerenciamento das emoções. Assim como as tochas eram usadas para enviar sinais entre postos avançados e comunicar informações em tempos de guerra, podemos aplicar essa capacidade na nossa prática mágica e na nossa vida cotidiana, usando este instrumento para transmitir mensagens energéticas e estabelecer uma comunicação mais clara e assertiva. Além disso, as tochas também nos convidam a aprimorar nossa habilidade de comunicação emocional, o fogo está associado às emoções ardentes e passionais. Ao manipulá-lo, podemos aprender a canalizar e a expressar nossas emoções de maneira consciente e equilibrada. Assim como uma tocha brilhante chama a atenção, nossas emoções podem ser usadas como um meio poderoso de comunicação e conexão com os outros.

Num contexto mágico, as tochas também desempenham um papel fundamental como meio de segurança e proteção. Elas nos oferecem não apenas luz para afastar a escuridão, mas também proteção mágica e sensação de segurança física. Assim como no passado as tochas afastavam animais selvagens e forneciam segurança em áreas desconhecidas ou perigosas, ao manipular o elemento Fogo podemos invocar essa mesma proteção em nossas práticas mágicas e em nossa vida cotidiana. As chamas das tochas são vistas como um escudo contra influências negativas, espíritos malignos e energias indesejadas. Sua luz e o calor emanados pelas chamas nos envolvem e nos cercam com uma energia poderosa que dissipa o medo, afasta ameaças e nos proporciona sensação de segurança física e espiritual.

Portanto, ao trabalhar com as tochas como Instrumentos Mágicos, podemos acessar e canalizar a proteção e a segurança oferecidas pelo elemento Fogo, essa conexão nos permite enfrentar desafios com coragem, neutralizar energias negativas e estabelecer um espaço sagrado de harmonia e proteção ao nosso redor. As tochas se tornam uma ferramenta essencial para encontrar a segurança mágica e a proteção física necessárias em nosso caminho de práticas e exploração do ocultismo.

Ritual da tocha para proteção do lar

A primeira coisa a ser feita deliberadamente é uma tocha. Um processo relativamente simples, mas que requer cuidado e precauções de segurança devido ao uso do fogo:

MATERIAL NECESSÁRIO

Barbante ou arame
Substância inflamável (óleo vegetal, querosene ou álcool)
Um cabo longo e resistente (um cabo de vassoura ou um galho grosso serve)
Um pedaço de tecido resistente (pode ser de algodão ou linho)

- Corte o tecido escolhido em um retângulo de aproximadamente 30 cm por 60 cm. Certifique-se de que o tecido seja grande o suficiente para envolver a ponta do cabo escolhido.
- Amarre firmemente uma extremidade do tecido ao redor da ponta do cabo de madeira, usando um barbante ou arame. Preste atenção se o tecido está bem preso e seguro.
- Embeba o tecido com a substância inflamável escolhida. Isso pode ser feito mergulhando-o em um recipiente com a substância ou usando um pincel para aplicá-la. É importante que fique completamente molhado, mas de uma forma que não escorra, o que pode ser perigoso.
- Para acender a sua tocha, use um fósforo ou outra fonte de chama que possa ser manipulada a distância. Ao acendê-la, tenha cuidado, segure-a longe do rosto e do corpo e tenha a certeza de que ela esteja acesa por completo. Uma vez acesa, está na hora de fazer o seu feitiço.

Faça este feitiço de preferência na lua minguante, o que vai ajudar a retirar todas as energias negativas e dissonantes de sua vida e de sua casa. Agora que já acendeu sua tocha, você pode invocar Deuses, seres mágicos, guardiões ou demais forças que costuma trabalhar. Em seguida, consagre o fogo de sua tocha dizendo:

Ó chama ardente, símbolo de força e poder,
Invoco tua presença para me proteger.
Que tua luz seja meu escudo, meu guia na escuridão,
Queime com vigor, purifique toda má intenção.

Protege a mim, a minha casa e aos meus das energias indesejadas.
Que com tua presença, todas as maldades sejam dissipadas.
Que a energia emanada seja um escudo impenetrável.
Defendendo-me de todo mal, mantendo-me invulnerável.

Que esta invocação seja ouvida e atendida.
Traga-me proteção sob o símbolo desta Tocha erguida.
Com a Magia do Fogo, minha vontade se entrelaça.
Que assim seja, que assim se faça!

Agora caminhe por toda sua casa, do último cômodo, até a porta de entrada. Saia de dentro de sua casa com a tocha em mãos firmando sua posição territorial, mostrando ao mundo que este espaço é seu.

Deixe a tocha queimando até que se apague naturalmente na porta de entrada da casa. Assim, sua Magia está concluída com sucesso.

Importante renovar este ritual a cada ciclo sazonal, afinal de contas proteção forte é proteção com manutenção em dia.

A FOGUEIRA

Outro Instrumento Mágico ao qual podemos encontrar os encantamentos do Fogo são as fogueiras que, ao longo do tempo, têm desempenhado um papel importante num contexto de acolhimento e união da família. As fogueiras representam um símbolo de união, calor, proteção e compartilhamento, proporcionando um ambiente propício para o convívio familiar. Consideradas ponto central de encontro para a família, este é um local sagrado onde os membros se reúnem para compartilhar histórias, conversas, refeições e momentos de convivência. As fogueiras transcendem sua função básica, sendo um lugar de conexão profunda com a ancestralidade, os Deuses e nosso eu mais íntimo.

Ao nos reunirmos ao redor da fogueira, estabelecemos um vínculo sagrado com nossos antepassados, honrando a sabedoria e a experiência que nos foi transmitida ao longo das gerações. O elemento Fogo nos conectava com a chama ancestral, despertando em nós um senso de continuidade e pertencimento à linhagem familiar. Com as histórias compartilhadas, reforçamos nossa identidade e compreensão do passado.

Fogueiras são consideradas um portal para a esfera divina, permitindo-nos conectar com os Deuses e seres espirituais. Ao observar a dança das chamas, sentimos a presença dessas entidades e buscamos sua orientação, proteção e bênçãos. A fogueira se torna um altar natural, um local onde oferecemos nossas preces e invocações, estabelecendo uma ligação sagrada entre o plano terreno e o Divino.

Uma fogueira sempre irá nos convidar a explorar nosso eu mais íntimo, trazendo uma sensação de conforto e proteção, permitindo que nossas defesas se dissolvam e nossa verdadeira essência se revele. A chama vibrante reflete nossa própria paixão e vitalidade, inspirando-nos a buscar nossos propósitos e metas mais profundos em um momento de introspecção e autorreflexão, um convite para nos conectarmos com nossa sabedoria interna e nutrirmos nossa alma.

As fogueiras também eram utilizadas em ocasiões especiais, como festividades, cerimônias de passagem, casamentos e celebrações sazonais. Elas desempenhavam papel central nessas ocasiões, representando um elemento sagrado e simbólico. Nestes ritos, as fogueiras eram mais do que apenas uma fonte de calor e luz, elas carregavam consigo um profundo significado espiritual.

Em ritos de passagem, como iniciações, batismos e casamentos, as fogueiras assumiram um papel fundamental, simbolizando a transição de um estado para outro, marcando um momento de transformação e renovação. Ao se aproximar da fogueira, os participantes eram convidados a deixar para trás o que não servia mais e abraçar uma nova fase de suas vidas. A chama ardente representava a purificação das energias antigas e a abertura para novas possibilidades. As fogueiras proporcionavam uma conexão espiritual profunda, por serem consideradas um portal entre os mundos visível e invisível, permitindo que os participantes se conectassem com as forças divinas e espirituais. Ao observar as chamas dançantes e sentir seu calor, as pessoas experimentavam uma sensação de comunhão com o sagrado, era um momento de reverência e devoção, onde as preces eram oferecidas e a presença dos Deuses era invocada. Também desempenhavam um papel de unificação e coesão familiar. Quando reunidos ao redor da fogueira, os membros da família se conectavam em um nível mais profundo, compartilhando histórias, cantando, dançando e celebrando juntos. A chama da fogueira criava um ambiente acolhedor e envolvente, estimulando a troca de experiências.

Muitas histórias mágicas foram transmitidas de geração a geração ao redor das fogueiras. Essas histórias e práticas mágicas continham ensinamentos e segredos que preservavam a identidade cultural e fortaleciam os laços familiares. Por meio dessas narrativas, os indivíduos eram iniciados nos mistérios da Magia e do Ocultismo, aprendendo a lidar com os poderes do fogo e a utilizar suas energias em rituais e práticas espirituais.

As fogueiras também serviam como ponto de encontro para a transmissão da sabedoria ancestral, por meio das histórias compartilhadas, os mais velhos transmitiam conhecimentos acumulados ao longo dos tempos, revelando segredos antigos e oferecendo orientação espiritual. Essa sabedoria ancestral abrangia diversas áreas da vida, desde práticas mágicas e rituais até a compreensão dos ciclos naturais, conexão com Deuses e harmonia com o mundo espiritual.

Trabalhar com as fogueiras enquanto Instrumentos Mágicos nos permite acessar camadas de conhecimento ancestral, adentrar a mistérios antigos que estão fincados nas raízes mais profundas de uma Magia ancestral e ainda gerar conforto e acolhimento para as nossas emoções e espírito. Quando as coisas não estiverem indo bem entre você e alguém que ama, faça uma fogueira, convide essa pessoa para trocar uma ideia. Este ambiente mágico e familiar pode auxiliar a organizar as emoções, transmutar a dor e tudo o que tem tornado a relação desgastada. A fogueira vai ajudar a reconstruir os laços de afeto entre vocês. A seguir, conheça um ritual de reconexão e acolhimento de suas emoções, para aquelas horas que estiver se sentido perdido, não se reconhecendo, não sabendo mais quem é.

Feitiço com Fogueira para Reconexão

Montar uma fogueira simples e eficaz requer alguns cuidados para garantir a segurança e o bom funcionamento do fogo, senão ele vai apagar rápido e fazer fumaça de forma desnecessária, então aqui vai um guia básico para montar uma fogueira:

1. Certifique-se de montar a fogueira em um local aberto, longe de objetos inflamáveis. Evite ambientes com vento muito forte, o que pode dificultar o controle do fogo.
2. Limpe o chão de folhas secas, galhos e outros materiais combustíveis que possam ser usados depois, durante a queima da sua fogueira. Importante também que o chão seja firme, o mais nivelado possível e que não esteja encharcado de água.
3. Uma coisa legal é usar pedras grandes, fazendo um anel envolta do espaço que vai empilhar seus gravetos. Isso funciona como uma contenção para as madeiras, que podem por ventura cair ao redor conforme queimam. As pedras também podem conter o fogo, permitindo que ele fique num lugar fixo e não traga problemas.
4. Reúna gravetos secos, pequenos galhos, pedaços de madeira, lenha para montar a estrutura da sua fogueira e para continuar a alimentando pelo tempo que achar necessário. Importante que as madeiras estejam secas ou sua fogueira não vai acender.

5. Coloque uma camada de gravetos no centro do círculo de contenção, semelhante a um ninho de passarinho. Isso vai formar a base, o coração da sua fogueira. Nesse momento você pode colocar ervas secas no local, que tenham relação à conexão emocional, clareza mental e conforto, como a camomila, que é conhecida por suas propriedades calmantes, ou a lavanda, que é muito utilizada para promover o relaxamento e aliviar a ansiedade. A hortelã pode ajudar a melhorar o seu foco e aliviar o cansaço mental, pétalas de rosa cor-de-rosa ajudam a ter melhor conexão emocional, e por aí vai.
6. Depois, empilhe os pequenos galhos, as madeiras ou a lenha sobre os gravetos, formando uma estrutura em formato de pirâmide. Acredite, este é o melhor formato para a queima das madeiras. Se quiser, pode colocar um pouco de querosene pelos gravetos para ajudar o fogo a pegar melhor.
7. Atire um fósforo ou use um galho comprido com fogo na ponta para acender sua fogueira. Certifique-se de estar distante o suficiente. Essa é a melhor opção neste momento. À medida que o fogo se estabelece, vá adicionando gravetos ou pedaços de madeira gradualmente, conforme necessário. Uma vez acesa, deixe que ela queime até o fim. Nada de jogar água para apagá-la, afinal de contas, essa é uma fogueira ritualística. Então vamos consagrá-la com o feitiço a seguir:

Procure fazer este ritual em um dia de lua nova ou balsâmica, que são excelentes para o trabalho de conexão profunda.

Após acender a sua fogueira, você pode realizar uma invocação aos Deuses, seres mágicos, guardiões ou outras forças com as quais costuma trabalhar.

Essas forças espirituais podem empoderar e auxiliar o seu processo mágico. Em seguida, consagre o fogo com estas palavras:

Ao redor da fogueira sagrada, eu me coloco,
Em busca da conexão, meu eu interior eu invoco.
Entre o brilho e o calor, aqui neste momento oriundo,
Eu me conecto com o fogo, e seu poder profundo.

Deixe-me sentir a intuição florescer,
Venham ancestrais, minha dor socorrer.
Pelas trilhas antigas, sem tempo e espaço,
Que juntos estejamos, passo a passo.

Que eu me reconheça e me reconecte neste momento,
para caminhar novamente sem dor e lamento.
Com a Magia do fogo, minha vontade se entrelaça.
Que assim seja, que assim se faça!

Permita-se envolver pela luminosidade e pelo calor reconfortante do fogo. Sinta o lamento, a melodia interna que emana de seu próprio ser.

Enquanto murmura uma música familiar, profundamente pessoal, sinta o lamento que surgirá espontaneamente.

Diante do fogo, liberte seus pensamentos mais profundos, dores e questionamentos acumulados em seu interior.

Este é um convite para que esse turbilhão de emoções seja engolido pelo fogo. Chore, ria, grite e expresse tudo o que for necessário para se libertar, coloque tudo para fora.

Gradualmente, sob a luz da fogueira, deite-se no chão de forma segura e confortável. Agora você é convidado a meditar, a se conectar com seus ancestrais e com as forças invocadas.

Ouça com atenção o que eles têm a dizer, abra-se para receber as mensagens que são transmitidas a você.

À medida que a fogueira se apaga naturalmente, todo o caos e desordem que estavam presentes são levados embora, abrindo espaço para o novo "eu" emergir. Um eu mais consciente, alinhado com sua essência mais verdadeira.

É momento de renovação e transformação, permitindo que velhas energias se dissipem e abram caminho para uma consciência mais clara e uma nova perspectiva de vida.

O CALDEIRÃO

Este é um Instrumento Mágico bastante popular dentro da Bruxaria. O Caldeirão desempenhou um papel significativo ao longo da história, sendo uma ferramenta versátil e simbólica com múltiplos usos e significados. Desde os tempos antigos, o Caldeirão tem sido associado à Magia, à Alquimia, à culinária e até mesmo como um símbolo de comunidade. No contexto da Magia e da Bruxaria, o Caldeirão é um dos instrumentos mais emblemáticos, usado para realizar rituais, feitiços e poções, onde os ingredientes são misturados e transformados pelas propriedades do fogo.

Na mitologia nórdica, um Caldeirão Mágico, chamado de *Ôðrerir*, ocupava um lugar de destaque. Ele era guardado pelos Deuses e possuía propriedades extraordinárias. Dentro dele era preparada uma poção especial, conhecida como "hidromel da inspiração". Esta bebida era celestial, considerada a essência da sabedoria e da inspiração artística. Aquele povo acreditava que o hidromel tinha sido criado a partir da saliva de um dos Deuses, conhecido como Kvasir, uma personificação da sabedoria. Essa poção era tão poderosa que concedia dons artísticos, habilidades poéticas e conhecimentos profundos aos que a consumiam.

O Caldeirão Ôðrerir era mantido em posse dos Deuses, especificamente guardado pelo Deus Odin, o pai de todos os Deuses nórdicos. Considerado o Deus da sabedoria, da poesia e das artes mágicas, Odin bebeu do hidromel da inspiração após sacrificar um de seus olhos para adquirir sabedoria suprema. Além de ser uma fonte de inspiração artística, o Caldeirão Ôðrerir também desempenhava um papel importante na renovação dos Deuses. Acreditava-se que eles se reuniam em torno do Caldeirão, bebiam o hidromel e compartilhavam sua sabedoria e conhecimento mútuo.

Essa história reflete a importância da poesia, da arte e da sabedoria na mitologia nórdica, onde o Caldeirão era considerado um símbolo de criatividade, poder transformador e conexão com o Divino. Aqueles que tinham acesso ao hidromel da inspiração eram vistos como detentores de um dom especial, capazes de transmitir histórias, cantar canções e revelar verdades profundas.

Durante a Idade Média, a alquimia foi uma disciplina amplamente praticada e estudada. O Caldeirão desempenhou papel central nessa prática. Os alquimistas acreditavam que o Caldeirão era o instrumento sagrado onde ocorriam as transmutações e as manipulações dos elementos fundamentais da natureza. Na visão alquímica, o Caldeirão representava a união dos opostos, um símbolo da dualidade presente em todas as coisas, visto como um recipiente onde os elementos primordiais se combinavam para criar algo novo e transformador. Eles acreditavam, ainda, que através do calor e da fervura no Caldeirão, era possível realizar a transmutação de metais inferiores em ouro, bem como a busca pela Pedra Filosofal, que representava o estado final de perfeição e conhecimento alquímico.

Além disso, os alquimistas utilizavam o Caldeirão para criar elixires de longa vida, poções e preparados alquímicos com substâncias consideradas poderosas, capazes de conceder vida longa, cura e até mesmo a obtenção da imortalidade.

O Caldeirão também simbolizava o processo alquímico de transformação interior. Assim como os elementos eram combinados e submetidos a processos de aquecimento e purificação, os alquimistas acreditavam que o ser humano passava por um processo semelhante em sua busca pelo conhecimento transcendental e espiritual, onde o Caldeirão era um lembrete constante desse caminho de evolução e iluminação interior.

Durante a Idade Média, os alquimistas consideravam o Caldeirão como um objeto sagrado e poderoso. Tempo e esforço foram dedicados a esta ferramenta para estudar suas propriedades e misturas químicas, experimentando diferentes substâncias no intuito de buscar o segredo da transmutação. Embora muitos dos objetivos alquímicos tenham se mostrado inalcançáveis no sentido literal, o simbolismo e a filosofia associados ao Caldeirão contribuíram para o desenvolvimento da alquimia como uma busca espiritual e intelectual. Hoje, o Caldeirão continua a ser um símbolo poderoso na alquimia e na Magia Moderna, representando a capacidade de transformação, a união dos opostos e a busca por autoconhecimento e transcendência. Um lembrete de que a jornada alquímica está presente em todos nós, e que, através do processo de transformação, podemos encontrar sabedoria, crescimento e a conexão com o Divino.

Nas tradições folclóricas e práticas mágicas galesas, o Caldeirão assume um papel de destaque como um símbolo sagrado da Deusa Cerridwen, a divindade venerada como soberana dos grãos e fonte de toda inspiração, reverenciada como a grande iniciadora nos mistérios que permeiam a existência em todas as suas manifestações. Nessa rica simbologia, o Caldeirão se torna um poderoso ícone dos segredos profundos, da fonte primordial da vida e do conhecimento. Em sua profundidade, as poções são fervidas e os alimentos são cozidos, nutrindo tanto o corpo quanto o espírito. É importante reconhecer que o Caldeirão também pode assumir uma imagem assustadora e imponente, pois é dali que podem emergir venenos e substâncias nocivas. Com a falta de atenção e cuidado, tudo pode se queimar e se tornar amargo, revelando a dualidade presente nessa representação.

Assim, a responsabilidade pela busca do conhecimento e pelos seus usos adequados é constantemente lembrada e transferida apenas aos que estão devidamente preparados para acolher e zelar por essa sabedoria. O Caldeirão nos ensina a importância da atenção plena, da cautela e da reverência diante dos mistérios que ele abriga, é um convite para que assumamos a responsabilidade pela nossa jornada de descoberta pessoal e espiritual, sempre conscientes das consequências e impactos que nossas ações podem ter.

O Caldeirão nos inspira a mergulhar nas profundezas do nosso ser, a explorar os mistérios que permeiam nossa existência e a nutrir nossa alma com a essência sagrada que emana desse símbolo ancestral. Que possamos honrar a Deusa Cerridwen, reconhecendo seu papel como guardiã do conhecimento e inspiração e avançando com respeito e reverência por esse caminho de autoconhecimento e transcendência.

Das profundezas das panelas, emerge a alquimia da transformação dos alimentos, revelando o poder simbólico do Caldeirão como um Instrumento capaz de transmutar e transfigurar. É nas suas chamas que ocorre a metamorfose, ensinando-nos o valor e a importância das transformações na nossa vida. O Caldeirão representa o ciclo contínuo de sustento e renovação, onde os elementos crus se combinam e se modificam, gerando nutrientes e energia vital. Neste sentido, o Caldeirão assume um significado profundo, revelando a interconexão entre a ingestão dos alimentos e a própria essência da existência.

Podemos explorar o simbolismo do Caldeirão como uma lembrança constante de que todas as experiências, mesmo as mais desafiadoras, possuem o potencial de nos transformar em seres mais completos e conscientes.

Que o Caldeirão nos inspire a abraçar a jornada da transformação pessoal, reconhecendo que todas as mudanças têm o poder de nos fortalecer e a nos conduzir a um estado de maior plenitude.

E que possamos aproveitar o simbolismo desse Instrumento Sagrado para nutrir não apenas nosso corpo, mas também nossa mente e espírito, mergulhando nas profundezas do Caldeirão da Vida e permitindo que suas transformações nos guiem rumo à nossa mais autêntica expressão.

Refletindo sobre as receitas meticulosas e as diferentes reações químicas que ocorrem durante a fervura e a mistura de materiais, o Caldeirão se revela como um poderoso símbolo do mistério transcendente. Dentro de suas profundezas, reside a sabedoria e o conhecimento universal.

Contemplando a dualidade contida no Caldeirão, não podemos ignorar a presença dos venenos e dos insumos alucinógenos, assim como de tudo o que é considerado ilícito, controverso e de usos peculiares que pode emergir de seu interior.

O Caldeirão nos alerta para o poder destrutivo, a vida e a morte, que também são atributos dos Deuses. É neste contexto que ele se torna um portal de passagem para os reinos espirituais, transcendendo as fronteiras entre o físico e o metafísico. Por esta razão, tradicionalmente depositamos nossos pedidos, desejos e até mesmo nossos inimigos no fogo do Caldeirão, com a intenção de entregá-los aos Deuses e à força criadora. Este ato simbólico representa a nossa vontade, positiva ou não, e é uma forma de invocar os poderes Divinos para manifestar nossos propósitos através deste instrumento.

Feitiço de transmutação com o Caldeirão

Para este rito, que vai além do ensinamento teórico, é interessante usar um Caldeirão próprio para seus rituais. Caso não tenha um, não se limite a deixar de fazer o ritual, afinal de contas, não podemos deixar de lado o fato de que todo tipo de panela é um Caldeirão. As panelas têm a mesma função de um Caldeirão de ferro, daquele tipicamente Bruxesco, independentemente do seu formato e material.

Portanto, caso não tenha um Caldeirão aí na sua casa, realize este feitiço em uma panela que não tenha problema nenhum de queimar coisas dentro dela.

MATERIAL NECESSÁRIO

Papel e caneta
Um Caldeirão
Uma vela branca

1. Escolha um local tranquilo onde possa realizar o feitiço sem interrupções.
2. Em um dos lados do papel, escreva alguma situação, emoção ou algo que deseja transmutar. Todo processo de transmutação requer que uma coisa se transforme em outra. Caso seja um banimento, tira-se uma coisa e preenche com outra. Do outro lado do papel, escreva o que gostaria de obter nesta transmutação.

   Exemplo, na frente do papel:

   Eu transmuto toda dor e angústia em mim,
   que impedem o meu progresso e me entristecem.

   No verso do papel:

   Em equilíbrio e plenitude, para que eu possa seguir meus sonhos e objetivos, plena e feliz!

   É muito importante que esse processo seja feito e que você equilibre as coisas colocando algo no lugar daquilo que vai tirar. Do contrário, podem acontecer problemas mágicos ou as coisas continuarem como estão.
3. Acenda a vela no centro do Caldeirão, trazendo o poder transmutador do fogo. Segure o papel nas mãos e visualize a energia do que escreveu sendo transferida para o papel.
4. Caso for fazer este rito para transmutar alguma coisa, faça em uma lua crescente, que vai ajudar a trazer força para essa transmutação, fazendo com que aconteça mais rápido. Se for utilizar este rito para banir alguma coisa, faça em uma lua minguante, para que ela potencialize seu banimento.
5. Coloque o papel no Caldeirão e queime-o com a chama da vela. Após acender a vela, você pode realizar uma invocação aos Deuses, seres mágicos, guardiões ou outras forças com as quais costuma trabalhar. Essas forças espirituais podem empoderar e auxiliar o seu processo mágico. Enquanto o papel queima, concentre-se nas energias de transmutação e renovação que deseja trazer para a sua vida e recite o seguinte encantamento:

   Pelas chamas a arder sobre este Caldeirão,
   eu convoco o poder da transmutação.
   No fogo sagrado, energia em expansão,
   transformando o que é velho em renovação.

Que o Caldeirão seja o portal,
e o fogo seja seu catalisador vital.
Que ele queime as amarras e traga alívio.
Elevando este feitiço a outro nível.

Que a energia flua, sublime e vibrante,
trazendo o que desejo muito além deste instante.
Com a magia do fogo, minha vontade se entrelaça.
Que assim seja, que assim se faça!

6. Deixe a vela queimar até o final, sem se preocupar que a cera derrame sobre as cinzas que ficaram no Caldeirão. A vela aqui neste feitiço representa a transformação e a elevação da sua vontade, por isso ela precisa queimar até o final .

7. Caso já esteja acostumado a trabalhar com seu Caldeirão utilizando fogo diretamente dentro dele, com auxílio de álcool de cereais, você pode substituir a vela pelo fogo. Neste caso, deixe que sua carta queime por completo dentro do Caldeirão e faça todo o processo descrito acima. Espere que o fogo se apague naturalmente.

8. Depois deste rito, deixe a Magia seguir o curso dela, não fique se cobrando ou se martirizando pelo tempo de concretização do feitiço. Algumas transmutações precisam de tempo para acontecer, principalmente quando elas estão envolvendo nossas emoções e nossa vida pessoal. Afinal de contas existem diversas coisas que precisamos viver para entender e então aprender. Existem situações em que precisamos agir com inteligência emocional e movimentos físicos, sendo assim, pode ser que este feitiço de transmutação lhe cause movimentos no cotidiano para que possa perceber o que está deixando de fazer e onde está errando.

O LUZEIRO OU LANTERNA

Considerados verdadeiros guardiões da luz, os luzeiros eram responsáveis por levar a iluminação em ambientes escuros, oferecendo segurança e orientação para as pessoas. Em tempos antigos, quando a eletricidade ainda não existia, as lanternas desempenhavam um papel fundamental nas comunidades, especialmente durante a noite, iluminando os caminhos das pessoas. Essa tarefa era particularmente importante em locais como ruas, estradas, portos e até mesmo dentro das residências.

Especula-se que o uso mais antigo das lanternas remonta à China antiga. Durante o período da Dinastia Han (206 AEC – 220 EC), as lanternas de papel começaram a ganhar popularidade como fonte de luz durante celebrações e festivais. Fazer lanternas envolvia habilidades artesanais e muito cuidado, as feitas de papel fino esticado sobre uma armação de bambu consistia em hastes de bambu sendo cuidadosamente entrelaçadas e papéis coloridos aplicados para criar desenhos e padrões decorativos e iluminadas por velas ou lâmpadas de óleo. O uso de lanternas de papel na China estava intimamente ligado a celebrações tradicionais, como o Festival da Primavera e o Festival das Lanternas. Durante essas comemorações, as pessoas as penduravam nas ruas, casas e templos, criando uma atmosfera mágica e colorida. Decoradas com símbolos auspiciosos, personagens da mitologia chinesa, animais e paisagens, essas lanternas tinham além de sua função prática como fonte de luz, um significado simbólico profundo na cultura chinesa, representando esperança, renovação, boa sorte e conexão entre os reinos humano e espiritual. Quando uma lanterna alcançava o céu, acreditavam que os desejos e as orações das pessoas eram levados aos Deuses.

No Japão, o Festival das Lanternas, ou "Obon", é uma celebração anual realizada para honrar os espíritos dos antepassados e receber suas almas de volta ao mundo dos vivos. Este festival dura três dias e ocorre em diferentes regiões durante o verão. Neste período, as ruas, templos e casas são adornados com belas lanternas de papel, conhecidas como *chochin*. Essas lanternas são penduradas em varandas, jardins e em postes, criando uma atmosfera mágica e acolhedora.

As lanternas têm um propósito especial de guiar os espíritos dos ancestrais de volta ao mundo terreno. Acredita-se que, durante o festival, os espíritos retornam para visitar suas famílias e receber oferendas em altares domésticos. As lanternas funcionam como uma luz-guia para os espíritos, mostrando o caminho de volta para casa. Existem também um significado simbólico mais amplo, onde elas representam a iluminação espiritual, a esperança e a paz. Por meio da luz, energias purificadoras e calmantes são emanadas aos espíritos e familiares, trazendo bênçãos e proteção.

Na Índia, especialmente durante festivais como o Kartik Purnima e o Ganga Aarti, lanternas flutuantes são lançadas em rios sagrados, lagos e outras fontes de água. Essas lanternas, muitas vezes feitas de papel de seda e varetas de bambu, são acesas e soltas na água como uma forma de oferenda ou como purificação espiritual. Ela também tem um papel central no Festival de Diwali, conhecido popularmente como "Festival das Luzes". Casas são decoradas com lanternas coloridas e iluminadas, chamadas *diyas* ou *divas*, feitas tradicionalmente de argila ou metal. Essas lanternas são acesas para iluminar o caminho e dar as boas-vindas à Deusa da Prosperidade, Lakshmi, e para celebrar a vitória da luz sobre as trevas. A luz das lanternas aqui é vista como uma forma de afastar as energias negativas e atrair energias positivas para as casas e para a vida das pessoas. Além das lanternas nas casas, durante o *Diwali* também são realizados desfiles e festivais de luzes em comunidades e cidades. As pessoas levam lanternas coloridas e iluminadas, dançam, cantam e celebram juntas. Essa união em torno das lanternas é uma expressão de alegria, renovação e esperança compartilhada.

Uma coisa muito interessante de se falar é que muitas comunidades locais se especializaram nesse ofício, transmitindo de geração em geração as técnicas e os segredos para a criação de lanternas. Normalmente, essas lanternas são confeccionadas em uma variedade de materiais, incluindo papel, metal, madeira e tecido. Cada material oferece possibilidades únicas de design e acabamento, resultando em diferentes estilos e padrões de lanternas.

Observando o instrumento de modo geral, além de fornecer luz física, os luzeiros também simbolizavam a esperança, a proteção e a orientação espiritual na maior parte dos locais onde são encontrados. Sua presença normalmente gera conforto e traz sensação de segurança para as pessoas. As lanternas podem ser vistas como mensageiras da luz, conectadas às forças superiores ou Divindades e trazendo energia positiva para afastar tanto a escuridão quanto as energias negativas.

Os luzeiros eram valorizados em diversas tradições culturais e religiosas. Eles foram vistos em muitas festividades e rituais. Em festas religiosas, casamentos, nascimentos e celebrações sazonais, a presença dos luzeiros era essencial para criar uma atmosfera especial e sagrada. Suas chamas eram consideradas purificadoras e capazes de afastar influências malignas. Os luzeiros também desempenharam papel simbólico na transmissão de conhecimentos e histórias. Muitas vezes, eles eram acompanhados por contadores de histórias, poetas ou músicos, que aproveitavam a atmosfera criada pela luz para compartilhar tradições, lendas e ensinamentos com a comunidade.

Não podemos deixar de falar sobre o poder de gerar sombras que as lanternas têm. A contação de história através das sombras é vista em diferentes lugares do mundo. As origens precisas da arte da contação de histórias com sombras são incertas, mas essa prática remonta há milhares de anos. Acredita-se que ela tenha sido originada na China antiga e se espalhado por outras partes da Ásia, como Índia, Indonésia, Turquia e Grécia. Ao longo dos séculos, a técnica foi refinada e adaptada por diferentes culturas, resultando em estilos e tradições únicas.

A contação de histórias com sombras geralmente é realizada usando uma fonte de luz, como uma lamparina, um luzeiro ou uma vela, posicionada atrás de um pano ou tela translúcida. O manipulador de sombras fica entre a fonte de luz e a tela, usando suas mãos e dedos para criar silhuetas de personagens e objetos. À medida que as silhuetas são projetadas na tela, elas ganham vida. O manipulador de sombras usa técnicas precisas e habilidades manuais para criar diferentes formas e movimentos com as mãos. Eles podem manipular os dedos para representar animais, pessoas e objetos, além de usar recortes de papel, bonecos ou marionetes para complementar as sombras. A combinação da luz, da tela e da habilidade do manipulador cria um efeito mágico, envolvendo o público na narrativa.

Por que falar em lanternas e sombras? Qual a relação disso com os encantos do Fogo e sua Magia?

A Bruxaria em sua ancestralidade é conhecida por seu profundo entendimento das energias sutis e das conexões entre o mundo visível e o invisível. A contação de histórias através das sombras é uma forma de manifestar essa compreensão, utilizando a luz e as sombras como ferramentas para criar um ambiente mágico e evocativo, onde as sombras têm um poder simbólico e capacidade única de representar o oculto, o desconhecido e o sobrenatural. As histórias contadas repetidas vezes incorporam arquétipos poderosos e simbólicos. Personagens como Deuses, Deusas, espíritos, criaturas místicas e ancestrais são representados por meio das sombras, invocando sua presença e poder. Essas narrativas têm o propósito de transmitir ensinamentos, valores e sabedoria ancestral, além de fortalecer o vínculo entre os praticantes e suas tradições.

Ao explorar a sombras de modo filosófico e incorporá-la à prática mágica, os indivíduos são convidados a aceitar todas as partes de si mesmos, inclusive as sombras. Ao invés de rejeitar ou suprimir esses aspectos, a magia encoraja a integração saudável e equilibrada de todas as partes do self. Esse processo de aceitação e integração é fundamental para o autoconhecimento e a jornada de crescimento espiritual.

A Magia pode ser uma ferramenta poderosa para a transformação e a cura emocional. Ao trabalhar conscientemente com a sombra, os praticantes podem transmutar emoções negativas, liberar traumas passados e integrar aspectos sombrios da personalidade. Os rituais, as meditações e os feitiços podem ser ferramentas poderosas e ajudar a restaurar o equilíbrio interno, promovendo a cura e o crescimento pessoal.

Em nossa jornada de autodescoberta, muitas vezes buscamos por iluminação, um estado de consciência expandida e de conexão profunda com nossa essência mais autêntica. Para alcançar verdadeiramente essa iluminação, devemos estar dispostos a enfrentar e a abraçar nossas sombras. Elas que são os aspectos ocultos, reprimidos e negados de nossa personalidade, partes de nós mesmos que preferimos não reconhecer, que carregam medos, inseguranças, traumas e comportamentos negativos. Ao negarmos ou rejeitarmos estas partes, limitamos nosso potencial de crescimento pessoal e de conexão plena com o eu.

Ao aceitarmos e trabalharmos com nossas sombras, abrimos as portas para a verdadeira iluminação. Ao invés de suprimir esses aspectos indesejados, devemos explorá-los com compaixão e autoconsciência. Devemos investigar as raízes de nossos medos e traumas, confrontar nossas limitações e padrões destrutivos e buscar a cura e o crescimento. O trabalho com as sombras exige coragem e honestidade. Requer que olhemos para dentro de nós mesmos com humildade e aceitação incondicional. É um processo de autoinvestigação e autotransformação, onde reconhecemos e integramos esses aspectos sombrios, trazendo-os para a luz da consciência. As lanternas e os luzeiros, assim como na mão do Eremita nas cartas de Tarô, trazem a iluminação através da autoanálise e da observação de todas as sombras que são geradas ao longo do processo. Elas revelam aquilo que está oculto, do mais sutil ao mais profundo.

O Luzeiro para a iluminação pessoal

Quando trabalho com meu luzeiro gosto muito de observar todas as sombras e desenhos que se formam a partir dos vitrais e dos furos que ficam na construção superior da lanterna. Dentro de um quarto escuro, de preferência à noite, onde o silêncio se faz dominante, com uma vela pequena daquelas de *rechaud* colocada no centro do luzeiro, trago algum questionamento importante acerca de mim, das minhas emoções, dos meus sonhos, objetivos, tudo isso na intenção de encontrar uma resposta e trazer luz para a questão.

Eu me permito meditar neste ambiente escuro, iluminado apenas pelo luzeiro como uma maneira de me conectar com a Deusa, com os Deuses e com a fonte criadora de tudo, que é dotada de luz e calor. Tenho o luzeiro em minhas práticas mágicas como um objeto meditativo e contemplativo, símbolo de conexão com o sagrado e auxiliador dos meus momentos de autorreflexão. Não vou me preocupar aqui em trazer uma receita pronta de como fazer alguma coisa. Permita-se, assim como os movimentos da vida, fluir e buscar por um luzeiro ou uma lamparina, dessas indianas de ferro, usadas para decoração, que são muito mais resistentes e duram mais. Busque por uma que tenha a sua cara, que lhe agrada de uma maneira única, e então faça dela seu objeto de contemplação.

Aqui neste processo, quero que você crie o seu próprio vínculo. Se for confortável para você, faça uma consagração neste objeto. Se não estiver habituado a consagrar coisas, siga esta ideia de processo contemplativo de forma linear, sem se preocupar com consagrações.

Escolha uma noite favorável, feche-se em seu quarto com tudo apagado e acenda uma única vela dentro desse luzeiro. Permita que esse instrumento seja parte de você e ao mesmo tempo uma porta de conexão com a iluminação vinda diretamente dos Deuses. Faça isso sempre que sentir que sua vida está desandando ou se de alguma maneira você se sentir deslocado ou precisando de respostas. Feche-se num quarto escuro com seu luzeiro e apenas uma única vela, medite sobre a questão, deixe-se vaguear entre as sombras e formas que se fazem pela parede, preencha-se com a luz verdadeira vinda dos Deuses e permita que as respostas possam vir até você.

Pode ser que você fique minutos ou horas dentro do quarto, pode ser que as respostas não venham naquele momento, porém esse processo trará conexão com essa luz dos Deuses, onde o luzeiro é o portal de acesso para se conectar com a fonte que tem todas as respostas. Por isso, mesmo que o que deseja saber não chegue na mesma hora, siga sua vida ciente de que a resposta virá depois desse processo.

Meditação, para ajudar sua conexão com o luzeiro

Feche os olhos e encontre uma posição confortável. Respire profundamente, inspirando pelo nariz e expirando pela boca. Deixe seu corpo relaxar e solte qualquer tensão que possa sentir.

Em sua mente, veja-se em seu quarto escuro. À sua frente, há um luzeiro brilhante emanando uma luz suave e convidativa. Sinta-se atraído por essa luz e comece a caminhar em direção a ela.

Ao se aproximar, perceba que o luzeiro se transforma em um portal de luz, com um brilho intenso. Você se sente seguro e confiante ao entrar no portal, sabendo que está sendo guiado por uma força maior.

Conforme atravessa o portal, sinta-se imediatamente envolvido por uma luz radiante e reconfortante. Você está em um ambiente de puro amor e paz. Observe ao seu redor e perceba os detalhes desse espaço sagrado, sinta a presença dos Deuses ao seu redor, sua energia poderosa e amorosa. Saiba que você está conectado à força viva e divina que permeia tudo o que existe. Neste espaço sagrado, todas as respostas estão disponíveis para você.

Permita-se sentir a sabedoria e a presença dos Deuses penetrando em seu ser. Abra-se para receber suas mensagens e orientações. Esteja disposto a ouvir e a compreender as respostas que surgirem em seu coração e em sua mente.

Enquanto você se encontra nesse ambiente de luz e conforto, reserve um momento para fazer suas perguntas mais profundas. Peça clareza, orientação e insights para as questões que o afligem. Confie que as respostas virão de uma fonte mais elevada.

Permaneça nesse estado de conexão e contemplação pelo tempo que precisar. Sinta-se nutrido e preenchido pela energia dos Deuses e pela luz divina que permeia o ambiente.

Quando estiver pronto para encerrar a meditação, agradeça aos Deuses pela sua presença e orientação. Sinta-se grato por ter acessado essa fonte de sabedoria e luz. Então comece a trazer sua consciência de volta ao presente. Sinta o seu corpo e os movimentos suaves de sua respiração. Gradualmente, abra os olhos, trazendo consigo a sensação de paz e clareza que encontrou na meditação.

Lembre-se de que esse portal de luz está sempre disponível para você. Sempre que desejar se conectar com a força viva dos Deuses e buscar respostas dentro de si mesmo, basta fechar os olhos, respirar profundamente e entrar no luzeiro que ilumina o caminho para sua própria sabedoria interior.

IV. DA CERA AO ALTAR

O Caminho das Velas na Magia

A fim de desmistificar e encontrar coesão para os paradigmas mágicos que utilizam a respeito da Magia das Velas e do Fogo, é importante compreender o processo histórico das coisas. A Magia e a História da humanidade estarão sempre ligadas e caminhando, de certo modo, juntas.

Especula-se que os pioneiros na fabricação de velas remontam há milhares de anos. As velas eram feitas por um processo relativamente simples, mergulhando um núcleo de junco em gordura animal derretida, proveniente de animais como ovelhas ou bois. Seu ponto de fusão era reduzido para que pudesse ser derretida facilmente.

O método envolvia o processo de imersão repetida do núcleo de junco na gordura derretida, camada por camada, até que se formasse uma estrutura sólida e estável. Uma vez finalizada a imersão, a gordura era deixada para esfriar e endurecer, transformando-se na vela primitiva. Ao contrário das velas modernas, as velas egípcias não possuíam pavio, a própria estrutura de junco atuava como combustível a ser queimado, liberando uma chama suave e luminosa.

Essas velas de junco eram uma inovação importante para os antigos egípcios, pois proporcionavam uma fonte de luz para suas casas durante a noite. Além disso, eram utilizadas em cerimônias religiosas e outras celebrações. A luz suave das velas contribuía para uma atmosfera mística e solene, tornando-as uma parte essencial das práticas religiosas da época. As velas egípcias eram geralmente pequenas e cilíndricas, mas os antigos egípcios também fizeram velas maiores e mais elaboradas, em forma de animais ou de Deuses. Elas eram usadas em uma variedade de ocasiões, incluindo cerimônias religiosas, celebrações, eventos sociais e como meio de comunicação e sinalização.

Embora o uso doméstico fosse o principal motivo da criação das velas, elas desempenharam um papel significativo como meio de comunicação, em especial, para sinalizar a chegada de navios que se aproximavam do rio Nilo durante a noite. Essa forma rudimentar de sinalização permitia que os navegantes transmitissem mensagens básicas ou indicassem sua localização, auxiliando no comércio e na navegação fluvial.

A fabricação e o uso de velas egípcias demonstram a habilidade dos antigos egípcios em aproveitar os recursos disponíveis ao seu redor e aplicá-los de maneira inovadora. Esse conhecimento e prática marcaram o início de uma longa e rica história de iluminação artificial que evoluiu ao longo dos séculos, moldando a forma como interagimos com a luz e a escuridão até os dias de hoje.

Os juncos eram os núcleos mais comuns usados para a fabricação de velas no antigo Egito. Eles cresciam em abundância na região e eram de fácil acesso, o que os tornava uma escolha prática e popular para os egípcios. Seu custo relativamente baixo fazia deles uma opção econômica para a produção em grande escala de velas. O papiro era outro material amplamente utilizado pelos antigos egípcios para a fabricação de velas. Esse material apresentava uma estrutura forte e durável. As velas de papiro, geralmente maiores e mais elaboradas do que as de junco, eram valorizadas por sua aparência elegante e refinada. Os egípcios também utilizavam a madeira para fazer velas, embora essa opção fosse mais cara em comparação com o junco ou o papiro. As velas de madeira produziam uma luz mais brilhante, o que as tornava ideais para ocasiões especiais, como cerimônias religiosas ou celebrações festivas. Devido ao custo mais elevado, o uso de velas de madeira era geralmente reservado para eventos mais importantes e simbólicos.

A habilidade dos antigos egípcios em aproveitar os recursos naturais disponíveis em sua região, combinada com suas escolhas cuidadosas de materiais para fabricar velas, reflete a importância que esse elemento de iluminação tinha em sua vida cotidiana e em suas práticas culturais e religiosas. A gordura de cabra era amplamente utilizada pelos antigos egípcios para fabricar velas, essa gordura é rica em triglicerídeos, compostos químicos que produzem luz quando queimados. Além disso, a gordura de cabra era facilmente encontrada e relativamente barata, tornando-a uma escolha popular na fabricação de velas. Outro tipo comum de gordura utilizado pelos antigos egípcios para fazer velas era a de ovelha, semelhante à de cabra em sua composição química e propriedades, a gordura de ovelha também fornecia uma fonte de luz confiável e acessível.

Embora menos comum do que a gordura de cabra ou de ovelha, a gordura de vaca também era empregada na produção de velas. Mais densa e com maior dificuldade para queimar em comparação às outras opções, sua queima, no entanto, produzia uma luz mais brilhante, o que poderia ser vantajoso em determinadas situações.

Além dessas opções, os antigos egípcios também utilizavam outros tipos de gordura animal para a fabricação de velas, tais como a gordura de porco, de camelo e de crocodilo. Essas alternativas eram menos comuns, provavelmente influenciadas pela disponibilidade regional e pela demanda específica. A escolha do tipo de gordura animal para fazer velas levava em conta diversos fatores, a disponibilidade da gordura em uma determinada região desempenhava um papel crucial na escolha dos materiais disponíveis localmente. Além disso, o custo da gordura era considerado, uma vez que opções mais acessíveis eram preferidas para a fabricação em larga escala.

Outro fator relevante era a qualidade da luz produzida pela queima da gordura, podendo influenciar a preferência por um tipo específico de vela em diferentes contextos. Dessa forma, a escolha da gordura animal para a fabricação de velas pelos antigos egípcios era uma decisão cuidadosamente ponderada, levando em conta esses aspectos práticos e econômicos.

Em comparação com as velas egípcias, as velas romanas ofereciam maior eficiência e durabilidade. Esse avanço se devia principalmente à utilização de cera de abelha, um material mais puro e estável em relação à gordura animal empregada anteriormente. As vantagens das velas romanas permitiram sua utilização para uma ampla variedade de propósitos, amplamente empregadas para iluminação em residências, templos e teatros, garantindo uma luz suave e acolhedora. Além disso, as velas eram utilizadas como forma de sinalização e de decoração, adornando tanto espaços internos como externos. A versatilidade das velas romanas também se estendia ao uso em embarcações e veículos, iluminando jornadas noturnas e proporcionando segurança em navegações. O papel das velas não se limitava apenas ao âmbito cotidiano, elas tinham seu papel significativo em cerimônias religiosas e em festivais, conferindo um ambiente solene e festivo.

As velas chinesas tradicionais, conhecidas como "velas de tubo de papel", representam uma técnica histórica de fabricação de velas única na China. Nesse processo, tubos de papel eram moldados em diferentes formatos e tamanhos, proporcionando a estrutura básica da vela. Em seguida, esses tubos de papel eram preenchidos com uma mistura de cera extraída de sementes, que servia como combustível para a vela. A cera utilizada nas velas chinesas era frequentemente obtida a partir de sementes de plantas como a *tallow* (um tipo de sebo vegetal), que possuía propriedades combustíveis adequadas para esse propósito. A utilização de cera de sementes garantia que a vela queimasse de maneira eficiente e produzisse uma luz suave e duradoura. O pavio era uma parte essencial das velas chinesas e era feito enrolando papel de arroz, que era imerso ou impregnado na mistura de cera ainda líquida, funcionando como a fonte de ignição da vela. O papel de arroz utilizado como pavio possuía a vantagem de queimar uniformemente, permitindo que a vela fosse acesa de maneira confiável e fácil.

Essa técnica de fabricação de velas em tubos de papel ilustra a inventividade dos chineses em encontrar materiais disponíveis localmente e utilizar técnicas engenhosas para criar fontes de luz essenciais para sua vida cotidiana e rituais. As velas chinesas desempenharam um papel significativo na iluminação de espaços domésticos, templos e eventos especiais, refletindo a importância da iluminação artificial na cultura e na sociedade chinesa ao longo dos séculos.

No Japão, a fabricação de velas usando cera extraída da noz de Tung é uma parte interessante da história cultural e tecnológica do país. Essa técnica proporcionava uma fonte de combustível eficiente e de alta qualidade para as velas japonesas, desempenhando um papel significativo em várias práticas culturais e cerimoniais. A noz de Tung (*Vernicia fordii*), uma árvore nativa do sudeste da Ásia, incluindo o Japão, é conhecida por produzir uma cera que queima de forma limpa e eficiente, proporcionando uma luz clara e suave. A cera extraída da noz de Tung era valorizada por sua estabilidade e capacidade de produzir uma chama estável, tornando-a uma escolha popular para a fabricação de velas em várias épocas da história japonesa.

A fabricação de velas a partir de cera de noz de Tung remonta ao século 8. Na época, as velas eram feitas a mão e eram usadas principalmente para fins religiosos. Com o tempo, a fabricação de velas se tornou mais sofisticada e as velas se tornaram mais comuns entre a população em geral. No século 16, a fabricação de velas a partir de cera de noz de Tung, tornou-se uma indústria próspera no Japão, porém, por volta do século 19, a fabricação e sua popularidade começou a declinar. Isso foi devido ao advento das velas de parafina, que eram mais baratas e fáceis de produzir. As velas de cera de noz de Tung ainda são produzidas no Japão até os dias de hoje e são populares entre os apreciadores de velas.

As velas de cera de noz de Tung são valorizadas por sua qualidade, sua aparência e seu aroma. Elas também são consideradas ecologicamente corretas, pois a cera de noz de Tung é um subproduto do óleo de Tung.

Na Índia, a fabricação de velas é uma técnica única que envolve a cera extraída do fruto da caneleira, uma árvore conhecida como "caneleira-verdadeira" (*Cinnamomum verum*) ou "caneleira-da-china" (*Cinnamomum cassia*). Essa prática de utilizar a cera da caneleira para fazer velas reflete a riqueza e diversidade das tradições culturais na Índia. A caneleira é uma árvore nativa do subcontinente indiano, cujo fruto é colhido e utilizado para extrair a cera. Para obter a cera, o fruto da caneleira era fervido e dele extraído a substância cerosa, que depois era moldada em velas para uso em diversas ocasiões.

A cera de vela produzida a partir do fruto da caneleira era apreciada por suas qualidades, como a capacidade de queimar de forma suave e liberar um aroma agradável. As velas feitas com essa cera eram utilizadas em práticas religiosas, rituais cerimoniais, celebrações festivas e iluminação doméstica. Além de suas qualidades físicas, a cera de vela da caneleira também era considerada sagrada pelos indianos. Acreditava-se que ela tinha o poder de purificar o ambiente e afastar maus espíritos. Por isso, as velas feitas com essa cera eram frequentemente usadas em cerimônias religiosas e festivais.

Transmitida de geração em geração ao longo dos séculos, a técnica de fabricação de velas com cera de caneleira ainda é praticada atualmente na Índia. As velas feitas com essa cera são um símbolo da riqueza e diversidade das tradições culturais do país, fonte de orgulho para os indianos.

Muito embora consigamos rastrear usos ritualísticos das velas em diferentes culturas, fato é que elas eram um instrumento de facilitação do cotidiano, iluminando os caminhos, os lares e sinalizando rotas.

Durante períodos em que a iluminação artificial era limitada, como na época em que as velas eram a principal fonte de luz, os interiores das casas mais ricas eram projetados de forma a maximizar e ampliar a luz disponível. Especialmente em palácios e residências de luxo, como o famoso Palácio de Versalhes, os projetos arquitetônicos visavam otimizar a luz proveniente das velas. Um exemplo notável disso é a Sala dos Espelhos em Versalhes, que se tornou famosa por sua grandiosidade e esplendor. Essa sala foi uma das primeiras a ser iluminada de maneira mais eficiente e agradável para os ocupantes. O uso estratégico de espelhos ao longo das paredes e tetos permitia refletir e multiplicar a luz das velas, criando um ambiente luminoso e deslumbrante, mesmo com a luz limitada disponível na época.

Essas inovações arquitetônicas e de design permitiram que a Sala dos Espelhos alcançasse um nível de iluminação mais próximo do que consideramos seguro e agradável nos dias atuais.

O Palácio de Versalhes é apenas um exemplo do uso criativo e prático da luz das velas em ambientes luxuosos da época. Muitas outras residências aristocráticas e palácios em diferentes partes do mundo também adotaram técnicas semelhantes para melhorar a iluminação de seus interiores. Os objetos e decorações eram cuidadosamente escolhidos para refletir a luz das velas. As bordas douradas dos pratos, a prata polida nos buracos das fechaduras e os bordados metálicos dos coletes das roupas contribuíam para criar um brilho cintilante em todo o ambiente.

As festas noturnas realizadas na corte francesa se tornaram eventos espetaculares, com a iluminação das velas ressaltando toda a magnificência dos interiores. Espelhos, lustres e candeeiros adornavam os salões, refletindo a luz e criando um efeito mágico, enchendo o espaço com brilho e cor.

Essa nova abordagem para a iluminação noturna teve um impacto significativo na cultura e nas tradições da época. As festas noturnas se tornaram uma parte importante da vida social na corte francesa, proporcionando oportunidades para interações sociais, entretenimento e celebração.

É de extrema relevância persistir na exploração das nuances históricas dos materiais que constituem as velas e seu uso ao longo da história, a fim de enriquecer e fortalecer o significado da magia envolvendo esses elementos. Isso se destaca como uma abordagem diferenciada em relação às muitas informações superficiais e desprovidas de profundidade encontradas comumente. Na década de 1820, o renomado químico francês Michel Eugène Chevreul fez uma descoberta pioneira ao conseguir extrair o ácido esteárico de ácidos graxos animais. Essa importante descoberta científica impulsionou o desenvolvimento de um novo material chamado "cera de estearina". Uma substância sólida e durável, queimando de forma mais limpa e uniforme do que outras ceras disponíveis na época. Essa qualidade tornou as velas de estearina altamente populares na Europa e em outras partes do mundo.

Com essa inovação, a iluminação a partir de velas de cera tornou-se mais eficiente e prática. As velas de estearina produziam menos fumaça e resíduos, proporcionando uma luz mais brilhante e agradável.

A busca por alternativas sustentáveis e ecológicas para a iluminação, no entanto, não pararam, levando ao desenvolvimento de velas de estearina de fontes vegetais, como a cera de palma ou soja, atendendo às preocupações ambientais contemporâneas.

Atualmente, as velas de estearina continuam sendo valorizadas por sua qualidade e eficiência em diversas aplicações, desde iluminação doméstica até usos decorativos em eventos e celebrações. Além disso, o interesse crescente por produtos naturais e sustentáveis tem levado ao aprimoramento contínuo da fabricação dessas velas, buscando sempre atender às necessidades e demandas do mercado moderno.

A descoberta do ácido esteárico foi um marco importante na história das velas, influenciando a forma como elas eram fabricadas e utilizadas em todo o mundo. A cera de estearina continuará a ser um componente significativo na indústria de velas, combinando tradição e inovação para oferecer soluções de iluminação eficientes e agradáveis.

Em 1834, outro importante marco na indústria moderna de velas foi alcançado graças ao inventor Joseph Morgan, que contribuiu significativamente para o avanço da fabricação de velas ao desenvolver uma inovadora máquina que revolucionou o processo produtivo. A invenção de Morgan consistia em uma máquina capaz de produzir velas moldadas de forma contínua e eficiente. Essa máquina utilizava um cilindro equipado com um pistão móvel que injetava as velas à medida que se solidificavam. Essa nova abordagem trouxe uma série de benefícios para a indústria de velas. Antes dessa invenção, a fabricação de velas era um processo manual e trabalhoso, que limitava a capacidade de produção e tornava as velas mais caras. Com a máquina de Morgan, o processo de fabricação se tornou muito mais rápido e padronizado, permitindo a produção em larga escala com custos reduzidos.

Essa inovação teve um grande impacto na popularização das velas como uma fonte acessível de iluminação e ainda contribuiu para o crescimento da indústria desse artefato em todo o mundo.

Desde então, a fabricação de velas tem continuado a evoluir com a incorporação de novas tecnologias e materiais. Hoje em dia, a indústria de velas oferece uma ampla variedade de produtos, desde as tradicionais velas de cera até as velas aromáticas, ecológicas e decorativas. A produção mecanizada das velas tornou-as uma mercadoria facilmente acessível para as massas, transformando a forma como a iluminação era obtida.

Com a introdução da cera de parafina, a indústria das velas teve mais um avanço significativo na década de 1850. Esse novo material revolucionou mais uma vez a fabricação de velas, tornando-as mais práticas, econômicas e eficientes.

A cera de parafina foi desenvolvida quando os químicos aprenderam a separar de forma eficiente a substância cerosa natural presente no petróleo e refiná-la. Esse processo possibilitou a obtenção de uma cera de alta qualidade, queimando de forma limpa, consistente e com menos resíduos, em comparação com outros combustíveis de vela disponíveis na época. A parafina se tornou uma verdadeira bênção para a fabricação de velas. Sua disponibilidade e facilidade de produção resultaram em velas mais acessíveis ao público em geral. Além disso, a parafina proporcionava uma luz mais brilhante e uniforme, melhorando a qualidade da iluminação em ambientes domésticos e comerciais.

Com a popularização da cera de parafina, as velas ganharam destaque em diversas aplicações, desde a iluminação diária em residências até a utilização em eventos e celebrações. Sua queima limpa e econômica também a tornou uma escolha popular para propósitos decorativos e funcionais, sendo usada em lanternas, luminárias e suportes de vela diversos.

É fácil separar a partir de um olhar mais histórico o uso das velas como objeto, indo de um artigo de facilitação do cotidiano, para um produto de grande necessidade para a vida diária.

Com a invenção da lâmpada elétrica no final do século 19, a popularidade das velas começou a declinar, pois a nova tecnologia proporcionava uma forma mais eficiente e conveniente de iluminação. Durante a primeira metade do século 20, as velas experimentaram um renascimento na sua popularidade, impulsionado principalmente pelo crescimento das indústrias de petróleo e empacotamento de carne.

O aumento da produção de petróleo e das indústrias de carne resultou em um crescimento dos subprodutos desses setores, que se tornaram os principais ingredientes para a fabricação de velas. A parafina, um subproduto do petróleo, e o ácido esteárico, derivado do processamento de gorduras animais, tornaram-se os componentes básicos para a criação de velas modernas.

Agora, além de serem usadas para iluminação doméstica e em celebrações, as velas também encontraram usos em atividades decorativas, aromáticas e terapêuticas.

Ainda que a lâmpada elétrica tenha se consolidado como a principal fonte de iluminação, o apelo estético, a sensação de conforto e o valor simbólico das velas persistiram ao longo dos anos. Velas continuam a ser apreciadas por seu charme, versatilidade e pela atmosfera acolhedora que proporcionam aos ambientes.

Hoje, a indústria de velas continua a evoluir, com uma ampla gama de opções, desde velas tradicionais de parafina e cera de estearina, até velas naturais feitas de cera de soja, palma e abelha, atendendo às preferências e preocupações dos consumidores contemporâneos. A história das velas demonstra como essa fonte de iluminação se adaptou e persistiu ao longo do tempo como produto, em diferentes épocas e culturas.

Mas em que momento as velas se tornaram mágicas de fato?

QUANDO AS VELAS SE TORNARAM MÁGICAS

A história das velas e do fogo como Instrumentos Mágicos e ritualísticos é fascinante e rica em significados simbólicos. Embora seja difícil determinar exatamente quando as velas se tornaram elementos místicos e auxiliares nos rituais, é inegável que elas sempre estiveram presentes em diversos aspectos da vida humana, transcendendo o simples propósito de iluminar o cotidiano.

Desde tempos imemoriais, o fogo tem sido reverenciado em muitas culturas como uma força divina, um elo com o sagrado e um símbolo de transformação e purificação. O ato de acender uma vela em rituais e cerimônias transcende as fronteiras culturais e religiosas, refletindo o desejo humano de buscar uma conexão com algo maior.

A chama da vela é muitas vezes associada à luz que ilumina a escuridão, representando a sabedoria, o conhecimento e a clareza espiritual. Além disso, a vela também é vista como uma ponte entre o mundo material e o espiritual, servindo como um meio de comunicação com os Deuses ou o Divino.

Em diferentes tradições, as velas são usadas em cerimônias religiosas, rituais de cura, celebrações festivas e práticas espirituais. Elas são vistas como uma forma de concentrar a energia, estabelecer intenções e elevar a vibração do ambiente.

Ao longo dos séculos, as velas têm sido associadas a diversos símbolos e significados, como esperança, renovação, proteção e purificação. Seu papel em rituais e práticas mágicas varia de acordo com cada cultura e crença, mas a essência do uso das velas permanece conectada à busca de uma ligação com o Divino e ao desejo de encontrar um propósito mais profundo na existência humana.

Hoje, as velas continuam a ser valorizadas não apenas por sua utilidade prática, mas também por sua dimensão espiritual e mística. Elas trazem consigo uma carga simbólica que transcende o espaço e o tempo, lembrando-nos da importância de buscar significado e conexão em nossa vida cotidiana. A história das velas e do fogo como Instrumentos Mágicos nos convida a refletir sobre a presença do sagrado em nossas jornadas individuais e coletivas, oferecendo-nos um lembrete da riqueza espiritual que permeia a experiência humana.

A fascinação e o poder do fogo sempre estiveram presentes nas civilizações antigas, inspirando tanto admiração quanto respeito. A observação atenta da natureza e do cotidiano levou essas civilizações a compreenderem a natureza transformadora do fogo e suas implicações profundas. À medida que a humanidade progrediu e as sociedades se transformaram, as tradições e o simbolismo associados ao fogo também se adaptaram. A introdução de novas religiões e filosofias trouxe diferentes perspectivas sobre o fogo, expandindo ainda mais sua riqueza simbólica. Apesar das mudanças e evoluções ao longo do tempo, a essência da conexão entre o fogo e o sagrado permaneceu presente. O poder transformador do fogo continua a ser reverenciado em muitas culturas e crenças, mostrando como essa relação perdura através das eras.

Hoje, o fogo ainda ocupa um lugar especial nas práticas religiosas e rituais de muitas pessoas ao redor do mundo. Seja nas velas acesas durante as orações, nas fogueiras que marcam celebrações ou em rituais específicos, o fogo continua a desempenhar um papel significativo na busca da conexão espiritual e do significado mais profundo da existência humana.

A história do fogo e sua associação com o sagrado nos lembra da nossa busca contínua por significado e transcendência, conectando-nos às gerações passadas e inspirando-nos a buscar um entendimento mais profundo do mundo ao nosso redor.

V. MUITO ALÉM DAS VELAS

Materialidade e Poder Mental na Magia

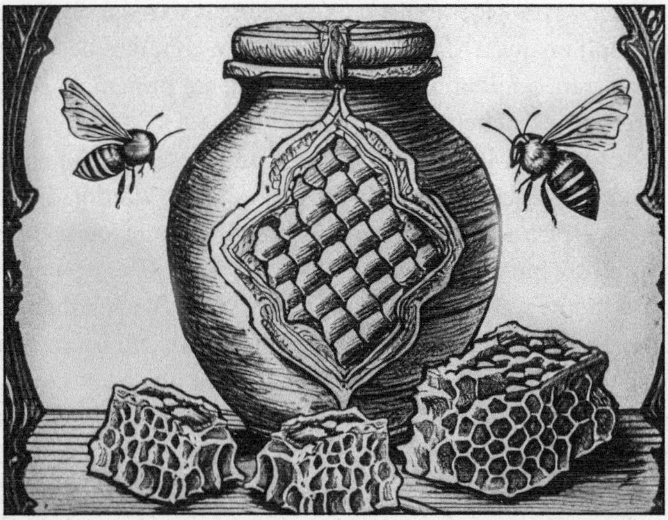

A Magia não é apenas mental. Com frequência, quando observamos as velas, não percebemos sua verdadeira extensão e significado. É necessário desafiar nossa mente a ir além, compreendendo questões mais profundas, como o fato de que a Magia não se limita ao mental, como frequentemente é descrita. É essencial reconhecer a importância dos materiais que compõem nossos rituais e a conexão que estabelecemos com eles.

A ideia de que a Magia é mental enfatiza a importância da crença, da concentração e da visualização na manifestação dos resultados desejados. Acredita-se que a mente humana possui um poder intrínseco capaz de influenciar a realidade e criar mudanças sutis ou significativas no mundo ao nosso redor.

Essa abordagem moderna da Magia se baseia na compreensão de que nossos pensamentos e emoções têm uma energia e vibração próprias que podem interagir com as energias do Universo. A intenção clara e a visualização vívida do resultado desejado são consideradas fundamentais para canalizar essa energia mental em direção ao objetivo mágico.

A questão da natureza da Magia é complexa e frequentemente aponta diferentes visões e interpretações entre os praticantes e estudiosos do ocultismo e das tradições espirituais. Muitas correntes e segmentos mágicos defendem a ideia de que a Magia é puramente psicológica, considerando-a uma expressão da mente e emoções humanas. Outras perspectivas, enxergam a Magia de forma mais ampla, como uma interconexão de todas as coisas no Universo.

A visão de que a Magia não se limita apenas à mente e às emoções encontra respaldo em diversas tradições espirituais e esotéricas ao redor do mundo. Muitos praticantes acreditam que a Magia se baseia em um conjunto de leis e princípios universais, que transcendem as fronteiras da mente humana e se estendem à própria natureza da existência.

Neste contexto, a Magia é vista como uma colaboração com a teia de conexões entre todas as coisas. A ideia de que tudo está interligado é central em muitas tradições espirituais, e a Magia é vista como uma maneira de reconhecer e trabalhar com essa interconexão.

De fato, a mente e as emoções têm um papel fundamental na Magia, pois é através delas que concentramos nossas intenções, visualizamos os resultados desejados e canalizamos nossa energia. A conexão entre nossa consciência e o poder da Magia é inegável e desempenha um papel crucial em nossas práticas mágicas.

Ao mesmo tempo, devemos ressaltar a importância do aspecto físico da existência humana e como estamos interligados com o mundo material ao nosso redor. O ato de se alimentar é uma parte essencial da sobrevivência humana, e a energia dos alimentos que ingerimos também pode ser vista como uma fonte adicional de poder e conexão com a natureza. A noção de que nos tornamos parte daquilo que ingerimos traz à tona a ideia de que somos parte integrante do ecossistema ao nosso redor. Ao nos nutrirmos do mundo físico, estamos conectando nossos corpos e energia com a energia da Terra e de todos os seres vivos. Essa compreensão pode trazer uma dimensão mais holística à prática da Magia, reconhecendo que nossos corpos físicos e nossa relação com o mundo material também desempenham um papel na forma como experimentamos e manifestamos a Magia na nossa vida.

Essa perspectiva pode inspirar práticas mágicas que envolvem o uso de elementos naturais, ervas, cristais e outros recursos físicos, que são considerados uma extensão do poder da natureza em nossas mãos. Dessa forma, a Magia se torna uma parceria harmoniosa entre a mente, o espírito e o mundo físico, com cada aspecto contribuindo para a transformação e a manifestação de nossas intenções.

Quando falamos de Magia com Velas, o material usado importa, a cor usada importa, cada detalhe importa. O que você vai ver aqui neste livro será muito importante para seus feitiços e rituais.

Em meus trabalhos mágicos, enfatizo a importância de nos conectarmos plenamente com os materiais que utilizamos em nossos rituais e magias. Essa conexão emocional e física com os elementos que empregamos é fundamental para potencializar a eficácia de nossas práticas mágicas.

Uma das percepções essenciais que compartilho é a compreensão física de como cada material pode atuar na realidade. Um exemplo elucidativo é a folha de louro. Sabemos que essa folha tem propriedades aromáticas e medicinais, podendo ser utilizada em infusões para trazer benefícios à saúde. Essa compreensão física nos ajuda a entender como a folha de louro pode ser incorporada em nossos rituais mágicos para potencializar suas intenções.

É fascinante observar como as propriedades físicas do louro estão intrinsecamente conectadas com suas possíveis aplicações mágicas. Ao compreender as características diuréticas do louro, que ampliam os líquidos em nosso corpo, podemos relacioná-lo com o elemento Água na Magia, que está associado às emoções, intuição e abundância. Isso torna o louro uma poderosa ferramenta para auxiliar na prosperidade, na busca por alegria e bem-estar emocional, além de ajudar na conexão com o mar fluídico do inconsciente coletivo como um poderoso auxiliar para a vidência.

A ação antifúngica do louro se revela significativa no contexto mágico. Assim como os fungos dependem da ingestão de matéria orgânica para sobreviver, podemos fazer uma comparação entre as energias negativas e os fungos que podem se aproveitar de nossa energia vital. Ao utilizar o louro em rituais mágicos, podemos banir ou prevenir a influência dessas energias indesejadas, fortalecendo nossa proteção energética e mantendo um ambiente positivo e harmonioso ao nosso redor. Outro aspecto importante é a ação anti-inflamatória do louro, que pode ser aplicada de forma mágica para amenizar situações de raiva, irritação e dor emocional. Assim como o louro atenua os sintomas físicos da inflamação, ele pode ser utilizado para trazer equilíbrio e serenidade em momentos de mudanças negativas e desafiadoras.

Ao conhecer as propriedades físicas das plantas, ervas e materiais que utilizamos em nossas práticas mágicas, somos capazes de alinhar nossas intenções de forma mais precisa e consciente. A conexão entre a ciência natural e a magia ancestral é uma prova da sabedoria que os povos antigos tinham ao trabalhar com os recursos que a natureza lhes proporcionava.

Aprofundando nossa percepção dos elementos presentes na natureza, abrimos um vasto leque de possibilidades mágicas e aprendemos a utilizar essas forças em harmonia com nossas intenções e desejos. Essa sinergia entre a compreensão física e a aplicação mágica pode elevar nossas práticas a um nível mais profundo e significativo, proporcionando uma conexão mais intensa com as forças espirituais que permeiam o Universo.

Além disso, eu incentivo a exploração de nossa ligação emocional com os materiais utilizados. Cada material possui uma história, uma conexão com a natureza e uma carga simbólica. Ao percebermos esses aspectos, podemos nos alinhar com a energia do material de forma mais profunda e significativa. Por exemplo, a utilização de uma pedra preciosa com uma longa tradição espiritual pode evocar uma sensação de conexão ancestral e propósito em nossos rituais.

Outro aspecto importante é a origem ética e sustentável dos materiais que escolhemos. A consciência sobre a forma como obtivemos os materiais e seu impacto no meio ambiente é essencial para uma prática mágica responsável e alinhada com nossos valores éticos.

Essa compreensão mais profunda dos materiais utilizados em nossas práticas mágicas nos permite criar rituais mais autênticos, significativos e efetivos. Ao honrar a história, propriedades físicas e conexões emocionais dos materiais, alinhamo-nos com a essência da Magia como uma expressão da nossa conexão com a natureza e o Universo.

Ao aprender a trabalhar com os materiais de maneira consciente e intencional, expandimos nossa capacidade de manifestar nossas intenções e vivenciar a Magia de forma plena. É uma jornada de descoberta e conexão com a sabedoria ancestral, com a natureza e com nós mesmos. Através dessa prática, podemos aprofundar nossa compreensão da Magia como uma forma poderosa de autodescoberta, transformação e conexão com o sagrado.

Também é fundamental observar como nos comportamos em relação aos materiais que utilizamos em nossa magia, bem como as emoções que eles despertam em nós. Cada instrumento e material que empregamos deve estar em perfeita harmonia com nossa vontade e compreensão.

Ao entrar em contato com um objeto ou instrumento que provoca em nós uma emoção ou sensação contrária ao efeito desejado, é importante reconhecer que isso pode prejudicar completamente nossa prática mágica. A Magia é uma expressão de nossa intenção e energia, qualquer elemento que desperte sentimentos negativos ou incompatíveis com nossa vontade pode interferir no sucesso de nossos rituais.

Não devemos nos guiar apenas pelo que os livros ou outras pessoas dizem sobre o uso de determinados materiais. Cada indivíduo é único, e o que funciona para uma pessoa pode não ser adequado para outra. É essencial estar em sintonia com nossas próprias sensações e intuições em relação aos materiais mágicos. Ao praticar a Magia de forma autêntica, devemos honrar nossas próprias percepções e sentimentos em relação aos objetos que utilizamos. Se um material que é comumente utilizado para um propósito específico desperta em nós uma sensação contrária, devemos confiar em nossos instintos e buscar alternativas que estejam em maior harmonia com nossa energia e intenção.

Essa prática de autoconsciência nos permite criar uma conexão mais profunda e autêntica com nossas práticas mágicas. Ao trabalhar com materiais que ressoam positivamente conosco, fortalecemos a energia de nossos rituais e aumentamos a eficácia de nossas intenções. Essa abordagem nos ensina a sermos seletivos e a discernir com sabedoria os materiais que incorporamos em nossas práticas. Não se trata apenas de seguir uma receita pré-determinada, mas de abraçar nossa individualidade e buscar a autenticidade em nossa jornada mágica.

Ao aplicar essa percepção em nossos rituais e magias, criamos uma conexão mais profunda e significativa com o mundo ao nosso redor e com nós mesmos. É um processo de autoconhecimento e autodescoberta que nos leva a uma Magia mais pessoal e poderosa. Através dessa prática consciente, nossas intenções são amplificadas e somos capazes de vivenciar a verdadeira essência da Magia em nossa vida.

Apropriando-me novamente do exemplo das folhas de louro, agora mais próximo da minha realidade cotidiana, tenho um exemplo palpável que ilustra como as percepções individuais e experiências pessoais podem influenciar significativamente a eficácia da Magia. Embora o louro seja amplamente associado à prosperidade, à vitória e ao sucesso em práticas mágicas, tenho uma pessoa em minha vida que em um determinado tempo de sua infância passou por muita necessidade, quando, em sua vivência única, o louro lembrava nitidamente a escassez.

Essa pessoa trazia com força a história do feijão ralinho com louro que seu pai fazia em momentos de extrema necessidade, criando uma forte associação emocional negativa para ela entre o louro e a riqueza. Essa conexão inconsciente de escassez e privação inibe o efeito positivo que o louro teria em outras circunstâncias mágicas. Nesse caso, essa pessoa está certa em confiar em suas sensações e evitar o uso do louro em suas práticas mágicas. Se ela se sentir desconfortável ou perturbada em relação a essa erva específica, é importante honrar sua intuição e escolher outros materiais mágicos que estejam em maior sintonia com suas emoções e intenções.

Essa compreensão profunda e pessoal é essencial na Magia, pois nos ensina que não existe uma fórmula única e absoluta para o sucesso mágico. Cada pessoa tem suas próprias experiências, memórias e associações emocionais que influenciam a forma como percebem e interagem com os materiais e símbolos mágicos. Ao abraçar essa abordagem individualizada, olhando de forma distinta para seu cotidiano, para sua vida e suas próprias preferências, seja livre para buscar outras alternativas de materiais mágicos que não despertem memórias negativas ou emoções inibidoras. Essa seleção cuidadosa e autêntica de ingredientes mágicos aumenta a harmonia entre a intenção da prática e os materiais utilizados, potencializando o poder da Magia e aumentando suas chances de sucesso.

Portanto, é essencial que os praticantes de Magia sejam gentis consigo mesmos e se permitam desenvolver uma conexão autêntica com os materiais mágicos. Ao honrar suas emoções e intuições, eles criam uma prática mágica mais significativa e alinhada com sua jornada espiritual pessoal.

Como vimos no capítulo anterior, existem diversos materiais usados na fabricação e composição das velas, sejam elas industrializadas ou feitas artesanalmente. Cada material contém suas propriedades mágicas únicas e a capacidade de evocar sensações particulares em nós.

Ao adquirirmos um profundo conhecimento dos materiais utilizados em nossas práticas mágicas e compreendermos como direcioná-los com verdadeira intenção, somos capazes de potencializar nossa magia de forma significativa e direcioná-la para propósitos específicos. Essa compreensão nos permite utilizar cada material como uma ferramenta poderosa para fortalecer nossa vontade e alcançar nossos objetivos mágicos de maneira mais eficaz. Com esse domínio sobre os materiais, nossa magia se torna mais direcionada, autêntica e alinhada com nossos desejos mais profundos.

Existe uma gama de materiais amplamente utilizados na fabricação de velas, cada um desses materiais pode trazer qualidades e simbolismos específicos à vela, tornando-a uma ferramenta poderosa na Magia.

É essencial, portanto, que os praticantes de Magia estejam atentos aos materiais que utilizam na confecção ou escolha das velas para seus trabalhos mágicos. Ao entender as direções mágicas e as sensações que cada material evoca em nós, podemos criar uma conexão mais profunda e significativa com nossas práticas, aprimorando a eficácia de nossos rituais e feitiços.

As informações a seguir são extremamente importantes, especialmente para as Bruxas que têm se preocupado genuinamente com o meio ambiente. Trarei algumas curiosidades sobre a extração e produção de materiais, considerando questões de sustentabilidade ambiental, bem como o impacto da queima de velas e a emissão de gases associados a diferentes tipos de cera em relação à nossa saúde respiratória, fora seu uso mágico e ritualístico.

Creio que é essencial estabelecer uma conexão profunda e coesa com os materiais que usamos, compreendendo tanto seu método de fabricação quanto a maneira como eles interagem com nosso corpo. Outro aspecto é o paralelo estabelecido entre o uso mágico desses materiais e suas propriedades físicas, químicas, históricas, culturais e até mesmo medicinais.

VELAS DE PARAFINA

Importante saber: apesar da popularidade e ampla utilização das velas de parafina, elas também possuem desvantagens em termos de saúde e meio ambiente. Quando queimadas, as velas de parafina emitem gases como tolueno e benzeno, que são conhecidos por serem cancerígenos e prejudiciais à saúde.

A exposição contínua a esses elementos pode causar problemas respiratórios, irritação nos olhos e até mesmo agravar condições como a asma, por exemplo. A queima de velas de parafina em ambientes fechados pode resultar em concentrações significativas de partículas finas no ar, o que pode afetar a qualidade do ar e a saúde respiratória das pessoas.

Outra preocupação é o impacto ambiental. O petróleo, do qual a parafina é derivada, é uma fonte não renovável e sua extração e processamento têm consequências negativas para o meio ambiente, incluindo poluição do ar e da água. Diante dessas questões, muitas pessoas têm buscado alternativas mais saudáveis e sustentáveis para a fabricação de velas, optando por materiais naturais e orgânicos, como cera de abelha, cera de soja e óleos vegetais.

Uso mágico: o enxofre presente nas velas de parafina, destacam sua associação às propriedades terapêuticas e mágicas correlacionadas. O enxofre é conhecido por suas propriedades anti-inflamatórias e antioxidantes, o que pode fornecer benefícios para o corpo humano, aumentando a defesa contra agentes invasores e contribuindo para a desintoxicação do organismo. As velas de parafina podem ser empregadas em rituais e práticas voltadas para exorcismo, banimento e purificação. Podem ser utilizadas para afastar energias negativas, limpar ambientes e neutralizar influências indesejadas. Além disso, a capacidade da parafina em minimizar questões emocionais e cotidianas complexas pode ser explorada em rituais que busquem acalmar a mente, aliviar o estresse e promover sensação de tranquilidade. Isso pode ser especialmente valioso em práticas de meditação, autoconhecimento e equilíbrio emocional.

A relação desintoxicante do enxofre presente na parafina oferece uma perspectiva mágica poderosa, permitindo que as velas de parafina sejam utilizadas para quebrar vínculos com pessoas indesejadas e auxiliar na ruptura de relações tóxicas. Através de rituais e feitiços adequados, é possível direcionar a energia dessas velas para liberar laços prejudiciais e estabelecer uma nova e mais saudável dinâmica em relacionamentos.

Ritual com velas de parafina para liberação de energias negativas

Uma dica mágica interessante é o uso de velas de parafina para limpar e liberar energias negativas quando você estiver passando por um dia difícil ou se sentindo sobrecarregado. Independentemente da cor da vela, pegue-a e passe-a suavemente por todo o seu corpo, visualizando que todas as energias negativas em você estão sendo transferidas para a vela. Enquanto faz isso, recite a seguinte invocação com intenção e firmeza:

Retiro o maldizer e o quebro para não mais me abater!

Repita essa invocação várias vezes até que você entre em um estado alterado de consciência, alinhando seus pensamentos e emoções para que toda a energia que está atrapalhando seja transferida para a vela. Sinta-se libertando e se desapegando de tudo o que não serve mais.

Em seguida, quebre a vela ao meio, simbolizando a quebra dos laços com as energias negativas. Isso irá anular toda a energia indesejada que foi transferida para a vela. Descarte a vela no lixo, deixando para trás tudo o que não serve mais.

Este ritual simples pode ser feito sempre que sentir necessidade de se limpar energeticamente e liberar o peso de um dia difícil. Lembre-se de realizar esse trabalho com responsabilidade e intenção, buscando sempre o bem-estar e a harmonia consigo mesmo. A Magia é uma ferramenta poderosa, mas requer cuidado e consciência em seu uso.

CERA DE ABELHA

Importante saber: a cera de abelha é um tesouro da natureza, proporcionando uma experiência mágica e benéfica quando utilizada em velas. Além de ser um recurso sustentável, sua composição natural a torna uma opção saudável para quem busca uma alternativa menos tóxica. A cera de abelha consiste em uma complexa mistura que lhe confere suas propriedades únicas e versáteis. Ao acender velas feitas de cera de abelha, podemos desfrutar de uma queima limpa e lenta, sem aquela fumaça incômoda, uma escolha perfeita para criar um ambiente tranquilo e livre de alérgenos. Um aspecto fascinante é a capacidade dessas velas de produzirem íons negativos durante a queima. Esses íons atuam como purificadores do ar, capturando partículas de poeira, mofo e odores, proporcionando uma atmosfera mais limpa e saudável em nossos espaços.

Para aqueles que sofrem de alergias, asma ou dores de cabeça, as velas de cera de abelha se tornam uma aliada na busca por um ambiente mais ameno e propício ao bem-estar. Portanto, ao escolher velas para rituais mágicos ou simplesmente para iluminar nossos lares, a cera de abelha surge como uma opção mágica natural e cheia de benefícios para nós e para o meio ambiente. Seu brilho suave e seu aroma delicado nos lembram da beleza e da conexão com a natureza que a Magia sempre busca promover.

Uso mágico: velas feitas de cera de abelha possuem uma simbologia e propriedades únicas, que podem ser utilizadas de forma intencional para potencializar nossa comunicação e expressão pessoal. Ao olharmos para nossas vias respiratórias, que estão relacionadas aos nossos pulmões e ao nosso sistema respiratório, podemos compreender a importância da respiração não apenas para a nossa sobrevivência física, mas também para a nossa conexão com o mundo ao nosso redor.

Devido a sua composição natural e benéfica, pode ser um recurso valioso para trabalharmos com nossa liberdade de expressão e comunicação. Quando acendemos uma vela de cera de abelha durante um ritual ou meditação focada em nossa voz e expressão, podemos direcionar nossa intenção para que nossas palavras e ideias fluam com clareza e autenticidade. Essa conexão com o elemento do Ar, representado pela respiração, pode nos ajudar a liberar bloqueios ou medos que possam estar limitando nossa capacidade de nos expressarmos plenamente.

Além disso, a cera de abelha também pode ser utilizada de forma contrária, para auxiliar pessoas que tendem a ser excessivamente falantes ou exageradas em sua comunicação. Nesses casos, podemos direcionar nossa intenção para que a vela ajude a trazer equilíbrio e moderação nas palavras, permitindo que a pessoa se comunique de forma mais contida e ponderada.

A conexão entre as velas de cera de abelha e as vias respiratórias também pode ser estendida ao olfato. O aroma natural e suave da cera de abelha pode ser apreciado durante a queima da vela, e o olfato está intimamente ligado às nossas emoções e memórias. Dessa forma, as velas de cera de abelha podem estimular sentimentos de calma, conforto e bem-estar, tornando-as ideais para rituais de autocura, meditação ou simplesmente para criar um ambiente acolhedor e tranquilo.

É importante dizer que a vela de cera de abelha e a vela de mel são coisas diferentes. Velas de mel são parafina aromatizada artificialmente, já as de cera são compostas pela substância cerosa natural que as abelhas produzem como parte de seu processo de construção de colmeias, onde o mel fica guardado. Para otimizar a eficácia mágica, é fundamental que a vela seja composta de 100% a 85% de cera de abelha, ou que qualquer mistura seja composta de ingredientes naturais e não contenha parafina. Caso contrário, a vela poderá perder boa parte de sua capacidade mágica, que se origina de sua composição específica.

Desde tempos antigos, a cera de abelha tem sido apreciada por suas propriedades medicinais e de cuidados com o corpo. Seu uso terapêutico remonta a civilizações antigas, onde era aplicada para tratar feridas, queimaduras e diversas doenças de pele. As propriedades antibacterianas e anti-inflamatórias naturais da cera de abelha a tornam um agente eficaz na cura de pequenos cortes, arranhões e feridas, promovendo regeneração e aliviando o desconforto.

Além de suas qualidades medicinais, a cera de abelha também é conhecida por ser um excelente esfoliante natural. Sua textura agradável e sua capacidade de remover suavemente as células mortas da pele e desobstruir os poros, tornaram-na uma escolha popular para esfoliações faciais e corporais.

Essa conexão entre a cera de abelha e o corpo é estendida à Magia. As velas de cera de abelha podem ser usadas em feitiços e rituais relacionados à beleza e ao fortalecimento do corpo físico. Ao incorporar a cera de abelha em nossas práticas mágicas, podemos direcionar nossa intenção para realçar nossa beleza interior e exterior, fortalecendo, assim, nossa autoestima e autoconfiança.

No âmbito do amor, a cera de abelha também é utilizada com frequência em rituais para atrair relacionamentos amorosos, nutrir a paixão e a conexão entre casais e até mesmo para afastar pessoas indesejadas. Seu poder sensual e suas propriedades associadas ao prazer podem ser invocados para gerar energias de romance e intimidade.

Assim, as velas de cera de abelha se revelam não apenas uma boa fonte de luz, mas também uma grande aliada mágica para cuidarmos de nosso corpo físico, promover nossa beleza interior e exterior e despertar emoções e sensações de prazer e amor. Quando utilizadas de forma intencional em práticas mágicas e rituais, as velas de cera de abelha podem criar um ambiente propício para o autoencontro, o autoprazer e o autoamor. A energia suave e acolhedora emanada por essas velas pode acalmar a mente e o coração, permitindo a nós, conectarmo-nos com nossa verdadeira essência, livre de medos e ressalvas.

Além disso, as velas de cera de abelha podem ser uma ferramenta valiosa para casais que estão enfrentando desafios em suas relações, tanto no âmbito sexual como emocional. Sua energia amorosa e sensual pode ajudar a reacender a chama da paixão e a fortalecer a conexão emocional entre os parceiros. Elas proporcionam um espaço seguro para que os casais se reconectem, comuniquem-se de forma mais honesta e profunda e nutram a intimidade e a confiança mútua. No mundo da Magia, a cera de abelha é frequentemente associada a Deusas da fertilidade e do amor, reforçando sua conexão com a energia do amor-próprio e do amor entre casais. Ao incorporar essas velas em rituais de autodescoberta ou na busca por relacionamentos saudáveis, podemos direcionar nossa intenção para atrair vibrações de amor e harmonia em nossa vida.

Ritual de beleza e magnetismo: Potencializando-se com Velas de Cera de Abelha

As velas de cera de abelha possuem um potencial mágico incrível para ajudar a despertar nosso magnetismo físico e sexual, bem como para fortalecer nossa autoestima e beleza interior. Um feitiço simples e poderoso que pode ser realizado é escrever seu nome completo em uma vela feita de cera de abelha e preparar um banho especial com leite e mel. Para começar, escolha um momento em que esteja se sentindo desestimulado ou queira se conectar melhor com sua sensualidade e beleza. Vá para o banheiro e acenda a vela de cera de abelha. Certifique-se de que o ambiente esteja tranquilo e você tenha privacidade, para que possa se concentrar totalmente ao ritual.

Coloque uma música relaxante de fundo e entre em sintonia com a chama da vela, conectando-se com sua energia e deixando-a preencher seu ser. Permita-se entrar em um estado alterado de consciência, um transe leve, e sinta a chama da vela expandindo seu brilho, magnetismo e beleza interior.

Em seguida, entre no banho preparado com leite e mel. Enquanto se banha, sinta o poder do leite nutrindo e purificando sua pele, enquanto o mel envolve você com sua doçura e amorosidade. Deixe que esse banho especial penetre em seu ser, nutrindo sua autoestima e fortalecendo seu magnetismo pessoal.

Durante todo o processo, mantenha a intenção clara em sua mente, visualizando-se cheio de confiança, beleza e magnetismo. Sinta-se preenchido com puro desejo e amor-próprio.

Após o banho, relaxe em frente à luz da vela e sinta a energia transformadora do ritual.

SEBO, GORDURA DE VACA, DE OVELHA E DE OUTROS ANIMAIS

Importante saber: a fabricação dessas velas chegou a ser proibida por decreto em várias cidades europeias em tempos passados. Essa proibição foi motivada pelo incômodo que o odor causava aos moradores locais. Com o desenvolvimento posterior de outros materiais, as velas de sebo foram gradativamente substituídas, tornando-se menos comuns. Hoje em dia, o uso de sebo na fabricação de velas é específico, principalmente para finalidade religiosa.

Uso mágico: a utilização de velas feitas de gordura animal carrega consigo uma carga simbólica de conexão com a vida e a morte presente em toda natureza, até mesmo em ligações com rituais de sacrifício encontrados em diversas culturas ao longo da história. Com estas velas é possível estabelecer uma conexão profunda com aspectos da vida e da finitude, bem como com o ciclo ininterrupto da existência. O uso dessas velas pode evocar a ideia de transformação, passagem e renovação, visto que o processo de obtenção do sebo envolve a separação da gordura dos restos de carne e outros componentes.

Essas velas também podem ser vistas como forma de honrar os animais que fornecem sua gordura, especialmente quando consideramos que o carneiro e a vaca foram animais reverenciados em diferentes lugares do Mundo. Em muitas religiões antigas, como a religião greco-romana, o culto aos Deuses nórdicos, o hinduísmo e a religião dos antigos hebreus, o sacrifício animal era uma parte fundamental dos rituais religiosos. Acreditava-se que os Deuses eram apaziguados, honrados e até mesmo, através destes movimentos de oferta, podiam conceder um desejo solicitado.

O sacrifício animal era visto como uma forma de comunhão entre humanos e Deuses, onde o ato de oferecer um animal demonstrava devoção e até mesmo submissão às divindades. Encontramos também a ideia de que matar um animal representava a renovação, a purificação ou a transferência de pecados e impurezas, que então era oferecido para a criatura em troca de uma expiação. Importante dizer que, na maioria das vezes, os animais sacrificados não eram desperdiçados, eles eram consumidos como parte de festas ritualísticas. Isso reforçava a conexão entre o Divino e o terreno.

O uso dessas velas deve ser feito com respeito e consciência, reconhecendo a importância e o significado desses materiais ao longo da história da humanidade.

Vale ressaltar que, a Bruxaria, como uma prática espiritual e mágica, abraça a noção de que as energias são amorais e livres de dogmas religiosos, e que é a intenção do praticante que define seu uso. Neste contexto, as velas feitas de gordura animal são não vistas como "boas" ou "ruins", mas, sim, como instrumentos que podem ser direcionados de acordo com a vontade e intenção do Bruxo.

A "densidade energética" associada às velas de gordura animal pode estar ligada ao preconceito com diversas práticas que trabalham com o sacrifício animal, sejam elas de antigas civilizações ou atuais, falta de esclarecimento sobre o assunto, medo da morte e visões éticas pessoais.

Para os Bruxos, a Magia é uma ferramenta para a exploração do self e do mundo ao redor. O uso de velas feitas de gordura animal pode ser uma maneira de acessar e compreender aspectos mais primais e carnais da existência, podendo ser usadas para trabalhar emoções e experiências de dor. É importante lembrar que cada praticante tem a liberdade de escolher os materiais e métodos que melhor ressoam com sua prática e crenças pessoais, desde que a Magia seja praticada com responsabilidade e consciência.

O uso de velas feitas de gordura animal pode ser uma escolha poderosa para trabalhos mágicos que requerem um ancoramento forte para que sua Magia atinja com firmeza uma pessoa ou até mesmo animais, assim como facilita o contato com mortos. Essas velas atuam como pontes ligando os alvos associados a elas e têm uma capacidade única de lidar com feitiços de azaração, pragas e maldições, podendo absorver facilmente as energias direcionadas, auxiliando na quebra de feitiços lançados.

É recomendado que, ao usar essas velas em trabalhos mágicos, sejam considerados os princípios éticos da Magia, respeitando o livre-arbítrio e o bem-estar dos envolvidos.

Feitiço afastando inimigos com vela de sebo

Quando sentir que alguém está prejudicando suas atividades, atrapalhando seus negócios ou de alguma forma causando problemas em sua vida, você pode usar um feitiço de proteção com uma vela de sebo animal.

Escreva o nome completo da pessoa na vela de sebo. Em seguida, vire-a de ponta cabeça e insira um alfinete fincado no centro da vela. Ao acender a vela, repita o seguinte encantamento com convicção:

Eu inverto seu caminho e impeço sua passagem.
Você não me ata mais, pois atado está!

Recite o encantamento várias vezes, como um mantra, enquanto se concentra na chama da vela. Visualize a pessoa que está lhe prejudicando perdida e desorientada, incapaz de encontrar o caminho até você novamente. Enquanto realiza o feitiço, mantenha a intenção clara de se proteger e de afastar as energias negativas que possam estar vindo dessa pessoa. Lembre-se de sempre praticar a Magia com responsabilidade e respeito, evitando prejudicar o livre-arbítrio de outras pessoas. A Magia deve ser usada para a autodefesa e para melhorar a vida de forma positiva e equilibrada.

Cera de Soja

Importante saber: a cera de soja é uma opção vegetal e ecologicamente amigável, frequentemente utilizada como uma alternativa à parafina. Sua característica neutra de odor permite a incorporação de fragrâncias e corantes, proporcionando uma queima agradável.

Contudo, trabalhar com a cera de soja pode ser desafiador, pois ela tende a rachar e craquelar com facilidade. Para solucionar esse problema, muitas ceras de soja disponíveis no mercado brasileiro contém de 20% a 50% de parafina em sua composição, tornando-as mais estáveis durante o uso. Essa combinação permite desfrutar dos benefícios naturais da cera de soja, enquanto melhora sua durabilidade e facilidade de manuseio.

Seu uso é versátil e pode ser adaptado para atender às necessidades individuais de cada praticante.

Uso mágico: a soja, é rica em proteína vegetal de alta qualidade, conhecida por sua associação com o aumento de peso e o fortalecimento muscular. Ao observar estas qualidades, percebemos seu vínculo com as energias de bonança e fartura presente naturalmente na soja, transmitidas para as velas feitas com esse material, tornando-as ideais para rituais que visam atrair prosperidade em todas as áreas da vida, especialmente em relação aos alimentos e à segurança de ter uma vida farta e livre de problemas relacionados à escassez.

As velas feitas de cera de soja também trazem benefícios mágicos para a saúde. As saponinas, antioxidantes e fibras, substâncias encontradas na soja, juntas, atuam de forma positiva no sistema cardiovascular, o que, com toda certeza, não podemos deixar de correlacionar com nossas vias de movimento sanguíneo, que representam nossos sonhos e desejos mais profundos. Nossas emoções mais íntimas e aspirações estão ligadas ao fluxo sanguíneo. Dessa forma, as energias das velas de cera de soja podem ser utilizadas para trabalhar com os desejos e alinhar nossos objetivos emocionais com nossas ações e esforços diários.

Podemos direcionar a intenção para fortalecer nossa determinação em alcançar nossos sonhos e metas, dando impulso e motivação para seguir em frente e perseguir aquilo que realmente nos faz felizes. As velas de soja podem se tornar grandes aliadas para aqueles que desejam criar uma base sólida para alcançar seus objetivos. Quando temos um desejo profundo e emocional que nos motiva a acordar todos os dias e lutar por ele, os feitiços realizados com essas velas podem ser potencializados. Ao acender uma vela de soja durante um ritual ou prática mágica, estamos conectando nossas intenções com a força da natureza e a energia da abundância, fortalecendo, assim, nossa determinação e foco.

A energia da cera de soja nos ajuda a enxergar além do óbvio e a perceber as oportunidades e recursos disponíveis ao nosso redor. Ela nos encoraja a persistir em nossos esforços, mesmo quando os desafios parecem grandes demais.

Feitiço de prosperidade e fartura com velas de soja

As velas de soja, aquelas feitas artesanalmente, fáceis de achar em feiras em copinhos de vidro, são excelentes para feitiços voltados à prosperidade e fartura. Elas são práticas, podendo ser acesas a qualquer momento e apagadas com tranquilidade.

Uma dica mágica é ter sempre uma velinha dessas na cozinha, próxima da despensa ou em um local próximo ao fogão.

Para realizar o feitiço, acenda a vela por um momento e recite o seguinte encantamento:

Clareia e ilumina a prosperidade e abundância em minha vida!

Repita o encantamento até entrar em um estado alterado de consciência, em um transe, como um mantra, concentrando-se na chama da vela. Visualize sua despensa sempre repleta de alimentos de qualidade. Sinta em seu corpo a sensação de estar saboreando as melhores iguarias, deixe-se levar pela delícia de fazer compras e ver a despensa farta e abundante.

Mantenha essa sensação em sua mente e por todo o seu corpo, permitindo que a vela queime por um tempo. Em seguida, apague-a. Repita esse pequeno ritual todo início de mês, fortalecendo a intenção de prosperidade e fartura.

Quando a vela acabar, compre outra e continue com a mesma intenção ritualística. Tenha a certeza de que, com esse poderoso feitiço, a abundância sempre estará presente em sua casa, trazendo fartura em todos os aspectos de sua vida. Lembre-se de realizar seus feitiços com respeito e responsabilidade, buscando sempre o bem maior para si e para todos ao seu redor.

CERA DE COCO

Importante saber: velas feitas de cera de coco são consideradas uma escolha ecologicamente sustentável. Sua composição natural e não tóxica torna a cera de coco uma das melhores opções para fabricar velas vegetais. Além disso, elas apresentam características excepcionais, como serem extremamente claras e sem cheiro, proporcionando uma queima suave e agradável.

A cera de coco é extraída do fruto do coqueiro, um recurso renovável e abundante em muitas regiões tropicais. Para produzir a cera, a polpa do coco é prensada para extrair o óleo, que é refinado para remover qualquer impureza. O resultado é uma cera natural e de alta qualidade, ideal para a confecção de velas artesanais.

Além de sua característica não poluente, a cera de coco tem a vantagem de ser biodegradável, ou seja, seu descarte não causa danos ao meio ambiente.

Essas velas são uma excelente opção para aqueles que buscam uma alternativa mais sustentável e consciente, além disso, a ausência de emissão de gases tóxicos durante a queima torna as velas de cera de coco ideais para ambientes internos, garantindo um ar mais saudável para todos os presentes.

Uso mágico: o óleo de coco, principal componente da cera de coco, é conhecido por ser um excelente hidratante para a pele. Em paralelo, essas características também se refletem nas velas de cera de coco, tornando-as ideais para trabalhos mágicos relacionados à beleza, autocuidado e fortalecimento físico e emocional.

Quando usadas em feitiços e rituais de amor, podem potencializar a atração e o desejo sexual, permitindo que a pessoa se sinta mais confiante em sua própria pele e atraia relacionamentos saudáveis e prazerosos.

A cera de coco também pode ser usada em rituais de aceitação corporal, ajudando as pessoas a se amarem e a valorizarem suas formas físicas. Seu uso em rituais de autocuidado e fortalecimento pessoal pode ser uma maneira poderosa de se conectar com as energias da natureza e promover a cura e o equilíbrio emocional.

O potencial do óleo de coco para o fortalecimento dos cabelos, auxiliando seu crescimento saudável, coloca-se em uma relação simbólica com nosso processo de desenvolvimento pessoal e emocional. Assim como os cabelos, unhas e pelos crescem constantemente ao longo da vida, passando por mudanças e envelhecendo conosco, também enfrentamos ciclos e transições em nossa jornada.

Por esse motivo, as velas de cera de coco podem ser aliadas valiosas em trabalhos mágicos voltados ao amadurecimento pessoal, à compreensão e aceitação das mudanças que a vida nos apresenta. Elas podem ser utilizadas em rituais para honrar as passagens da idade, celebrar momentos de transição e até mesmo para lidar com questões delicadas, como o luto e as perdas que inevitavelmente fazem parte da existência humana.

A energia nutritiva e fortalecedora da cera de coco pode nos auxiliar a enfrentar os desafios com mais coragem e confiança, permitindo que a chama da vela nos inspire a continuar avançando em nossa jornada de vida.

Assim como o óleo de coco pode amenizar cicatrizes e manchas na pele, as velas de cera de coco podem exercer um efeito calmante e clareador em nosso interior, ajudando-nos a lidar com as marcas do tempo e as dores emocionais causadas por situações que não podemos controlar.

Em nossa jornada de vida, enfrentamos momentos complexos e traumas que podem deixar marcas emocionais profundas. As velas de cera de coco, com sua energia nutridora e fortalecedora, convida-nos a enfrentar essas situações com coragem e resiliência, podemos encontrar um refúgio emocional, um momento para refletir sobre nossas experiências e aprender a lidar com as dificuldades da vida de maneira mais serena e positiva.

Feitiço da luz interior com cera de coco

Mantenha sempre uma vela de coco próxima à sua cabeceira, ou em algum espaço da casa onde você se sinta confortável para relaxar e se conectar consigo mesmo.

Quando enfrentar momentos desafiadores nos quais parece não haver respostas ou saídas claras, acenda a vela de coco e recite o encantamento com intenção e concentração:

Luz que aplaca a escuridão, ilumina minha mente e coração!

Repita o encantamento até entrar em um estado de transe, como um mantra, concentre-se na chama da vela e permita que a luz o preencha por completo. Sinta o calor do fogo acalmando a dor, trazendo conforto e segurança. Permita que o poder do fogo o envolva e o auxilie a passar por esse momento, trazendo as respostas e o conforto que você precisa.

Se possível, permaneça no espaço apenas iluminado pela luz da vela. Permita-se relaxar e até mesmo adormecer, caso seja tomado por uma tranquilidade profunda e sonolenta. Deixe que o fogo trabalhe em seu favor, trazendo o que é necessário para seguir em frente.

Sempre que a vela se consumir, adquira outras para usar com o mesmo propósito, criando um ritual que sempre estará à disposição para lhe auxiliar nos momentos de desafios e buscas por respostas.

Lembre-se de que o poder da luz e da chama está disponível para guiar e iluminar seu caminho, trazendo clareza e serenidade em meio às incertezas da vida. Permita-se conectar com essa energia e encontre o conforto e a sabedoria necessários para seguir adiante com força e determinação. A vela de cera de coco será sua aliada nessa jornada de autoconhecimento e superação.

CERA DE PALMA

Importante saber: a cera de palma tem como característica a cor amarelada, sua composição é natural e sua queima está livre de gases tóxicos. É também um produto renovável, barato, comparado à parafina e aos derivados de petróleo, o que acaba por trazer uma redução de custo na produção das velas.

As velas de cera de palma, trazem consigo a energia do óleo de palma, que está profundamente conectada às origens africanas e à força da natureza. Ele desempenha um papel nas culturas e tradições de muitos grupos étnicos africanos, sua presença está relacionada a festas, celebrações e cerimônias religiosas tradicionais.

A produção e exportação de óleo de palma em questões econômicas também é muito importante por contribuir para a economia de várias nações, gerando empregos e receitas.

Essa conexão faz com que as velas de cera de palma sejam especialmente poderosas em rituais de conexão com a terra, de resgate de saberes ancestrais e de fortalecimento da espiritualidade.

Uso mágico: assim como os compostos antioxidantes presentes no óleo de palma protegem o nosso corpo contra danos causados por radicais livres, a cera de palma pode ser utilizada para criar uma barreira energética que impede a entrada de energias negativas ou prejudiciais em nossos espaços e em nossa vida, deste modo, velas de cera de palma possuem propriedades que podem ser úteis em feitiços e rituais de proteção e defesa mágica.

Nos rituais de proteção, podem ser empregadas para criar escudos mágicos que afastam influências indesejadas ou ataques energéticos. São especialmente eficazes quando se busca proteger negócios, projetos e empreendimentos, criando um ambiente energético que favorece o sucesso e a prosperidade e impede interferências prejudiciais.

Devido a sua capacidade de aumentar a vida útil de alimentos, a cera de palma também pode ser utilizada simbolicamente para proteger nossos objetivos, metas e desejos, garantindo que eles se mantenham intactos e protegidos contra influências que possam prejudicá-los.

As propriedades bactericidas do óleo de palma auxiliam na regeneração dos tecidos em caso de cortes ou ferimentos, promovendo a cicatrização e a saúde da pele. Essas características fazem das velas de cera de palma uma excelente escolha para rituais e magias que visam fortalecer a autoestima e o cuidado pessoal. Ao acender uma vela de cera de palma em um ritual de beleza, pode-se recitar encantamentos que reforcem a intenção de cuidado com nosso corpo, sendo muito útil para feitiços de Glamour, como também podem ser utilizadas em rituais para fortalecer a autoestima e a confiança pessoal.

Esta vela tem grande associação com divindades como Oxum, Xangô, Omolu e Exu, carregando consigo atributos de fertilidade, poder, riqueza e virilidade. Essa conexão com as divindades faz das velas de cera de palma uma ferramenta poderosa para rituais e magias que envolvam essas entidades ou que busquem trazer energias relacionadas à prosperidade, dinheiro e ganhos financeiros.

Contudo, mesmo para aqueles que não se sentem familiarizados com as tradições iorubanas, as velas de cera de palma ainda podem ser utilizadas em rituais e magias relacionados a dinheiro, prosperidade e recompensas financeiras. A energia associada à cera de palma, que simboliza riqueza e fertilidade, pode auxiliar na atração de oportunidades financeiras, no crescimento dos negócios e na conquista de metas econômicas.

Feitiços para atrair desejos com cera de palma

As velas de cera de palma são uma ótima escolha para diversos tipos de feitiços e rituais, principalmente aqueles relacionados a atrair dinheiro, sucesso em provas ou concursos e para conseguir um emprego novo.

Uma maneira de potencializar ainda mais os resultados desses feitiços, você pode utilizar essências, como a de canela, para intensificar a energia do ritual.

Para realizar esse feitiço, pegue uma vela de cera de palma e coloque algumas gotinhas de essência de canela sobre ela. Em seguida, acenda a vela e repita o encantamento:

Trago até mim o que almejo,
fogo poderoso,
realize meu desejo!

Enquanto recita o encantamento, entre em um estado de concentração profunda, como em um transe, e fixe seu olhar na chama da vela. Sinta a luz e o calor do fogo envolvendo você.

Visualize de forma vívida e detalhada o que deseja alcançar. Sinta-se vivendo a situação como se já tivesse conseguido o que queria. Sinta essa sensação de realização se espalhar por todo o seu corpo.

Deixe a vela queimar até o fim, sem interrupções, para permitir que a energia do feitiço siga seu curso. Mantenha a intenção clara e positiva durante todo o processo, confiando que a magia está funcionando para atrair o que você almeja.

Lembre-se também de fazer a sua parte para abrir portas para realização do feitiço. Se estiver buscando um emprego novo, envie currículos, participe de entrevistas e esteja aberto a novas oportunidades. Se é uma prova ou concurso que deseja passar, dedique-se aos estudos e se prepare da melhor forma possível. O feitiço funcionará como um poderoso aliado, atraindo as energias favoráveis para o alcance dos seus objetivos.

Repita esse feitiço sempre que precisar de um impulso extra para alcançar suas metas e desejos. Com a energia das velas de cera de palma e a essência de canela, você fortalece suas intenções e atrai para sua vida as oportunidades que busca.

Obs.: caso a canela não faça sentido para você, use outro material, ou apenas use a vela de palma, que é o objetivo deste feitiço.

CERA DE CARNAÚBA

Importante saber: proveniente de uma palmeira nativa da Região Nordeste do Brasil, a cera de carnaúba é uma opção valiosa para a produção de velas naturais.

Seu tom natural é geralmente de um amarelo intenso, embora também possa ser encontrada em tons de marrom-escuro e verde. Caracterizada por um aroma único e marcante, essa fragrância própria pode, em algumas situações, dificultar a adição de aromas às velas durante o processo de fabricação.

A cera tem grandes propriedades hipoalergênicas e altas habilidades na retenção de umidade, favorecendo seu uso para outros muitos fins além das velas.

Uso mágico: sua versatilidade se estende ao mundo da beleza, sendo um ingrediente comum em batons e protetores labiais. Nesses produtos, a cera de carnaúba desempenha o papel de criar uma barreira protetora que ajuda a reter a umidade dos lábios, mantendo-os hidratados e suaves. Seu processo de hidratação e proteção pode ser observado dentro do âmbito mágico onde as velas feitas de cera de carnaúba podem ser particularmente poderosas quando se trata de proteção. Essa força protetora pode ser direcionada para o corpo físico, fortalecendo a saúde e a imunidade. Além disso, a cera de carnaúba pode ser usada como um excelente escudo mágico, agindo como uma barreira contra acidentes e situações que possam prejudicar a integridade do corpo quando usadas em magias e rituais que pessoas, animais e objetos são vinculados à vela.

Utilizar velas de cera de carnaúba em feitiços de proteção é uma maneira de canalizar a energia naturalmente defensiva dessa cera em direção aos objetivos mágicos. Ao acender as velas e se concentrar em sua chama, é possível reforçar a intenção de segurança e resguardar a saúde física, criando uma barreira energética que ajuda a evitar danos e perigos.

É especialmente útil em momentos em que a tristeza nos afeta e precisamos recolher nossos caquinhos. Essas velas podem servir como um símbolo poderoso de firmeza e força interior, mesmo quando se lida com desafios que possam parecer impossíveis de se transpor. Utilizá-las em rituais mágicos é uma maneira de canalizar sua essência protetora para reforçar a determinação interna e manter sua postura em situações complexas.

Ritual de fortalecimento e proteção com vela de carnaúba

MATERIAL NECESSÁRIO

Camomila seca
Sal grosso rosa
Um pires
Uma vela de carnaúba

Escreva seu nome completo na vela para estabelecer uma conexão pessoal com ela, coloque a vela no centro de um pires, simbolizando um ponto central de foco e energia.

Ao redor da vela, crie um círculo com camomila seca. A camomila é conhecida por suas propriedades calmantes e harmonizadoras, que ajudarão a gerar uma energia tranquila ao seu redor.

Além do círculo de camomila, trace outro círculo usando o sal grosso rosa. Esse sal específico, com sua tonalidade rosa, simboliza proteção e atração de energias amorosas e positivas.

Acenda a vela e recite o seguinte encantamento:

De dentro para fora me fortaleço,
Recomponho-me e me restabeleço!

Enquanto a vela queima, olhe atentamente para a chama e repita o encantamento. Permita-se entrar em um estado de concentração profunda, um transe que o conecte com a energia do ritual.

Visualize a luz da vela se espalhando e o preenchendo completamente. Sinta-se envolvido por um círculo de conforto gerado pela camomila, que traz serenidade e harmonia à sua jornada de recuperação.

Além do círculo de camomila, sinta uma segunda camada de energia, um escudo protetor se formando ao seu redor. Essa barreira de energia repele todas as influências prejudiciais, mantendo apenas aqueles que desejam genuinamente apoiar.

Deixe a vela queimar até o fim, sem interrupções. Conforme ela queima, visualize sua energia de fortalecimento e proteção sendo ampliada e irradiada.

Esse ritual com a vela de carnaúba, envolvendo camomila e sal grosso rosa é uma poderosa ferramenta para consolidar seu processo de recuperação emocional, criar um espaço de tranquilidade e proteção ao seu redor, além de atrair energias positivas e afastar influências negativas. Utilize-o sempre que sentir necessidade de fortalecimento e proteção durante momentos desafiadores.

UMA OBSERVAÇÃO IMPORTANTE

É fundamental enfatizar que todas as velas têm a capacidade de serem utilizadas em diversos tipos de magias. No entanto, como mencionado anteriormente, existe uma relação de potencialização entre os materiais empregados em nossos rituais e a nossa conexão com eles durante o processo. Ao montar um feitiço, é crucial considerar como você se relaciona com cada um dos materiais propostos e como eles podem influenciar, intensificar ou equilibrar a sua magia. Por exemplo, uma pessoa vegetariana ou vegana provavelmente não se sentiria confortável usando velas feitas a partir de cera de origem animal. Essa escolha iria de encontro às suas crenças e estilo de vida, criando um distanciamento emocional necessário para o êxito do ritual.

O alinhamento entre as suas convicções pessoais e os elementos utilizados na magia é essencial para garantir que você esteja envolvido de maneira significativa e autêntica no processo ritualístico. Cada indivíduo carrega suas próprias associações, emoções e energias, e esses fatores influenciarão o sucesso e a eficácia de suas práticas mágicas.

Portanto, ao criar um feitiço, leve em consideração não apenas as correspondências tradicionais dos materiais, mas também a sua própria conexão emocional e energética com eles. Esse nível de sintonia contribuirá para a autenticidade e a potência dos seus rituais.

É crucial lembrar que a essência da magia reside em alcançar as profundezas do nosso inconsciente e que todos os materiais que usamos funcionam como gatilhos, formando, juntos, uma poderosa corrente de energia. Embora esses materiais possuam suas próprias potencialidades, eles se tornam eficazes somente quando evocam as sensações necessárias. Quando eles não conseguem criar essa conexão emocional, ocorre uma desconexão que pode prejudicar a realização da magia.

Mesmo que a cera de origem animal seja altamente relevante para feitiços de conexão, maldição e proteção, isso não impede que alguém que seja vegano ou que não concorde com esse tipo de material opte por outras ceras em seus rituais. O ponto-chave é que essas escolhas precisam fazer sentido dentro da realidade individual, gerando a emoção essencial e mantendo uma relação neutra ou potencializadora.

O alinhamento emocional entre o praticante e os materiais utilizados é uma peça fundamental no quebra-cabeça da magia. Se uma escolha material contradiz suas crenças ou gera desconforto, ela pode obstruir a fluidez do processo mágico. Portanto, a seleção dos materiais deve ser guiada por uma compreensão profunda de suas próprias emoções, valores e intenções, garantindo que cada elemento utilizado contribua para a criação de uma energia coesa e poderosa.

Quando buscamos alternativas às velas de cera animal, as velas de carnaúba se destacam como uma escolha excepcionalmente adequada. Elas possuem um poder intrínseco que não só oferece uma substituição ética, mas também proporciona uma gama de propriedades energéticas que se assemelham às velas de origem animal. Sua afinidade com as questões físicas é notável, permitindo que elas possam tanto estabelecer facilmente energias de proteção, como ser empregadas em rituais voltados para propósitos mais intensos, como maldições.

Por outro lado, as velas de parafina, embora sejam versáteis e amplamente utilizadas para diversos fins mágicos, não estão isentas de controvérsias. Seu uso generalizado é em parte devido à facilidade com que podem ser moldadas e manipuladas para atender a diferentes necessidades mágicas. É importante estar ciente de que as velas de parafina podem apresentar riscos para a saúde, uma vez que a queima dessa substância pode liberar produtos químicos e toxinas no ar.

Ao optar por velas de carnaúba ou outras alternativas naturais, não apenas abraçamos uma abordagem mais ética e sustentável, como também fortalecemos nossa conexão com a energia da natureza, que é intrínseca a esses materiais. Essa escolha consciente pode amplificar o impacto da magia, alinhando-a com princípios pessoais e espirituais mais profundos.

VI. O MUNDO DAS CORES NA MAGIA

Para explorarmos a relação das cores na magia, é imperativo que compreendamos a dinâmica de seu funcionamento em nossa sociedade e como essa relação se entrelaça com a cultura e o desenvolvimento social. O livro *A Psicologia Das Cores: Como as cores afetam a emoção e a razão* oferece uma perspectiva esclarecedora ao destacar que as conexões entre cores e sentimentos não são meras coincidências, tampouco uma questão subjetiva de gosto pessoal ou opinião individual.

Na verdade, as associações entre cores e emoções decorrem de experiências compartilhadas que se incrustam profundamente em nossa cognição desde a infância. Por meio de um mergulho na simbologia psicológica, nas tradições históricas, na evolução da sociedade e na complexidade da comunicação humana, somos capazes de discernir essas relações. Sendo assim, a partir de uma base compartilhada de associações, podemos adaptar e personalizar essas interpretações conforme nossas vivências individuais.

A cor é uma linguagem profundamente pessoal e sua interpretação está ligada às condições que moldam a percepção de cada um. Isso adquire relevância incontestável quando abordamos o uso mágico das cores, uma vez que a riqueza de significados e aplicações variadas se entrelaçam com diversos hábitos culturais e crenças diversificadas.

As cores transcendem sua natureza visual, carregando consigo uma paleta de emoções, significados e intenções que ecoam tanto em níveis internos quanto coletivos. Ao explorar o âmbito mágico, não podemos deixar de compreender o poder transformador que as cores têm em nossa psique e no ambiente ao nosso redor.

Ao enveredar pelos caminhos mágicos das cores, deparamo-nos com a versatilidade de interpretações e papéis singulares que elas desempenham em diferentes partes do mundo, transmitindo ensinamentos ancestrais, conceitos abstratos e representando até mesmo divindades e criaturas míticas de maneiras únicas. Esse aspecto fica nitidamente evidente ao mergulhar nos folclores e tradições de diversas nações.

Explorar as cores na magia se torna uma jornada pela essência simbólica de cada matiz. O vermelho, por exemplo, pode ser associado à paixão e ao poder em alguns lugares do mundo, enquanto em outros ele representa a alegria e a celebração. O azul, que sugere tranquilidade em uma tradição, pode carregar conotações de proteção em outra.

Dessa forma, ao trabalhar com as cores em práticas mágicas, é crucial abraçar a compreensão de que cada pessoa traz sua própria bagagem de percepções e experiências. Isso também envolve reconhecer que não há uma interpretação única e absoluta para cada matiz, mas, sim, um mosaico enriquecedor de significados que se conectam e se entrelaçam na tapeçaria da magia.

Em sua essência, a arte da feitiçaria primitiva é tecida a partir de filosofias particulares e crenças profundamente enraizadas no folclore. Assim, ao investigar um costume ou prática mágica, é quase certo que se encontrará uma trama cultural entrelaçada. Neste contexto, explorar os meandros de um hábito mágico é comparável a desvendar os fios de um cachecol de tricô: identificamos o fio condutor daquela crença e o seguimos, desvendando os motivos por trás de cada escolha cromática.

As cores possuem uma importância incontestável na transmissão de ideias e sentimentos. Cada tonalidade carrega consigo um espectro único de significados e sensações que ultrapassam fronteiras geográficas e temporais. A conexão humana com as cores atravessa continentes, idiomas e eras, sem se deter diante das barreiras linguísticas.

De fato, a mensagem das cores transcende o reino das palavras e conversa com a essência da experiência humana, podendo ser interpretada e compreendida mesmo por aqueles que não dominam a escrita.

Em contextos mágicos e espirituais se enaltece a habilidade das cores de comunicar nossos desejos de maneira profunda e instintiva. A relação entre cores e emoções é uma linguagem global que não exige tradução verbal, pois é uma sinfonia que ecoa no cerne de nossa psique.

Ao mergulhar nos processos mágicos, reconhecemos que a escolha das cores não é arbitrária, mas, sim, uma manifestação consciente das conexões simbólicas que enriquecem a trama mágica. Cada cor é um elo em um vasto tecido que une pessoas, gerações e tradições em um manto de significados e intenções.

As cores desempenham um papel fascinante na evocação de emoções dentro de nós, sendo essas emoções um misto entre aquelas que aprendemos e as que são intimamente nossas, provenientes das vivências únicas de cada indivíduo. Muitas vezes, lembramo-nos de momentos em que fomos ensinados sobre o significado das cores que se entrelaçam com nossa jornada de autoconhecimento e espiritualidade. Possivelmente, assim como eu, você também tem lembranças de experiências similares.

Recordo-me vividamente de um episódio durante o ensino fundamental, quando em uma aula sobre animais aprendi sobre a cobra Coral, cujas cores vibrantes de vermelho, preto e branco eram um alerta para sua natureza venenosa.

Outra lembrança remete à noção de que o verde representa segurança, algo que ficou gravado em minha mente desde a infância. Fui instruído a correr em direção à saída com a sinalização verde em caso de emergência, como em um incêndio.

Posso também compartilhar uma experiência pessoal em que a cor azul-bebê evoca uma sensação de doçura em mim. Em certas tonalidades, ela traz à tona sentimentos de alegria e nostalgia da infância. Isso se deve ao meu sorvete preferido naquela época, cujo sabor remetia ao céu azul e tinha um delicioso gosto de chiclete, colorindo minha língua de azul. Por outro lado, a cor laranja carrega em mim uma associação menos positiva. Muitas vezes eu a utilizo em meus feitiços para gerar desconforto. Isso porque, durante os períodos em que estava gripado ou com baixa imunidade, costumava ingerir comprimidos efervescentes que resultavam em uma coloração alaranjada na água.

Tais experiências ilustram de maneira vívida como as cores carregam significados particulares enraizados em nossas vivências. As cores têm o poder de evocar respostas instintivas, tanto aquelas ensinadas quanto aquelas que emergem do nosso interior.

No âmbito da Bruxaria e da Magia, essa relação entre cores e emoções é ainda mais vívida. Cada Bruxa carrega consigo sua própria paleta de significados, provenientes das tradições ensinadas e das experiências pessoais. As cores se tornam pincéis em nosso kit mágico, cada uma trazendo consigo a habilidade de pintar nossas intenções e desejos no grande quadro da realidade.

O simbolismo e significado das cores que compartilho aqui constituem uma síntese da observação da nossa própria cultura e uma influência marcante das perspectivas europeias. Em grande medida, a abordagem europeia moldou nossa compreensão mágica contemporânea, especialmente devido ao papel proeminente que artistas europeus desempenharam no desenvolvimento do estudo das cores e da arte. Além disso, a relação particular entre a evolução mágica e os diálogos que permearam a Alta Magia também desempenhou um papel significativo e essas tradições também têm suas raízes na Europa.

Os mestres da arte contribuíram imensamente para a nossa interpretação e uso das cores, dado o profundo interesse deles em explorar as complexidades cromáticas e suas relações emocionais. Paralelamente, os desenvolvimentos na Alta Magia moldaram muitos aspectos da nossa prática mágica contemporânea, influenciando nossas visões sobre as cores como elementos simbólicos.

É essencial ressaltar que a compreensão das cores não é estática nem universal. É enriquecida pelas perspectivas culturais e pelas influências individuais. Ao considerar as cores em nossos rituais e feitiços, devemos nos permitir explorar as associações que ressoam conosco em um nível pessoal, sem perder de vista o contexto mais amplo em que essas cores têm significado.

Portanto, ao nos aprofundarmos no simbolismo das cores, estamos participando de um diálogo rico e dinâmico que nos conecta a um legado de percepção e expressão humana.

USO E SIGNIFICADOS MÁGICOS DAS CORES

Durante minha trajetória na Magia, especialmente ao interagir com pessoas de diferentes partes do mundo por meio dos meus trabalhos on-line, tenho notado uma considerável dificuldade não apenas na interpretação dos significados das cores em si, mas também na busca pelo simbolismo para tonalidades mais ou menos complexas, como magenta, verde-água, azul-claro, rosa-bebê, cores pastel e variações das mais diversas. Essa dificuldade se estende a qualquer combinação de cores que apresente uma densidade tonal intensa ou, inversamente, uma densidade menor.

Em meu método de trabalho desenvolvi uma abordagem que visa facilitar a compreensão dos significados e usos das cores. Essa abordagem é ancorada na observação da dissolução ou potencialização de cada cor dentro do contexto da arte. Para isso, eu emprego o preto e o branco como pontos de referência para cores que podem potencializar ou neutralizar, proporcionando uma maneira clara e intuitiva de abordar a interação cromática. A ideia central é que o branco possui a capacidade de diluir propriedades de outras cores, enquanto o preto age como um condensador, aprofundando os efeitos das cores com as quais se combina. Isso nos ajuda a visualizar como as cores podem interagir, destacar-se ou harmonizar-se em uma variedade de contextos.

Embora o estudo das cores na magia possa ser complexo e subjetivo, essa abordagem baseada na relação entre branco e preto oferece um ponto de partida sólido para explorar as nuances e os efeitos das cores em nossas práticas mágicas. Ela nos permite entender como as cores podem trabalhar juntas para criar um espectro de energias e intenções, permitindo que a Magia das Cores seja uma ferramenta poderosa em nosso arsenal mágico.

O BRANCO

Por sua natureza, esta é a cor da pureza e da imaculada clareza, sendo fácil notar qualquer mancha ou sujeira em sua superfície. Essa característica é uma das razões pelas quais uniformes na área da saúde e gastronomia frequentemente adotam essa cor. O branco é também considerado a cor da verdade, sendo utilizado em magias que buscam revelar o que está oculto, como mentiras, traições, magias lançadas sobre alguém, ou mesmo para nos auxiliar a enxergar aspectos de nós mesmos que tendemos a negligenciar. O branco pode ser empregado para promover autoconhecimento, transformação pessoal e aperfeiçoamento contínuo.

Quando outras cores são misturadas ao branco, elas se tornam mais claras, reduzindo ou modificando sua intensidade primária. Dessa forma, o branco também atua como uma cor suavizadora e neutralizadora. Por exemplo, o vermelho-vivo, representativo da paixão, misturado ao branco, transforma-se em rosa, adquirindo uma tonalidade mais suave que simboliza o amor puro. Portanto, o branco pode diminuir a ação de forças indesejadas, agindo como um escudo neutralizador.

A cor branca é uma mistura de todas as cores do espectro cromático, o que a torna uma excelente alternativa para substituir outras cores de velas quando necessário. Basta segurar uma vela branca entre as mãos e se concentrar intensamente na cor na qual deseja que ela represente. A partir desse momento, a vela branca passa a incorporar a essência e o simbolismo da cor que lhe foi atribuída.

Além de suas propriedades mágicas, um ambiente branco evoca sensações de tranquilidade e imensidão, transmitindo a ideia de liberdade. Por isso, a cor branca também está associada ao contato com seres e criaturas de outros planos espirituais, sendo frequentemente usada ao acender velas para deidades e seres guardiões.

As velas brancas são utilizadas para acessar energias relacionadas à ordem, à pureza e à luz. Elas são empregadas em trabalhos de busca da verdade, fortalecimento espiritual e obtenção de conhecimento, essencial para os objetivos desejados. Assim, a cor branca desempenha um papel fundamental na prática da Magia, refletindo sua versatilidade e poder em diferentes contextos e intenções.

Feitiço para desmascarar um mentiroso com uma vela branca

MATERIAL NECESSÁRIO

Fósforos ou isqueiro
Um pedaço de papel branco
Uma caneta
Uma vela branca

Escolha um local calmo onde você possa se concentrar sem distrações. Acenda a vela branca com os fósforos ou isqueiro. Enquanto acende, visualize a chama como uma luz pura que ilumina a verdade.

Escreva o nome da pessoa que você suspeita ser mentirosa no pedaço de papel branco.

Segure o papel sobre a chama da vela com cuidado para não se queimar (ou use uma pinça). Enquanto faz isso, repita o seguinte encantamento três vezes em voz alta:

Chama branca da verdade, ilumine a escuridão,
Mostre as mentiras, traga a revelação.

Enquanto a vela continua acesa, imagine as mentiras sendo consumidas pelo fogo e a verdade sendo revelada.

Quando o papel estiver totalmente queimado, sopre as cinzas para longe.

Deixe a vela queimar por inteiro, e permita a magia fluir.

Preste atenção aos sinais, se a pessoa for mesmo mentirosa a máscara irá cair.

O PRETO

A cor preta, a mais escura do espectro cromático, é uma das cores mais intrigantes e simbólicas em diversas culturas e sistemas de crenças. Sua complexidade e significado vão além do simples tom escuro, envolvendo uma riqueza de interpretações e associações profundas. A cor preta é frequentemente obtida pela mistura das três cores primárias – vermelho (magenta), amarelo e azul (ciano). Essa mistura resulta em uma cor que absorve toda a luz e todos os comprimentos de onda, refletindo assim uma ausência de cor. O preto pode ser considerado, portanto, uma cor de absorção energética, atraindo para si todas as forças e energias, positivas ou negativas, e neutralizando-as até a inexistência.

Essa qualidade de absorção faz com que o preto seja associado à ideia de ocultação, escondendo informações, energias ou aspectos que estão abaixo da superfície. Da mesma forma, o preto é frequentemente vinculado à escuridão da noite, simbolizando tudo o que é misterioso, desconhecido e oculto. Isso faz com que esta seja uma cor poderosa para rituais e feitiços relacionados à proteção, à magia do subconsciente e à exploração dos mistérios do mundo espiritual.

Embora o preto tenha sido erroneamente associado a ideias negativas, como a maldade, por exemplo, é importante compreender que essa conotação é resultado de preconceitos e estereótipos ligados a práticas mágicas e esotéricas. Na realidade, o preto é uma cor neutra, capaz de absorver qualquer energia e direcioná-la de acordo com a intenção do praticante.

Um dos aspectos mais interessantes do preto é sua capacidade de auxiliar na proteção e ocultação. Ele pode criar uma barreira energética, bloqueando forças indesejadas ou direcionadas a você, ao mesmo tempo que é capaz de esconder objetos, informações e até mesmo certos sentimentos. A energia do preto é associada ao caos, ao conhecimento oculto e à introspecção profunda. Em magias e rituais, essa cor pode ser utilizada para trabalhar com luto e explorar os recantos mais profundos da mente.

Ao compreender a natureza da cor preta e sua capacidade de absorção e ocultação, é possível utilizá-la para potencializar o significado de outras cores ou para atenuar sua intensidade, a exemplo do vermelho que, quando adicionado ao preto vai se tornar vinho, uma cor ligada à ancestralidade, as profundezas de nossa linhagem consanguínea, a morte e a maldição.

Portanto, o preto é uma cor que carrega consigo o poder de atrair, absorver e direcionar energias de forma intensa e profunda. Seu simbolismo é multifacetado, e seu uso em magias e rituais pode abrir portas para o desconhecido, explorando os mistérios do mundo espiritual e da psique humana.

Feitiço de proteção com vela preta e agulha

MATERIAL NECESSÁRIO

Fósforos ou isqueiro
Nove agulhas
Uma vela preta

Escolha um local calmo onde você não será perturbado. Certifique-se de estar em um estado mental tranquilo e focado.

Acenda a vela preta usando os fósforos ou isqueiro. Enquanto acende a vela, concentre-se na chama e respire profundamente para entrar em um estado de tranquilidade.

Segure a agulha nas mãos e feche os olhos. Visualize um escudo de energia preta ao seu redor, formando uma barreira protetora. Imagine que essa energia é poderosa e impenetrável, capaz de repelir qualquer energia negativa ou influências indesejadas. Enquanto segura a agulha, declare em voz alta:

Sobre o véu da Deusa Noite eu me oculto,
por sua lâmina e por seu beijo eu me protejo.

Dê um beijo na agulha e espete-a na vela, à medida que faz isso, imagine um escudo de proteção que impede toda influência negativa de chegar até você, faça isso uma a uma por toda a vela.

Sente-se confortavelmente e observe a chama da vela preta. Deixe-se mergulhar em uma meditação tranquila, imaginando a energia protetora se fortalecendo ao seu redor. Sinta-se seguro e confiante dentro desse escudo de proteção.

Deixe a vela queimar até o final e guarde a agulha como amuleto.

O VERMELHO

Falando sobre simbolismos, é importante notar que muitos deles estão ligados ao nosso entorno e àquilo que nos rodeia. Neste contexto, a cor vermelha está associada ao elemento do Fogo, que naturalmente possui a capacidade de transformar, transmutar e moldar as coisas de maneira poderosa e impactante.

Infelizmente, as velas vermelhas ainda carregam consigo uma parcela considerável de preconceitos religiosos. Em diversos momentos, essa cor é reduzida a um mero instrumento de magias voltadas para pactos, amarrações amorosas e manipulações emocionais. No entanto, é essencial compreender que a vela vermelha possui uma gama de significados muito mais ampla do que essa visão limitada.

A questão da sexualidade, por exemplo, ainda é tratada como um tabu. Frequentemente corpos são hipersexualizados pela mídia, tornando-se objetos. Contudo, no âmbito da Bruxaria, não existem tabus relacionados a esta temática. É comum ver Bruxas utilizando velas vermelhas não apenas para potencializar a atração amorosa, mas também para aumentar a virilidade de um homem ou a vitalidade de uma mulher.

Para desconstruir essa visão estigmatizada, é importante discutir com mais abertura e profundidade o uso das velas vermelhas em feitiços que transcendem os estereótipos de amarrações amorosas. Além disso, o tópico da sexualidade é visto como sagrado e Divino dentro das práticas de Bruxaria, valorizando a força criativa presente em todos nós. É necessário desfazer o falso moralismo e os tabus e enfatizar que a cor vermelha está associada ao fluxo do nosso sangue, que aquece as veias durante momentos sexuais, de exercício físico ou até mesmo quando estamos envergonhados diante de alguém que gostamos. O espírito criativo intrínseco a todos nós é o que nos impulsiona e nos move. Representa não apenas os momentos de prazer físico, mas também a sensação de êxtase ao alcançar objetivos e sonhos, a experiência de um orgasmo e até mesmo os momentos prazerosos proporcionados por lugares e pessoas que amamos.

A vela vermelha, com toda a sua intensidade, torna-se um instrumento para energizar a vida, dar um novo fôlego às situações e criar motivação onde ela estava ausente. É possível usá-la para proteger o que amamos e estimular a vitalidade. Ela desperta paixões intensas, amplifica desejos sexuais, estimula a energia em diversos aspectos da vida, não somente a sexual, e inspira a existência plena.

Assim, a cor vermelha evoca a energia do fogo interior, o impulso criativo e avassalador, tal como a busca por realizações vibrantes. Esta cor convida a explorar a intensidade da vida e a mergulhar nas emoções com coragem e autenticidade. A vela vermelha é uma ferramenta mágica versátil que pode ser usada para uma ampla gama de propósitos.

Feitiço de vitalidade com vela vermelha

MATERIAL NECESSÁRIO

Fósforos ou isqueiro
Jaspe-vermelho
Uma vela vermelha

Escolha um local tranquilo onde possa realizar o feitiço sem interrupções. Segure o jaspe entre as mãos e feche os olhos. Respire profundamente algumas vezes, acalmando sua mente e se concentrando no seu desejo de aumentar a sua vitalidade e ânimo. Visualize uma luz brilhante e dourada emanando pelo cristal e envolvendo todo o seu corpo. Sinta essa energia revigorante e cheia de vitalidade fluindo através de você.

Acenda a vela com fósforos ou isqueiro. Enquanto a chama se ergue, concentre-se na sua intenção de aumentar sua energia e motivação.

Mantenha o foco e diga em voz alta o seguinte encanto:

Preencha-me de luz, flua por minhas veias.
Ilumine-me e me fortaleça!

Deixe a vela queimar completamente em um local seguro. Enquanto a vela queima, continue visualizando a energia da vitalidade se expandindo ao seu redor.

Carregue o cristal com você para reforçar a energia ao longo dos dias.

O AZUL

Dentro do vasto espectro cromático, a cor azul é uma das que se insere na categoria das cores frias, cada uma com seu próprio significado e influência. O estudo das cores transcende o mero aspecto visual, pois elas têm o poder de influenciar a percepção, o estado emocional e até mesmo o ambiente ao nosso redor. Wilhelm Wundt, pioneiro na psicologia experimental, compreendeu a importância das cores ao analisar a sensação que elas evocam nas pessoas. Sua pesquisa dividiu as cores em duas categorias: quentes e frias, sendo o azul uma representante notável desta última.

A cor azul é reconhecida por suas características calmantes e tranquilizadoras. Ela tem o poder de instilar uma sensação de serenidade e equilíbrio, proporcionando um refúgio mental diante da agitação do mundo. Isso faz da vela azul uma ferramenta ideal para rituais e feitiços que buscam aprimorar a concentração, facilitar a compreensão e lidar com as complexas emoções que permeiam nossa psique.

Normalmente e seguindo esta linha de pensamento, ao acender uma vela azul você está canalizando sua energia para a esfera emocional, onde ela pode ajudar a aliviar angústias e a tornar mais clara a compreensão de sentimentos profundos. É importante notar que a mesma cor que traz tranquilidade também pode trazer certa frieza emocional, capaz de diminuir o calor das paixões e criar uma sensação de distância.

Além disso, o azul não é apenas uma cor isolada, mas uma representação simbólica dos vastos céus e dos profundos oceanos. Ambos os domínios, o celestial e o aquático, são repletos de mistérios e do desconhecido. Por isso, o azul também serve como um portal para o inconsciente, para as profundezas de nossa psique onde repousam os segredos, os traumas, os medos e as inseguranças. Essa cor pode ser uma aliada poderosa para explorar a introspecção, lidar com questões emocionais enterradas e até mesmo para desvendar os véus dos mistérios interiores.

O azul não se limita apenas a influenciar nossas próprias emoções e percepções, mas também pode ser empregado para moldar as relações e emoções dos outros. Sua energia pode ser usada para inspirar tranquilidade em situações tumultuadas ou para criar conflitos amorosos, tudo dependendo das intenções e direcionamento do seu feitiço.

Portanto, a vela azul é uma ferramenta versátil, capaz de mergulhar nas profundezas das emoções e da psique, acalmando as águas turbulentas ou revelando os mistérios ocultos que aguardam a exploração. Ao utilizar essa cor em sua prática mágica, esteja ciente de sua natureza dual e das possibilidades que ela oferece para o autoconhecimento, a transformação emocional e a influência sutil sobre o mundo ao seu redor.

Feitiço com vela azul para melhorar relações

MATERIAL NECESSÁRIO

Fósforos ou isqueiro
Um objeto pequeno que represente a pessoa (pode ser uma foto dela ou algo que ela tenha tocado recentemente)
Um pedaço de barbante
Uma vela azul

Escolha um local tranquilo onde possa realizar o feitiço sem interrupções. Coloque a vela azul em um suporte ou prato seguro. Pegue o objeto que representa a pessoa com a qual você deseja melhorar a relação e concentre-se nas emoções positivas que gostaria de cultivar entre vocês. Visualize a pessoa sendo amigável e receptiva.

Amarre o barbante em volta do objeto, fazendo um nó para cada qualidade positiva que deseja que essa pessoa veja em você. Por exemplo, amizade, compreensão, empatia, etc.

Coloque o objeto ao lado da vela azul e acenda a vela com fósforos ou um isqueiro, enquanto se concentra nas chamas. Imagine a luz da vela envolvendo você e a pessoa, criando uma atmosfera de harmonia e compreensão.

Segurando o barbante e olhando para a chama, recite o encantamento em voz alta:

Que esta chama ilumine nossa relação,
trazendo amizade e compreensão!

Deixe a vela queimar até o fim e guarde o objeto e o barbante em um local seguro, como uma gaveta ou caixa, para continuar mantendo a energia do feitiço.

O AMARELO

Desde o princípio deste livro, enfatizo que grande parte do conhecimento mágico é obtido através da observação do mundo tangível e real que nos cerca. As cores, por sua vez, não fogem a essa abordagem. O amarelo, por exemplo, está intrinsecamente conectado ao Sol, ao brilho e à luz. Sua essência mágica espelha os efeitos práticos da própria presença solar, ele age como um impulso revigorante, estimulante, repleto de otimismo, trazendo vitalidade e energia às ações cotidianas. A vela amarela neste contexto é uma aliada poderosa para desbloquear situações estagnadas e infundir mais dinamismo ao seu caminho.

A ligação do amarelo com o Sol também permite uma associação com a realização de desejos. Assim como a estrela do dia concede calor e luz, o amarelo na Bruxaria é frequentemente usado para manifestar nossos anseios mais íntimos. Essa cor evoca a sensação de verão, a maturidade da colheita e a abundância dos frutos dourados. É o momento em que a natureza floresce em sua plenitude. A vela amarela invoca essa energia para impulsionar a vitalidade e a alegria em todos os aspectos da Magia.

As associações do amarelo com o ouro e a riqueza também se destacam. Na mitologia grega, Deuses solares como Apollo e Hélio eram retratados com cabelos dourados e coroados com ouro, assim como os reis. Essa conexão não apenas simboliza o valor material, mas também a nobreza e a força interior. Em contraste com a cor verde frequentemente associada à prosperidade financeira, o amarelo traz uma perspectiva distinta e mais próxima ao ouro, refletindo o brilho das riquezas tangíveis.

O amarelo também apresenta complexidades. Ele é considerado a cor mais instável no contexto artístico das misturas de cores. Uma pequena porcentagem de outras cores pode drasticamente alterar sua aparência, transformando-a de maneira surpreendente. Por essa razão, o amarelo também é associado à traição, à mudança abrupta de pensamentos, à irresponsabilidade e à mentira. Sua influência é poderosa tanto para promover mudanças de ideia quanto para revelar a verdade por trás de pessoas falsas.

Essa cor carrega significados culturais profundos. No Islã, o amarelo-ouro é considerado a cor da sabedoria. Na Europa antiga, era um símbolo de inteligência e discernimento, representando a mente e a eloquência. Em um contexto histórico, os professores universitários de Ciências Naturais usavam aventais amarelos, uma cor associada à pesquisa e ao discernimento.

Visto como a cor da sabedoria transmitida. Nas práticas espirituais, acender uma vela amarela pode ser uma forma de buscar respostas e sabedoria por meio de conexões com guias espirituais e mestres. A energia do amarelo evoca o poder da mente clara e perspicaz, capaz de desvendar enigmas e iluminar os caminhos ocultos.

Em suma, o amarelo é uma cor rica em simbolismo e significados multifacetados. Sua energia vibrante e dinâmica pode ser aproveitada para estimular o otimismo, a realização de desejos, a riqueza material e espiritual, a busca por sabedoria e a busca por soluções.

Feitiço da vela amarela para encontrar respostas

MATERIAL NECESSÁRIO

Fósforos ou isqueiro
Papel e caneta
Uma pena (pode ser uma pena de pássaro ou uma pena decorativa)
Uma vela amarela

Escolha um local tranquilo onde possa realizar o feitiço sem interrupções. Coloque a vela amarela em um suporte ou prato seguro. Pegue a pena e segure-a em suas mãos. Sinta sua leveza e conexão com o reino do Ar, que traz visão e clareza.

Em um pedaço de papel, escreva sua pergunta ou problema de maneira clara e concisa e coloque ao lado da vela amarela.

Acenda a vela com fósforos ou isqueiro. Enquanto se concentra na chama, visualize a luz amarela da vela representando clareza mental e sabedoria.

Segure a pena sobre a chama da vela por alguns segundos, imaginando que a energia da chama está sendo transferida para a pena, concedendo-lhe uma conexão especial com a busca por respostas.

Coloque a pena de volta ao lado da vela e olhe para a chama. Respire profundamente e concentre-se na sua pergunta ou no problema, mantendo-o em mente enquanto olha para a chama.

Segure a pena em suas mãos novamente e feche os olhos. Visualize-se encontrando as respostas que procura. Sinta a conexão entre a pena, a chama da vela e sua mente.

Quando se sentir pronto, recite o encantamento:

Como a vela amarela a brilhar,
meus pensamentos vão clarear.

Deixe a vela queimar até o fim. Ao longo dos próximos dias, esteja atento a qualquer intuição, insights ou mensagens que possam surgir. A pena agora está conectada às energias do feitiço e pode servir como um símbolo constante de sua busca por respostas.

O VERDE

A cor verde, evidentemente, é uma representação tangível da natureza em sua plenitude. Com essa cor, podemos contemplar a maturação de todas as coisas, assim como o ciclo completo de nascimento, crescimento e amadurecimento inerente à vegetação. Ela encarna as plantações, os alimentos e, de maneira simbólica, reflete o nosso próprio desenvolvimento pessoal e emocional, pois está intrinsecamente ligada ao conceito de crescimento. As velas verdes, portanto, são ferramentas mágicas utilizadas quando se deseja que algo floresça e se desenvolva de maneira saudável, robusta e próspera, em sintonia com o espírito vital da natureza.

Contudo, a cor verde também carrega uma dualidade. Enquanto a natureza é vista como um símbolo de vida, crescimento, saúde e cura, também podemos enxergar seu lado oposto, representando a morte, o declínio, a doença e até mesmo o veneno. Assim, a vela verde pode ser empregada em trabalhos mágicos relacionados a situações de enfermidade, decadência e energias densas que ameaçam causar ruína.

Entretanto, a essência do verde não se limita apenas a conceitos sombrios ou negativos. Na Bruxaria tradicional, ele é associado à divindade masculina, ao Deus de Chifres, uma figura adornada com chifres e coroas de folhas que personifica o espírito da floresta. No antigo Egito, o Deus Osíris era retratado com pele verde, simbolizando tanto a vida quanto a morte, ilustrando o poder de renovação e transformação que o verde carrega consigo. Essa cor evoca a energia animadora que nos impulsiona a crescer e a superar desafios, assim como as trepadeiras que sempre encontram um caminho para se elevar.

O verde encontra seu lugar nos ciclos sazonais, especialmente na primavera, período de renovação após a escassez do inverno. Por isso, muitas vezes a cor verde é associada à esperança, à persistência e ao renascimento. Em suas práticas mágicas, você pode utilizar a vela verde para invocar sorte e força em novos começos e ciclos.

No contexto artístico, o verde se destaca por sua variabilidade de tons. Diferentemente do amarelo, que pode se transformar radicalmente, o verde mantém sua essência natural mesmo ao incorporar outros matizes, tornando-se mais claro, escuro, amarelado ou azulado, mas sempre mantendo sua identidade verde. Esta característica faz desta cor um símbolo de adaptabilidade e equilíbrio. Astrólogos do passado associavam a cor verde ao signo de Libra, considerando suas qualidades harmonizadoras e diplomáticas.

Um exemplo notável é a pedra jade, associada ao signo de Libra na astrologia. Na China, a jade é altamente valorizada e carrega um simbolismo poderoso. Ela é utilizada em objetos domésticos, ornamentos e até mesmo em armas, sendo vista como uma representação do esperma do Dragão Celestial, símbolo de vitalidade, masculinidade e conexão com as forças divinas.

A força universal do verde reside em seu poder de potencialização, representando o solo fértil da Deusa, bem como a força vital trazida pelo Deus. Uma cor que nutre o crescimento e o desenvolvimento em todas as suas formas, sendo tanto um lembrete da continuidade da vida quanto da renovação constante que permeia a existência.

Feitiço para abertura de caminhos com vela verde

MATERIAL NECESSÁRIO

Um pedaço de barbante
Uma tesoura
Uma vela verde

Escolha um local tranquilo onde possa realizar o feitiço sem interrupções. Acenda a vela verde e coloque-a em um suporte seguro. Pegue o pedaço de barbante nas mãos e feche os olhos por um momento. Visualize o caminho que está bloqueado, sinta a energia da dificuldade ou do obstáculo.

Enquanto segura o barbante, recite em voz alta:

Caminhos fechados, agora abertos,
Nós desatados, obstáculos cortados.

Agora, pegue a tesoura e corte o barbante em pedaços. Conforme corta cada pedaço, visualize o corte dos obstáculos que bloqueiam seus caminhos. Coloque os pedaços de barbante cortados na chama da vela, permitindo que eles queimem. Enquanto o barbante queima, imagine os obstáculos se dissipando e os caminhos se abrindo.

Observe a chama da vela verde e imagine a energia de abertura e clareza se irradiando ao seu redor.

Deixe a vela queimar até o final.

O MARROM

A cor marrom, muitas vezes incompreendida e até mesmo negada como uma verdadeira cor, é uma tonalidade pela qual tenho um apreço especial e carinhoso. Enquanto algumas teorias das cores argumentam que o marrom não se encaixa na categoria de cor por ser resultado de diversas misturas, tenho uma relação saudável e profunda com essa tonalidade única. De fato, ao misturar cores como vermelho e verde, violeta e amarelo ou azul e laranja, surge o marrom. Até mesmo ao combinar todas as cores de uma caixa de guache, o resultado será marrom. Essa característica versátil da cor a torna um símbolo da união e da complexidade, sendo um reflexo da interconexão presente na natureza.

Devido à sua transitoriedade, o marrom também é frequentemente associado à morte. A analogia surge da constatação de que todos os seres vivos, independentemente de sua jornada, eventualmente encontram o fim. É por isso que muitos Bruxos experientes utilizam o marrom como a cor da morte e do contato com a ancestralidade, permitindo uma conexão com os espíritos e as forças daqueles que partiram.

A simbologia do marrom como cor da morte é acentuada pelo fato de que a decomposição na natureza frequentemente resulta nessa tonalidade. As folhas que murcham e se decompõem, bem como os resíduos que se transformam em matéria marrom, são exemplos desse ciclo. Essa característica torna essa cor uma escolha apropriada para encerrar ciclos que não mais servem e acelerar processos de término que se fazem necessários.

Minha interpretação pessoal do marrom também inclui elementos de transformação, sabor e sabedoria. Alimentos como café, chás e cacau são marrons, apresentam sabores marcantes e propriedades estimulantes que beneficiam muitas pessoas. A cebola adquire a tonalidade marrom ao ser cozida e confere sabor aos pratos, enquanto o amendoim se torna marrom ao ser torrado. Até mesmo o açúcar, ao se transformar em caramelo, assume o tom marrom, simbolizando uma metamorfose alquímica.

Esta é a cor da transformação bem-resolvida e da jornada evolutiva. Podendo ser usada para promover aprendizado, auxiliar na compreensão de questões complexas e incentivar a busca por soluções inteligentes. Para mim, o marrom é a cor da sabedoria acumulada por aqueles que viveram, sofreram, lutaram e conquistaram não apenas bens materiais, mas também um estado equilibrado de mente e espírito.

O marrom é uma cor que absorve as características das cores primárias, assimilando-as até que desapareçam, representando uma metamorfose pela observação dos erros alheios. Nas árvores, fixas no solo e enraizadas na terra, reconhecemos a antiguidade e a sabedoria. Para mim, o marrom sempre será a cor da ancestralidade e de todos que vieram antes de nós. Ela personifica a sabedoria milenar que transcende nossa compreensão.

Feitiço de encerramento com vela marrom e folhas secas

MATERIAL NECESSÁRIO

Folhas secas (pode ser de qualquer árvore)
Fósforos ou isqueiro
Um prato ou recipiente seguro
Uma vela marrom

Escolha um local tranquilo onde possa realizar o feitiço sem interrupções. Acenda a vela marrom e coloque-a no centro do prato ou recipiente. Pegue algumas folhas secas e segure-as em suas mãos. Feche os olhos e visualize os ciclos que deseja encerrar. Sinta a energia desses ciclos fluindo para as folhas secas, assim como os ciclos naturais da vida a levaram ao chão. Enquanto segura as folhas, recite em voz alta:

Como folhas secas a dançar no vento,
Encerro os ciclos e trago um novo momento.

Coloque as folhas secas no prato ao redor da vela marrom. Observe as folhas representando os ciclos que você está deixando para trás. Deixe a vela queimar até que ela se apague naturalmente. Enquanto a vela queima, concentre-se na sensação de encerramento e liberação das energias antigas. Depois que a vela se apagar, recolha as folhas secas e enterre-as em um local apropriado, como em seu jardim ou em um vaso de plantas, devolvendo tudo para terra.

O ROSA

Para compreender o significado da cor rosa, é essencial revisitarmos o branco e sua ligação intrínseca com a pureza. O branco não apenas representa limpeza e assepsia, mas também suaviza e neutraliza o efeito de outras cores quando misturado a elas. É por meio dessa suavização que o rosa emerge, como uma derivação do vermelho, uma cor que carrega a paixão e outras características já exploradas. Quando o vermelho é misturado ao branco, surge o rosa, adquirindo uma nova dimensão e significado.

O rosa é uma cor que exerce um impacto direto sobre nossos sentimentos, evocando sensações de amabilidade, afeto, proteção maternal e fraternal, carinho e conforto. Frequentemente associado à eliminação da solidão e à redução da angústia, o rosa busca tornar as pessoas mais sensíveis e emocionalmente equilibradas. Enquanto o vermelho reflete aspectos sexuais, primitivos e viscerais, o rosa aborda qualidades mais altruístas, sinceras, românticas e voltadas para sonhos, encantamento, doçura, beleza, carinho e ternura.

O uso da cor rosa na magia tem como intenção despertar uma consciência pura e verdadeira que transcende limites. O rosa fala do amor genuíno, do ideal romântico de um amor duradouro, evoca proteção incondicional e ultrapassa barreiras movida pelo sentimento. É uma cor que invoca proteção maternal e fraternal, representando a disposição de proteger os entes queridos com a própria vida, se necessário.

Assim como o vermelho, o rosa pode ser comparado à nossa pele, que ruboriza em situações de vergonha, paixão ou irritação. Da mesma forma, essa cor expõe nosso mundo emocional, revelando o que muitas vezes tentamos esconder. O rosa desnuda nossos sentimentos, colocando à vista o que tentamos guardar. Essa característica é uma ferramenta poderosa para revelar a verdade oculta, seja nas pessoas ao nosso redor ou em nós mesmos. Uma vela rosa acesa pode expor intenções reais, desmascarar falsidades e trazer à tona os verdadeiros sentimentos de uma pessoa.

Uma curiosidade extraída do livro *A Psicologia das Cores* é que, após a Segunda Guerra Mundial, os uniformes militares deixaram de ser vermelhos e adotaram cores mais fechadas e ambíguas, como marrom, verde-escuro e azul-marinho. Esse fato influenciou na moda, quando o azul e as cores associadas aos uniformes masculinos passaram a ser destinados a meninos. Por outro lado, o vermelho, o rosa e cores semelhantes que não estavam em voga na época foram incorporados aos enxovais femininos. Essa história ilustra que as cores não possuem gênero, assim como a magia em si. Na magia, tudo é amoral e as cores ganham significados conforme a interpretação pessoal e as culturas que as cercam.

Portanto, o rosa é muito mais do que uma tonalidade suave. É um convite para explorar um espectro emocional rico e profundo, evocando emoções de carinho, proteção e ternura, sendo uma ferramenta poderosa para trazer à tona sentimentos ocultos e revelações sutis.

Feitiço com vela rosa para trazer à tona os verdadeiros sentimentos de uma pessoa

MATERIAL NECESSÁRIO

Fósforos ou isqueiro
Rosas cor-de-rosa (pétalas ou flores inteiras)
Um pires ou suporte para a vela
Uma vela cor-de-rosa

Escolha um lugar tranquilo onde possa realizar o feitiço sem interrupções.
Acenda a vela rosa com os fósforos ou isqueiro. Enquanto acende a vela, concentre-se na pessoa para quem deseja trazer os sentimentos à tona, se achar necessário pode escrever o nome completo na vela.
Disponha algumas pétalas de rosas cor-de-rosa ao redor da vela, formando um círculo na intenção de envolver esta pessoa na energia do feitiço.
Feche os olhos e respire profundamente algumas vezes para se conectar com sua intenção.
Enquanto olha para a chama da vela e as pétalas de rosa, repita em voz alta:

Praesta veritatem, praesta veritatem, praesta veritatem!
(Revele a verdade)

Deixe a vela queimar até o fim, e faça um banho com as rosas assim que possível, se a pessoa tiver sentimentos por você ela irá deixar escapar.

O LARANJA

A cor laranja, uma fusão de outras cores, é uma representação visual da mescla de poderes, unindo a visceralidade do vermelho com a expansão do amarelo. Como uma cor secundária, o laranja evoca sensações de movimento, floração, excitação e animação, estabelecendo uma forte conexão com as estações da primavera e do verão.

O laranja é um ponto de equilíbrio entre o vermelho e o amarelo, cores opostas no círculo cromático, cada uma com características marcantes e distintas. Enquanto o vermelho é intenso, visceral e inabalável, o amarelo é maleável e se mescla facilmente com outras forças. A combinação dessas cores resulta no laranja, que simboliza alegria, sociabilidade e harmonia. Assim, o laranja pode ser utilizado para trazer equilíbrio e funcionalidade às forças contrastantes, fazendo com que elas atuem de maneira colaborativa.

Além disso, é fundamental considerar que o vermelho é intenso e visceral, enquanto o amarelo é magnético e brilhante, evocando a luz do sol e do ouro. Como resultado, o laranja possui uma penetração poderosa, muitas vezes até intrusiva, podendo causar desconforto. Magicamente, o laranja pode ser empregado para transformar algo mundano em algo notável, ou para amplificar o magnetismo de uma pessoa a ponto de se tornar indesejado ou inconveniente.

A cor laranja é altamente cativante aos nossos olhos e é frequentemente utilizada para sinalização de elementos importantes no cotidiano, como as luzes indicadoras de carros. Além disso, tons luminosos de laranja e tons avermelhados se destacam durante o crepúsculo e na escuridão. Isso explica por que as lombadas nas estradas e certos tipos de placas de sinalização têm uma coloração alaranjada, refletindo melhor a luz dos faróis. A contrastante cor laranja também se destaca contra o azul profundo do mar, o que explica o uso de botes salva-vidas, coletes e boias na cor laranja, para fácil visibilidade em situações de emergência na água.

O laranja também desempenha um papel crucial em sinalização, quando você busca visibilidade para um projeto, negócio ou empreendimento, acender uma vela laranja pode potencializar essa intenção. A cor laranja também pode ser empregada como auxílio para encontrar soluções ou respostas para desafios complexos e situações que podem não estar claras de imediato.

Em essência, o laranja é uma cor que atua como um elo entre as forças contrastantes do vermelho e do amarelo, oferecendo equilíbrio, energia e destaque visual. Sua vivacidade e versatilidade a tornam uma ferramenta poderosa para várias práticas mágicas e intenções.

Feitiço de magnetismo com vela laranja

MATERIAL NECESSÁRIO

Fósforos ou isqueiro
Um espelho
Um pires ou suporte para a vela
Uma vela laranja

Escolha um local tranquilo onde possa realizar o feitiço sem interrupções.
Coloque o espelho à sua frente, de forma que possa se ver nele.
Acenda a vela laranja no pires e coloque-a ao lado do espelho, de modo que sua chama seja refletida nele.
Olhe para o espelho e concentre-se na sua imagem refletida. Visualize a energia laranja da vela se fundindo com sua imagem, envolvendo-o em uma aura brilhante.
Então repita o encantamento em voz alta:

Com meu magnetismo forte a brilhar,
Atraio luz por onde quer que eu vá.

Continue olhando para o espelho e mantenha sua atenção na chama da vela. Sinta a energia laranja se expandindo ao seu redor, tornando-se mais intensa e poderosa.
Permaneça nesse estado de concentração por alguns minutos, absorvendo a sensação de magnetismo e confiança.
Deixe a vela queimar até o final. Permita que o fluxo do feitiço corra normalmente.

O ROXO

Uma composição de outras cores, o roxo combina o instinto, a emoção e a visceralidade do vermelho com a profundidade, a sensibilidade e a intuição do azul. Essa cor secundária frequentemente transmite sensação de conexão espiritual e sintonia com forças elevadas. Seu simbolismo mágico é impregnado de equilíbrio, unindo as energias ardentes e carnais do vermelho com as marés emocionais, sensíveis e intuitivas do azul, formando um poderoso mar púrpura.

O roxo desempenha um papel crucial na abertura de portais entre os planos, oferecendo uma fusão perfeita entre as energias sanguíneas e terrenas e os mares de emoção, sensibilidade e intuição que fluem do nosso eu mais profundo. O choque entre esses mares quentes e frios resulta em um mar morno e confortável de cor roxa, que pode facilitar a conexão com forças superiores e auxiliar em jornadas emocionais, trazendo as energias necessárias para avançar.

Na cultura indiana, o roxo é associado à reencarnação e a transmigração das almas entre diferentes corpos. Essa crença se espalhou por civilizações antigas, como as egípcias, gregas, romanas e chinesas. Os budistas tibetanos ainda mantêm visões semelhantes, embora considerem a transmigração como algo raro. Essa visão do roxo destaca sua capacidade de nos ajudar a viajar entre planos, servindo como ferramenta para trabalhar magicamente nos reinos astrais e extrassensoriais, transcendendo a mente e o corpo físico.

No passado, a obtenção de tecidos roxos ou púrpuras era uma tarefa complexa, exigindo anos de preparação e muitas vezes importação de locais distantes como a China e Damasco, na Síria. Isso levou a uma associação da cor roxa com a realeza e o poder. No Império Romano, somente o Imperador, sua esposa e herdeiros podiam usar túnicas roxas, enquanto ministros e altos funcionários tinham permissão para usar pequenos bordados roxos. O uso não autorizado do roxo era passível de pena de morte, enfatizando sua exclusividade e importância.

Considerando essa história, o roxo, quando usado em feitiços, pode evocar a sensação de superioridade ou valor. Magias que utilizam essa cor podem destacar você ou aquilo que deseja como algo valioso e poderoso.

Uma curiosidade adicional sobre a cor roxa é seu uso no clero. Entre 1962 e 1965, durante o Segundo Concílio do Vaticano, o roxo foi adotado para substituir o preto em cerimônias fúnebres. O clero abandonou o preto devido às suas associações com rituais pagãos, morte e luto. O roxo, por sua vez, assumiu um significado espiritual, representando a passagem e a conexão com o Divino.

Assim, a cor roxa carrega um rico simbolismo que abrange espiritualidade, conexão entre planos, poder e valor. Suas origens históricas e associações a tornam uma escolha poderosa para práticas mágicas que buscam transcendência, equilíbrio e comunicação com forças superiores.

Feitiço com vela roxa para intuição forte

MATERIAL NECESSÁRIO

Fósforos ou isqueiro
Um pires ou suporte para a vela
Uma ametista
Uma vela roxa

Escolha um local tranquilo onde possa realizar o feitiço sem interrupções. Acenda a vela roxa no pires e coloque o cristal na sua frente. Feche os olhos e respire profundamente algumas vezes para relaxar e acalmar sua mente. Segure o cristal nas mãos e visualize uma luz roxa envolvendo-o, irradiando sabedoria e intuição.

Diga em voz alta:

Na luz da sabedoria profunda,
A intuição neste momento me inunda!

Visualize-se conectado(a) à energia intuitiva do Universo, sentindo-a fluir para dentro de você através do cristal.

Mantenha essa visualização por alguns minutos, absorvendo a energia do feitiço.

Deixe a vela queimar em um local seguro e mantenha o cristal em um lugar especial, como um lembrete constante do poder da intuição.

VELAS BICOLOR OU MULTICOLORIDAS

As velas de duas ou mais cores, frequentemente referidas como velas bicolor ou multicoloridas, é uma fascinante derivação das velas de cor única. Essas velas combinam as propriedades e simbolismos das cores envolvidas para criar efeitos verdadeiramente únicos em rituais, feitiços ou práticas mágicas. Elas podem ser adquiridas prontas ou confeccionadas manualmente, através da fusão de diferentes ceras coloridas ou da sobreposição de camadas distintas de cores.

A Magia com Velas bicolor ou multicoloridas reside na sinergia e interação complexa das cores utilizadas. Ao combinar cores opostas ou complementares em uma única vela, é possível invocar um profundo equilíbrio e harmonia tanto em situações específicas quanto em sua própria jornada de vida. Imagine, por exemplo, uma vela dividida ao meio com o verde representando equilíbrio e cura, em contraste com o vermelho, simbolizando paixão e energia. Acender uma vela assim pode ser um gesto poderoso para restaurar e equilibrar suas próprias energias.

As velas bicolor também se prestam à união de intenções diversas. Por exemplo, em um ritual destinado a atrair amor e prosperidade, você pode optar por usar uma vela que mistura as cores rosa (amor) e verde (prosperidade), unindo assim essas duas energias em uma única prática. Essas velas também possuem um poderoso potencial para representar fases de transição e mudança. Uma vela dividida verticalmente entre o preto (encerramento) e o branco (novo começo) pode servir como uma representação simbólica do término de um ciclo e do início de um novo capítulo em sua vida.

Além disso, nas práticas de cura energética, as velas multicoloridas podem ser uma ferramenta valiosa para alinhar e equilibrar os chakras. Cada chakra é associado a uma cor específica, e uma vela composta por várias camadas de cores pode ajudar a trabalhar com os diferentes centros de energia, promovendo uma harmonia interna mais profunda.

Outra aplicação criativa das velas de duas cores é a conexão com as fases lunares ou elementos da natureza. Através da combinação de camadas de cores como azul (Água) e amarelo (Ar), você pode direcionar suas práticas mágicas de acordo com as influências desses elementos, facilitando a comunicação emocional e a expressão.

Quando se trata de resolução de conflitos ou melhoria de relacionamentos, a combinação de cores pode ser uma ferramenta sutil, mas eficaz. Por exemplo, uma vela compartilhada entre as cores vermelha (paixão) e azul (comunicação) pode auxiliar na promoção de conversas abertas e na busca pacífica por resoluções.

As velas de duas ou mais cores são uma adição versátil e poderosa ao repertório mágico, permitindo a exploração de uma vasta gama de intenções, energias e simbolismos. Cada combinação oferece uma oportunidade singular de expressar suas necessidades e desejos através das linguagens vibrantes e significados profundos das cores. A magia é um universo vasto e diversificado, onde diferentes tradições e visões se entrelaçam para criar práticas únicas e significativas. Quando se trata do uso de velas multicoloridas, essa diversidade se torna ainda mais evidente. Não existe uma maneira "correta" ou "verdadeira" de utilizar velas de múltiplas cores; em vez disso, essa abordagem varia de acordo com a tradição mágica e a perspectiva individual do praticante.

A beleza da magia está na sua adaptabilidade e personalização. A forma como alguém utiliza velas multicoloridas pode ser profundamente influenciada pela sua compreensão pessoal das cores, dos simbolismos e das energias que elas representam. Uma tradição mágica pode atribuir significados específicos a combinações de cores, enquanto outra pode favorecer uma abordagem mais intuitiva e individualizada.

É importante reconhecer que cada pessoa possui uma conexão única com as cores e suas associações simbólicas. O que pode ressoar profundamente com um praticante, pode não ter o mesmo impacto para outro. E isso é uma das maravilhas da magia: a possibilidade de explorar, experimentar e encontrar o que ressoa com você.

O uso de velas multicoloridas é uma jornada de autoexpressão, manifestação e autoconhecimento. Não existe uma abordagem "errada" quando se trata de usar cores em sua prática mágica. O importante é que você se sinta conectado, capacitado e autêntico em suas escolhas. Seja qual for a sua visão, sua intenção e seu coração guiarão o caminho.

A seguir, veja alguns exemplos de combinações para você tomar como base.

VELA BRANCA E PRETA

As velas nas cores branca e preta possuem um potencial mágico intrigante, especialmente quando se trata de inverter situações e trabalhar com dualidades. Elas representam polaridades opostas: o branco é frequentemente associado à pureza, à calma e à ordem, enquanto o preto evoca o mistério, o caos e a destruição. Utilizar essas velas de maneira estratégica pode trazer transformações significativas às suas práticas mágicas. Vamos explorar mais a fundo essas possibilidades e compartilhar algumas dicas valiosas.

- **Inversão de energias:** o uso das velas branca e preta em posição normal, do branco para o preto, é uma maneira poderosa de realizar uma inversão de intenções. Você está essencialmente transformando uma situação que está organizada e em ordem em algo desorganizado e desequilibrado. Isso pode ser aplicado em diferentes contextos, seja para quebrar padrão negativo, para afastar energias indesejadas ou simplesmente para promover mudanças significativas.

- **Processo de transformação:** para intensificar o efeito da inversão, você pode experimentar a técnica de cortar o pavio da vela, remover a parte original dele e anexá-lo ao lado oposto. Esse processo simboliza a transição da energia do preto para o branco, levando a situação de um estado desequilibrado para um estado de ordem e neutralidade.

- **Quebra de feitiços:** as velas branca e preta também podem ser utilizadas como uma ferramenta poderosa para quebrar feitiços e influências negativas. Ao virar a vela de cabeça para baixo durante a queima, você está essencialmente revertendo as energias e quebrando as amarras que possam estar afetando sua vida. Concentre-se na intenção de romper qualquer influência indesejada enquanto a vela queima.
- **Dualidade e equilíbrio:** além das inversões, essas velas também podem representar a busca por equilíbrio entre as polaridades. Você pode usá-las para trabalhar com dualidades em sua vida, como encontrar um ponto intermediário entre a ordem e o caos, a luz e a escuridão, o positivo e o negativo. Elas podem ajudar a trazer harmonia e integração.
- **Rituais de transformação:** ao criar rituais ou feitiços que envolvam transformação pessoal, as velas branca e preta podem ser incorporadas para simbolizar a jornada de mudança. Use a energia do preto para liberar o que não serve mais e a energia do branco para trazer novas oportunidades e renovação.
- **Limpeza e purificação:** utilize velas brancas e pretas para realizar rituais de limpeza e purificação em seu espaço sagrado. A inversão das energias pode ajudar a remover bloqueios energéticos e trazer uma sensação renovada de frescor.
- **Meditação e reflexão:** durante práticas de meditação, concentre-se nas cores branco e preto para explorar dualidades internas e buscar um equilíbrio emocional. Reflita sobre os aspectos de sua vida que deseja transformar e traga essas intenções para a queima da vela.

VELA BRANCA E VERMELHA

As velas nas cores branca e vermelha são como um elo entre paixão e serenidade, oferecendo uma gama rica de possibilidades mágicas para a transformação de energias e relações. Seus simbolismos contrastantes se combinam de maneira única, permitindo que você trabalhe de forma habilidosa para intensificar ou suavizar situações conforme suas intenções. Vamos explorar em detalhes como usar essas velas para aprofundar sua prática mágica:

- **Ampliando a intimidade e o prazer:** em uma queima normal, a vela branca e vermelha é uma ferramenta poderosa para ampliar a energia sexual e a intimidade. Ela pode ser usada para transformar uma relação fria e sem estímulo em algo quente, afetuoso e apaixonado. Acenda essa vela com a intenção de reavivar a chama do romance e da paixão em um relacionamento, criando uma conexão mais profunda e sensual entre parceiros.
- **Dando energia a situações estagnadas:** se você está lidando com situações paradas ou estagnadas em sua vida, a vela branca e vermelha pode infundir energia de movimento. Acenda essa combinação de cores com a intenção de impulsionar projetos, objetivos ou relações que estão precisando de um impulso. A energia vibrante do vermelho combinada com a pureza do branco pode criar uma sinergia energética poderosa.
- **Inversão para equilíbrio emocional:** ao inverter a vela, do vermelho para o branco, você está utilizando a alquimia das cores para transformar uma energia intensa e afetuosa em algo mais suave e tranquilo. Essa inversão é especialmente útil para acalmar emoções intensas e situações explosivas. Use essa técnica para ajudar a trazer harmonia a ambientes caóticos ou para acalmar pessoas que estão se sentindo agitadas.
- **Rituais para curar relações:** utilize a vela branca e vermelha em rituais destinados a curar e fortalecer relacionamentos. Ao acender essa combinação de cores, visualize a energia vermelha da paixão sendo suavizada pela energia branca da compreensão e da harmonia. Isso pode ajudar a resolver conflitos e melhorar a comunicação entre as partes envolvidas.

- **Autoaceitação e equilíbrio interno:** a vela branca e vermelha também pode ser incorporada em rituais de autoaceitação e equilíbrio emocional. Use essa combinação para trabalhar com seus próprios sentimentos intensos, permitindo que a energia do vermelho seja temperada pela pureza do branco, ajudando você a encontrar um equilíbrio interno.
- **Amplificando a sensualidade:** se você deseja despertar sua sensualidade e autoconfiança, a vela branca e vermelha pode ser usada como um símbolo para estimular sua autoexpressão. Acenda essa combinação enquanto medita sobre sua própria sensualidade e confiança, permitindo que a energia das cores flua através de você.

VELA BRANCA E AMARELA

As velas nas cores branca e amarela oferecem um mergulho nas profundezas do ânimo, da alegria e do brilho pessoal, trazendo à tona a expansão de sua essência para o mundo. Estas cores vibrantes carregam consigo simbolismos únicos, permitindo que você explore uma variedade de abordagens mágicas para elevar sua energia e encontrar um novo propósito.

Vamos explorar de maneira mais abrangente como essas velas podem ser incorporadas em sua prática mágica:

Despertando o brilho interno: a combinação da vela branca e amarela em queima normal é uma poderosa ferramenta para ampliar a confiança, a autoexpressão e o brilho pessoal. Utilize essa combinação para momentos em que você deseja se destacar, compartilhar sua voz e se conectar mais plenamente com o mundo ao seu redor. Visualize a luz amarela irradiando de você, iluminando seu caminho e trazendo uma aura de positividade.

Enfrentando a timidez e a insegurança: se você está enfrentando desafios relacionados à timidez e à insegurança, a vela branca e amarela pode ser sua aliada. Use essa combinação para criar um ambiente energético que encoraje a expressão pessoal e a autoconfiança. Ao acender essa vela, imagine-se liberando bloqueios emocionais e se sentindo mais à vontade em compartilhar sua autenticidade com os outros.

- **Reencontrando o propósito:** quando você se sentir perdido ou desmotivado, a vela branca e amarela pode servir como um farol que ilumina o caminho de volta ao seu propósito de vida. Utilize essa combinação de cores para meditar sobre suas paixões e metas, permitindo que a energia amarela lhe inspire a buscar um novo sentido de direção.
- **Redução da intensidade emocional:** inverter a vela, do amarelo para o branco cria uma transformação energética, diminuindo a intensidade emocional e trazendo calma. Essa técnica pode ser útil em momentos em que estiver se sentindo excessivamente agitado ou ansioso. Visualize a energia vibrante do amarelo sendo suavizada pelo branco, criando um estado de tranquilidade interior.
- **Neutralização de energias ofuscantes:** a inversão da vela branca e amarela pode ser utilizada de maneira estratégica para neutralizar energias que estão ofuscando sua jornada. Se você se sente sobrecarregado por pessoas que estão roubando seu brilho ou perturbando sua paz, essa técnica pode ser uma forma de apagar a influência delas em sua vida.
- **Rituais de purificação emocional:** incorporar essas velas em rituais de purificação emocional pode ser extremamente benéfico. Use a combinação para liberar emoções negativas, trazendo mais clareza e positividade para sua vida. Visualize a energia amarela dissolvendo bloqueios emocionais enquanto a energia branca purifica e equilibra suas emoções.
- **Reconexão com a alegria interior:** use vela branca e amarela para se reconectar com a alegria e o entusiasmo que existem dentro de você. Ao acendê-la, relembre momentos de felicidade e permita que a energia amarela estimule a alegria genuína, irradiando-a para todos os aspectos de sua vida.

VELA BRANCA E AZUL

As velas nas cores branca e azul formam uma combinação poderosa que sintoniza profundamente com as emoções e o equilíbrio interior. A união do branco, que traz ordem e calmaria, com o azul, que evoca as águas das emoções, cria uma energia mágica que pode ser explorada de diversas maneiras em suas práticas.

Vamos explorar mais a fundo como essas velas podem ser utilizadas e algumas dicas para incorporá-las de maneira eficaz:

- **Harmonização emocional:** a vela branca e azul em sua queima normal é uma ferramenta valiosa para restaurar o equilíbrio emocional e acalmar corações feridos. Essa combinação ajuda a apaziguar as emoções intensas, trazendo uma sensação de tranquilidade interna. Utilize essa vela durante momentos de estresse, ansiedade ou conflitos emocionais para acalmar os mares internos e encontrar serenidade.

- **Expressão emocional:** se você ou alguém que conhece tem dificuldade em expressar emoções, a vela branca e azul invertida pode ser uma ferramenta poderosa. Utilize-a em rituais ou feitiços com a intenção de incentivar a comunicação emocional. Ao acender a vela invertida, visualize a energia do azul estimulando a abertura e a expressão dos sentimentos, permitindo que as palavras fluam naturalmente.
- **Equilíbrio e clareza:** essa combinação de cores também pode ser utilizada para buscar equilíbrio e clareza mental. Se você está enfrentando dilemas emocionais ou se sente sobrecarregado por pensamentos turbulentos, as velas branca e azul podem ajudar a trazer foco e estabilidade às suas emoções.
- **Cura emocional profunda:** utilize a vela branca e azul em rituais de cura emocional profunda. Ao acender essas velas, permita-se mergulhar nas águas do azul. Visualize-as lavando e purificando emoções antigas e feridas. Imagine a energia da vela branca trazendo uma sensação de renovação e restauração.

- **Transformação de energias densas:** se você sente que há emoções densas ou negativas presas em seu interior, as velas branca e azul podem auxiliar na transformação dessas energias. Visualize a chama da vela purificando e transmutando emoções negativas em luz e clareza emocional.
- **Amplificação emocional:** é importante notar que a vela branca e azul, se usada com intenções negativas, tem o potencial de amplificar emoções de forma negativa. Portanto, ao trabalhar com essas velas, mantenha sempre uma intenção positiva e construtiva, para evitar efeitos indesejados.
- **Magia para o autoconhecimento:** use essa combinação de velas para se conectar mais profundamente com suas próprias emoções e para explorar aspectos internos de sua psique. Medite com essas velas acesas, permitindo que a energia do azul revele insights e sabedoria emocional.

VELA BRANCA E VERDE

A combinação das velas nas cores branca e verde cria um poderoso vínculo entre as energias da ordem física, crescimento e prosperidade. Ao unir o branco, que representa calmaria e organização, com o verde, que está relacionado à vitalidade e ao crescimento, você cria uma sinergia mágica que pode ser explorada em várias práticas.

Vamos explorar mais profundamente como essas velas podem ser utilizadas de forma eficaz:

- **Prosperidade e abundância:** a vela branca e verde é uma excelente ferramenta para atrair prosperidade e riqueza em sua vida. Ao acendê-la, direcione suas intenções para o crescimento financeiro e material, visualizando seus objetivos sendo alcançados e seus empreendimentos prosperando.

- **Saúde e vitalidade:** utilize essa combinação de velas para trabalhar com questões de saúde física e bem-estar. A energia do verde é associada à vitalidade e ao equilíbrio do corpo. Ao acender essas velas, você pode direcionar sua intenção para fortalecer e proteger sua saúde física.
- **Realização de projetos:** se você está buscando a realização de um projeto específico, as velas branca e verde podem auxiliar no processo de solidificação e concretização. Essa combinação é especialmente útil ao procurar emprego, iniciar um novo negócio ou buscar sucesso em qualquer empreendimento.
- **Organização e estruturação:** a energia da vela branca e verde também pode ser usada para trazer ordem e estrutura à sua vida. Utilize essa combinação em rituais ou feitiços para organizar suas finanças, estabelecer rotinas saudáveis ou criar uma base sólida para seus objetivos.
- **Desbloqueio de situações complicadas:** a inversão da vela, do verde para o branco, pode ser uma ferramenta eficaz para desatar situações problemáticas ou complexas. Ao cortar o pavio e criar um novo no lado oposto, visualize a energia do verde trabalhando para desfazer os nós das situações complicadas e permitir que a clareza e a solução surjam.
- **Crescimento pessoal e espiritual:** utilize a vela branca e verde para simbolizar o crescimento não apenas material, mas também pessoal e espiritual. Essa combinação pode ser incorporada em rituais de autodescoberta, ajudando você a expandir seus horizontes e alcançar novos níveis de compreensão.

- **Proteção material:** se você está buscando proteger seus bens materiais ou propriedades, as velas branca e verde podem ser usadas como um escudo mágico. Visualize a energia do verde formando uma barreira protetora ao redor de suas posses, mantendo-as seguras e prósperas.

VELA PRETA E VERMELHA

Uma observação importante a ser feita sobre as velas bicolores pretas é que, apesar de a coloração da parte superior oferecer alguma evidência, a chave para trabalhar com essas cores reside na compreensão de que a ênfase está no preto. Portanto, em vez de categorizar essas velas, como vermelha e preta, azul e preta, entre outras, optarei por colocar a cor preta na frente de todos os nomes classificatórios.

A combinação das velas nas cores preta e vermelha cria uma conexão entre energias intensas, associadas ao sexo, prazer, fúria e outras emoções coléricas. Essa mistura de cores pode ser uma ferramenta poderosa em práticas mágicas, mas requer cuidado e intenções bem definidas, uma vez que as energias envolvidas são profundas e intensas.

Vamos explorar mais detalhadamente como essas velas podem ser usadas de maneira eficaz:

- **Exploração da sexualidade e paixão:** a vela preta e vermelha é especialmente indicada para trabalhar questões relacionadas à sexualidade, paixão e desejo. Ao acender essa vela, você pode direcionar suas intenções para despertar e intensificar suas energias sexuais, promovendo uma conexão mais profunda com seu lado sensual e erótico.

- **Lidando com raiva e fúria:** essa combinação de velas pode ser usada para amplificar e liberar emoções coléricas, como raiva e fúria. Se você estiver enfrentando dificuldades para expressar essas emoções, a vela preta e vermelha pode auxiliar a liberar e a canalizar essas energias de maneira construtiva.
- **Trabalho com impotência sexual:** a vela preta e vermelha também pode ser empregada em rituais voltados para a resolução de questões de impotência sexual. A energia do preto pode ser utilizada para identificar e dissolver bloqueios emocionais ou psicológicos que estejam afetando sua sexualidade.

- **Transmutação de energias negativas:** ao utilizar a vela de forma invertida, você tem a oportunidade de transmutar energias negativas e obscuras em uma energia mais positiva e revitalizante. Isso é especialmente útil para trabalhar traumas emocionais ou questões que envolvam mágoas profundas.
- **Quebrando feitiços e maldições:** essa combinação de velas também pode ser uma aliada poderosa na quebra de feitiços e maldições que estejam direcionados às áreas emocionais e sexuais. O preto tem a capacidade de absorver as energias negativas, enquanto o vermelho age como um catalisador para restaurar o equilíbrio.
- **Desbloqueio de emoções reprimidas:** se estiver enfrentando dificuldades para lidar com emoções coléricas ou sensações reprimidas, as velas preta e vermelha podem auxiliar a desbloquear essas emoções, permitindo que elas sejam expressas e liberadas de maneira saudável.
- **Equilíbrio emocional e sexual:** ao trabalhar com essa combinação de velas, é importante manter o equilíbrio entre as energias intensas do preto e do vermelho. Direcione suas intenções para obter um equilíbrio harmonioso entre a expressão saudável das emoções coléricas e a conexão íntima e prazerosa.

VELA PRETA E AMARELA

As velas combinadas nas cores preta e amarela oferecem um intrigante equilíbrio entre energias opostas, criando uma dinâmica complexa que pode ser direcionada de várias maneiras em práticas mágicas. A combinação dessas cores proporciona uma oportunidade única de manipular a energia da alegria e da comunicação de maneira profunda e estratégica.

Vamos explorar como essa combinação de velas pode ser utilizada com eficácia:

- **Densificação da alegria e comunicação:** ao acender a vela preta e amarela em sua queima normal (do amarelo para o preto), você tem a capacidade de concentrar e intensificar as energias relacionadas à alegria, brilho pessoal e comunicação. Isso pode ser utilizado para promover momentos de descontração e expressão mais intensa em situações sociais ou criativas.
- **Despertar da autoestima e expressão:** a energia do amarelo está ligada à autoconfiança e à expressão pessoal. Ao trabalhar com a vela preta e amarela, você pode direcionar suas intenções para auxiliar alguém a superar a baixa autoestima, incentivando a expressão autêntica e empoderadora.
- **Quebra de proteções e desonestidade:** a combinação de preto e amarelo também pode ser utilizada para quebrar proteções e barreiras energéticas.

Ela pode ser empregada para levar uma pessoa a mentir, manipulando as energias de comunicação e minando a integridade. Lembre-se sempre de agir com responsabilidade e respeito pelas energias que você está manipulando.

- **Vela de proteção e bloqueio:** as velas preta e amarela também podem ser usadas como ferramentas de proteção. Ao acender essa vela, você está criando uma barreira que pode bloquear influências externas, sejam elas positivas ou negativas. Essa vela funciona como um escudo energético, ajudando a preservar a aura pessoal.
- **Desvio de energias negativas:** a vela preta e amarela também pode ser empregada para desviar energias negativas direcionadas a você. Ela absorve e neutraliza a energia, proporcionando um caminho alternativo para que as influências negativas não afetem diretamente seu estado de ânimo.
- **Rituais de cura emocional:** a combinação de preto e amarelo também pode ser utilizada em rituais de cura emocional. Ao trabalhar com essa vela, você pode direcionar suas intenções para drenar energias tóxicas ou padrões de pensamento negativos que afetam seu bem-estar emocional.
- **Reativação da alegria e brilho pessoal:** ao inverter a queima da vela, do preto para o amarelo, você está simbolicamente retirando obstáculos que estejam afetando seu brilho pessoal e alegria. Isso pode ser utilizado em situações em que você deseja restaurar sua vitalidade, otimismo e energia positiva.

VELA PRETA E VERDE

As velas que combinam as cores verde e preto oferecem uma interessante interação entre o crescimento e a decomposição, proporcionando uma gama única de possibilidades mágicas. Ao unir essas cores, você pode direcionar suas intenções para trabalhar com os processos de desenvolvimento e transformação de maneiras profundas e poderosas.

Vamos explorar mais detalhadamente como essas velas podem ser utilizadas de forma eficaz:

Atrapalhar o crescimento indesejado: ao acender a vela verde e preta em sua queima normal (do verde para o preto), você pode focar suas intenções em diminuir ou atrapalhar o crescimento de situações, padrões ou circunstâncias que não estejam alinhadas com seus objetivos e desejos. Essa combinação pode ser usada para enfraquecer influências negativas que estejam impedindo seu progresso.

- **Dissipar energias desconexas:** o verde é associado ao crescimento saudável e à vitalidade. Ao queimar a vela verde e preta nesse sentido, você pode dissipar energias desordenadas e desconexas que estejam afetando seu desenvolvimento pessoal. Essa prática ajuda a purificar e alinhar suas energias, permitindo um crescimento mais equilibrado.

- **Estímulo ao crescimento interior:** o verde também está relacionado ao crescimento espiritual e emocional. Utilize essa vela para direcionar suas intenções em direção ao autodescobrimento, à expansão da consciência e ao desenvolvimento pessoal. O processo de crescimento interior pode ser fortalecido e estimulado por essa combinação de cores.
- **Transformação e renovação:** a inversão da vela, do preto para o verde, simboliza transformação e renovação. Ao fazer isso, você está invocando a energia da renovação, permitindo que antigas formas de pensamento, padrões ou situações sejam decompostos para dar lugar a algo novo e florescente.
- **Rituais de cura e regeneração:** a combinação de verde e preto também pode ser usada em rituais de cura e regeneração. Concentre-se em direcionar suas intenções para curar áreas de sua vida que precisam de rejuvenescimento e revitalização. Essa combinação de cores pode ser especialmente poderosa para trabalhar com a recuperação emocional e física.
- **Manifestação de novos começos:** ao virar a vela do preto para o verde, você pode representar o processo de brotar e manifestar novos começos. Essa prática é ideal para quando você está buscando iniciar um novo projeto, empreendimento ou estágio de vida. Ela simboliza o surgimento de novas oportunidades e possibilidades.

VELA PRETA E AZUL

A combinação de velas nas cores azul e preta é uma ferramenta mágica poderosa para trabalhar com aspectos psicológicos e emocionais. É importante usar essa combinação com cautela e responsabilidade, pois as energias envolvidas podem ser intensas e profundas.

Vamos explorar mais a fundo como essas velas podem ser utilizadas de forma eficaz e consciente:

- **Intensificação e liberação de emoções:** ao acender uma vela azul e preta em sua queima normal (do azul para o preto), você pode intensificar as emoções e os processos psicológicos que estiverem em jogo. Essa prática pode ser útil quando você precisa enfrentar situações emocionais complexas, mas lembre-se de que isso deve ser feito com cautela e autocompreensão.
- **Autoconhecimento e enfrentamento:** o azul é uma cor que está ligada à comunicação emocional e à busca por conhecimento interior. Utilize essa vela para trabalhar questões de autoconhecimento, explorando suas emoções mais profundas e enfrentando os medos e fantasmas internos que possam atrapalhar seu desenvolvimento pessoal.
- **Transformação e cura emocional:** a inversão da vela, do preto para o azul, simboliza a jornada de sair da obscuridade emocional e psicológica em direção à compreensão e à cura. Essa prática pode ser benéfica para trabalhar com problemas emocionais complexos e traumas, buscando uma compreensão profunda e uma resolução saudável.
- **Busca por plenitude psicológica:** utilize a combinação de azul e preto para direcionar suas intenções em busca de uma plenitude psicológica. A energia dessas cores pode ajudar a trazer clareza mental, alívio do estresse e equilíbrio emocional
- **Autoaceitação e autocura:** a combinação de azul e preto também pode ser usada para trabalhar com questões de autoaceitação e autocura. Concentre-se em liberar bloqueios emocionais, desenvolvendo uma maior compreensão de si mesmo e buscando uma conexão mais profunda com suas emoções.

Lembre-se de que a Magia é uma ferramenta que deve ser usada com responsabilidade e respeito. Caso esteja lidando com problemas emocionais ou psicológicos graves, é essencial buscar a ajuda de um profissional de saúde mental qualificado, como um psicólogo ou terapeuta. A Magia pode ser um auxílio, mas nunca deve substituir tratamentos médicos e terapias apropriadas.

VELA AMARELA E VERDE

A combinação das cores amarela e verde em uma vela cria uma poderosa sinergia de energias naturais e vibrantes. Essas cores estão intrinsecamente ligadas ao crescimento, prosperidade e equilíbrio. Trabalhar com essa combinação pode trazer benefícios significativos para diversas áreas da sua vida.

Vamos explorar mais profundamente como a vela amarela e verde pode ser usada de forma eficaz:

- **Prosperidade e crescimento:** o verde é associado ao crescimento, às plantas que brotam e seu desenvolvimento. Ao combinar o verde com o amarelo, você está ampliando essa energia de crescimento e direcionando-a para aspectos de prosperidade em sua vida. Utilize essa vela em rituais e práticas mágicas voltados para a expansão financeira, desenvolvimento de projetos e busca por oportunidades que impulsionem seu sucesso.
- **Saúde física e bem-estar:** o amarelo representa o sol radiante e a vitalidade. Associado ao verde, que está relacionado à cura e à saúde, essa combinação pode ser usada para fortalecer e proteger sua saúde física. Ao acender essa vela com a intenção de promover a saúde, visualize a luz do sol nutrindo seu corpo e mente, trazendo equilíbrio e vitalidade.

- **Projeto e planejamento:** a vela amarela e verde também é ideal para trabalhar com planos, projetos e metas. Essas cores representam a união da inteligência (amarelo) com a capacidade de crescimento e manifestação (verde). Utilize essa vela para atrair insights e inspirações que ajudarão você a traçar estratégias eficazes para alcançar seus objetivos.
- **Equilíbrio e estabilidade:** tanto o verde quanto o amarelo têm qualidades equilibradoras. Ao usar essa vela, você está convidando a harmonia e o

equilíbrio para sua vida. Essa combinação é especialmente útil para quando estiver passando por períodos de mudança e desejar manter uma base sólida para enfrentar os desafios.

- **Conexão com a natureza:** o amarelo e o verde são cores que remetem à natureza e à energia vital. Utilize essa vela em rituais que buscam uma conexão mais profunda com a natureza, meditações ao ar livre ou para trazer a energia natural para dentro de sua casa.
- **Crescimento pessoal:** trabalhar com a vela verde e amarela é um convite ao crescimento pessoal e à expansão da consciência. Use essa combinação para se desenvolver em níveis mentais, emocionais e espirituais, buscando uma compreensão mais profunda de si mesmo e do mundo ao seu redor.

VELA AMARELA E AZUL

A combinação das cores amarela e azul em uma vela cria uma poderosa fusão de energias que trabalham em conjunto para elevar a autoestima, promover o equilíbrio emocional e incentivar a aceitação pessoal. Essa combinação de cores é particularmente eficaz para ajudar aqueles que lutam com baixa autoestima e dificuldades em se amar plenamente.

Vamos explorar em detalhes como a vela amarela e azul pode ser usada de maneira positiva:

- **Autoaceitação e autoestima:** amarelo é uma cor associada à alegria, otimismo e autoconfiança. Quando combinado com o azul, que está ligado à comunicação e à calma, ele cria um ambiente propício para trabalhar as questões de autoestima. Use essa vela em práticas mágicas ou rituais voltados para a construção de uma autoimagem positiva e para reforçar a aceitação de si mesmo.

- **Equilíbrio emocional:** frequentemente considerado uma cor que acalma as emoções, o azul também promove a serenidade. Quando combinado com o amarelo, que estimula a confiança, cria-se um equilíbrio emocional que permite lidar com desafios de forma mais centrada e calma. Use essa vela para encontrar clareza mental e emocional em momentos de turbulência.

- **Amor-próprio:** a combinação de amarelo e azul representa a busca pela harmonia interna. Ao usar essa vela, você vai trabalhar para cultivar o amor-próprio genuíno, reconhecendo e celebrando suas qualidades e singularidades. Utilize-a em meditações ou rituais que se concentrem em nutrir um relacionamento mais saudável consigo mesmo.
- **Padrões mentais positivos:** a vela amarela e azul é ideal para transformar padrões mentais negativos em positivos. A energia do amarelo ajuda a dissolver autocríticas e dúvidas, enquanto o azul favorece a clareza mental. Use essa vela em momentos de autorreflexão, visualizando a mudança de pensamentos destrutivos para afirmações construtivas.
- **Compreensão e comunicação:** o azul também está relacionado à expressão e comunicação. Ao combinar com o amarelo, que envolve criatividade, você está fortalecendo sua capacidade de se expressar de maneira autêntica e assertiva. Utilize essa vela antes de situações em que a comunicação é importante, buscando um diálogo harmonioso e eficaz.
- **Ritual de aceitação:** crie um ritual especial utilizando a vela amarela e azul para se conectar consigo mesmo. Acenda a vela em um ambiente tranquilo e seguro, permitindo que sua luz ilumine sua jornada de autodescoberta e aceitação. Enquanto a vela queima, concentre-se em liberar qualquer autocrítica e permita-se aceitar sua essência com amor e compaixão.

VELA AMARELA E VERMELHA

A vela nas cores amarela e vermelha é uma combinação que traz consigo uma energia vibrante e estimulante. Ao unir essas duas cores, você está trazendo à tona um equilíbrio dinâmico entre o poder intenso do vermelho e a vitalidade do amarelo.

Vamos explorar mais profundamente como a vela amarela e vermelha pode ser usada de maneira positiva:

- **Vitalidade e energia:** o amarelo é frequentemente associado à energia solar, otimismo e entusiasmo. Ao combiná-lo com o vermelho, que representa paixão e vigor, você está infundindo sua vida com uma dose extra de vitalidade. Utilize essa vela para momentos em que precisa de um impulso energético e para enfrentar desafios com determinação.
- **Estímulo nas relações:** a vela amarela e vermelha é particularmente eficaz para trazer movimento e excitação para as relações interpessoais. Seja em amizades, relacionamentos amorosos ou parcerias profissionais,

essa combinação de cores pode aumentar a comunicação e a conexão emocional. Utilize-a em rituais que buscam fortalecer laços e estimular a interação saudável.

- **Criatividade e inovação:** a energia combinada do amarelo e vermelho é altamente criativa. Essa vela pode ser usada como um catalisador para despertar sua criatividade interior, seja em projetos artísticos, empreendimentos profissionais ou atividades cotidianas. Acender essa vela antes de se engajar em tarefas que envolvam criatividade pode ajudar a liberar seu potencial criativo.
- **Quebrar a rotina:** se você está se sentindo preso em uma rotina monótona, a vela amarela e vermelha pode ser sua aliada. Ela representa a coragem de sair da zona de conforto, trazendo consigo a disposição para explorar novas possibilidades e vivenciar experiências emocionantes.
- **Ritual para impulso:** crie um ritual especial utilizando a vela amarela e vermelha para direcionar suas intenções. Acenda a vela em um ambiente tranquilo e visualize sua vida ganhando impulso e movimento positivo. Concentre-se nas áreas específicas em que deseja trazer mais energia e dinamismo.
- **Desenvolvimento pessoal:** o equilíbrio entre o vermelho e o amarelo é também um convite ao crescimento pessoal. Use essa vela em momentos de autodescoberta e autoaprimoramento, reconhecendo a importância de buscar desafios que expandam sua visão de mundo e suas habilidades.

VELAS CROMADAS

O uso de velas cromadas, que muitas vezes são tingidas com purpurina ou revestidas com pintura metalizada para simular o aspecto de metais preciosos como ouro, prata e cobre, é uma abordagem interessante no trabalho mágico com cores. No entanto, é importante considerar diversos aspectos antes de incorporar essas velas em suas práticas.

Velas cromadas são projetadas para evocar a energia e o simbolismo dos metais preciosos, que há muito tempo têm sido associados a propriedades espirituais e energéticas em várias tradições místicas. Porém, existem algumas ressalvas que precisam ser levadas em consideração, como a toxicidade, por exemplo. Muitas velas cromadas contêm pigmentos e revestimentos que podem ser tóxicos quando queimados. Essas velas frequentemente deixam resíduos de pigmentos enquanto queimam, o que pode ser indesejável tanto do ponto de vista mágico quanto ambiental.

A busca por uma conexão espiritual profunda e autêntica com os metais preciosos é uma prática que há muito tem sido explorada em sistemas de alta magia e espiritualidade. A associação de certos metais, como ouro, prata e cobre, com qualidades espirituais específicas, tem raízes antigas em várias culturas e tradições místicas. Essa busca por conexões energéticas verdadeiras muitas vezes é mal compreendida ou deturpada, especialmente quando se trata do uso de velas cromadas na tentativa de atingir essa ligação espiritual.

As velas cromadas, tingidas com purpurina ou revestidas com pintura metalizada tentam emular o brilho e a aparência dos metais preciosos. É fundamental compreender que essa tentativa de replicar a energia espiritual desses metais não pode ser realizada apenas através de uma representação visual. A verdadeira conexão com os metais preciosos vai muito além da estética.

Os sistemas de Alta Magia frequentemente utilizam metais preciosos em seus rituais e práticas para canalizar energias planetárias específicas e invocar entidades espirituais associadas a esses metais. Essa conexão não se limita ao aspecto físico dos metais, mas também à sua natureza energética única, que está interligada com forças cósmicas, planetárias e espirituais. Metais preciosos não são apenas elementos físicos, mas também símbolos de influências cósmicas e energias sutis que transcendem o reino material.

Ao tentar atingir essa conexão espiritual por meio de velas cromadas, pode-se cair na armadilha de uma falsa conexão. As velas cromadas podem criar uma ilusão superficial de conexão com os metais preciosos, mas não possuem a autenticidade e a profundidade energética que os metais reais possuem. O uso de pigmentos tóxicos e revestimentos artificiais nas velas cromadas pode até mesmo contradizer a busca por uma ligação espiritual genuína. Para aqueles que estão interessados em explorar a magia dos metais preciosos, é fundamental pesquisar e compreender as tradições e práticas autênticas associadas a eles. Utilizar metais reais em rituais, amuletos ou símbolos pode proporcionar uma conexão mais genuína com as energias espirituais que esses metais representam. É importante lembrar que a verdadeira conexão espiritual não é apenas uma questão de forma e estética, mas de um profundo envolvimento e entendimento das energias sutis que estão em jogo.

Essas velas, embora possam fornecer um estímulo visual, muitas vezes servem apenas como uma muleta superficial para nossa busca por conexões mais profundas e significativas.

A busca por prosperidade, abundância e estabilidade financeira é uma necessidade humana compreensível. A mente e as emoções desempenham um papel crucial em nossa abordagem em relação ao dinheiro e às questões materiais. É neste contexto que as velas cromadas muitas vezes entram em cena, oferecendo um estímulo visual que, espera-se, possa ativar nossas emoções e intenções relacionadas à riqueza e prosperidade.

É fundamental reconhecer que a conexão entre nossas emoções, mente e nossos objetivos materiais vai além da superfície visual. Enquanto as velas cromadas podem servir como um lembrete visual de nossas aspirações, a verdadeira transformação interior e a manifestação de nossas metas materiais requerem um trabalho mais profundo e significativo. A mente e as emoções estão intrinsecamente ligadas às nossas crenças, padrões de pensamento e experiências passadas. A mera presença de uma vela cromada não é suficiente para reprogramar esses padrões de forma significativa. Para que haja uma mudança genuína em nossa mentalidade em relação ao dinheiro e ao material, é necessário um esforço consciente e contínuo para reconhecer e transformar as crenças limitantes que podem estar bloqueando nosso progresso.

A conexão com o dinheiro e as questões materiais também estão relacionadas a fatores mais profundos, como nossos valores, autoestima e relacionamento com o mundo ao nosso redor. Velas cromadas podem criar uma ilusão de mudança, mas para uma transformação verdadeira e duradoura, é essencial explorar esses aspectos mais profundos de nossa psique.

As velas cromadas podem certamente ter um papel no processo de manifestação e alinhamento com nossos objetivos financeiros. O crucial é reconhecer que elas não podem substituir o trabalho interno necessário para transformar nossas crenças, emoções e atitudes em relação ao dinheiro. Elas podem ser uma ferramenta adicional em um arsenal de práticas de autodesenvolvimento, mas não devem ser vistas como a solução definitiva para a transformação de nossa realidade material.

Embora eu tenha compartilhado minha perspectiva sobre o uso de velas cromadas como uma muleta visual na busca por alinhamento com propósitos materiais, é importante reconhecer que a magia é uma prática profundamente pessoal e subjetiva. Cada Bruxo e Bruxa traz consigo suas próprias crenças, intuições e experiências únicas, o que significa que a verdadeira compreensão dos resultados práticos das velas cromadas só pode ser alcançada por meio da experimentação pessoal.

Em sua essência, a Magia é uma jornada de descoberta e exploração interior. O conhecimento adquirido por meio da experimentação direta muitas vezes supera qualquer opinião ou perspectiva externa. Ao incorporar velas cromadas em rituais e feitiços, você está convidando a energia desses elementos em suas práticas mágicas pessoais. A vivência de resultados práticos é o que verdadeiramente molda a compreensão e a crença de um Bruxo ou Bruxa em relação a certos elementos mágicos. As velas cromadas podem ter um impacto diferente para cada indivíduo, dependendo de suas intenções, emoções e habilidades mágicas únicas.

A experimentação pessoal permite que você se sintonize com as energias e influências das velas cromadas de uma maneira que nenhuma descrição ou opinião externa pode proporcionar. Ao observar os efeitos dessas velas em seus rituais, você pode perceber padrões, mudanças sutis e resultados tangíveis que são relevantes para a sua prática mágica específica.

Explore, experimente e esteja aberto a novas descobertas. A Magia é um caminho de aprendizado contínuo. Cada jornada mágica é única para aquele que a trilha. Mediante uma experimentação pessoal, é possível alcançar uma compreensão mais profunda e autêntica sobre como as velas cromadas se integram às suas práticas mágicas e como elas podem ou não influenciar suas conexões com os aspectos materiais da vida.

VII. Narrativa Mágica

Usando as Velas para Manifestar Desejos

A prática da Magia é um instrumento poderoso e dinâmico que visa dar forma e voz aos nossos anseios e às nossas emoções mais profundas, direcionando-os rumo à manifestação concreta. É como a tessitura cuidadosa de um tapete mágico, entrelaçando símbolos, gestos, sons e intenções em uma dança que cria uma narrativa única. Neste palco, a Bruxa assume o papel de protagonista, explorando as dimensões espirituais e emocionais, enquanto busca se sintonizar com as delicadas tramas de energia que permeiam toda a existência.

Cada feitiço é como um enredo mágico que se desenrola diante de nós, combinando elementos do plano terreno e espiritual. Essas ações ritualísticas constituem uma performance que vai além da realidade visível, adentrando aos véus intangíveis que conectam o mundo humano aos domínios Divinos. Com este ato de vontade consciente e profundo, somos capazes de mover as fronteiras do conhecido, desencadeando transformações que reverberam não apenas em nosso interior, mas também no mundo ao nosso redor.

A Magia é uma força que transcende a compreensão linear, alcançando os recessos do nosso subconsciente e os padrões comportamentais que moldam nossa vida. Ela também ultrapassa o tecido da realidade que percebemos, pois, por meio de sua influência sutil, moldamos o cenário do nosso existir. Ao unir nossos desejos, paixões e intenções à energia cósmica que permeia o Universo, somos capazes de traçar novos caminhos, superar desafios e atingir nossos objetivos.

Da mesma forma que o maestro conduz uma orquestra, a Bruxa direciona essa sinfonia mágica, coordenando cada movimento para criar harmonia entre o mundo material e o espiritual. A prática mágica não apenas canaliza o poder interior, mas também cria um elo entre nossa vontade e o vasto oceano de possibilidades que se estendem diante de nós. Dessa maneira, a Magia se mostra um meio de cocriar nossa própria realidade, conforme nossos desejos e aspirações.

Um ritual é uma dança coreografada, uma sequência de passos que se desdobram em sincronia. Um movimento que se desenha com significados profundos e objetivos claros. Por trás das cortinas da ação, gestos ritualísticos e emoções se entrelaçam a objetos sagrados. Esses elementos são como chaves que abrem portais, permitindo que o praticante adentre as camadas mais íntimas da mente e alcance os domínios Divinos.

O coração de um ritual é formado por símbolos que transcendem o tempo e o espaço. Cada objeto escolhido é um portal para um significado mais profundo, um gatilho que dispara respostas emocionais e energéticas.

Esses símbolos são como pontes que unem o mundo visível ao invisível, permitindo que a intenção do praticante alcance as esferas etéreas dos Deuses. Os objetos sagrados se tornam âncoras que mantêm o praticante conectado às forças cósmicas enquanto ele dança entre os véus, dando vida a seus desejos por meio dessa sinfonia ritualística.

Cada feitiço é uma jornada, uma história contada através de materiais, aromas, cores e simbolismos cuidadosamente selecionados. Essa composição não é mero acaso, mas, sim, uma construção deliberada para guiar a mente e as emoções do praticante. A noção de narrativa vai além de meras palavras, estendendo-se para o tecido da realidade que a Magia busca moldar. Uma narrativa é um relato de acontecimentos interligados, um conto que se desenrola por meio de diversas linguagens, verbal, oral, escrita, visual ou até mesmo simbólica. Tanto rituais quanto feitiços são exemplos de narrativas mágicas, cada um contendo uma história singular, repleta de movimentos e fatos interligados, todos eles destinados a expressar um desejo latente.

Cada elemento atua como uma peça de um quebra-cabeça mágico, que ecoa através das esferas espirituais.

A jornada de um feitiço começa com a escolha de seus elementos, como um pintor selecionando suas cores na tela em branco. À medida que os materiais são reunidos e dispostos em um ritual, eles emanam vibrações específicas que ressoam com a intenção do praticante. As cores têm o poder de evocar sentimentos e emoções, enquanto os aromas podem abrir portais para memórias e estados de consciência mais elevados.

Da mesma forma que um músico conduz uma melodia, o praticante de Magia dirige a narrativa do feitiço. À medida que cada gesto é executado e cada palavra é entoada, a energia flui como uma correnteza, elevando o desejo desde as profundezas da mente até as alturas espirituais. Assim, o feitiço toma forma, adquire vida e finalmente se manifesta na realidade terrena.

Tanto o ritual quanto o feitiço são expressões da arte mágica que transcendem o visível e adentram nos reinos mais sublimes. É a Magia que une as duas pontas, a vontade do homem aos mistérios dos Deuses, trazendo à vida os sonhos e desejos que habitam o coração humano.

E é aí que entram os Instrumentos Mágicos, cada um carregando sua própria forma e função. Tomando emprestado o conceito do dicionário, um "instrumento" é algo deliberadamente construído para realizar uma tarefa específica, para medir, agir ou materializar uma ação concreta no mundo físico.

Muitos aspectos da Bruxaria se baseiam na analogia entre a utilização física de um instrumento e sua equivalência em termos espirituais. Um Instrumento Mágico é mais do que uma simples ferramenta; é um ator na trama mágica. Tal como um personagem em uma história, cada instrumento desempenha um papel específico, trazendo sua energia única para o palco da manifestação. Portanto, ao empregar um Instrumento Mágico, estamos contando uma história que une o presente com o etéreo e que cria a alquimia entre a vontade e a realização.

Para realmente desvendar as múltiplas maneiras de usar velas como símbolos em seus trabalhos mágicos, é fundamental mergulhar nas nuances da sua construção. Imagine, por um momento, que as velas, objeto do nosso estudo, são o elo entre as palavras e os gestos que compõem a história mágica que você está prestes a contar.

Velas enquanto artefato mágico podem ocupar diferentes posições e funções, podendo encarnar o próprio desejo que você busca manifestar, servindo como a representação tangível daquilo que deseja. Elas podem simbolizar a jornada temporal que você pretende percorrer com sua Magia, delineando o caminho que suas energias seguirão. Podem descrever o ambiente desejado ou até mesmo personificar pessoas, guiando-as através dos movimentos que você deseja que elas executem, capaz de criar o clímax emocional necessário para a manifestação de seus desejos. O brilho e a chama da vela podem gerar um ápice de emoção, acionando gatilhos que impulsionam a energia mágica que você canaliza.

A construção do seu feitiço ou ritual envolve cuidadosamente escolher cada movimento que deve ser imbuído de significado e intenção. Por isso, é crucial compreender as diretrizes e padrões comuns de uso das velas como Instrumentos Mágicos, mas também é vital experimentá-los em sua própria realidade. Afinal, a Magia é uma expressão individual, portanto, teste, ajuste e redefine sua coreografia mágica, permitindo que cada vela seja um elo eloquente na história ritualística que você está prestes a criar.

DESVENDANDO O USO MÁGICO DAS CHAMAS

Uma variedade surpreendente de fontes – desde os vídeos efêmeros até publicações de maior profundidade – delineiam a diversidade de interpretações e práticas associadas a esses símbolos ardentes pela internet afora. Enquanto trilhamos esse labirinto de saberes, encontramos também as tradições mais enraizadas, nas quais grupos religiosos e espiritualistas há muito tempo orquestram suas danças mágicas.

Cada um desses caminhos, seja o mais trivial, seja o mais sagrado, oferece um vislumbre do que as velas podem encenar.

Enquanto absorvemos essa riqueza de perspectivas, podemos identificar um fio de possibilidade que nos convida a criar nossas próprias variações mágicas. À medida que mergulhamos nas profundezas de nossos próprios desejos, experiências e descobertas, é inevitável que adicionemos nossos próprios movimentos a essa dança ancestral. Imagine encontrar novos gestos, símbolos e rituais que ressoam profundamente com a sua essência, enriquecendo ainda mais suas práticas.

As velas transcendem o mero fogo físico, transformando-se em faróis que guiam nossa mente através das nebulosas do espiritual. A ação de acender uma vela, pode representar o despertar do desejo e a invocação das energias universais. Soprar a vela pode simbolizar a dispersão de obstáculos, permitindo que o fluxo da Magia siga seu curso. E assim, cada movimento se torna uma sintonia fina com o Universo.

Vou compartilhar aqui uma série de movimentos mágicos com velas, cada um com sua própria simbologia. É crucial que esses gestos estejam entrelaçados com sua própria trama pessoal, porque somente quando a ação física se harmoniza com a intenção profunda é que a Magia se manifesta em sua plenitude.

Vamos desvendar agora alguns desses movimentos mágicos que podem ser entrelaçados em seus rituais com velas e o simbolismo que os envolve, para que possa sentir a reverberação de cada gesto. Mas lembre-se, a verdadeira Magia é aquela que ressoa com a sua alma, que faz sentido para você. Portanto, enquanto compartilho essas perspectivas, convido-o a ajustar cada movimento de acordo com o que faz sentido para você.

Acender velas em lugares que ficam acima da sua cabeça

O ato de acender velas acima da cabeça, como em altares situados em locais elevados, é uma prática notável em diversas vertentes religiosas e espirituais. Essa ação, permeada de significado simbólico, é executada com a finalidade de expressar honra e buscar assistência de entidades divinas, seres de luz, guias espirituais e energias que estão intrinsecamente ligadas à esfera da "ordem". Essas figuras são consideradas como intermediários ou mediadores que podem auxiliar e direcionar nossas práticas e intenções.

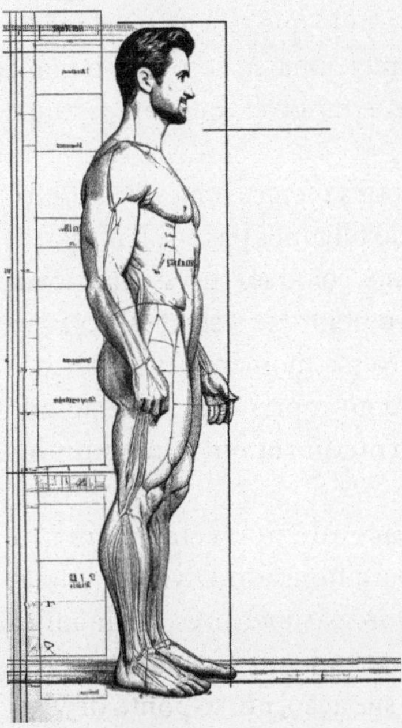

Essa prática pode ser interpretada metaforicamente, associando-a à nossa própria anatomia física. Neste sentido, podemos visualizar o corpo humano como uma antena que se estende para o mundo espiritual. O que está localizado acima da nossa cabeça é muitas vezes representado como sendo Divino, sagrado e transcendental.

Ao contemplar essa perspectiva, é possível compreender que a ação de criar altares elevados e acender velas acima da cabeça simboliza um contato direto com o plano Divino. Representa uma reverência profunda e um gesto de respeito em direção a essas forças superiores. É uma forma de estabelecer uma conexão mais íntima e direta com aquilo que transcende o nosso mundo terreno.

Dentro dessa narrativa mágica, quando realizamos pedidos ou feitiços que envolvem a intervenção de deidades ou figuras sagradas, a construção de altares em lugares elevados pode ser uma prática significativa. Esses altares não apenas servem como um local de manifestação simbólica, mas também como um canal de comunicação mais eficaz entre os reinos espiritual e humano.

Assim, quando decidimos acender velas acima de nossas cabeças, estamos trazendo à tona um gesto que transcende o plano físico e se conecta com o plano espiritual. É uma maneira de invocar as energias divinas, de pedir orientação, proteção e assistência, enquanto estabelecemos uma ponte entre o mundo que vemos e o mundo que não vemos.

Acender velas na altura da cintura

Os altares ritualísticos, frequentemente posicionados na altura do umbigo ou ligeiramente abaixo, próximos das partes genitais, carregam significados profundos e simbólicos que se entrelaçam com a nossa compreensão do corpo físico como uma antena sensitiva. Quando consideramos que o que está acima de nossas cabeças simboliza o Divino, o sagrado e o inalcançável, aquilo que está no nível médio do nosso corpo relaciona-se com nosso plano terreno, palpável e tangível, que faz parte do nosso dia a dia.

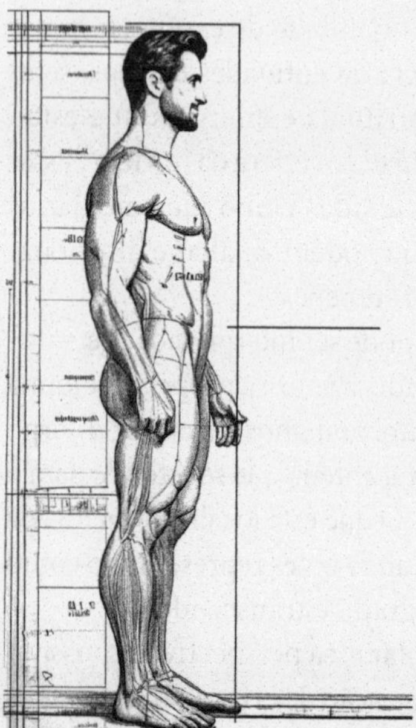

Esta perspectiva oferece uma análise intrigante, pois quando olhamos para o altar a partir de cima, observamos como se estivéssemos acima dele, adquirindo o ponto de vista da Bruxa que acende as velas. Nesse momento ritualístico, a Bruxa personifica a própria divindade agindo como uma intermediária entre os mundos terreno e Divino.

Enquanto acendemos velas acima de nossas cabeças para honrar o Divino e buscar a conexão com forças superiores, a dinâmica muda quando as acendemos em alturas intermediárias. Nesta situação, nosso ponto de vista está direcionado para a vela, assumindo o papel de uma divindade criadora. A vela no altar se torna um reflexo da nossa vontade, aguardando ser manifestada no plano terreno.

Ao realizar práticas mágicas com velas sobre os altares, muitas vezes descrevemos o altar como um palco. Este palco da vida, ao representar a cena da nossa realidade, é onde nossas intenções ganham vida e se tornam concretas

Acender vela no chão

Continuando a explorar a analogia do corpo como uma antena sensitiva, é notável que a posição das velas em relação ao nosso corpo também reflete aspectos profundos da nossa conexão com o Divino, o terreno e o reino da morte. Como mencionado anteriormente, a parte acima de nossas cabeças representa o Divino, o sagrado e o inalcançável. Enquanto isso, o nível médio do nosso corpo reflete nossa realidade tangível e palpável.

O que está abaixo de nós em um contexto simbólico, evoca os planos da morte, os reinos inferiores ou qualquer ideia ligada a uma jornada de renascimento e transformação. Uma prática observada na antiga Grécia exemplifica essa conexão: altares dedicados aos Deuses da Morte e do Submundo eram frequentemente construídos diretamente no chão. As oferendas destinadas a esses Deuses não deveriam ser tocadas pela boca dos vivos, em virtude da crença de que os alimentos dos mortos não deveriam ser compartilhados pelos que ainda caminham na superfície da vida.

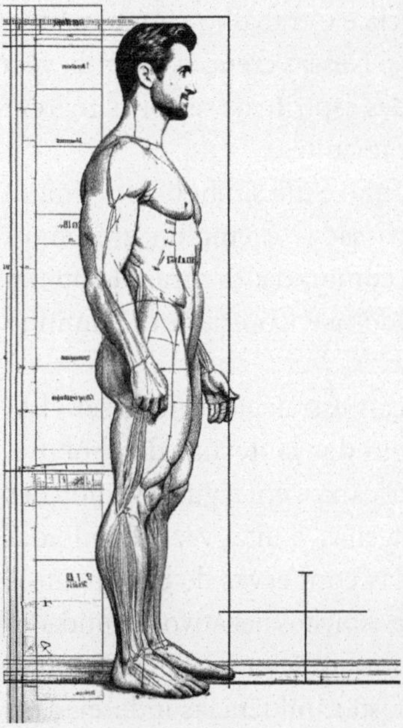

Com base nesse princípio, a ação de acender velas diretamente no chão em suas práticas mágicas, pode estar intrinsecamente associada à ideia da morte, ao contato com os Deuses e entidades do Submundo, ou até mesmo à simbolização da materialização e ancoramento de energias desejadas no plano terreno. Isso é comparável à imagem de uma árvore que se enraíza profundamente no solo para sustentar seu crescimento.

Assim, a colocação das velas no chão em seus rituais pode representar um portal simbólico para os planos da morte, para a conexão com forças espirituais além do véu ou para a manifestação concreta de intenções mágicas. É importante compreender que o posicionamento das velas dentro do contexto ritualístico é uma escolha pessoal e simbólica, baseada na interpretação e nas intenções do praticante. Isso demonstra como a Magia e o simbolismo interagem de maneira conjunta, permitindo a criação de uma narrativa única e poderosa que se desenrola por meio de cada ação ritual.

Acender vela do lado de fora da casa (portão ou porta)

Acender velas em portas, janelas ou do lado de fora das casas é uma prática que remonta a diversas tradições mágicas e culturais. Essa ação, aparentemente simples, pode conter múltiplos significados e propósitos, conectando-se tanto à invocação de espíritos e entidades quanto à proteção e direcionamento.

Em muitas vertentes mágicas, acender velas em locais estratégicos da residência está ligado à ideia de atrair espíritos e seres que buscam a luz como um ponto de referência. Essa prática pode ter raízes em tradições que envolvem a necromancia e o trabalho com o mundo dos mortos. Nessas crenças, à luz da vela funciona como um farol, um convite para entidades espirituais se aproximarem e colaborarem magicamente com a Bruxa ou o praticante.

A relação entre o fogo e a iluminação do caminho é um simbolismo comum que pode embasar essa prática. Relatos de épocas passadas, exemplificam como a luz também era utilizada para guiar e orientar. Em comunidades rurais, lampiões nas portas das casas serviam para auxiliar os maridos a encontrarem o caminho de volta após longas jornadas de trabalho noturno.

Além disso, a prática de colocar velas em locais estratégicos pode ser vista como uma forma de proteção mágica. O exemplo das lanternas de abóbora, conhecidas como *Jack O' Lanterns* na cultura americana e em algumas tradições europeias, é emblemático neste contexto. Essas lanternas, muitas vezes esculpidas com imagens assustadoras, podem ser preenchidas com ervas de banimento e queimadas para criar uma proteção luminosa contra espíritos negativos e entidades mal-intencionadas. Neste caso, a lanterna de abóbora funciona como um totem luminoso, posicionado na frente das casas para afastar influências indesejadas.

Cada uma dessas explicações possui sua própria coerência e conexão simbólica. A diversidade de significados atribuídos à prática de acender velas em locais estratégicos demonstra a riqueza da Magia simbólica e sua adaptação às diferentes intenções e contextos mágicos. É essencial compreender que a escolha desses símbolos e rituais é altamente pessoal, e a intenção e a vontade do praticante são elementos fundamentais para o sucesso e a eficácia da Magia realizada.

Acender velas de ponta cabeça

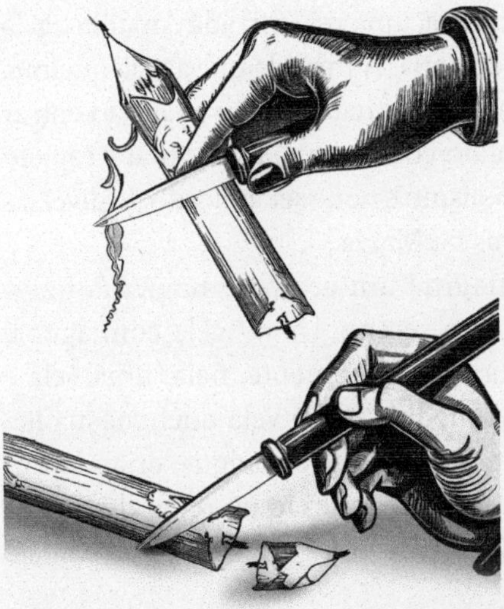

A técnica da vela virada é um gesto mágico que envolve uma inversão intencional da posição da vela. Este ritual consiste em cortar o que seria a inclinação e o pavio tradicional e, posteriormente, virá-la de cabeça para baixo, criando um novo ponto de ignição na parte que costumava ser a base. Essa prática literalmente vira a vela de ponta-cabeça, transformando o que antes era a parte inferior em sua nova parte superior.

A prática das velas viradas é fundamentada na observação atenta das simbologias e movimentos presentes no universo mágico. É um gesto carregado de significados que busca efetuar uma transformação, virando a situação e alterando sua essência.

Esse movimento simbólico pode ser empregado de maneira versátil para modificar as energias que permeiam um ambiente. A capacidade de mudar completamente a polaridade de uma atmosfera, seja de negativo para positivo ou vice-versa, faz das velas viradas um instrumento poderoso nas mãos de um praticante mágico. Essa técnica não se limita a meros ajustes de energia; ela se estende à capacidade de influenciar os humores e estados emocionais, seja das pessoas ao redor ou do próprio praticante.

As velas viradas também possuem o potencial de provocar desconforto e perturbação em outros indivíduos, tornando-se uma ferramenta hábil para lançar feitiços de azaração e desequilíbrio. Ao virar as energias de ponta-cabeça, a Bruxa manipula as forças do Universo para criar mudanças visíveis e tangíveis na realidade circundante.

Uma aplicação comum das velas viradas é a inversão de feitiços, até mesmo a quebra de encantamentos. Essa técnica é particularmente eficaz quando os feitiços lançados não estão imbuídos de densa energia negativa. Em casos mais complexos, quando o teor energético é mais denso, a combinação de diferentes técnicas mágicas pode ser recomendada para alcançar os resultados desejados.

Acender velas na água

Este é um ato mágico que envolve a união de dois elementos poderosos: o Fogo e a Água. Nesta prática, uma vela é fixada em uma tigela contendo água. À medida que a vela queima, sua chama eventualmente se apaga ao entrar em contato com a água. Esse ritual é repleto de simbolismo e pode ser aplicado de diversas maneiras na Magia.

Imagine um cenário mágico à beira de um lago sereno. Uma tigela com água é disposta cuidadosamente, nela, uma vela é acesa. À medida que a vela queima, sua luz se reflete na superfície da água, criando um jogo de sombras e reflexos. Essa cena representa a conexão entre os elementos Fogo e Água, trazendo à tona um equilíbrio entre a energia ardente da chama e a fluidez serena da água.

Uma aplicação comum deste ritual é o cancelamento de energias indesejadas. Por exemplo, imagine que você está se sentindo sobrecarregado por negatividades ou preocupações. Ao realizar este ritual, você está simbolicamente permitindo que essas energias sejam absorvidas pela água, reduzindo a intensidade do que está perturbando sua mente e emoções. A água atua como uma força calmante que dilui as influências negativas.

A relação entre Água e Fogo é um princípio fundamental na compreensão das energias opostas e complementares presentes na prática mágica. Assim como na natureza, onde água e fogo podem criar um equilíbrio harmonioso, na Magia esses elementos também desempenham papéis cruciais, muitas vezes em conjunção para alcançar resultados específicos.

Quando unimos velas e água em um contexto mágico, estamos trazendo à tona uma simbologia profunda. A vela, representando o Fogo, é um símbolo de energia, transformação e poder. A Água, por sua vez, simboliza a fluidez, as emoções e a intuição. Ao colocar esses elementos em contato, criamos uma interação energética que pode ser usada de diversas maneiras. Ao acender velas sobre água, estamos introduzindo um contraponto à chama ativa. A água tem a capacidade de apagar o fogo, reduzindo sua intensidade. Esse processo simboliza a redução, o cancelamento e o impedimento. É como se a energia ardente da vela encontrasse uma barreira, uma resistência que a força a diminuir sua potência até ser extinta.

Essa técnica pode ser aplicada de várias maneiras dentro da Magia. Por exemplo, acender velas sobre água pode ser uma forma de anular a influência de feitiços ou energias indesejadas que estejam afetando você ou outra pessoa. A água atua como um escudo protetor que absorve e neutraliza a energia negativa.

Além disso, essa prática também pode ser usada para lidar com emoções intensas e negativas. Ao acender velas sobre a água, você está simbolicamente permitindo que as emoções negativas sejam absorvidas e dissipadas, como se a água estivesse apagando a chama do desconforto emocional.

É importante mencionar que essa técnica requer uma conexão profunda com a simbologia dos elementos e uma intenção clara. A escolha de cristais, ervas ou outros elementos adicionais para fortalecer o poder da água também pode amplificar a eficácia deste ritual.

Acender velas sobre água é um exemplo da versatilidade e profundidade que a Magia pode alcançar por meio da compreensão e manipulação dos elementos naturais.

Acender velas na areia

A prática de fixar velas sobre um monte de terra é uma técnica mágica que envolve a interação dos elementos Terra e Fogo, resultando em um processo simbólico de transformação, renovação ou subjugação. Nessa abordagem, a vela é colocada em cima de uma pequena pilha de terra e, à medida que a vela queima, a terra gradualmente cobre a chama, extinguindo-a.

Esse ritual é profundamente evocativo e pode ser utilizado de várias maneiras na prática mágica. Um exemplo de aplicação é quando se deseja encerrar um ciclo ou se livrar de energias negativas. Imagine estar em um local ao ar livre, onde você constrói cuidadosamente um monte de terra e fixa uma vela no topo. À medida que a vela queima, sua chama brilha intensamente, representando os desafios ou energias indesejadas que você deseja superar. Conforme a terra cobre a chama, a sensação é de que essas energias estão sendo enterradas, permitindo que você deixe para trás o que não serve mais.

Outra abordagem é utilizar esta técnica para direcionar a energia do fogo para a terra. O fogo é um símbolo de energia ativa, paixão e transformação, enquanto a terra representa estabilidade, fundamentos e materialização. Ao fixar a vela sobre a terra, você está simbolicamente transmitindo a energia do fogo para a terra, alimentando o solo com essa energia transformadora. Este processo pode ser especialmente eficaz ao plantar sementes ou cultivar algo novo em sua vida, visualizando que a energia do fogo está impulsionando o crescimento e a manifestação. Esta técnica é especialmente eficaz para trabalhos mágicos relacionados à concretização de objetivos, ao aterramento de energias e ao fortalecimento da força magnética pessoal. Por exemplo, se você deseja manifestar um novo projeto ou empreendimento, acender uma vela sobre um monte de terra enquanto visualiza seu desejo sendo absorvido pela terra pode potencializar a realização desse objetivo.

Escolher bem o tipo de terra é crucial. A terra vermelha ou escura e fértil é ideal para rituais relacionados à fertilidade e ao crescimento, como a busca por prosperidade, saúde ou expansão. Por outro lado, usar areia de construção ou de praia pode representar instabilidade e desestruturação, sendo aplicada em feitiços para desmantelar planos de terceiros.

Tão significativo quanto, é a escolha do local onde a terra foi coletada. Usar terra de cemitério ou de lugares associados a tragédias traz consigo energias ligadas à morte, medo e dor. É importante lembrar que cada elemento usado em rituais mágicos carrega consigo suas próprias conotações e simbolismos. Compreender esses significados é essencial para direcionar adequadamente suas intenções.

Portanto, ao utilizar essa técnica mágica, esteja atento aos elementos que você está empregando, ao contexto no qual está realizando o ritual e às intenções que deseja manifestar. A interação entre a vela e a terra ou a areia e o fogo cria um vínculo entre os reinos material e espiritual, permitindo que suas intenções tomem forma e se manifestem no mundo físico.

Acender velas no sal

O uso do sal na Magia remonta a tempos antigos e é amplamente reconhecido por suas propriedades de proteção, purificação e limpeza. Ao longo da história, diversas culturas valorizaram o sal como um elemento sagrado, incorporando-o em rituais e cerimônias para honrar os Deuses e afastar energias negativas.

No Antigo Egito, o sal era considerado um produto sagrado e utilizado como oferenda aos Deuses como forma de gratidão e reverência. Os gregos também empregavam o sal em seus rituais para ganhar a benevolência divina. Para os romanos, o sal estava associado à sabedoria e era utilizado em diversas práticas rituais. O sal também desempenhava um papel significativo entre os hebreus, que acreditavam em sua capacidade de purificar e limpar. Essa crença se estendia não apenas ao plano físico, mas também ao espiritual, onde o sal era visto como um agente de limpeza de energias negativas e impurezas.

A composição química do sal, que se dissocia em íons positivos (sódio) e negativos (cloreto) quando dissolvido em água, reflete sua natureza equilibrada e interação com campos eletromagnéticos. Ao observarmos que nosso corpo também é um campo eletromagnético formado por partículas positivas e negativas, compreendemos como essa interação energética acontece quando usamos o sal em práticas mágicas.

O sal possui a capacidade de emitir íons que atraem partículas de poeira e purificam o ar. Da mesma forma, a presença do sal em rituais de Magia pode auxiliar na purificação e limpeza do ambiente energético, afastando influências negativas e proporcionando sensação de bem-estar e proteção.

Integrar o sal ao uso de velas em rituais mágicos potencializa suas propriedades protetoras. Fixar velas sobre montes de sal ou vesti-las com sal cria um escudo energético, que não apenas mantém energias indesejadas afastadas, como também amplifica a intenção de proteção da prática mágica.

Vale ressaltar que, ao utilizar o sal em suas práticas, é importante estar atento à qualidade e procedência do produto escolhido. Existem vários tipos de sal disponíveis no mercado, cada um com suas características e propriedades específicas. Além do uso culinário, esses tipos de sal também podem desempenhar papéis diferentes na Magia, devido às suas composições únicas e associações simbólicas.

- Sal marinho: obtido através da evaporação da água do mar, este sal retém minerais e traços de elementos presentes na água. Ele pode ser mais úmido do que outros tipos de sal e geralmente tem uma textura mais grossa. O sal marinho não é tão processado quanto o sal de mesa, o que o torna uma opção mais natural e rica em minerais como magnésio, cálcio e potássio. Na Magia, o sal marinho é frequentemente associado à purificação e à limpeza energética, sendo utilizado em rituais de proteção e banimento, sua pureza e aproximação com o mar também traz para ele o poder de trazer vida, fecundidade e potência as magias e rituais. Sem contar a conexão com seres mágicos, Deuses e criaturas marítimas.

- Sal grosso: similar ao sal marinho, o sal grosso é formado através da evaporação da água do mar. Suas cristalizações maiores resultam em grãos mais espessos. Na Magia, o sal grosso é muitas vezes utilizado para criar barreiras energéticas, proteger espaços e afastar energias negativas. Sua textura grossa pode simbolizar uma barreira sólida e impenetrável.
- Sal de mesa iodado: este é o sal mais comum encontrado nas cozinhas. Frequentemente enriquecido com iodo, um mineral essencial para a saúde da glândula tireoide. Embora não seja tão natural quanto o sal marinho, é uma fonte importante de iodo na dieta. Na Magia, o sal de mesa é frequentemente utilizado como base para preparar misturas de sal para proteção, purificação e banimento.
- Sal negro: conhecido como salmoura, ou Kala Namak, o sal negro é um tipo de sal vulcânico que contém enxofre. Tem sabor distinto e é frequentemente utilizado em pratos indianos e veganos para dar um gosto similar ao do ovo. Na Magia, o sal negro é usado em rituais de quebra de feitiços, proteção e afastamento de energias negativas, por conter em sua composição o enxofre, seus usos podem ser mais bem explorados para quebra de rituais pesados, trabalhos de banimentos espirituais e quebra de vínculos viciosos e vampíricos.
- Sal rosa do Himalaia: extraído das minas de sal do Himalaia, este sal possui uma cor rosa característica devido à presença de minerais, incluindo ferro. Além de seu uso culinário, o sal rosa é valorizado por sua riqueza mineral e é frequentemente utilizado em práticas de bem-estar, como banhos e terapias de sais. Na Magia, o sal rosa pode representar equilíbrio e vitalidade, sendo utilizado para purificação e fortalecimento energético. Por conter mais material ferroso, ele tem altas habilidades de centramento e canalização, sua cor rosada também faz com que seja muito usado em rituais e feitiços relacionados a amor, paixão, questões de purificação, redução de brigas e problemas afetivos entre casais.
- Sal Epsom: conhecido como sal de sulfato de magnésio, o sal Epsom não é um sal de mesa comum, mas um composto mineral utilizado em banhos relaxantes e para aliviar dores musculares. Na Magia, o sal Epsom pode ser usado em rituais de purificação, relaxamento e renovação energética. Este sal é mais indicados para trabalhos de purificação que envolvem o corpo e a saúde, ideal para trabalho de desalinhamento energético
- A combinação de velas e sal em rituais mágicos une suas propriedades simbólicas e energéticas, criando uma sinergia poderosa que envolve proteção, purificação e fortalecimento do ambiente espiritual. Essa prática

transcende as barreiras culturais e históricas, sendo uma ferramenta valiosa para Bruxos e praticantes de Magia contemporâneos em busca de conexão com energias positivas e de transformação.

Espetar a vela

Quando utilizamos agulhas, alfinetes e pregos para espetar velas, estamos dando um significado simbólico muito mais profundo do que simplesmente visualizar o ato como uma forma de causar dano a outra pessoa. Na verdade, esse gesto pode ser interpretado como uma incorporação de proteção e fortificação no feitiço que está sendo realizado.

As agulhas, alfinetes e pregos são como miniaturas de lanças e espadas, remontando a uma conexão ancestral com armas de combate. Em muitas mitologias e histórias, armas lendárias como a Excalibur, a famosa espada do Rei Artur no Ciclo Arturiano, carregam consigo poderes mágicos ou estão intrinsecamente associadas à soberania e ao domínio.

A simbologia dessas armas vai além do seu aspecto físico. Para alguns, as espadas representam o espírito da guerra, alimentando-se da energia despendida em batalhas, do suor, do sangue e das lágrimas. Essa crença atribui às espadas um poder próprio, capaz de conferir habilidades especiais ao seu portador.

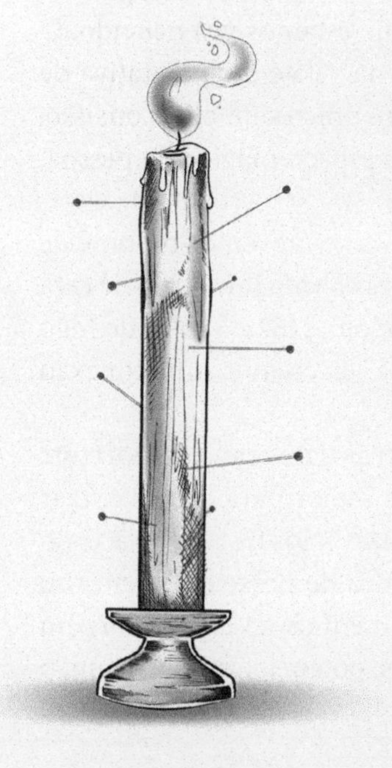

Portanto, ao cravar agulhas, alfinetes ou pregos nas velas, estamos incorporando a energia da batalha, da força, do poder e do domínio que estão intrinsecamente ligados ao espírito da guerra. Isso pode ser interpretado de duas maneiras distintas: como um meio de afetar alguém para prejudicá-lo, ou como uma forma de atrair energia protetora para impedir qualquer dano dirigido a você.

Esse gesto também pode ser usado como uma forma de ancoragem da intenção do feitiço. Similar a uma espada cravada no solo durante um ritual de posse, a ação de espetar uma vela com agulhas ou alfinetes pode representar a fixação da sua intenção no plano terreno, dando peso e concretude ao seu desejo mágico.

Lembre-se de que o uso desses elementos deve ser feito com responsabilidade e respeito pelas intenções e impactos envolvidos.

Escrever ou desenhar na vela

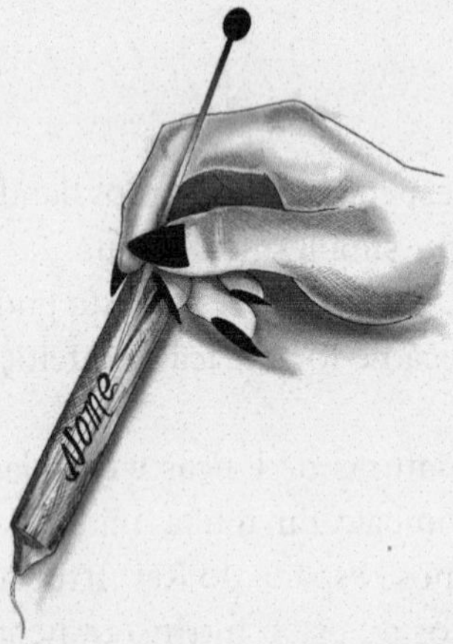

Certamente, um dos processos mais comuns e poderosos na Magia com Velas é o ato de escrever, desenhar ou gravar símbolos na cera. O ato de desenhar é uma forma de expressão artística que permite criar imagens e representações utilizando uma variedade de materiais. O desenho é tanto um processo para expressar sensações e emoções quanto um resultado artístico em si, onde linhas, pontos e formas se unem para formar composições que transmitem conceitos e movimentos.

Escrever é a ação de representar ideias por meio de palavras. A escrita é composta por símbolos e signos, que são desenhos bidimensionais que representam significados quando combinados. Ao escrever ou desenhar na cera das velas, estamos invocando a ideia de representação e transferência de sensações e intenções.

Quando escolhemos uma palavra que representa uma situação específica e a inscrevemos na vela durante um ritual, estamos transformando essa palavra em um símbolo que encapsula a essência daquilo que estamos vivenciando. O ato de escrever o nosso nome ou o de outra pessoa na vela é uma tentativa de condensar tudo o que essa pessoa é e representa em um único símbolo. Com isso, a vela se torna uma representação física presente no espaço mágico da pessoa, mesmo que ela não esteja fisicamente presente.

Esse gesto é particularmente significativo quando escrevemos o nome de alguém em uma vela. Quando uma vela queima, ela traz à vida um corpo de cera que, de certa forma, representa a corporeidade da pessoa. A luz e o calor do fogo também simbolizam o espírito vibrante e vital de cada ser, criando uma conexão simbólica entre a vela e o indivíduo.

Como vimos anteriormente sobre os diferentes tipos de cera, é importante considerar que certos materiais têm uma afinidade maior para captar e fixar energias específicas. Portanto, ao escrever nomes ou símbolos na cera de acordo com o material da vela, você pode ancorar a presença de pessoas, objetos ou intenções específicas na sua Magia. A escrita e os desenhos na cera se tornam portais para a transferência de energias e significados, potencializando, assim, o poder dos rituais de velas.

Untar velas de cima para baixo

Quando aplicamos óleo em uma vela, estamos usando esse óleo com a intenção de representar nossa ideia e vontade em relação àquele objeto. Para entender melhor este conceito, podemos observar a utilidade e a função da oleosidade em nossa própria pele.

O óleo presente em nossa pele cria uma barreira de proteção física que também participa do processo de hidratação cutânea. Ele forma uma barreira na superfície da pele que evita a evaporação excessiva da água, ajudando a manter a hidratação. O óleo tem propriedades antimicrobianas, antibacterianas e antifúngicas, o que contribui para a saúde e proteção da pele.

Podemos fazer uma comparação direta entre o óleo em nossa pele e o ato de untar uma vela. O óleo cria uma barreira protetora em nosso corpo, da mesma forma, ao untar a vela, estamos evocando a intenção de proteger ou envolver nosso desejo com uma "capa" de energia. Aplicado na vela, o óleo atua como uma barreira que impede que a intenção e a energia depositadas nela se dissipem. E pode também trazer energia para ser incorporada à vela, o que acontece quando trabalhamos com óleos consagrados e imbuídos de poder e intenção.

O óleo em nossa pele ajuda na distribuição equilibrada de substâncias importantes. Aplicado na vela, auxilia na distribuição energética da Magia. Por isso, ao untar a vela com óleo, muitas vezes também realizamos movimentos direcionais que conferem intenção ao nosso feitiço.

Uma ideia comum é que as forças espirituais e divinas estão acima de nós, no céu ou além, acima de nossas cabeças. Por essa razão, quando desejamos invocar energia do plano Divino, untamos a vela de cima para baixo, utilizando óleos de consagração ou óleos perfumados. Essa ação é realizada com a intenção de trazer para o plano físico as propriedades de fixação e distribuição de energia do óleo. Ao aplicar o óleo de cima para baixo, estamos conectando as energias superiores com a nossa realidade terrena, trazendo poderes e energias divinas para concretizar nossos objetivos.

A combinação da intenção do praticante com as propriedades do óleo, junto aos movimentos direcionais, torna o ato de untar a vela um ritual carregado de significado e poder na Magia com Velas.

Untar velas de baixo pra cima

Os movimentos são símbolos feitos com nosso corpo que têm a capacidade de representar uma variedade de coisas, desde ideias e emoções até paradigmas e identidades religiosas e filosóficas. Não é difícil perceber que símbolos também têm o poder de criar distinções entre grupos e comunicar intenções aos outros.

Um exemplo notável é o sinal da cruz, um movimento simbólico que carrega múltiplos significados. Este sinal representa não apenas o cristianismo como um todo, mas também evoca a dor e o sofrimento de um mártir espiritual, que morreu na cruz. Além disso, o símbolo da cruz pode simbolizar proteção, salvação e muitas outras ideias, cada uma carregando seu próprio significado único.

Ao trabalharmos com movimentos em nossos feitiços, como no processo de untar uma vela, trazemos consigo a representação simbólica daquilo que desejamos que ocorra. Na natureza, quando plantamos algo, podemos observar seu crescimento de baixo para cima, quase como se quisesse emergir do solo para alcançar as alturas, tocar o céu e estar próximo ao Sol. Quando pensamos na morte, também temos a concepção comum de que nosso espírito deixa nosso corpo e ascende em direção às forças divinas.

Movimentos de partida e chegada também estão presentes em nosso cotidiano. Por exemplo, ao viajar de avião, deixamos o solo firme e ascendemos ao ar, indo em direção a um local distante. Portanto, untar uma vela de baixo para cima pode representar duas intenções: o crescimento, seguindo a ideia das plantas e árvores que emergem do solo com suas raízes firmes e crescem em direção ao céu. Utilizar essa técnica de unção pode ser ideal quando se deseja invocar a intenção de crescimento e elevação em nossos feitiços. E a dissipação, que pode ser empregada para representar energias que desejamos liberar, enviar embora ou dispersar para outros lugares. Untar a vela de baixo para cima pode ser uma maneira eficaz de enviar energias para outras pessoas ou de simplesmente remover e dissipar energias indesejadas de um lugar específico.

A escolha da direção do movimento ao untar uma vela traz consigo a força simbólica e intencional daquele gesto, enriquecendo o ritual mágico com significados profundos e permitindo que o praticante direcione a energia de acordo com suas intenções específicas.

Untar velas do meio pra base

Além dos movimentos simbólicos conscientes, também existem gestos e movimentos que são profundamente enraizados em certas culturas e se tornam parte da rotina cotidiana de um povo, muito parecido com as gírias de linguagem, mas expressos por meio do comportamento. Por exemplo, o símbolo feito com as mãos para "OK" pode ter conotações bastante negativas e vulgares em certos países, ilustrando como um mesmo gesto pode ser interpretado de maneira diferente em diferentes contextos culturais.

Na nossa própria cultura, temos movimentos que são exclusivamente nossos, mas também compartilhamos certos gestos universais. Por exemplo, quando limpamos uma gaveta, é quase automático que esvaziarmos ela completamente. Quando retiramos o lixo de casa, pegamos o saco e o levamos para fora. Quando estamos tristes, nossas emoções muitas vezes transbordam, manifestando-se como lágrimas que fluem de dentro para fora.

Existe, também, um movimento específico que envolve a unção de uma vela, no qual a untamos do centro para fora. Esse gesto tem a intenção de retirar ou expulsar algo, seja físico ou emocional. Esse movimento reflete um processo de limpeza que também é intrínseco à nossa vida diária. Quando executamos essa unção, estamos simbolicamente liberando e afastando energias indesejadas, semelhante ao ato de tirar o lixo de casa ou limpar um espaço físico.

Assim, a prática de untar a vela do centro para fora ganha significado em nosso repertório de técnicas mágicas. Ela nos permite canalizar a intenção de remover, liberar e purificar, seguindo um movimento que ecoa processos naturais presentes em nossa vida e reforça nossa conexão com o mundo ao nosso redor.

Untar velas da base para o meio

Assim como notamos que ao limpar algo, precisamos removê-lo do lugar em que estava, também reconhecemos que, quando queremos guardar ou trazer algo para nós, pegamos esse objeto e o colocamos em uma caixa, bolsa, mochila ou outro recipiente adequado.

Quando se trata de itens valiosos, como dinheiro ou objetos importantes, nossa tendência é a de guardá-los em bancos ou cofres, ou até mesmo a de

mantê-los em locais seguros em nossa casa ou ambiente confiável, fora do alcance dos olhos curiosos.

Um gesto de unção específico reflete esse processo de trazer algo para dentro, guardar e proteger. Neste movimento, trazemos nossas mãos da ponta da vela para dentro, simbolizando a ação de guardar ou trazer algo valioso para o interior. Esta técnica é frequentemente usada quando desejamos trazer uma qualidade ou emoção que está ausente na nossa vida, ou quando queremos guardar algo precioso e seguro, seja uma ideia, uma intenção ou até mesmo uma energia.

É uma maneira de fortalecer a intenção de trazer o desejado para o nosso espaço, para nossa vida, bem como de protegê-lo e mantê-lo seguro.

Vestir a vela

Como já sabemos, untar velas com óleo cria uma espécie de barreira protetora ao seu redor. Esse gesto de untar a vela não apenas evoca a intenção de proteger ou envolver nosso desejo com uma "camada" de energia, como também âncora a intenção na vela, fazendo com que ela permaneça firmemente ligada à nossa intenção durante o ritual. O óleo atua como um agente de fixação, garantindo que a energia direcionada à vela não seja dissipada facilmente.

Analogamente, podemos explorar essa ideia pensando em nosso corpo físico. Quando estamos suados, diversos elementos aderem à nossa pele e tendem a permanecer ali. Ao ungir uma vela com óleo e, em seguida, passá-la sobre ervas ou outros materiais, similar ao nosso corpo, estamos imbuindo a vela com a energia e as propriedades desses elementos. Isso fortalece nossa intenção mágica, agregando outras qualidades à vela e, consequentemente, à Magia que estamos realizando.

Para ampliar ainda mais esta prática, podemos experimentar diferentes tipos de óleos ou substâncias para ungir a vela. Por exemplo, o mel pode simbolizar doçura e atração, enquanto o melaço pode representar vinculação e conexão. Além disso, podemos explorar líquidos provenientes do nosso próprio corpo, como saliva ou suor, para adicionar um toque pessoal à Magia. O importante é que a escolha do óleo ou substância esteja alinhada com a narrativa e a intenção do feitiço.

Outra maneira de enriquecer essa prática é na escolha dos materiais para aderir à vela. Ervas trituradas, terra, areia, fuligem, serragem, pó de ferro, enxofre e outros elementos que possuam significados mágicos relacionados ao seu desejo podem ser utilizados. Esses materiais se tornam parte da representação física da intenção, fortalecendo a conexão entre a vela e a energia que desejamos invocar.

Portanto, ungir e enriquecer uma vela com óleo e outros materiais não apenas adiciona profundidade à prática mágica, como também estabelece uma conexão tangível e simbólica entre a intenção do feitiço e os elementos que utilizamos para potencializá-lo.

Transferir a chama

Desde os primórdios da história humana, a comunicação tem desempenhado um papel essencial na interação, instrução, troca mútua e desenvolvimento das sociedades. Ao longo do tempo, a comunicação evoluiu para diferentes formas e meios, mas sua importância como ferramenta de compartilhamento e conexão sempre permaneceu fundamental. No contexto das aulas anteriores, observamos como o fogo contribuiu para a comunicação ao permitir que as pessoas se reunissem ao redor de uma fogueira, estabelecendo um espaço seguro e aquecido para compartilhar histórias, conhecimentos e experiências, especialmente durante as horas noturnas que eram antes inacessíveis sem a presença do fogo.

O processo de comunicação envolve a transmissão de informações de um emissor para um receptor, que decodifica e interpreta a mensagem. A palavra "comunicação" deriva do termo latino *communicare*, que significa "partilhar", "dividir algo", "tornar comum". Por meio da comunicação, as pessoas e os animais conseguem compartilhar uma variedade de informações, tornando-a essencial para a vida em sociedade.

Neste contexto, podemos relacionar a ideia de comunicação à prática mágica de transferir a chama de uma vela para outra, conhecida como a "pastilha da chama". Este ato mágico é frequentemente empregado quando um fogo específico é consagrado e imbuído de Magia, ou quando uma vela carrega um feitiço que requer continuidade ou preservação contínua. Por exemplo, imagine que um feitiço de proteção seja lançado usando uma vela, com a condição de que permaneça ativo enquanto a chama estiver queimando. À medida que a vela original se consome e se aproxima do fim, em vez de deixar que a chama se apague, acendemos outra vela diretamente na chama da vela original.

Essa ação transfere simbolicamente o poder mágico da vela original para a vela subsequente. Assim, a intenção e o feitiço original continuam vivos na nova vela, criando uma ligação contínua entre as velas. Essa prática é frequentemente usada para fortalecer magias, prolongar sua duração ou transmitir bênçãos de uma vela para outra.

Essa transferência da chama não apenas carrega consigo a energia mágica do feitiço, como também simboliza a ideia de continuidade e comunicação. A comunicação é um processo de compartilhar e transmitir informações entre indivíduos, a transferência da chama entre velas representa a transmissão e partilha de energia e intenção, perpetuando assim o poder do feitiço.

Essa prática mágica não só se conecta com a importância ancestral da comunicação, ela demonstra também como os conceitos fundamentais da conexão humana e da transmissão de significados podem ser entrelaçados com rituais mágicos, proporcionando uma compreensão mais profunda e rica da Magia em si.

Apagar velas soprando

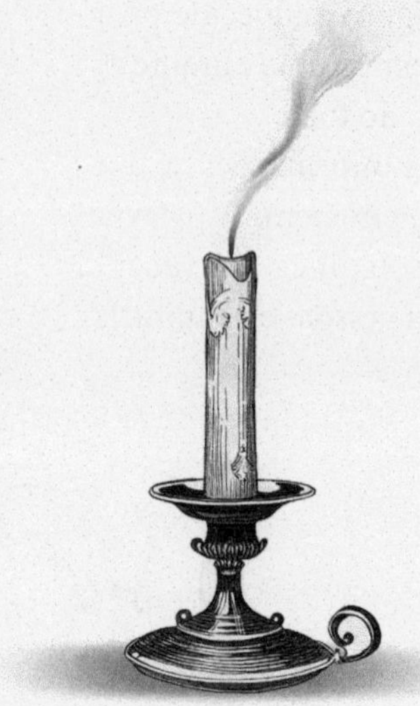

O ato de soprar possui uma conotação universal de comunicação, na qual ao assoprar algo, empurramos esse objeto para longe ou de certo modo direcionamos sua ação. O sopro também carrega uma dualidade intrínseca em seu significado. Por um lado, soprar pode ser utilizado para esfriar algo, como quando assopramos uma xícara de chá ou sopa, ou até mesmo para aquecer, como ao assoprar nossas mãos no frio. Podemos assoprar a poeira para longe, simbolizando a remoção de impurezas, ou assoprar dente-de-leão, buscando a realização de um desejo.

O conceito do sopro também se apresenta em mitos e narrativas em que uma divindade assopra vida sobre a humanidade, conferindo-lhe existência, a ideia de que a vida abandona nosso corpo em um último suspiro. Essa dualidade que permeia o ato de assoprar muitas vezes é negligenciada pelos entusiastas místicos, que podem não perceber as diferentes interpretações e simbolismos atribuídos ao sopro. Portanto, é importante observar e pesquisar profundamente as nuances deste gesto.

No contexto das práticas mágicas, soprar sobre uma vela pode ter diversas conotações, dependendo da intenção e do simbolismo empregado. Se estamos transferindo a chama de uma vela para outra, tornando uma Magia perpétua, a ação de soprar não a afetaria diretamente, já que o foco está na continuidade da chama. Ao assoprar a chama, podemos simbolizar o ato de expulsar algo, de afastar uma energia ou intenção.

Um exemplo para compreender essa dualidade é considerar a transferência de chama entre velas. Se estamos usando esse processo para criar uma Magia contínua, ela permanece independentemente de a chama ser apagada momentaneamente, pois a chama é apenas o veículo da intenção. Por outro lado, assoprar a chama simbolizaria mandar embora, afastar a energia contida naquela chama perpétua, desvinculando-a do propósito original.

A vela também pode ser interpretada como uma representação humana, onde a cera simboliza o corpo e o fogo representa a luz espiritual. Soprar a vela neste contexto pode ser visto como um gesto de apagar a luz, simbolizando a extinção da vitalidade ou do brilho espiritual. Assim, assoprar uma vela pode representar o ato de afastar algo que está brilhando em alguém, podendo ser sua sorte, seu sucesso ou sua vitalidade.

Existem casos em que o ato de soprar é utilizado para abençoar, energizar ou enviar bênçãos. Geralmente, esse processo ocorre antes de acender a vela. Ao segurar a vela nas mãos e soprar sobre ela, podemos infundir nossas intenções e bênçãos, que serão ativadas quando a vela for acesa, trazendo à luz aquilo que foi soprado sobre ela.

Portanto, o ato de soprar sobre uma vela na Magia é profundamente simbólico e flexível, permitindo uma ampla gama de interpretações e aplicação de acordo com a intenção do praticante e o contexto da prática mágica.

Apagar velas com o abafador

A espevitadeira e o apagador de velas têm uma longa história de uso prático e simbólico nas práticas de iluminação e Magia. Originalmente, eram ferramentas empregadas para aparar o pavio das velas e candeeiros, ajustando sua altura, cortando a porção queimada que interferia na luminosidade da chama e facilitando o processo de apagar as velas de maneira eficiente e segura. Esse uso era particularmente importante quando as velas eram feitas de cera animal, já que a queima dessa cera produzia um odor desagradável, semelhante a carne queimada, o que exigia cuidados para garantir a extinção completa das chamas e evitar incêndios, especialmente durante a noite.

Atualmente, apagadores e espevitadeiras continuam sendo empregados para aparar e apagar velas, principalmente aquelas feitas artesanalmente com cera vegetal e pavios de algodão. Além de sua funcionalidade prática, essas ferramentas também possuem significados simbólicos, especialmente na direção da energia.

Ao utilizar um apagador de velas, a chama não é simplesmente apagada ou soprada, mas, sim, reduzida ao pavio novamente. Essa ação simboliza um recolhimento da energia da chama de volta para a vela, permitindo que, no futuro, ela continue a ser queimada. Portanto, o apagador não extingue a energia da vela, mas a direciona suavemente de volta para o seu interior. Esse gesto é especialmente relevante em feitiços que envolvem chamas contínuas, como aqueles que buscam a continuidade ou perpetuação de uma Magia.

Ao utilizar o apagador, estamos simbolicamente trazendo a energia de volta para a vela, garantindo que os feitiços que dependem da chama permaneçam ativos e persistentes. Essa ação é uma alternativa ao sopro, que poderia dispersar ou afastar a energia da vela. O apagador é uma ferramenta que preserva a intenção e a energia da Magia ao mesmo tempo em que realiza o ato de apagar a chama.

Vale observar que você não está restrito ao uso do apagador. Em vez disso, pode utilizar seus próprios dedos, como o indicador e o polegar, para pressionar suavemente a chama da vela. Isso também reduzirá a disponibilidade de oxigênio, fazendo com que a chama se retire para o pavio e a energia retorne à vela de maneira semelhante ao uso do apagador.

Assim, as ferramentas de apagar e espevitar velas não apenas têm uma função prática, como também carregam uma profundidade simbólica que se alinha com os objetivos e intenções das práticas mágicas e rituais.

Amarrar a vela

O termo "amarrar" tem um significado intrínseco de ligar, prender ou vincular algo ou alguém, física, emocional ou energeticamente. Esse simbolismo reflete precisamente as definições presentes no dicionário, envolvendo a ação de usar cordas, nós ou outros meios para criar uma ligação ou vínculo entre elementos.

Rituais e práticas que envolvem o uso de cordas, nós e amarrações são frequentemente referidos como "amarração". Esta técnica foi concebida para criar ligações ou vínculos específicos. As amarrações podem ser utilizadas para prender indivíduos, objetos, sentimentos ou até mesmo energias a diferentes situações, lugares, pessoas ou forças. A complexidade e a profundidade dessas ligações podem variar dependendo da intenção por trás do ritual.

Feitiços de amarração, na atualidade, frequentemente se concentram em criar ligações entre pessoas ou situações, com o propósito de manter essas conexões, independentemente de serem positivas ou negativas. Por exemplo, é possível realizar um feitiço de amarração para fortalecer os laços entre amigos, amantes ou parceiros de negócios, garantindo que permaneçam unidos e conectados. Também é possível utilizar esse tipo de feitiço para ligar alguém a uma situação negativa, com a intenção de que a pessoa seja afetada por essa circunstância.

Uma aplicação interessante desse conceito envolve a amarração de energias às velas. Neste contexto, você pode "amarrar" uma energia, sentimento ou intenção específica à vela, de modo que ela seja consumida com o fogo. Por exemplo, se você deseja se livrar de pensamentos negativos ou energias indesejadas, pode amarrar esses elementos à vela e, ao acendê-la, permitir que a chama consuma e libere essas energias. Este processo simboliza a transmutação e a liberação das influências indesejáveis.

Portanto, "amarrar" em termos mágicos vai além do significado literal da palavra, envolvendo a criação de ligações, conexões e vínculos intencionais que podem afetar tanto o mundo físico quanto o espiritual. É uma prática que demanda entendimento, intenção clara e uma aplicação responsável do poder mágico.

Amarrar duas ou mais velas

Ao considerarmos a vela como uma representação simbólica de um alvo, seja esse alvo uma entidade animada, seja inanimada, abrimos um leque de possibilidades para utilizar esse objeto como um elo para amarrar vínculos entre diferentes elementos. Essa prática envolve o uso das velas como símbolos tangíveis para criar ou romper conexões entre pessoas, objetos, emoções e situações.

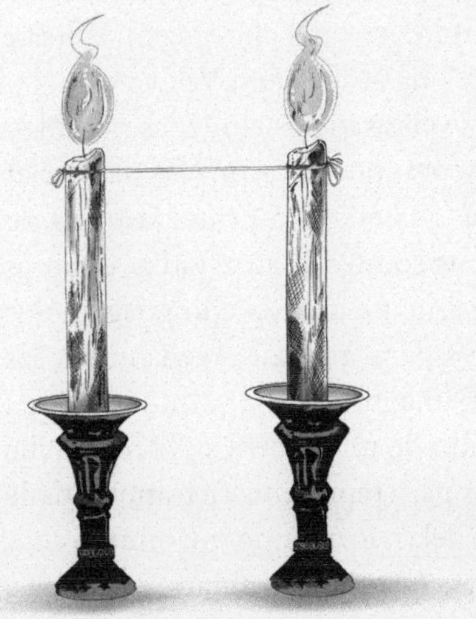

Imagine que deseja fortalecer um vínculo entre você e um amigo. Neste caso, poderia escolher duas velas, uma representando a si mesmo e outra representando seu amigo. Amarre as duas velas juntas com um cordão ou fita, simbolizando a união entre os dois. À medida que as velas queimam, a energia da sua amizade é alimentada e reforçada.

Esta técnica pode ser utilizada para romper vínculos negativos ou indesejáveis. Suponha que queira se libertar de um hábito vicioso, para isso, poderia amarrar uma vela representando a si mesmo a outra vela representando esse vício. Conforme as velas queimam, visualize seu vínculo com o vício sendo rompido e dissipado.

Um exemplo de referência popular é o feitiço de desvinculação de laços da série *Sabrina*. Nesse episódio, a personagem rompe laços emocionais com seus namorados usando duas velas vermelhas unidas por um pavio único. À medida que as velas queimam e o pavio se consome, o vínculo emocional é simbolicamente desfeito.

Entretanto, é fundamental lembrar que essa prática deve ser conduzida com responsabilidade e ética, pois envolve a manipulação de energias e influências sutis. Cada vínculo criado ou rompido carrega implicações e é crucial compreender a fundo o simbolismo envolvido. A Magia com Cordas e Nós é uma ferramenta poderosa, mas sua utilização deve ser guiada por um profundo respeito pelas forças que está direcionando.

Amarrar velas criando padrões ou mandalas

Amarrar velas para criar padrões ou mandalas é uma técnica mágica altamente visual e simbólica, que visa potencializar e direcionar intenções específicas por meio da disposição estratégica das velas. Essa prática combina a energia inerente das velas com a profundidade simbólica dos padrões geométricos ou mandalas, resultando em uma abordagem única e poderosa na Magia com Velas.

As velas são posicionadas estrategicamente e unidas por um fio para criar padrões visuais. Ao criar padrões ou mandalas com velas amarradas, estamos essencialmente usando a linguagem dos símbolos para traduzir nossas intenções mágicas em uma representação visual tangível. Imagine-se realizando um ritual de cura para um amigo que está se recuperando de uma doença. Você escolhe velas verdes para simbolizar a cura e velas azuis para representar a tranquilidade e então cria um padrão de mandala com essas velas, formando um círculo com as verdes no centro e as azuis nas extremidades. As velas são amarradas juntas, os fios verdes e azuis, representando a conexão entre a cura e a tranquilidade. Ao acender essas velas, sua intenção de cura e bem-estar será lançada para o seu amigo, usando a disposição das velas como um veículo mágico.

Além da cura, essa técnica pode ser aplicada em várias áreas da Magia. Por exemplo, criar um padrão ou mandala para atrair prosperidade financeira, utilizando velas amarelas e verdes. Ou desejar fortalecer seu foco e concentração, utilizando velas marrom e laranja dispostas em um padrão que lembra um olho, simbolizando a clareza da visão.

A escolha das cores das velas, o padrão geométrico ou a disposição das velas e os fios de amarração – todos esses elementos contribuem para a criação de um ritual único e personalizado. A prática de amarrar as velas de forma consciente e precisa amplifica a concentração e a conexão com a intenção, adicionando camadas profundas à sua Magia.

Ao final do ritual, quando as velas são acesas, a chama dança sobre os padrões e as mandalas, carregando a energia direcionada de uma para a outra através do símbolo que criou. Essa interação entre a energia das velas e o simbolismo dos padrões cria um poderoso campo mágico que trabalha em harmonia para manifestar suas intenções.

Amarrar velas para criar padrões ou mandalas é uma prática mágica enriquecedora que permite uma imersão profunda no mundo dos símbolos, da intenção e da visualização. Uma maneira criativa e eficaz de trabalhar com as energias das velas, transformando-as em veículos poderosos para manifestar suas metas e desejos mágicos.

Torcer a vela

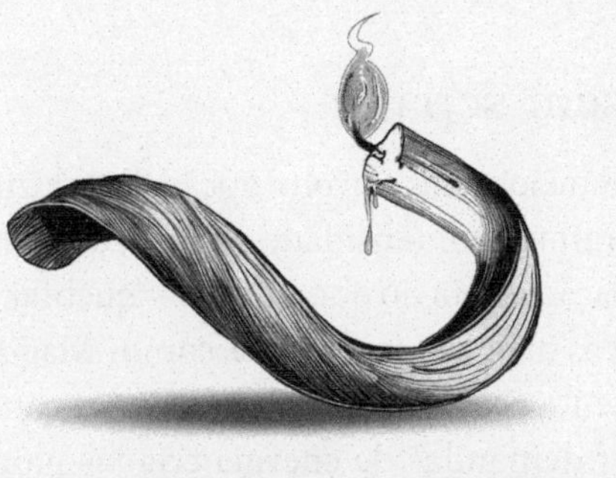

Este feitiço que aprendi há muito tempo com uma Bruxa é usado para manipular a energia e controlar narrativas por meio da simbologia da água morna, da vela e da manipulação cuidadosa da forma física da vela. É um exemplo notável de como a Magia pode ser profundamente enraizada em gestos físicos e elementos simbólicos, criando um efeito poderoso e transformador.

A técnica em si envolve alguns elementos-chave: água morna, uma vela e um recipiente de vidro. A água morna, neste contexto, representa a suavidade, a gradualidade e a influência sutil que muitas vezes passam despercebidas na nossa vida. Essas são as energias que nos cercam, que nos envolvem gentilmente e, aos poucos, começam a exercer seu poder sobre nós. Simboliza aqueles que falam mansamente, pessoas que entram em nossa vida de maneira sutil, mas que podem, com o tempo, ter um impacto significativo.

A vela, em sua forma inicial, representa algo sólido e inabalável. A água morna, como a influência da vida, começa a amolecer a vela. Nossas mãos habilidosas então entram em ação, aplicando pressão e torcendo cuidadosamente a vela enquanto ela ainda está maleável dentro da tigela de água. Esse ato físico reflete a manipulação da narrativa, o ato de alterar o curso de eventos por meio de ações cuidadosas e intencionais. Aos poucos, vá achatando e torcendo a vela, até que ela fique como um espiral. A vela torcida representa a mudança gradual e controlada que pode ser aplicada em várias situações.

Por exemplo, imagine querer mudar a atitude de alguém em relação a você ou a uma situação. Este feitiço poderá ser usado para simbolicamente "torcer" as percepções e sentimentos dessa pessoa. A vela amolecida e torcida representa o processo de transformação sutil que está ocorrendo, no qual, a partir de agora, será moldado para criar uma nova narrativa.

Este feitiço também pode ser usado para influenciar uma situação. Se estiver lidando com uma questão complexa ou desafiadora, a manipulação simbólica da vela pode representar a mudança de rumo que deseja tomar. Se estiver enfrentando um obstáculo, a vela torcida pode simbolizar a superação gradual desse desafio.

Esta prática demonstra como a Magia não está apenas nos gestos, mas também nas intenções e simbolismos que damos a esses gestos. A água morna, a vela e as mãos que a torcem se unem para criar uma representação tangível de como a vida e a Magia podem se entrelaçar, criando resultados que ecoam em nossas intenções. É um lembrete poderoso de que podemos ser ativos na moldagem de nossas narrativas, direcionando-as conforme nossas vontades.

Quebrar velas sem separar

A prática de "quebrar", conforme definido nos dicionários, envolve a ação de reduzir algo a pedaços, fragmentar, despedaçar, diminuir a intensidade ou enfraquecer. Esse simbolismo intrínseco é uma representação direta do que a palavra "quebrar" significa e está intimamente ligado às práticas mágicas conhecidas como "Magia de Quebra". Esta abordagem é frequentemente aplicada em rituais que buscam desfazer laços, romper feitiços ou destruir demandas de energia criadas para pessoas, objetos ou situações.

Magias de Quebra têm múltiplas aplicações e podem ser usadas tanto de maneira positiva quanto negativa. Quando se trata de um contexto positivo,

a prática de quebra pode ser empregada para romper vínculos nocivos ou situações prejudiciais. Por exemplo, se alguém deseja se libertar de uma conexão negativa ou de uma situação que esteja causando danos, pode realizar um ritual de quebra simbolicamente despedaçando uma vela que representa essa ligação ou situação. A vela permanece unida pelo pavio, refletindo a ideia de que o vínculo está sendo rompido, mas não completamente destruído.

Por outro lado, a Magia de Quebra pode ser usada de maneira menos benevolente, como uma forma de perturbar ou desequilibrar situações positivas. Por exemplo, se alguém deseja causar desarmonia, infelicidade ou desestabilidade em uma situação que está indo bem para outra pessoa, um ritual de quebra pode ser realizado com este propósito. A vela, novamente unida pelo pavio, é cuidadosamente quebrada em partes, simbolizando a quebra da harmonia e o surgimento da desordem.

Em algumas tradições mágicas, a prática de quebra é considerada tão poderosa que certos grupos podem evitar o uso de velas quebradas em rituais relacionados à prosperidade ou objetivos positivos. Isso ocorre, porque as velas quebradas representam desalinhamento e desordem, o que contradiz os objetivos de sucesso e harmonia que esses rituais buscam alcançar.

É importante notar que, independentemente do propósito, a Magia de Quebra é simbólica e não necessariamente envolve a destruição literal. Em vez disso, ela utiliza a ação de quebrar como um gesto que representa a mudança de uma situação, vínculo ou energia. A vela, frequentemente o instrumento central nesses rituais, simboliza a situação ou elemento que está sendo afetado pela Magia de Quebra. Essa prática revela como os gestos e símbolos podem ser poderosos na manipulação das energias e narrativas ao nosso redor.

Quebrar a vela e separar

Dentro da prática mágica de quebra, encontramos uma abordagem que envolve não apenas a quebra simbólica, mas também a separação definitiva da vela em um ou mais pedaços. Esse tipo de feitiço está intimamente ligado ao conceito de Magia de Quebra e está diretamente associado ao controle narrativo. Por meio da separação total das partes da vela, que não estão mais conectadas pelo pavio, busca-se realizar uma separação permanente daquilo que se deseja afastar.

Neste contexto, a separação física das partes da vela assume um papel central. A vela é vinculada a uma pessoa, animal, objeto ou energia e então é ritualisticamente quebrada, separando suas partes de maneira irreversível. Este processo é frequentemente utilizado para desfazer outros feitiços ou energias lançadas anteriormente. Por exemplo, alguém que sente que foi alvo de energias negativas pode passar a vela por todo o corpo, vinculando a ela a energia indesejada, e depois quebrá-la definitivamente para romper essa influência.

Esta prática também pode ser aplicada para objetivos opostos. Por exemplo, é possível utilizar este método para romper laços de forma definitiva ou até mesmo separar algo em diversos pedaços. Em certos rituais, algo pode ser fixado à vela e, em seguida, ela é quebrada em múltiplos fragmentos que são espalhados por diferentes lugares. Essa separação física cria uma condição complexa em que o feitiço só será desfeito se as partes forem reunidas novamente. Essa abordagem cria uma barreira aparentemente insuperável para quem deseja reverter o feitiço, exigindo a reconstrução meticulosa de todas as partes.

A prática de quebrar e separar velas, seja para romper vínculos, seja para criar uma condição de reversão complexa, ilustra como a Magia muitas vezes se baseia em gestos simbólicos para manifestar intenções poderosas. A manipulação física das velas e suas partes não apenas fortalece a intenção do feitiço, como também confere um elemento tangível à Magia, tornando-a ainda mais enraizada na realidade simbólica e energética em que opera.

Circular ou usar mandalas

Dentro da prática mágica envolvendo velas, é bastante comum a utilização de diferentes técnicas para incorporar as velas em objetos, círculos ou padrões específicos, criando uma conexão mais profunda e significativa entre a energia das velas e os símbolos ou intenções que estão sendo trabalhados. Essas abordagens proporcionam um meio visual e simbólico de intensificar e direcionar a Magia com Velas.

Uma prática frequente é colocar as velas dentro de algum objeto, circundá-las com algum material ou incorporá-las de alguma forma em um desenho ou sigilo mágico. Quando as velas são dispostas de maneira circular ao redor de um objeto, elas podem simbolizar a proteção ou envolvimento desse objeto por uma energia específica, seja ela positiva, seja negativa. Essa prática pode ser aplicada para proteger um indivíduo, animal, objeto ou qualquer coisa que desejar envolver com uma determinada energia.

Quando as velas são incorporadas a um sigilo mágico, elas representam a ativação e a potencialização da energia contida naquele símbolo. O ato de acender as velas sobre o sigilo infunde vida e energia naquele padrão, intensificando sua capacidade de manifestar a intenção desejada. Essa técnica cria uma relação direta entre a luz e a chama da vela e o simbolismo do sigilo, estabelecendo uma ligação energética entre ambos.

As mandalas de tarô, que são disposições específicas de suas cartas, também podem ser combinadas com velas para trazer à realidade o simbolismo e a narrativa do jogo. Ao montar uma mandala com cartas que representam o desejo ou intenção, e então magnetizar essa configuração com a energia das velas acesas, você está direcionando a energia do tarô para influenciar positivamente aquilo que se busca alcançar.

A prática de circular uma vela maior com velas menores pode ter diferentes propósitos, como trazer luz, proteção e calor a uma pessoa ou situação. Essas velas menores podem ser consideradas como símbolos de apoio, auxiliando na amplificação da energia e intenção da vela principal.

Combinar velas com objetos, círculos, padrões e símbolos não apenas adiciona um elemento visual e simbólico à Magia com Velas, como também proporciona uma maneira criativa de intensificar e direcionar a energia mágica de forma mais específica e personalizada.

Colocar uma vela dentro de gráficos radiônicos é uma prática mágica que combina a energia das velas com a simbologia e intenção desses gráficos, padrões geométricos que representam energias, intenções ou objetivos específicos, usados na radiestesia e na radiônica como ferramentas para direcionar e amplificar energias sutis.

A técnica de inserir uma vela dentro de um gráfico radiônico envolve a criação de uma conexão entre a energia da vela e a energia representada pelo gráfico. Ao posicionar uma vela acesa sobre um gráfico específico, a energia da chama e da vela para é direcionada para intenção ou objetivo representado pelo gráfico. Esta abordagem combina os poderes das velas, que têm um simbolismo mágico de transformação e manifestação, com a energia direcionada pelo gráfico.

Por exemplo, se estiver trabalhando com um gráfico radiônico destinado à cura, poderá posicionar uma vela acesa sobre o centro do gráfico. A chama da vela representa a transformação e a transmutação da energia, enquanto o gráfico radiônico focaliza essa energia na intenção de cura. A junção dessas energias pode criar uma sinergia poderosa para a manifestação da cura.

Cada técnica utilizada cria uma narrativa mágica única, reforçando a conexão entre o simbolismo escolhido e a manifestação da intenção mágica.

Porém, o potencial de utilização das velas não se restringe a essas poucas técnicas mencionadas aqui. De fato, o vasto espectro de possibilidades demonstra a versatilidade intrínseca desses objetos sagrados e como eles podem ser moldados de acordo com as necessidades e visões individuais.

Cada praticante, ao mergulhar neste mundo mágico das velas, é convidado a contribuir com sua própria criatividade e intuição. As velas como instrumentos ritualísticos, revelam-se não apenas poderosas ferramentas, mas também uma tela em branco para a expressão pessoal e a manifestação de intenções.

Esta jornada de exploração muitas vezes leva a descobertas surpreendentes e abordagens inovadoras. À medida que você desenvolve um entendimento mais profundo da usabilidade das velas de forma lógica e simbólica, naturalmente encontrará maneiras únicas de aprimorar e personalizar suas práticas mágicas.

Este processo de autodescoberta e criação personalizada é de valor inestimável. Afinal, cada indivíduo possui uma conexão única com as energias do Universo, e essa conexão se reflete nas maneiras pelas quais usamos as velas para canalizar intenções e desejos.

Portanto, ao adentrar o reino das velas como Instrumento Mágico, lembre-se de que sua jornada é tão única quanto as chamas que elas produzem. Seja experimentando diferentes técnicas, criando feitiços elaborados ou incorporando elementos pessoais, você está contribuindo para a riqueza da prática mágica universal.

À medida que avança nesta jornada, o entendimento e a prática refinados não apenas aprofundarão suas conexões espirituais, mas também permitirão que você manifeste sua essência individual no mundo mágico. Sua capacidade de adaptar, criar e inovar é uma dádiva que enriquece a tradição mágica e reflete a verdadeira natureza flexível e poderosa das velas como Instrumentos Mágico.

VIII. O Poder dos Padrões

As Velas e Seus Formatos

Magia é uma arte ancestral, revela-se uma ferramenta empoderadora para as Bruxas, oferecendo um canal criativo para projetar e expressar seus desejos, emoções mais profundas e questões latentes. Neste cenário, a prática mágica assume um papel fundamental ao permitir que a Bruxa alcance seus objetivos e satisfaça suas vontades mais íntimas.

Como visto no capítulo anterior, feitiços e rituais são um conjunto de elementos simbólicos, harmonizados para tecer uma narrativa mágica poderosa. Esta narrativa, habilmente construída pela Bruxa, atua como uma ponte entre sua própria vontade e as energias espirituais que habitam o Universo, permitindo que ela alinhe suas intenções com as forças cósmicas que podem auxiliar na manifestação de seus desejos.

Ao explorarmos a interação com objetos, um vasto leque de possibilidades mágicas se revela diante de nós. A textura sob nossas mãos, as cores que deslumbram nossos olhos e até mesmo as vibrações que emanam de cada forma concreta, tornam-se componentes essenciais nesse tecido de Magia que criamos.

Ao considerarmos a profunda relação entre objetos e Magia, deparamo-nos com um princípio fundamental: a capacidade de um objeto transcender sua função mundana e se tornar um elo entre os reinos material e espiritual. Este é um princípio que as tradições mágicas sempre compreenderam e honraram. Através da manipulação consciente desses objetos, desvendamos o potencial de cada um como um veículo para a manifestação de intenções mágicas.

Cada objeto do nosso cotidiano pode ser imbuído de significado e poder, tornando-se uma extensão do nosso propósito mágico. Uma simples pena pode se tornar um símbolo de liberdade e transcendência, enquanto uma pedra pode carregar a energia ancestral da terra. Ao tocarmos e interagirmos com esses objetos com intenção, estamos traçando um diálogo sutil entre os planos visível e invisível.

Este processo de infundir objetos com significado transcende a lógica materialista e nos conduz ao reino da simbologia. Quando vestimos um amuleto que nos lembra da nossa força interior, ele se torna mais do que apenas um adorno – torna-se um condutor de energia e um catalisador das nossas aspirações. No momento em que oferecemos flores à natureza como gratidão, estamos fortalecendo os laços entre o nosso ser e o mundo ao nosso redor.

No coração desse entendimento está o conceito de que cada objeto possui uma "aura" sutil – uma essência que ultrapassa sua forma física. Quando utilizamos objetos em nossas práticas mágicas, estamos entrelaçando essa aura com as intenções que carregamos. Portanto, escolher os objetos certos e manipulá-los de forma consciente, torna-se uma arte e um método, possibilitando que os resultados desejados fluam harmoniosamente.

A Magia dos Objetos reside na capacidade de transformar o comum em algo extraordinário. Um pedaço de tecido, uma concha do mar, uma vela ou até mesmo um utensílio de cozinha podem se tornar agentes de mudança, conduzindo a energia do nosso desejo para o tecido do Universo. Ao abraçarmos essa compreensão, entramos em sintonia com uma verdade mais profunda: a de que o mundo tangível e o mundo espiritual são tecidos juntos, e nós, como Bruxas e praticantes mágicos, somos os tecelões dessa teia interconectada.

Vamos explorar um exemplo concreto para ilustrar esse princípio: a icônica boneca Barbie. É provável que a maioria de vocês já tenha tido algum contato com essa figura emblemática em algum momento da vida. Ao mencionar a boneca, é quase inevitável que uma série de lembranças, emoções e associações sejam ativadas em sua mente. Essa reação instantânea é um testemunho do poder que os objetos possuem no despertar de sentimentos e memórias.

Neste contexto, a boneca Barbie se torna um gatilho psicológico, um elo entre o plano material e o emocional. Cada lembrança agradável, desafiadora ou puramente incidental, traz consigo uma carga de emoções e sentimentos que se conectam à nossa experiência. A Magia entra em cena ao utilizar essa conexão emocional como um conduto para canalizar energias específicas durante nossos rituais. A utilização consciente de um objeto como a boneca Barbie em um ritual mágico é um exemplo de âncora física. A presença da boneca tangível serve como um ponto focal que nos permite canalizar nossas intenções e emoções de maneira direcionada. Ao olhar para a boneca, nosso subconsciente é inundado com as associações emocionais que ela evoca. Essas emoções, por sua vez, é a energia que alimenta a Magia, conferindo-lhe uma força poderosa e focada.

Imagine direcionar essa conexão emocional para um propósito específico. Se deseja invocar sentimentos de autoconfiança e empoderamento, a boneca Barbie pode se tornar o catalisador para despertar essas emoções dentro de você. Esta abordagem não apenas reforça a intenção do ritual, como também cria uma ressonância entre o mundo interno e externo.

Esta prática ressalta a teia de relações entre nossas experiências internas e o mundo físico ao nosso redor. Os objetos, se escolhidos com discernimento e intenção, podem ser veículos poderosos para nos conectar a estados emocionais desejados. A Magia, neste contexto, transcende a noção de fórmulas e feitiços prontos, tornando-se uma expressão pessoal e visceral da nossa relação com o Universo.

Portanto, ao usar objetos em rituais mágicos, estamos essencialmente dando vida às nossas intenções por meio da materialização das nossas emoções. Como Bruxas, somos os mestres dessa dança entre o tangível e o intangível, guiando nossa vontade por meio de objetos escolhidos a dedo. É nesta junção de simbolismo, emoção e intenção que encontramos a verdadeira essência da Magia dos Objetos.

O objeto, além de ser um veículo emocional, também desempenha um papel prático e contínuo, como evidenciado pelo exemplo da boneca. No contexto ritualístico, a boneca pode ser usada para representar uma pessoa que você deseja influenciar por meio de sua Magia. Independentemente da intenção por trás desse ato mágico, a boneca assume o papel de encarnar o corpo físico da pessoa em questão, tornando-se uma interface entre o mundo espiritual e o material.

Imagine-se querendo realizar um ritual de cura para alguém que está enfrentando desafios de saúde. A boneca, cuidadosamente escolhida ou mesmo fabricada como é muito comum, pode ser um reflexo simbólico da pessoa que necessita de cura. Ao dirigir suas intenções e energias para a boneca, a cura e o bem-estar será direcionado para a pessoa representada. Da mesma forma, a boneca pode ser usada para expressar intenções mais complexas, como a busca por proteção, amor ou até mesmo para influenciar os caminhos futuros daquela pessoa.

A inserção de velas de formatos específicos neste processo, acrescenta uma dimensão adicional à narrativa mágica. As velas, por si só, são portadoras de simbolismo e energia. Quando escolhemos velas com formatos que refletem nossa intenção, estamos incorporando um nível mais profundo de comunicação mágica. Por exemplo, uma vela em forma de coração pode ser usada para representar o amor, uma vela com a forma de uma chave pode simbolizar a abertura de novas oportunidades, e assim por diante.

Ao acender essas velas especiais, estamos efetivamente trazendo nossa intenção à vida. A chama que dança na vela de formato não é apenas uma fonte de luz, mas uma expressão tangível de nossa magia em ação. A forma da vela age como uma linguagem visual que ecoa nossos desejos no plano espiritual e material, fortalecendo a conexão entre as dimensões.

Nessa junção de objetos, formas e intenções, a Magia se torna um ato de criação e narrativa, onde cada componente desempenha um papel vital na história que estamos tecendo. O objeto assume a função de protagonista na história mágica que estamos contando, enquanto as velas moldam e iluminam o cenário. É uma coreografia mágica onde cada gesto e elemento são cuidadosamente planejados para criar um resultado único e poderoso. Assim, mergulhamos profundamente no cerne da Magia, onde os objetos e rituais não são apenas símbolos, mas instrumentos vivos da nossa vontade e expressão.

A escolha das velas com formatos específicos como ferramentas mágicas abre um mundo de possibilidades para a expressão e direcionamento das nossas intenções. Essas velas, moldadas de maneira a representar objetos, partes do corpo ou símbolos, oferecem uma abordagem única para a manifestação de nossos desejos e emoções através da Magia.

Imagine uma situação em que deseja fortalecer a conexão íntima com um parceiro. Aqui, a vela no formato de órgão sexual assume um papel poderoso. Ao untá-la com mel, incorporará a doçura e a sensualidade aos seus rituais. Cada vez que a vela é acesa, a chama dançante se torna uma representação ardente do desejo que busca despertar. A vela de formato específico age como um catalisador, concentrando a energia e a intenção desejadas.

Por outro lado, a Magia também pode ser utilizada para propósitos menos positivos. A vela em forma de cabeça de cera, alfinetada com determinada intenção, ilustra esta dualidade da Magia. Ao espetar a vela com alfinetes, você está canalizando a sua raiva e intenção, associando-a diretamente à representação da cabeça. Neste caso, a vela se torna uma manifestação tangível do seu desejo de influenciar a mente de alguém, buscando criar uma sensação de desequilíbrio mental.

As velas de formato específico também podem ser um veículo para simbolizar proteção e segurança. Em forma de espada, por exemplo, é uma escolha simbólica poderosa para esse fim. Ao acender essa vela, você está convocando a energia associada à força, coragem e defesa. A forma da vela reforça visualmente a sua intenção, tornando-a mais tangível e direta.

Esta abordagem da Magia é especialmente indicada para aqueles que desejam incorporar ações físicas em seus rituais. A escolha da vela em si é uma expressão mágica, e a manipulação física dela – seja untando-a, espetando-a ou posicionando-a de forma específica – acrescenta camadas adicionais de energia e intenção. Através desses gestos, a sua Magia se torna uma narrativa completa, uma história que é contada não apenas por palavras, mas por ações e pelas formas que a moldam.

As velas permitem que incorpore suas intenções e emoções em uma forma tangível, criando um canal direto entre o mundo espiritual e o físico. Cada vela escolhida é um ato de criação, cada chama acesa é um elo entre você e o Universo, tecendo uma história mágica única e pessoal.

É essencial destacar que os significados e simbolismos das velas de formatos podem variar consideravelmente de um local para outro e mesmo entre indivíduos. Um símbolo que tem um significado profundo para uma pessoa pode ter uma interpretação completamente diferente para outra, dependendo das vivências pessoais e das associações feitas ao longo da vida. Portanto, ao explorar os simbolismos a seguir, lembre-se de que eles são apenas os mais comuns, sinta-se livre para atribuir significados pessoais que ressoam fortemente com suas próprias emoções e memórias.

Dentro da Magia, a escolha de uma vela de formato específico pode ser mais profunda do que simplesmente seguir um significado tradicional. Pode ser um convite para explorar suas próprias memórias, sentimentos e conexões pessoais. Assim, ao trabalhar com essas velas, criará uma narrativa mágica única e pessoal, fundindo os significados tradicionais com suas experiências individuais.

Lembre-se de que, independentemente do significado tradicional atribuído a esses símbolos, sua própria conexão pessoal com eles é o que dará vida à sua Magia, que não é apenas sobre seguir regras e convenções, mas, sim, sobre explorar o poder dos símbolos para criar uma experiência mágica autêntica e significativa .

A seguir, veja algumas ideias de como usar velas de formatos e algumas lições poderosas.

CAVEIRA

As velas com formato de caveira carregam consigo simbolismos profundos que vão além do seu aspecto inicial de representar a morte. Embora a caveira seja associada à ideia da finitude da vida, ela também é um símbolo de transformação, renovação e conexão com os reinos espirituais. Essas velas podem ser utilizadas de maneiras diversas em práticas mágicas e rituais, cada uma carregando uma intenção específica.

A caveira como símbolo de passagem e ciclicidade pode ser incorporada em rituais que marcam transições importantes na vida de alguém. Por exemplo, em um ritual de passagem de uma fase para outra, como a transição da juventude para a fase adulta, a vela de caveira pode ser usada para simbolizar o fim de um ciclo e o início de outro.

Caveiras também podem representar o processo de renovação e recomeço. Em rituais de limpeza energética e renovação espiritual, a vela de caveira pode ser acesa para auxiliar na eliminação de energias negativas e abrir espaço para novas oportunidades e experiências.

Uma das práticas comuns é utilizar esta vela para se conectar com os reinos espirituais e com os ancestrais. No Dia dos Mortos ou em celebrações de Samhain, por exemplo, uma vela de caveira pode ser acesa em um altar dedicado aos antepassados, como uma forma de honrar e se conectar com suas energias. Você pode untar a vela com um perfume pessoal ou óleo essencial que melhor se associar a essa conexão espiritual.

Trabalhos com deidades que têm relação com o Submundo e os reinos espirituais também podem ser feitos com essas velas. Deuses ligados à morte e à renovação, como Hades, Anúbis ou a Donzela Morrighan, podem ser honrados e invocados com a chama de uma vela de caveira acesa em um ritual. Pode ser utilizada para representar passagens, transformações, renovações e para se conectar com as energias dos reinos espirituais e ancestrais. Sua versatilidade permite que seja incorporada em rituais pessoais, celebrações sazonais e invocações de deidades, trazendo um profundo significado e poder às práticas mágicas.

Feitiço com vela de caveira para ressurreição interior

MATERIAL NECESSÁRIO

Um espelho (que seja suficiente para visualizar seu próprio rosto)
Um papel e uma caneta
Vela de caveira

Este feitiço é indicado para renascimento e transformação pessoal. Escolha um local tranquilo e seguro para realizá-lo. Certifique-se de estar sozinho e sem distrações. Acenda a vela em formato de caveira com cuidado, concentre-se na chama, deixando-a iluminar o espaço à sua volta.

Feche os olhos por um momento e respire profundamente, sinta a energia do ambiente e interiorize-se.

Pegue o papel e a caneta e escreva de forma clara e específica as áreas da sua vida que deseja transformar, seja honesto consigo mesmo e identifique as mudanças que deseja fazer.

Agora, segure o papel na mão e visualize o fogo da vela como uma chama interior que queima tudo o que não serve mais. Visualize-se liberando os padrões ou obstáculos que listou no papel. Pegue o espelho e olhe profundamente nos seus próprios olhos. Imagine que, através do seu reflexo, você vê a pessoa que deseja se tornar após passar pela transformação desejada. Visualize essa versão mais forte, mais sábia e mais realizada de si mesmo.

Enquanto olha para o espelho, repita as seguintes palavras com intenção e convicção:

Na escuridão, eu renasço,
Transformando o que sou.
Deixo para trás o passado,
Em direção ao meu eu superior eu vou.

Deixe a vela queimar até o fim, enquanto mantém a imagem da sua transformação interior clara em sua mente. Sinta a energia da mudança fluindo através de você. Pegue o papel e queime-o com cuidado na chama da vela. Enquanto queima, visualize esses obstáculos sendo consumidos pelo fogo, liberando espaço para o novo.

VELAS DE NÓ

As velas de nó carregam um simbolismo intrínseco que está diretamente ligado ao ato de amarrar, desamarrar e prender. Essa simbologia é evidente e se estende para todas as representações de cordas, barbantes, linhas e correntes, assim como qualquer objeto que denota conexão ou contenção.

Ao utilizar uma vela de nó em seus rituais, poderá aplicar o conceito de amarrar ou prender algo ou alguém a um local específico. Uma abordagem bastante interessante é a utilização inversa, ou seja, usar uma vela de nó para desatar situações complicadas em sua vida. Esta prática pode ser aplicada de forma a magnetizar a vela com a energia daquilo que parece estar preso ou estagnado. Ao acendê-la, você ordena que, à medida que a vela se consome, os nós que impedem o progresso daquilo que deseja se desfaçam.

Um exemplo prático do uso das velas de nó é quando alguém se sente aprisionado por um relacionamento que não traz mais felicidade. Um ritual acendendo uma vela de nó e visualizando os laços que o prendem sendo desatados, enquanto mentalmente se liberta da situação, por ser criado. Esse gesto simbólico pode ajudar a desfazer energeticamente as amarras que o mantêm ligado a algo negativo.

Outra aplicação é em situações em que você busca aprimorar seus conhecimentos ou habilidades. Ao acender uma vela de nó, sua intenção pode ser direcionada para que os bloqueios mentais e as dificuldades que parecem estar amarrando seu progresso se desfaçam, permitindo, assim, um fluxo livre de aprendizado e crescimento.

As velas de nó podem ser utilizadas para diversas finalidades, desde desamarrar situações indesejadas até promover o aprendizado e a expansão. Seu simbolismo direto e poderoso faz delas uma ferramenta versátil e eficaz dentro da prática mágica.

Feitiço de união inquebrável com a vela de nó

MATERIAL NECESSÁRIO

Vela de nó

Este feitiço é indicado para fortalecer laços e relações verdadeiras. Escolha um local tranquilo e seguro para realizar o feitiço, este ritual é mais eficaz quando realizado em um ambiente onde se sentir confortável e focado.

Escreva na vela o nome das pessoas envolvidas no feitiço, acenda a vela e coloque-a em um lugar central, onde possa observá-la com facilidade. Concentre-se na relação que deseja fortalecer, visualize essa conexão como um laço que une você e a outra pessoa enquanto diz as seguintes palavras:

Com este nó, laços se fortalecem.
E o meu interesse verdadeiro floresce.
Que esta união seja forte e duradoura.
Em harmonia e amor, nossa jornada perdura.

Visualize a relação sendo fortalecida, com amor e respeito mútuos, veja-a florescendo com harmonia e compreensão. Deixe a vela queimar até o fim. Enquanto queima, imagine a chama como um símbolo do poder da sua intenção de fortalecer essa união.

CORAÇÃO

O coração é um símbolo de significado universal que representa o amor em todas as suas formas, desde o amor fraternal até o amor romântico, trazendo consigo uma gama de emoções que variam do mais puro ao mais intenso e avassalador. Este poderoso símbolo tem a capacidade de despertar questões profundamente pessoais, evocando uma variedade de sentimentos e desejos, que podem abranger desde a busca por mais amor e proteção até o estímulo de coragem, superação de obstáculos e enfrentamento de desafios.

A vela em formato de coração pode ser uma ferramenta mágica extraordinária em feitiços e rituais que visam atingir e influenciar os sentimentos de alguém de maneira intensa e profunda. Ao utilizar esta vela, é possível direcionar suas intenções para tocar o âmago emocional da pessoa, despertando os sentimentos desejados de maneira mais potente e eficaz.

Um exemplo prático de uso das velas de coração é em um feitiço para fortalecer os laços de amor e afeto em um relacionamento. Ao acender a vela de coração, visualize a chama representando a chama do amor que queima entre você e seu parceiro e direcione suas intenções para fortalecer ainda mais esse vínculo, cultivando sentimentos de carinho, compreensão e cumplicidade.

Outra abordagem é usar as velas de coração para ajudar alguém que tenha perdido o foco de seus propósitos na vida. Ao acender a vela, direcione suas intenções para que a pessoa se reconecte com suas emoções e anseios, permitindo que ela encontre novamente sua motivação e se mova em direção à realização de seus objetivos.

Velas em formato de coração têm o poder de trabalhar profundamente com as emoções e os sentimentos, permitindo que influencie positivamente as relações e as situações que envolvem o amor e a conexão emocional. Seu simbolismo marcante faz delas uma ferramenta mágica valiosa na busca por relacionamentos mais íntimos e significativos, além de serem um meio de autodescoberta e alinhamento emocional.

Feitiço de cura do coração partido com vela em formato de coração

MATERIAL NECESSÁRIO

Incenso de rosa

Um quartzo-rosa (pedra do amor e da cura)

Uma vela em formato de coração (na cor rosa ou vermelha, representando o amor e a paixão)

Este feitiço é indicado para atrair amor e curar feridas do coração.

Escolha um local tranquilo e acenda o incenso de rosa ou lavanda para purificar o ambiente e elevar a energia ao seu redor. Acenda a vela em formato de coração com a intenção clara de atrair amor e cura para seu coração partido. Coloque o quartzo-rosa na frente da vela acesa, de modo que a luz da vela ilumine a pedra.

Feche os olhos e respire profundamente, concentre-se na sensação de amor e cura que deseja. Visualize seu coração se enchendo de amor-próprio e da energia de cura que emana do quartzo-rosa.

Enquanto olha para a chama da vela, repita as seguintes palavras:

Com este coração em chamas, o amor flui,
Cura as feridas, fazendo-me renascer.
Encerrando ciclos de dor e mágoa,
Abro espaço para o amor verdadeiro nascer.

Deixe a vela queimar até o fim, enquanto mantém seu foco na sensação de amor e cura preenchendo seu coração. Conforme a vela queima, imagine as feridas do seu coração se fechando e o amor verdadeiro fluindo para dentro dele.

Após a vela ter queimado completamente, pegue o quartzo-rosa e mantenha-o como um amuleto. Carregue-o consigo como um lembrete constante de que seu coração está aberto para o amor e a cura.

CIFRÃO

A vela em formato de cifrão é frequentemente utilizada com o propósito de atrair dinheiro e bens financeiros, bem como em magias que visam promover a prosperidade e aumentar os ganhos de forma geral. É importante destacar, que todas as práticas mágicas têm uma polaridade. Uma mesma vela pode ser empregada de forma inversa, buscando prejudicar a vida financeira e os rendimentos de outra pessoa.

Quando trabalhamos com magias direcionadas ao dinheiro, é fundamental considerar a intenção e os sentimentos que colocamos na prática. Ao fazer isso, é recomendável pedir que o dinheiro desejado chegue até nós sem trazer sofrimento, dificuldades, dor, perdas ou desfechos indesejados. Essas considerações são relevantes, porque muitas crenças limitantes relacionadas ao dinheiro podem nos levar a acreditar que ganhar dinheiro é uma tarefa árdua, e que, por vezes, não merecemos tal prosperidade.

É de suma importância lembrar que, no contexto dos símbolos mágicos, quando se trata de lidar com moedas de outros países, é bastante relevante considerar o estímulo do símbolo que esteja em harmonia com a cultura e o contexto financeiro do país específico. Cada nação possui símbolos que são intrínsecos à sua história, valores e crenças. Ao incorporar esses símbolos em práticas mágicas, é possível aumentar a ressonância e eficácia das intenções. Por exemplo, se estiver buscando atrair prosperidade financeira de um país com uma moeda específica, pode ser benéfico incorporar elementos que representem essa moeda ou a cultura daquele local em seus rituais. Isso pode ser feito utilizando velas em formatos que simbolizem essa moeda ou que representem os elementos culturais e simbólicos do país em questão. Além disso, é interessante considerar a energia e a intenção associadas a esses símbolos. Ao trabalhar com moedas de outros países, poderá direcionar suas energias para harmonizar seus objetivos financeiros com a energia específica daquele lugar. Isso pode envolver a criação de rituais que honrem a cultura, os valores e os símbolos da nação em questão.

Ao mergulhar nas profundezas da Magia do Dinheiro e da Prosperidade, é essencial explorar os diversos aspectos que a compõem. Isso inclui não apenas as técnicas específicas de feitiços e rituais, mas também as crenças subjacentes, os bloqueios psicológicos em relação à riqueza, as influências culturais e históricas que moldaram nossa relação com o dinheiro e até mesmo a ética envolvida na busca por ganhos financeiros por meio da Magia.

Quando abordamos a Magia relacionada ao dinheiro e à prosperidade, adentramos em um território repleto de nuances e complexidades que merecem um enfoque mais profundo e abrangente. Por meio da exploração detalhada dessas nuances, talvez possamos considerar a criação de um material específico dedicado a este tema, proporcionando uma compreensão mais ampla e refinada das práticas mágicas associadas à riqueza material.

Assim, ao trabalhar com a vela em formato de cifrão, é fundamental alinhar as intenções com o desejo de atrair recursos financeiros de forma saudável, próspera e harmoniosa. Utilizando essa ferramenta mágica, você pode canalizar as energias para transformar crenças limitantes e abrir espaço para a manifestação de prosperidade em sua vida de maneira positiva e equilibrada.

Feitiço de prosperidade com vela em formato de cifrão

MATERIAL NECESSÁRIO

Um pequeno pano verde ou dourado (opcional)
Uma moeda ou nota de dinheiro de qualquer valor (pode ser cartão de crédito, número da sua conta bancária ou símbolo do seu banco digital)
Uma vela em formato de cifrão (de preferência, na cor amarela ou dourada)

Este feitiço é indicado para manifestar abundância e prosperidade financeira. Escolha um local tranquilo e acenda a vela em formato de cifrão com a intenção clara de atrair prosperidade financeira para sua vida. A cor amarela ou dourada da vela simboliza a riqueza e a abundância, salvo todas as exceções já vistas no capítulo sobre cores relacionadas às velas que são metálicas e cromadas.

Coloque a moeda ou nota de dinheiro sob a vela, de forma que a chama ilumine o objeto.

Feche os olhos e respire profundamente, concentre-se na sensação de prosperidade que deseja manifestar. Visualize-se desfrutando da abundância financeira, realizando seus objetivos e vivendo uma vida financeiramente estável e próspera.

Enquanto olha para a chama da vela, repita as seguintes palavras:

Por este cifrão a riqueza se aproxima,
Abundância e prosperidade são minhas.
Como a chama que dança, minha fortuna crescerá,
Com gratidão, recebo o dinheiro que virá.

Deixe a vela queimar até o fim, mantendo seu foco na sensação de abundância financeira preenchendo sua vida. Conforme a vela queima, imagine sua prosperidade crescendo e expandindo. Após a vela ter queimado completamente, guarde a moeda ou nota de dinheiro como um símbolo de prosperidade. Se desejar, envolva-a em um pequeno pano verde ou dourado para preservar essa energia.

CADEADO

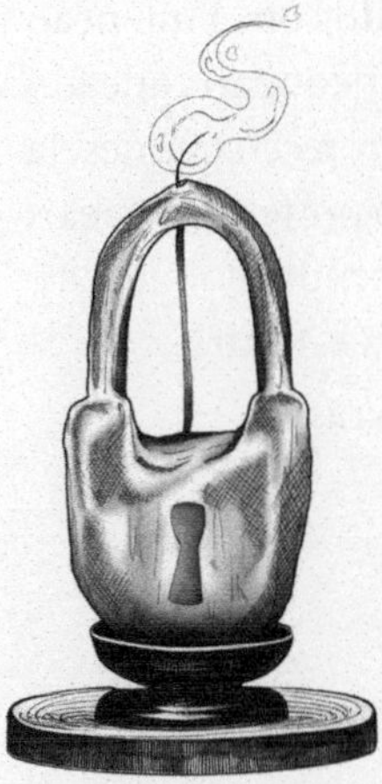

Velas em formato de cadeado possuem simbolismos marcantes que refletem sua utilidade mágica de maneira clara e direta. Sua representação visual sugere a ação de fechar ou abrir, evocando ideias de bloqueio ou liberação de energias e situações. Frequentemente empregada para manipular a abertura ou o fechamento de portas energéticas, sendo versátil em sua aplicação mágica.

A natureza do símbolo do cadeado torna essa vela altamente eficaz para abrir ou fechar caminhos, tanto no âmbito material quanto no espiritual. Ao acender a vela com a intenção de "destrancar" um caminho bloqueado ou criar uma nova oportunidade, o praticante canaliza a energia para permitir que as situações se desenvolvam favoravelmente. Por outro lado, quando desejar "trancar" algo indesejado, a energia é direcionada para selar ou conter influências negativas.

Essas velas podem ser usadas para influenciar oportunidades e situações de acordo com a vontade do praticante. Por exemplo, ao desejar abrir portas para oportunidades de trabalho ou negócios, o simbolismo do cadeado sendo desbloqueado pode representar o acesso a novos horizontes profissionais.

Similar ao exemplo mencionado anteriormente, essa vela pode ser empregada em rituais de liberação e reabilitação. Quando quiser se libertar de um vício ou comportamento negativo, o praticante visualiza o cadeado se abrindo e simboliza a libertação desses padrões indesejados.

A vela em formato de cadeado pode ser usada em magias de maldição ou aprisionamento energético. Se a busca for por "trancar" alguém a uma influência espiritual negativa, o praticante está simbolicamente confinando essa pessoa à energia indesejada.

Também é eficaz em rituais de proteção e contenção. Caso deseje selar um espaço ou bloquear a entrada de energias negativas, o praticante emprega o simbolismo do cadeado como uma barreira protetora.

Feitiço do cadeado protetor

MATERIAL NECESSÁRIO

Uma vela em formato de cadeado (de preferência na cor preta)

Este feitiço é indicado para trancar a negatividade e proteger seu ser. Escolha um local tranquilo e acenda a vela em formato de cadeado com a intenção clara de trancar a negatividade e se proteger. Segure o pequeno cadeado nas mãos, concentrando-se na sensação de segurança e proteção que deseja criar ao seu redor. Visualize o cadeado como um escudo protetor, feche os olhos e respire profundamente. Imagine a negatividade sendo bloqueada e afastada, enquanto você se enche de uma aura protetora e segura.

Olhando para a chama da vela, repita as seguintes palavras:

Com este cadeado aceso, eu afasto a negatividade,
Protegendo meu ser de todo mal, com serenidade.
Como um escudo forte, esta proteção me envolverá,
E nada de negativo jamais entrará.

Deixe a vela queimar até o fim, mantendo seu foco na sensação de proteção e segurança preenchendo seu ser. Conforme a vela queima, imagine-se cercado por uma luz protetora que repele qualquer energia negativa.

CHAVE

Frequentemente associada ao conceito de domínio e controle, a chave representa a capacidade de abrir e fechar portas, situações e caminhos. A sua forma icônica transmite a ideia de possuir o poder de acesso e mudança, tornando-a um instrumento mágico de significado multifacetado.

Por natureza, denota controle e domínio sobre algo. Em rituais, a vela em formato de chave pode ser empregada para exercer influência sobre situações específicas ou para afirmar seu domínio em áreas da vida onde deseja mais controle.

Assim como a chave física abre portas materiais, a vela de chave pode ser usada para abrir portas espirituais e caminhos bloqueados. Acender essa vela com a intenção de "destrancar" situações difíceis ou obstáculos pode criar uma energia propícia para novas oportunidades e avanços.

Usar velas neste formato em rituais para fechar energeticamente um espaço ou proteger-se de influências negativas pode ser uma estratégia eficaz para criar um ambiente seguro e fortalecido, já que a chave tem o poder de selar e proteger.

Utilizar velas neste formato em práticas mágicas que visam obter insights, revelações ou respostas a perguntas profundas pode ser uma abordagem significativa. A chave simboliza a capacidade de desvendar mistérios e acessar conhecimentos ocultos.

A Deusa Hécate, associada às chaves, tem um papel significativo na Bruxaria Moderna. A vela de chave pode ser um instrumento para se conectar com essa divindade e invocar seus poderes de Magia, proteção e domínio espiritual.

Também pode ser usada para quebrar feitiços, proteções ou bloqueios negativos. Acender a vela com a intenção de desfazer influências indesejadas ou desbloquear situações prejudiciais pode direcionar a energia para a libertação e transformação.

Feitiço da chave da descoberta interior

MATERIAL NECESSÁRIO

Caderno e caneta

Uma vela em formato de chave (de preferência, em uma cor que você associe à busca interior, como azul ou roxa)

Este feitiço é indicado para desbloquear os segredos profundos do conhecimento interior. Escolha um local tranquilo e acenda a vela em formato de chave com a intenção clara de desbloquear os segredos profundos do seu conhecimento interior. Sente-se confortavelmente e concentre-se em uma pergunta ou aspecto de si mesmo que deseja explorar. Esta pergunta pode ser sobre seu próprio crescimento pessoal, seus objetivos ou um aspecto de sua vida que deseja compreender melhor.

Visualize a chave em suas mãos, representando a abertura para o conhecimento interior. Veja-a girando e abrindo portas em sua mente.

Enquanto olha para a chama da vela, repita as seguintes palavras:

Com esta chave trago o conhecimento interior,
Desbloqueando segredos profundos,
com determinação e amor.

Medite por um tempo sobre a questão que deseja respostas, se algo surgir anote no caderno, mas não se desespere caso não encontre respostas no ato do feitiço. Deixe a vela queimar até o fim. Caso a resposta não venha de imediato, carregue o caderno e tenha a certeza de que a resposta chegará. Preste atenção nos filmes, séries, postagens no Instagram e nas conversas que terá. A sua resposta surgirá ao seu redor!

ESPADA

Representação poderosa de virtude, bravura e força, o simbolismo da vela em formato de espada remonta ao passado, onde era um emblema dos guerreiros e das instituições militares. Historicamente, a espada estava ligada a batalhas medievais e guerras, sendo considerada um símbolo masculino associado à virilidade, fertilidade e poder. Na perspectiva da Bruxaria, a ideia de gênero não se estende aos planos espirituais e a espada transcende as categorias humanas, representando um princípio universal de controle, poder e dualidade.

A vela neste formato traz consigo uma variedade de usos mágicos, é um símbolo de força e poder, representando a capacidade de enfrentar desafios de maneira destemida e assertiva. Utilizar a vela de espada em rituais pode fortalecer a intenção de buscar poder pessoal ou espiritual.

Associada à justiça e a proteção, ao empunhar a espada como um guardião, você poderá direcionar sua energia para proteger a si mesmo, aos outros ou a um espaço contra influências negativas e injustiças.

A natureza cortante da espada também a torna útil para rituais de banimento, contribuindo para afastar energias indesejadas ou negativas. Além disso, pode ser usada em feitiços de ataque mágico direcionados a desfazer feitiços lançados por outros.

Com sua lâmina de corte duplo, simboliza a interação entre ordem e caos. Como tal, a vela de espada pode ser empregada em rituais que visam destruir o antigo para dar espaço ao novo, seja em questões pessoais, emocionais ou espirituais.

Assim como a espada era empunhada por corajosos guerreiros, a vela de espada pode ser usada para invocar a coragem e a determinação necessárias para superar obstáculos e perseguir metas.

A dualidade da espada também pode ser interpretada como a transformação através da destruição e da renovação. Em rituais de autotransformação, a vela de espada pode ajudar a simbolizar a capacidade de deixar para trás o que não serve mais e abrir espaço para novas oportunidades.

Feitiço da espada para coragem e proteção

MATERIAL NECESSÁRIO

Azeite ou algum óleo de consagração
Pimenta calabresa (de preferência triturada)
Uma vela em formato de espada (preferencialmente em uma cor que represente coragem, como vermelha ou prateada)

Este feitiço é indicado para fortalecer sua coragem e proteção. Escolha um local tranquilo, com óleo ou azeite, unte a vela e depois vista ela polvilhando-a de pimenta. Como uma erva de calor ela irá impulsionar e ampliar a energia. Acenda a vela em formato de espada com a intenção clara de fortalecer sua coragem e proteção. Feche os olhos e respire profundamente, imagine-se enfrentando desafios com determinação e coragem. Visualize a espada brilhando com poder e proteção.
Enquanto olha para a chama da vela, repita as seguintes palavras:

Como esta espada trago proteção,
e minha coragem cresce como luz na escuridão.

Após recitar as palavras, mantenha-se concentrado visualizando uma forte energia de luz e poder ao seu redor. Uma energia que vai impulsionar você para o novo. Deixe a vela queimar até o fim, mantendo seu foco na sensação de preenchimento com as energias invocadas.

ESTRELA

A vela em formato de estrela carrega um simbolismo multifacetado, refletindo a natureza da própria estrela como fonte de luz, orientação e esperança. Seu significado abrange uma variedade de conceitos que podem ser incorporados em práticas mágicas e rituais, sendo um símbolo de luz que dissipa a escuridão e afasta o medo. Como uma vela em formato de estrela, ela pode ser usada para iluminar caminhos em momentos de choque, oferecendo orientação e clareza diante de desafios.

Também representa o renascimento e o Divino. Associada ao céu, às forças superiores e à espiritualidade. Usar a vela de estrela em rituais pode invocar uma conexão com o sagrado e simbolizar a busca por uma renovação espiritual.

É um símbolo protetor, que guia e guarda aqueles que a seguem e traz esperança em momentos de dificuldade e confusão. A vela de estrela pode ser usada em rituais de proteção e para instilar esperança em situações complicadas.

A crença de que as estrelas realizam desejos permeia muitas culturas. Usar a vela em formato de estrela para rituais de realizações de desejos pode canalizar essa crença, concentrando uma intenção no que se deseja alcançar.

Trabalhar com velas de estrela pode trazer equilíbrio, harmonia interior, conexão com a sabedoria cósmica universal e insights profundos.

Assim como marinheiros se orientavam pelas estrelas, as Bruxas também podem utilizar essa simbologia para encontrar caminhos seguros. A vela de estrela pode ser empregada para buscar orientação em momentos de indecisão.

Um exemplo de uso envolve uma meditação com a vela de estrela untada com óleo essencial de anis-estrelado. Esse óleo é conhecido por suas propriedades espirituais e de proteção. Durante a meditação, poderá se conectar com suas capacidades orgânicas ou forças espirituais, iluminando a vela e visualizando a luz da estrela guiando-o através de desafios e dificuldades.

Por outro lado, a vela de estrela também pode ser usada em rituais de confusão, para envolver outras pessoas em ilusões e impedir que elas se aproximem de você ou de seus objetivos.

Feitiço da estrela da orientação e da inspiração

MATERIAL NECESSÁRIO

Um cristal de ametista (para intuição e orientação espiritual)
Uma vela em formato de estrela

Este feitiço é indicado para encontrar sabedoria e direção em seu caminho. Escolha um local tranquilo e acenda a vela em formato de estrela com a intenção clara de encontrar orientação e inspiração em seu caminho.

Concentre-se na luz da estrela enquanto ela brilha diante de você. Deixe sua mente se acalmar e abra espaço para a intuição.

Pergunte a si mesmo para o que deseja orientação ou inspiração em sua vida. Pode ser uma pergunta específica ou simplesmente um desejo de sabedoria para enfrentar os desafios futuros.

Visualize a estrela brilhando cada vez mais intensamente, iluminando seu caminho e trazendo clareza à sua mente.

Enquanto olha para a chama da vela, repita as seguintes palavras com intenção e convicção:

Com esta estrela acesa, encontro orientação e inspiração.
Minha intuição se ilumina, é minha bússola na escuridão.
Como a estrela no céu noturno, minha sabedoria crescerá,
Seguindo meu caminho com amor, em cada passo que irei dar.

Após recitar as palavras, pegue o cristal de ametista e segure-o nas mãos. Sinta uma energia intuitiva envolvendo você.

Deixe a vela queimar até o fim, mantendo seu foco na sensação de orientação e inspiração preenchendo sua vida. Conforme a vela queima, imagine-se seguindo seu caminho com sabedoria e confiança.

Após a vela ter queimado completamente, mantenha o cristal de ametista como um amuleto de orientação. Use-o sempre que precisar de insights ou intuição em sua jornada.

TRIDENTE

Este objeto de três pontas é carregado de significados em várias tradições mágicas e culturais. O tridente representa um símbolo solar em algumas tradições, evocando poder, autoridade e domínio. Suas três pontas podem refletir várias tríades de significado, como a divisão da mente em consciente, subconsciente e inconsciente, ou as funções essenciais da vida humana, como sexualidade, espiritualidade e autoconservação.

Na mitologia grega, o tridente é associado aos três Deuses Olimpianos: Zeus, Poseidon e Hades. Cada um deles carrega um bastão como símbolo de seus domínios. Zeus representa a força com seu bastão uno feito de raios, Hades a dualidade da vida e da morte utilizando seu bidente, e Poseidon os caminhos múltiplos das águas e das emoções, tendo consigo o tridente. Essa ligação com os Deuses gregos acrescenta um elemento Divino à simbologia.

Em algumas vertentes de Magia e espiritualidade, o tridente também é associado a Exu, uma figura de grande importância em diversas culturas afro-brasileiras. Exu é frequentemente representado como guardião das encruzilhadas, um intermediário entre os mundos espiritual e humano. O tridente pode ser visto como um símbolo de sua capacidade de abrir caminhos, conduzir os espíritos e fornecer proteção.

A vela de tridente pode ser empregada para invocar a presença e as energias de divindades guerreiras e de Deuses que representam os caminhos para conferir proteção e força em situações desafiadoras.

Devido à sua conexão com o poder e sua natureza guerreira, esta vela pode ser usada em feitiços de ataque ou defesa mágica, fortalecendo a intenção de causar impacto ou proteger contra influências indesejadas.

O tridente também pode ser considerado um símbolo de escolhas e direções na vida. Usar a vela de tridente em rituais de tomada de decisão pode fornecer clareza e orientação para escolher o melhor caminho a seguir.

Dada a associação das pontas do tridente com diferentes níveis de consciência, essa vela pode ser utilizada em meditações e rituais para explorar os reinos do subconsciente e do inconsciente, buscando autoconhecimento e insights.

Lembrando sempre que a intenção e o respeito pelas energias e entidades envolvidas são fundamentais ao trabalhar com qualquer simbolismo mágico. Como em todas as práticas mágicas, a ética e a responsabilidade devem orientar suas ações para garantir resultados positivos e ações com suas intenções mais elevadas.

Feitiço do tridente do equilíbrio e poder

MATERIAL NECESSÁRIO

Um cristal de quartzo-transparente (para clareza e equilíbrio)
Um pequeno tridente (ou imagem mental de um)

Uma vela em formato de tridente (preferencialmente em uma cor que represente equilíbrio, como azul ou prateada)

Este feitiço é indicado para fortalecer e equilibrar sua energia interior.

Escolha um local tranquilo e acenda a vela em formato de tridente com a intenção clara de equilibrar e fortalecer sua energia interior em todos os aspectos da vida.

Segure o pequeno tridente nas mãos (ou visualize um em suas mãos), representando o poder e a energia que deseja invocar. Sinta a energia fluindo através de você.

Feche os olhos e respire profundamente. Sinta-se preenchido(a) pelo poder do tridente e permita que ele equilibre sua energia interior, trazendo harmonia aos seus aspectos físicos, mentais e espirituais.

Enquanto olha para a chama da vela, repita as seguintes palavras com intenção e convicção:

Com este tridente aceso, eu equilibro meu poder interior,
Fortalecendo-me em todos os aspectos, com fervor.
Como o tridente que corta através das águas turbulentas,
Minha energia se harmoniza, e o equilíbrio é minha conquista.

Após recitar as palavras, pegue o cristal de quartzo-transparente e segure-o nas mãos. Sinta uma energia clara e equilibrada envolvendo você.

Deixe a vela queimar até o fim, mantendo seu foco na sensação de equilíbrio e poder preenchendo sua vida. À medida que a vela queima, imagine-se forte e equilibrado em todos os aspectos.

Após a vela ter queimado completamente, mantenha o cristal de quartzo como um talismã de equilíbrio. Use-o sempre que desejar manter sua energia equilibrada e fortalecida.

VELA DE HOMEM E DE MULHER

As velas em formato de homem e de mulher são poderosas ferramentas mágicas que podem ser usadas de maneira criativa e intencional em diversos tipos de práticas e feitiços. São símbolos tangíveis dos gêneros masculino e feminino, representando, principalmente, pessoas. Elas podem ser usadas em rituais e feitiços que envolvem energias e intenções relacionadas a esses gêneros, ou para vincular pessoas em magias de amor, relacionamento, equilíbrio emocional, autoconfiança e por aí afora.

Frequentemente, essas velas são associadas aos indivíduos por métodos como a inserção de fios de cabelo, pedaços de roupas, unhas ou outros itens pessoais nos corpos das velas. Isso cria uma conexão entre a vela e a pessoa, permitindo que o feitiço seja direcionado de forma mais precisa.

Além dos objetos pessoais, as velas de homem e de mulher podem ser preparadas com diversos ingredientes simbólicos para intensificar a intenção do feitiço. Por exemplo, a vela de homem pode ser untada com óleos associados à coragem e força, enquanto a vela de mulher pode ser untada com óleos ligados à intuição e compreensão emocional. Ingredientes como ervas, especiarias e cristais também podem ser incorporados para potencializar os efeitos mágicos.

Essas velas podem ser usadas em feitiços para atrair o amor ou para melhorar um relacionamento. Por exemplo, você pode criar um feitiço de união colocando duas velas, uma de homem e outra de mulher, em um altar. Deixe que elas queimem juntas enquanto visualiza a harmonia e o amor entre eles. Isso pode ser especialmente eficaz se estiver buscando equilibrar as energias masculinas e femininas em um relacionamento.

Além de serem usadas para trabalhar com outras pessoas, as velas de homem e de mulher também podem ser empregadas em rituais de autoconhecimento e empoderamento pessoal. Você pode realizar um ritual de autorreflexão, recebendo uma vela correspondente ao seu gênero e meditando sobre como fortalecer e equilibrar as qualidades associadas a ele. Ao trabalhar com essas velas, é importante se lembrar sempre da ética e da responsabilidade. Qualquer prática mágica que envolva representações de pessoas deve ser realizada com respeito e consentimento.

VELAS DE CASAL

Essas velas, independentemente dos gêneros e orientações sexuais das pessoas envolvidas, desempenham um papel simbólico importante e podem ser usadas de maneira criativa e poderosa em uma variedade de práticas mágicas. Símbolo da união, do vínculo e da harmonia entre duas pessoas, as velas de casal podem ser usadas em rituais e feitiços que têm o objetivo de fortalecer relacionamentos existentes, atrair amor e paixão ou mesmo para aproximar duas pessoas que ainda não estão juntas.

Assim como nas velas de homem e de mulher, essas também podem ser preparadas com ingredientes simbólicos que correspondem à intenção do feitiço. Por exemplo, untar velas com óleos que representam o amor e a conexão ou colocar ervas associadas à harmonia e ao entendimento mútuo ao redor das velas.

Uma maneira comum de usar as velas de casal é em rituais de amor e união. As velas podem ser acesas em um altar dedicado ao amor, visualizando as energias da paixão e da harmonia fluindo entre o casal. Isso pode ser especialmente eficaz para quem deseja fortalecer um relacionamento existente ou atrair um novo parceiro romântico.

Se houve algum desentendimento ou afastamento entre um casal, as velas de casal podem ser usadas para promover a reconciliação. Acender essas velas enquanto visualiza a restauração da harmonia e a superação dos obstáculos pode ser uma maneira poderosa de trabalhar pela reconciliação.

Durante o processo de preparação e realização do feitiço, é essencial manter o foco na intenção. Concentre-se nas energias de união, amor e conexão enquanto acende as velas e visualiza o resultado desejado. Lembre-se de que a Magia é uma extensão de suas intenções e emoções.

As velas de casal são uma ferramenta mágica universal que pode ser adaptada aos objetivos para atender às suas necessidades específicas.

PÊNIS E VAGINA

As velas em formato de pênis ou de vagina possuem uma representação direta da genitália masculina ou feminina. Embora essa representação seja aparente, essas velas têm aplicações mágicas mais amplas do que simplesmente representam o órgão em questão.

Podem ser utilizadas para representar a sexualidade e a fertilidade, além de serem vinculadas ao indivíduo que possui o genital correspondente. São frequentemente empregadas em rituais ou feitiços que buscam potencializar o desejo sexual, a atração romântica ou a fertilidade. Assim como as velas de casal, as velas em formato de genitália podem ser usadas para fortalecer um relacionamento existente ou atrair um novo parceiro romântico. Elas podem ser criadas a rituais que visam aprofundar a conexão emocional e a intimidade entre casais. Algumas práticas mágicas envolvem trabalhar a autoimagem, a autoestima e a autoaceitação. As velas de genital podem ser usadas como um instrumento para ajudar uma pessoa a se conectar e aceitar sua própria sexualidade, promovendo um senso positivo de identidade.

Assim como em outras práticas mágicas, essas velas podem ser usadas como uma representação vivida para direcionar magias e intenções a um alvo específico. A energia e o foco da Magia são direcionados à representação da genitália como um veículo para alcançar resultados específicos, sejam eles relacionados à atração, ao amor, à cura ou à autoexploração.

MÃOS

As mãos têm sido um dos símbolos mais intrínsecos à prática da Magia, pois são instrumentos pelos quais direcionamos nossa vontade e energia para moldar a realidade. Representam a conexão entre o mundo espiritual e o mundo físico e são condutores da energia cósmica que nos cercam, além das intenções que emanamos. Na Magia, as mãos são canais de poder, pois através delas transmitimos nossa intenção, amor, cura e manifestação.

Existe também um fato histórico conhecido como "A Mão da Glória", um termo curioso que tem origem nas práticas da Magia Folclórica, especialmente associado à crença na relação entre essa mão e a sorte. A Mão da Glória é, na verdade, uma vela feita a partir da mão de um enforcado, geralmente um criminoso executado. Essa vela é muitas vezes usada em tradições mágicas obscuras, considerada um símbolo de poder, proteção e, de certa forma, de sorte. Envolta em lendas e rituais sombrios, sua relação com a sorte é muitas vezes ambígua e controversa. Alguns acreditam que a Mão da Glória possui propriedades mágicas que podem trazer boa sorte, afastar inimigos e até mesmo ajudar na realização de crimes.

Esta vela é histórica. Consta em relatos que ela era feita a partir da mão de um enforcado. Além de ser uma imagem extremamente macabra, também está ligada a crenças sobre a energia vital, morte e sacrifício. Acredita-se que essa vela possua uma conexão com o além e, portanto, detenha um poder sobrenatural. O uso da Mão da Glória envolve acender os dedos da vela em momentos específicos, muitas vezes em locais secretos, em busca de proteção, sorte ou sucesso em empreendimentos ilegais.

As mãos são entendidas como canais pelos quais a energia mágica flui, as velas trazem todo este simbolismo com ela também. Sem contar que em diversas tradições mágicas temos montes planetários correlacionados a nossas mãos. Cada dedo da mão é associado a um planeta específico, refletindo as energias cósmicas que podem ser canalizadas e utilizadas na prática mágica. Essa relação entre as mãos e os planetas é frequentemente explorada em sistemas como a Quiromancia, Astrologia e Magia Planetária. O polegar está associado a Júpiter, o planeta da expansão, abundância e sabedoria. É o dedo que representa o poder de manifestar e controlar energias maiores. O dedo indicador está associado ao Sol, representando vitalidade, autoexpressão e autoconfiança. É um dedo que simboliza liderança e direção. O dedo médio está associado a Saturno, o planeta da disciplina, do tempo e das estruturas. Representa a responsabilidade, paciência e busca pelo conhecimento. O dedo anelar está associado a Mercúrio, o planeta da comunicação, inteligência e habilidades mentais, representa a criatividade e a capacidade de transmitir ideias. O dedo mínimo está associado a Vênus, o planeta do amor, da beleza e dos relacionamentos. Representa a expressão emocional e o potencial para criar conexões.

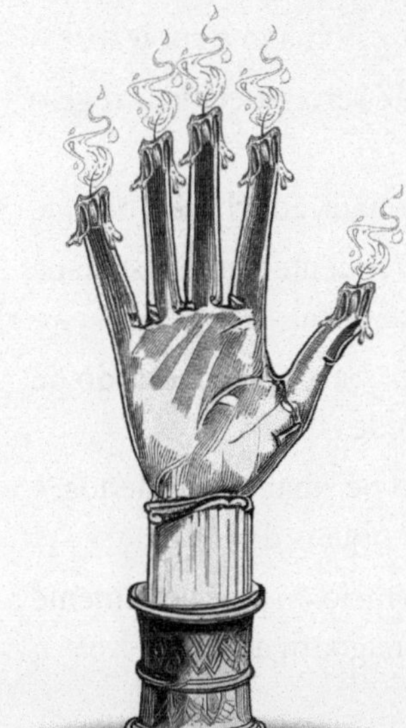

A relação entre as mãos e os planetas na Magia é uma maneira de conectar as forças cósmicas às energias humanas, permitindo que os praticantes se alinhem com os poderes do Universo e os direcionem para suas intenções mágicas.

Quando combinadas com velas, essa prática ganha uma dimensão adicional de simbolismo e poder, tornando-se uma forma tangível de manifestar intenções e transformar a realidade.

PÉS

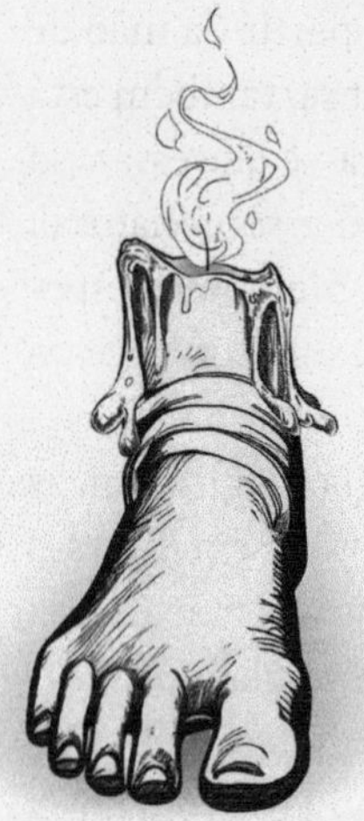

Os pés desempenham um papel intrigante na Magia e nas práticas espirituais em várias culturas e tradições ao redor do mundo. Eles são considerados canais de energia e conexões com a terra, permitindo que os praticantes aterrem, absorvam e direcionem energias sutis. A relação entre os pés e a Magia abrange desde práticas rituais até o uso de técnicas específicas para canalizar e direcionar energia. Na reflexologia, acredita-se que os pés contêm reflexos que correspondem a áreas específicas do corpo. Cada parte do pé é mapeada para refletir órgãos, glândulas e sistemas do corpo humano. Estimular esses pontos de pressão nos pés pode ajudar a equilibrar a energia do corpo, promover a cura e aliviar tensões.

Na acupressão, um sistema semelhante é usado, mas os pontos de pressão nos pés estão conectados aos meridianos de energia que fluem pelo corpo. A estimulação desses pontos pode influenciar o fluxo de energia vital (chamada de "qi" ou "chi") e trazer equilíbrio para o corpo e a mente.

De acordo com essas práticas, existem áreas específicas nos pés que estão ligadas a diferentes órgãos e sistemas do corpo. Por exemplo:

- **Pé direito:** muitas vezes, o pé direito é associado ao fígado e à vesícula biliar.
- **Pé esquerdo:** frequentemente relacionado ao baço, estômago e coração.
- **Zona do calcanhar:** a área do calcanhar do pé pode ser associada à região pélvica e aos órgãos reprodutores.
- **Zona central:** a parte central do pé pode estar relacionada aos rins e à bexiga.
- **Zona da cabeça:** a parte superior dos dedos do pé é frequentemente associada à cabeça, incluindo cérebro, olhos, ouvidos, nariz e boca.
- **Zona do pescoço e garganta:** geralmente, a área logo abaixo dos dedos do pé é vinculada ao pescoço, garganta e glândulas tireoide.
- **Zona do peito e pulmões:** a área na parte central do pé, abaixo dos dedos, é frequentemente associada aos pulmões, coração e órgãos do tórax.
- **Zona do sistema digestivo:** a parte abaixo do peito, no meio do pé, é geralmente associada ao sistema digestivo, incluindo o estômago, fígado, pâncreas e intestinos.

- **Zona dos quadris e pelve:** a área ao redor do calcanhar e tornozelo é frequentemente ligada aos quadris, pelve e órgãos reprodutores.
- **Zona dos rins e bexiga:** a parte central da sola do pé é comumente associada aos rins e à bexiga.
- **Zona dos órgãos endócrinos:** a área entre o calcanhar e o arco do pé pode ser associada às glândulas endócrinas, como a glândula pituitária e a glândula adrenal.
- **Zona das articulações:** as áreas próximas aos ossos dos dedos dos pés são frequentemente relacionadas às articulações do corpo.
- **Zona dos órgãos reprodutivos masculinos:** na parte interna do calcanhar, alguns terapeutas de reflexologia podem associar essa área aos órgãos reprodutivos masculinos.
- **Zona dos órgãos reprodutivos femininos:** próximo à área dos órgãos reprodutivos masculinos, a parte interna do calcanhar pode ser associada aos órgãos reprodutivos femininos.
- **Zona dos músculos:** a parte superior do pé, perto dos ossos do tornozelo, pode ser relacionada aos músculos do corpo.

VELAS DE CABEÇA

A representação da cabeça nas velas carrega consigo a essência da individualidade, da consciência e da espiritualidade, permitindo uma abordagem mágica única e poderosa.

São frequentemente utilizadas em rituais que visam aprofundar o autoconhecimento. Com essas velas, os praticantes podem buscar entender melhor suas próprias motivações, pensamentos e emoções, trabalhando para equilibrar e harmonizar sua mente.

Podem ser usadas para aprimorar a clareza mental, a concentração e a capacidade de foco. Rituais com velas de cabeça podem ser realizados antes de estudos, meditações ou atividades que exijam um estado de atenção elevado.

As velas em formato de cabeça podem ser incorporadas em práticas mágicas que buscam equilibrar as emoções, trazer calma à mente agitada e promover a estabilidade emocional.

Muitas tradições espirituais veem a cabeça como o local da conexão com o mundo espiritual e Divino. Rituais com velas de cabeça podem ser realizados para fortalecer essa ligação, buscar orientação espiritual ou buscar respostas para questões profundas.

Também podem ser usadas para trabalhar com sonhos, intuições e visões. A mente é frequentemente associada a essas áreas da consciência, e as velas podem ser usadas como um catalisador para acessar informações do subconsciente.

Incorporar este tipo de vela em rituais de cura pode ajudar a liberar bloqueios mentais, traumas ou pensamentos negativos que possam estar afetando a saúde mental.

Veja a seguir alguns exemplos de rituais:

Ritual de autoconhecimento

Acenda a vela de cabeça e medite sobre seus pensamentos, desejos e motivações. Peça clareza mental e autoconsciência para entender melhor a si mesmo.

Ritual de equilíbrio emocional

Durante um momento de introspecção, acenda a vela e visualize suas emoções sendo equilibradas e tranquilizadas, permitindo que a mente encontre paz.

Ritual de conexão espiritual

Acenda a vela de cabeça e concentre-se em abrir um canal de comunicação com seus guias espirituais ou divindades de adoração, buscando orientação ou respostas.

Ritual de sonhos e intuição

Antes de dormir, acenda a vela e faça uma meditação focada em seus desejos de sonhos lúcidos ou insights intuitivos.

Ritual de cura mental

Com a vela acesa, visualize qualquer energia negativa ou bloqueios mentais sendo transformados em luz e liberados.

VELA QUADRADA

As velas em formato quadrado têm uma simbologia que vai além de sua aparência geométrica. Elas representam estabilidade, estruturação e perfeição. Em várias práticas espirituais e mágicas, o quadrado é associado a conceitos como ordem, fundamentos sólidos e concretização de objetivos. É uma figura geométrica que possui todos os lados iguais e ângulos retos, o que transmite a ideia de solidez. Na Magia, as velas quadradas são frequentemente usadas para trazer essas qualidades para uma situação, pessoa ou local. Elas podem ser empregadas em feitiços e rituais que visam criar solidez em projetos, relacionamentos ou empreendimentos.

Muitos altares e espaços sagrados são organizados em forma de quadrado, representando a ideia de um local bem protegido e equilibrado, pronto para receber as energias transformadoras. As quatro direções cardeais - Norte, Sul, Leste e Oeste - podem ser associadas às arestas do quadrado, trazendo uma conexão com os elementos naturais e os pontos cardeais.

O quadrado também é visto como um símbolo de equilíbrio e harmonia. Em rituais e feitiços, as velas quadradas podem ser utilizadas para harmonizar energias, criar equilíbrio entre diferentes aspectos da vida ou dos elementos e para estabilizar condições que estejam fora de equilíbrio. Imagine usar uma vela quadrada em um feitiço para consolidar um projeto ou empreendimento. A forma da vela reforça a ideia desse projeto, tornando-o mais propenso a ter sucesso ao longo do tempo. Da mesma forma, a vela quadrada pode ser usada em rituais que buscam fortalecer as relações pessoais, trazendo um senso de estabilidade e comprometimento.

Assim como as velas podem ser usadas para criar equilíbrio, elas também podem ser empregadas para causar desequilíbrio. O uso da vela quadrada de forma inversa ou combinada com outras intenções pode ser direcionado para criar instabilidade ou desarranjo em situações ou relacionamentos.

Feitiço do quadrado da estabilidade e fundação

MATERIAL NECESSÁRIO

Uma pequena pedra ou cristal (para ancoragem e fundação)
Uma vela em formato de quadrado (preferencialmente em uma cor que represente sustentação, como marrom ou verde)

Este feitiço é indicado para estabelecer um pilar de sustentação para seus projetos. Escolha um local tranquilo e acenda a vela em formato de quadrado com a intenção clara de estabelecer suporte para todos os seus projetos e empreendimentos futuros.

Concentre-se na imagem do quadrado. Visualize todos os seus projetos e empreendimentos crescendo sobre a solidez, como um edifício construído sobre uma fundação inabalável.

Enquanto olha para a chama da vela, repita as seguintes palavras com intenção e convicção:

Com este quadrado aceso, eu estabeleço uma fundação sólida,
Para todos os meus projetos, com determinação e medida.
Como o quadrado que permanece firme e estável,
Encontro estabilidade em cada passo, com o universo amável.

Após recitar as palavras, pegue a pequena pedra ou cristal e segure-o nas mãos. Sinta sua energia o ancorando e deixe a vela queimar até o fim, mantendo seu foco na sensação de solidez preenchendo sua vida. À medida que a vela queima, imagine todos os seus projetos crescendo.

Após a vela ter queimado completamente, mantenha a pedra ou cristal como um talismã. Use-o sempre que desejar reforçar a fundação de seus projetos e empreendimentos.

CIRCULAR

Símbolo que representa conceitos de eternidade, perfeição e ciclos, o círculo traz consigo uma rica simbologia que reflete na Magia e na vida cotidiana. Círculos não possuem começo nem fim, simbolizando a eternidade e a continuidade. Na Magia, essa representação está intrinsecamente ligada aos ciclos naturais, como as fases da lua, as estações do ano e os ritmos de vida e morte. A vela em formato de círculo pode ser usada para conectar você a esses ciclos, invocar sua energia e direcioná-la para objetivos específicos.

Círculos são associados à proteção e à vida na natureza. Velas circulares podem ser usadas em feitiços e rituais para invocar esses aspectos, funcionando como um escudo mágico que cria uma barreira de energia ao redor de pessoas, lugares ou objetos que precisam de proteção. Também podem ser usadas para estimular o crescimento e a vitalidade em diversas situações. Muitas tradições mágicas realizam rituais dentro de um Círculo Mágico desenhado no chão ou formado por velas. Esse círculo atua como um espaço sagrado, isolando e protegendo os praticantes das influências externas. Uma vela em formato de círculo pode ser colocada como um marcador em cada um dos pontos cardeais do círculo, reforçando sua energia e intenção.

O círculo também é usado para ativar energias, direcionar intenções e criar uma barreira entre a prática e as energias externas. Ela pode ser usada para focar a energia dentro do Círculo Mágico, ajudando a amplificar a intenção do ritual. Acender a vela no centro do círculo pode ser um gesto simbólico para infundir essa energia no espaço e no objetivo do ritual.

Além de proteção, podem ser usadas em rituais de criação e transformação. Representam o início de um novo ciclo ou o potencial de mudança. Se você deseja iniciar um projeto, manifestar uma nova fase em sua vida ou até mesmo se curar de algo, essas velas circulares também podem ser fabricadas no ritual para simbolizar essas intenções. Como mencionado, essas velas podem ser usadas para proteger bebês, para trazer energia de fertilidade e criação. Usadas em rituais, podem garantir uma gravidez saudável, proteger a mãe e o bebê durante a gestação e fortalecer o vínculo entre eles.

Feitiço do círculo da unidade e de proteção

MATERIAL NECESSÁRIO

Um pedaço de quartzo-rosa (para amor e harmonia)
Uma vela em formato de círculo (preferencialmente em uma cor que represente proteção, como branco ou prateado)

Este feitiço é indicado para invocar unidade e proteção em sua vida. Escolha um local tranquilo e acenda a vela em formato de círculo.

Visualize-se cercado por um círculo de luz brilhante que representa proteção. Sinta essa luz envolvendo você, criando uma barreira de segurança.

Enquanto olha para a chama da vela, repita as seguintes palavras com intenção e convicção:

Com este círculo aceso, eu invoco a unidade e proteção,
Em todos os aspectos da minha vida, com amor e devoção.
Como o círculo que não tem fim, minha segurança se estenderá,
Encontro harmonia e proteção em cada dia que nascerá.

Após recitar as palavras, pegue o pedaço de quartzo-rosa e segure-o nas mãos. Sinta uma energia amorosa e harmoniosa envolvendo você.

Deixe a vela queimar até o fim, mantendo seu foco na sensação de proteção e unidade preenchendo sua vida. À medida que a vela queima, imagine-se rodeado por amor e harmonia.

Após a vela ter queimado completamente, mantenha o pedaço de quartzo-rosa como um talismã de amor e proteção. Use-o sempre que desejar fortalecer sua conexão com a unidade e a proteção.

TRIÂNGULO

O triângulo e as formas piramidais, como a pirâmide e o obelisco, são símbolos de equilíbrio, trindade e hierarquia. Nas práticas espirituais, ele pode representar as relações entre os planos material, mental e espiritual. Além disso, pode ser associado à ética, à ciência e à busca pela sabedoria. A forma piramidal, por sua vez, remete à ascensão espiritual e à capacidade de direcionar e amplificar energias.

Usado para representar a ligação entre a humanidade e o Divino, em algumas tradições espirituais a base do triângulo representa os buscadores e adoradores, enquanto o seu centro simboliza os mestres, e a sua ponta as forças divinas que a regem. Essa relação hierárquica pode ser aplicada para meditar sobre nossa conexão com forças superiores e como podemos evoluir espiritualmente.

Em ordens iniciáticas, o triângulo frequentemente desempenha um papel importante na estrutura de graus e na progressão espiritual. Cada vértice do triângulo pode simbolizar um nível de conhecimento ou de iniciação. A forma piramidal, especialmente a pirâmide invertida, também pode representar o processo de descida à matéria e a subsequente ascensão espiritual. As velas em formato de triângulo, pirâmide ou obelisco podem ser usadas para direcionar energia, concentrando-a e redirecionando-a para um objetivo específico. No caso de magias curativas, podem ser usadas para focalizar energias de cura e harmonização em direção a uma pessoa, lugar ou situação.

Como formas piramidais elas são frequentemente consideradas amplificadoras naturais de energia. Nas práticas mágicas, como velas piramidais ou em formato de obelisco, podem ser usadas para potencializar a intenção de um feitiço ou ritual. Se você deseja aumentar a força de sua Magia ou manifestar algo com mais impacto, essas velas podem ser criadas como uma ferramenta amplificadora.

A pirâmide, com sua forma que aponta para o céu, também pode ser usada em rituais que buscam a ascensão espiritual, o crescimento pessoal ou a expansão da consciência.

Feitiço do triângulo da manifestação

MATERIAL NECESSÁRIO

Um cristal de citrino (para atrair prosperidade e sucesso)
Uma vela em formato de triângulo (preferencialmente em uma cor que represente manifestação, como verde ou dourado)

Este feitiço é indicado para manifestar seus desejos e intenções. Escolha um local tranquilo e acenda a vela em formato de triângulo.

Concentre-se na forma do triângulo à medida que ele brilha, vendo-o como um símbolo poderoso de manifestação.

Visualize claramente o que deseja manifestar. Veja-os se tornando realidade à medida que os visualiza com detalhes vívidos.

Enquanto olha para a chama da vela, repita as seguintes palavras com intenção e convicção:

Com este triângulo aceso,
eu manifesto meus desejos.
Minhas intenções se tornam realidade,
como raios de sol de verdade.
Como o triângulo que é forte e estável,
meus sonhos se concretizarão,
Prosperidade e sucesso fluem,
e com o universo me alinharão.

Após recitar as palavras, pegue o cristal de citrino e segure-o nas mãos. Sinta uma energia vibrante e próspera envolvendo você.

Deixe a vela queimar até o fim, mantendo seu foco na sensação de manifestação e realização preenchendo sua vida. À medida que a vela queima, imagine seus desejos se materializando de maneira abundante.

Após a vela ter queimado completamente, mantenha o cristal de citrino como um amuleto de prosperidade e sucesso. Use-o sempre que desejar atrair manifestações positivas.

HEXÁGONO

Frequentemente associado a símbolos de equilíbrio, harmonia e unidade, sua geometria é vista em muitos aspectos da natureza, como os favos de mel das abelhas, a formação de cristais e até mesmo em padrões naturais de crescimento de plantas. Este simbolismo nos fala sobre a conexão entre os reinos material e espiritual e sobre a capacidade de encontrar equilíbrio entre polaridades opostas.

Em termos espirituais, o hexágono é frequentemente considerado um símbolo de proteção. Suas seis faces podem ser interpretadas como uma representação dos seis elementos: Terra, Ar, Fogo e Água, Espírito e a conexão entre eles. Isso significa que um hexágono pode ser usado para criar um espaço seguro e equilibrado, onde esses elementos podem se unir harmoniosamente.

A vela em formato de hexágono pode ser usada para trazer equilíbrio e harmonia a situações caóticas ou desequilibradas. Acender essa vela em um ritual com a intenção de trazer equilíbrio energético pode ajudar a restaurar a ordem e a calma. Pode ser usada para criar um espaço mágico de proteção ao seu redor durante rituais ou meditações. Visualize como seis faces do hexágono formam uma barreira protetora.

Esta é uma ferramenta poderosa para integrar os elementos em suas práticas. Durante um ritual, é possível associar cada face do hexágono a um dos elementos e trabalhar para equilibrá-los e trazê-los juntos de maneira harmoniosa.

O hexágono pode também ser incorporado a feitiços de manifestação. Acenda uma vela em formato de hexágono enquanto foca em um desejo específico. Visualize seu desejo sendo atraído para o centro do hexágono e irradiando energia para as seis direções.

Use-o como ponto focal para meditações de equilíbrio, conexão com os elementos e harmonização. Imagine-se no centro do hexágono, conectando-se às energias que fluem através de cada face.

Feitiço do hexágono para harmonia e equilíbrio Energético

MATERIAL NECESSÁRIO

Um cristal de quartzo-transparente (para clareza e equilíbrio energético)
Uma vela em formato de hexágono (preferencialmente em uma cor que represente harmonia, como azul-claro ou verde)

Este feitiço é indicado para alinhar e equilibrar as energias ao seu redor. Escolha um local tranquilo e acenda a vela em formato de hexágono com a intenção clara de harmonizar e equilibrar as energias ao seu redor.
Concentre-se na forma do hexágono à medida que ele brilha diante de você, vendo-o como um símbolo poderoso de harmonia e equilíbrio.
Visualize todas as energias ao seu redor, alinhando-se e equilibrando-se, criando um ambiente sereno e harmonioso.
Enquanto olha para a chama da vela, repita as seguintes palavras com intenção e convicção:

Com este hexágono aceso, eu harmonizo as energias ao meu redor,
Equilíbrio e serenidade, em cada canto e em todo lugar.
Como o hexágono que é uma forma perfeita e simétrica,
Minha energia flui em equilíbrio, e o ambiente se torna magnífico.

Após recitar as palavras, pegue o cristal de quartzo-transparente e segure-o nas mãos. Sinta uma energia clara e equilibrada envolvendo você.
Deixe a vela queimar até o fim, mantendo seu foco na sensação de harmonia e equilíbrio energético ao seu redor. À medida que a vela queima, imagine seu ambiente preenchido com serenidade e equilíbrio.
Após a vela ter queimado completamente, mantenha o cristal de quartzo-transparente como um amuleto de clareza e equilíbrio energético. Use-o sempre que desejar harmonizar as energias ao seu redor.

DAGYDES

Dagydes e *bones* (ou bonecos) são termos que se referem a representações simbólicas de pessoas em rituais de Bruxaria e Magia. Usados para direcionar a energia e intenções de um feitiço ou ritual para uma pessoa específica. O termo *dagydes* deriva de *dolly* ou *dollie*, que historicamente se referiam a bonecos ou figuras usadas em práticas mágicas. É um conceito que se relaciona com a criação de uma representação física da pessoa alvo do feitiço, que pode ser usada para diversas finalidades. Os bonecos são representações simbólicas de pessoas, feitos geralmente de materiais como pano, cera, argila ou outros elementos. Eles podem ser personalizados para se assemelhar à pessoa alvo do feitiço, incorporando características físicas como cabelo, unhas, roupas ou até mesmo fotografias.

Outra coisa legal de ser dita aqui é que a cultura brasileira é rica em tradições religiosas e espirituais que envolvem rituais de cura e oferendas, muitas vezes relacionadas à utilização de velas e objetos de cera em igrejas e catedrais. Essa prática é profundamente enraizada na religiosidade popular e é observada em diversas regiões do país, é comum que pessoas façam promessas a santos, divindades ou entidades espirituais em busca de cura ou ajuda em situações difíceis. Essas promessas podem estar relacionadas à saúde, problemas familiares, questões financeiras, entre outros. Como parte das promessas, é costume oferecer objetos simbólicos como forma de agradecimento pelo pedido atendido ou como um gesto de fé. Os pedaços de cera muitas vezes são moldados em formas que representam partes do corpo humano, como braços, pernas, órgãos, etc. Esses pedaços de cera simbolizam a parte do corpo que precisa de cura ou intervenção divina.

Veja alguns exemplos de uso na Bruxaria:

- **Vínculo energético:** a criação de um *dagydes* ou boneco permite que o praticante estabeleça um vínculo energético com a pessoa representada. Isso significa que a energia direcionada ao boneco afetará energeticamente a pessoa real.
- **Curas:** *dagydes* ou bonecos também podem ser usados para representar uma pessoa doente e direcionar energia de cura para ela. Isso pode ser feito por meio de rituais de cura, visualizações e intenções positivas.
- **Feitiços de amor e atração:** em magias de amor, os bonecos podem ser usados para simbolizar o alvo do feitiço e para direcionar energia de amor e atração para a pessoa representada.
- **Proteção e defesa:** *dagydes* ou bonecos também podem ser usados para proteger a pessoa alvo de energias negativas ou ataques mágicos. O praticante pode criar um boneco com a intenção de fortalecer a pessoa contra influências prejudiciais.
- **Feitiços de ligação:** *dagydes* podem ser usados para estabelecer uma ligação entre duas pessoas. Isso pode ser feito para fortalecer laços emocionais, melhorar a comunicação ou mesmo para fins de Magia Sexual.
- **Maldições e ataques mágicos:** infelizmente, alguns praticantes também utilizam *dagydes* ou bonecos em práticas mágicas negativas, como para lançar maldições ou causar danos a uma pessoa. No entanto, é importante lembrar que a ética deve sempre nortear a prática mágica.

IX. MAGIA, VELAS E OS SEGREDOS DO TEMPO

Navegando Pelos Ritmos da Natureza

Antes de falar sobre os ciclos da natureza e como vincular seu poder às velas de contagem de tempo, acho muito importante compreender seu mecanismo de queima. Afinal de contas, quantas vezes você comprou uma vela de 7 dias e ela durou menos? Isso pode ser um grande problema quando estamos trabalhando em um feitiço específico, em que a vela não pode acabar antes da hora ou sem que consigamos prever quando poderá acontecer.

Quando se trata de vigílias mágicas, as velas precisam queimar em quantidades de dias específicos. Há também a necessidade de uso em magias que envolvem planetas, crescimento lunar e passagem do tempo num geral. Estas velas serão seu instrumento principal, por isso elas devem queimar de forma coerente. Para que não existam problemas de queimas e nada do tipo é bom também compreender como elas funcionam de forma física.

O pavio desempenha um papel fundamental na queima da vela, sendo responsável por iniciar e manter a reação de combustão da cera. Sua função principal é fornecer uma via para que o calor gerado pela chama derreta a cera, que será levada líquida pela capilaridade do pavio, para que possa vaporizar e, posteriormente, ser queimada. O pavio desempenha um papel na estabilização e regulação da chama e ainda ajuda a estabilizá-la. A escolha do pavio adequado é crucial para a eficácia da queima da vela.

Capilaridade é o nome para o processo químico que ocorre quando a cera é atraída para o pavio poroso, por isso o tamanho e o material do pavio influenciam na velocidade e tipo de queima.

Um pavio que é muito grosso ou muito fino pode afetar a ascensão da cera e, pavios mais finos tendem a queimar com uma chama mais fraca e menor, por não fornecer cera suficiente para sustentar uma chama estável, resultando em uma chama vacilante e propensa a se apagar. Pavios mais grossos puxam mais cera o que pode resultar em uma chama mais brilhante e intensa, mas resultando em uma vela que dura menos tempo.

Diferentes materiais podem ser empregados na fabricação de pavios, cada um com suas características únicas.

O algodão é um dos materiais mais populares. Por ser poroso, ele permite uma boa queima. Algodão de alta qualidade é preferido para garantir uma queima uniforme e eficiente da vela.

Linho também é usado na fabricação de pavios de velas. Com características semelhantes ao algodão, o linho tem boa absorção de cera. Conhecido por sua resistência e durabilidade, tornando-o uma opção popular para pavios de qualidade.

Também podemos encontrar pavios de cânhamo que, assim como os anteriores, possuem a porosidade suficiente para uma boa ascensão da cera.

Pavios de madeira são uma opção bem popular hoje em dia no Brasil, principalmente em velas aromáticas. Esses pavios são feitos de tiras finas de madeira tratada, muitas vezes revestidas com cera, e podem criar uma chama única e atraente, além de permitir que a cera suba através dos poros da madeira.

O papel é usado para pavios mais simples e artesanais. Pode ser uma opção econômica e funcional, mas não é tão durável quanto outros materiais, especialmente em velas maiores.

Às vezes, pavios são fabricados a partir de misturas de materiais, combinando as características positivas de diferentes fibras. Isso pode ser feito para melhorar a capilaridade, resistência e durabilidade do pavio.

Além disso, pavios podem ser tratados com substâncias químicas para melhorar a queima, como aditivos que ajudam a controlar a taxa de combustão e a reduzir a formação de fumaça. Pavios tratados também podem ser usados em velas perfumadas, onde é importante que a queima seja consistente e eficiente, para que a fragrância seja distribuída uniformemente.

Outra coisa bastante comum em velas de boa qualidade que precisam ter uma durabilidade exata, como as velas de 7 dias, é o uso de fios de cobre no pavio. Ao envolver o pavio com um fio de cobre ou inseri-lo na cera, é possível reduzir a quantidade de oxigênio que chega à base da chama. Isso pode resultar em uma chama menor e mais controlada, que pode ajudar a prolongar a vida útil da vela, reduzir a fumaça e o gotejamento e criar uma queima mais suave e uniforme.

Fios de cobre finos e maleáveis são preferidos para essa técnica, eles podem ser moldados de diferentes formas para atingir o resultado desejado. O fio de cobre pode ser enrolado ao redor do pavio, inserido na cera aperto de sua base ou posicionado de outras maneiras estratégicas.

A espessura das velas também influenciam no tempo de queima, pois implica diretamente na quantidade de cera que é consumida durante a queima. Geralmente, velas mais espessas queimam por mais tempo do que as mais finas. Isso ocorre porque, uma vela mais espessa tem mais cera para queimar, o que prolonga sua duração. No entanto, há outros fatores, como a composição da cera, o tamanho do pavio, como já vimos antes, e as condições ambientais, que também podem afetar o tempo de queima de uma vela.

Uma curiosidade ainda sobre o tempo de queima circunda os relógios de vela, que consistiam em uma vela especialmente marcada, com pequenos pontos ou tracinhos espaçados ao longo do seu comprimento, cada um representando um determinado período de tempo. À medida que a vela queimava, as horas podiam ser contadas observando os pontos ou tracinhos que haviam sido consumidos pelo fogo.

Eles eram especialmente úteis em ambientes onde outros mecanismos de medição do tempo não estavam disponíveis ou eram pouco confiáveis. Sua simplicidade e facilidade de uso fez com que eles fossem amplamente.

Essa antiga forma de medir o tempo por meio do "relógio de vela" é um marco importante na evolução da medição do tempo e até mesmo na história da tecnologia, além de ressaltar a relevância cultural e social do uso do tempo na vida das pessoas.

No Brasil, uma variedade de velas está disponível, categorizadas de acordo com seu tamanho e duração da queima como veremos a seguir:

VELAS MINI

Tamanho: geralmente entre 5 e 7 centímetros.
Peso: leves, variando de 5 a 10 gramas.
Duração da queima: aproximadamente 15 a 30 minutos.

VELAS PALITO COMUM

Tamanho: varia de 10 a 15 centímetros.
Peso: cerca de 20 a 30 gramas cada.
Duração da queima: entre 3 e 5 horas, dependendo da qualidade.

VELAS MÉDIAS

Tamanho: varia de 17 a 25 centímetros.
Peso: entre 40 e 60 gramas cada.
Duração da queima: aproximadamente 7 a 12 horas ou mais, dependendo da qualidade.

VELAS LONGAS

Tamanho: de 30 centímetros a metros de comprimento.
Peso: geralmente acima de 70 gramas cada.
Duração da queima: varia consideravelmente, podendo durar de horas a dias, dependendo da qualidade e do uso.

Além das categorias baseadas em tamanho, as velas também podem ser classificadas por numeração ou pelo tempo de queima desejado.

Geralmente são numeradas de 1 a 10 pelos fabricantes, representando diferentes tamanhos e durações de queima. Também estão disponíveis com tempos específicos nas lojas de Magia, separadas normalmente em 3, 5, 7, 9 ou 12 horas. Algumas seguem uma sequência de tempo mais longa, como 3, 7, 9, 14 e 21 dias. É importante notar que a duração da queima pode variar de acordo com fatores como a qualidade da cera, espessura do pavio e as condições de ambiente. Outra coisa que pode atrapalhar a queima e o tempo são os corantes que interferem demais na composição química

Quando sincronizamos nossos rituais com os ciclos naturais ao nosso redor, estamos nos harmonizando com o pulsar do cosmos. Imagine, por exemplo, uma vela de 7 dias, imbuída com uma intenção mágica, acesa sob a influência da lua crescente. Enquanto ela queima, sua energia se entrelaça com a energia da lua, amplificando e fortalecendo o feitiço que foi lançado. À medida que a lua se enche, assim se enche também o poder da vela e do propósito que ela carrega.

Velas de longa duração, como aquelas que queimam por 21 dias, têm a habilidade de capturar a essência das estações do ano. Ao acender essas velas durante uma estação específica, alinhamos nossa magia com os elementos que estão mais ativos naquele momento, permitindo que nossos feitiços respirem em sintonia com a energia da natureza. É como se a própria terra nos emprestasse seu vigor, sua vitalidade, para que possamos moldar a realidade de acordo com nossas intenções.

E há também as velas de curta duração, uma vela de 12 horas acesa na intenção de proteger um ente querido durante uma viagem, por exemplo, é como um farol aceso para iluminar e guiar seu caminho. Enquanto a chama persiste, ela funciona como um escudo invisível, um amuleto mágico que protege e conforta.

Conforme aprofunda sua jornada mágica, um conhecimento íntimo das nuances das velas começa a se desenvolver. Você aprende a discernir entre diferentes materiais e marcas, descobrindo quais ressoam melhor com suas práticas e intenções. Com o tempo, um repertório de sabedoria sobre onde encontrar as velas que mais se alinham com suas necessidades é construído.

Após esta parte introdutória para esclarecer a importância não só da qualidade das ceras, mas também dos tipos de pavio que são mais adequados para a duração de seus feitiços, vamos navegar pelos fomentadores cíclicos que encontramos ao nosso redor e usar seu poder em nossos processos mágicos temporais.

FOMENTADORES ENERGÉTICOS

No grande livro da vida, as páginas se desdobram como estações que marcam os ciclos da terra e do coração humano. O tempo, esse mágico tecelão das nossas histórias, tece fios invisíveis que entrelaçam cada ser, cada folha, cada estrela, numa dança contínua de nascimento, crescimento, maturação e morte. É um ciclo eterno, uma jornada que flui como a dança da lua nos céus, cíclica e incessante.

As estações do ano refletem os estágios da vida, um espelho do nosso próprio processo de evolução. A primavera desperta a terra e as almas, com brotos emergindo timidamente, como sonhos prestes a se manifestar. O verão traz a força da juventude, com o sol no ápice de seu esplendor e os frutos amadurecendo como promessas cumpridas. O outono sussurra sobre a passagem do tempo, as folhas que caem são como memórias que se desprendem, e a natureza recolhe-se, preparando-se para o repouso do inverno, quando a morte é apenas um suspiro antes do renascimento. Este mesmo tempo é visto na transformação da lua no céu, na passagem da luz para a escuridão durante o dia e nos anos que contamos em nossa vida.

Cada criatura, cada planta, cada estrela tem o seu momento para florescer, para viver, para partir. Na Magia com Velas, o tempo assume uma dimensão mágica, uma chave para acessar os fluxos do Universo e direcioná-los para nossos propósitos. Quero deixar claro aqui que compreendo não apenas as estações do ano e dias da semana como ciclos da natureza, penso que a Lua, o Sol, os Planetas e tudo o que transita ao longo do tempo e que influencia a nossa realidade física e mágica é por mim tratado como parte do ciclo, sendo assim, mostrarei como correlaciono a magia com cada um deles.

Vamos agora mergulhar nas diversas opções que se apresentam para enriquecer nossos feitiços e rituais, tornando-os não apenas eficazes, mas também dotados de uma potente carga energética. Essas opções, por assim dizer, funcionam como verdadeiras baterias energéticas e gatilhos de poder. O conceito de "fomentador energético" surgiu em minha jornada mágica desde os primeiros passos, e tenho apreciado a incorporação desse termo, uma vez que ele abre espaço para um olhar diferenciado sobre as práticas. Ao considerarmos esses fomentadores energéticos, estamos adentrando um território de possibilidades amplas e criativas.

FASES DA LUA

Dentro do contexto da Bruxaria, a Lua é reverenciada como uma entidade sagrada, detentora de profundos significados e simbolismo Divino. Ao longo dos séculos, ela não apenas serviu como símbolo da divindade, como também personificou a própria Deusa em culturas antigas. A Bruxaria Moderna, ao revitalizar práticas e crenças do passado, busca reconectar-se com essa rica herança espiritual, visando uma compreensão mais profunda do todo cósmico.

Nos primórdios da humanidade, o homem primitivo mantinha uma profunda reverência por todas as manifestações da natureza. Cada elemento, planta, animal e fenômeno celestial era considerado Divino e possuía um espírito próprio. Em muitas tradições, muitos desses aspectos eram de fato encarados como manifestações das próprias divindades. Com seu ciclo incessante de fases e sua influência sobre os ritmos naturais, era vista como uma expressão viva da divindade, uma presença luminosa que guiava e inspirava.

A Bruxaria Moderna, ao retomar esse enfoque holístico e espiritual, reconhece nela não apenas uma entidade celeste, mas uma ligação profunda com a energia cósmica. Cada fase– desde a escuridão da lua nova até a luminosidade máxima da cheia – traz consigo significados e propriedades únicas que os Bruxos incorporam em suas práticas mágicas e rituais.

Ao sintonizarmos nossos feitiços com os poderes lunares, estamos alinhando nossas práticas mágicas com uma energia profundamente sagrada e simbólica. A Lua, na esfera mágica, é mais do que um mero astro celeste; ela é vista como uma ponte que conecta os praticantes à espiritualidade, à divindade e aos poderes criativos do Universo. Essa relação, especialmente enraizada na vertente europeia da Bruxaria, reconhece a Lua como uma manifestação viva da Deusa, da energia feminina primordial.

Quando vinculamos nossas magias e rituais a ela de forma intencional, estamos aproveitando essa conexão divina para dar vida às nossas intenções. Ao sincronizarmos nossas ações mágicas com os ciclos lunares, harmonizamos nossa magia com os fluxos naturais, criando uma ressonância poderosa. Dessa forma, nossa magia é impulsionada

No que tange à influência lunar em nossos rituais, é importante discernir entre as informações disseminadas on-line e a verdadeira natureza de como ela opera em nossa magia.

A vastidão da internet muitas vezes nos traz uma gama de perspectivas e crenças equivocadas e sem uma fundamentação robusta, e isso inclui as interpretações rasas feitas sobre seus ciclos. Algumas visões sugerem que o satélite natural exerce um impacto inflexível e autônomo sobre os rituais, independentemente da vontade do praticante. Entretanto, essa visão não reflete necessariamente a realidade mágica. Na verdade, sua influência é profundamente interligada com nossa vontade consciente. A Lua não age sobre nossos rituais por conta própria; mas, sim, através do ato de sintonizar nossa magia com os ciclos lunares e alinhar nossos rituais com sua a energia que confere o verdadeiro poder.

Ao invocá-la em nossos rituais, estamos, de fato, ativando uma força arquetípica e cósmica, mas o grau de impacto que essa energia terá será direcionado pelo nosso desejo. Se reconhecemos e canalizamos as diferentes fases lunares de acordo com nossos objetivos e necessidades, nossa magia ganha profundidade e ressonância.

No entanto, é igualmente válido ressaltar que, se optamos por não trabalhar com as influências lunares, isso não diminui a eficácia de nossos rituais. A Magia é flexível e adaptável, moldada pela conexão pessoal com as forças que escolhemos invocar. Portanto, ao abordar a influência lunar em nossa prática mágica, devemos lembrar que a intenção é o fio condutor que tece todas as coisas juntas. A Lua não age como uma entidade autônoma; ela é uma ferramenta poderosa que pode ser incorporada à nossa magia de acordo com nossa vontade. É através de uma ação de conexão pessoal que transformamos a energia lunar em um elemento vital e sagrado em nossa jornada mágica.

- **Lua nova:** fenômeno celeste que ocorre quando nosso satélite natural se posiciona entre a Terra e o Sol, criando um alinhamento que faz com que a parte não iluminada da Lua esteja voltada para nós, tornando-a invisível a partir do nosso planeta. Embora marcando o começo de um novo ciclo lunar, a lua nova é um período de tranquilidade, contemplação e recolhimento. Ela convida à introspecção e à revisão das atitudes e abordagens adotadas. Neste estágio, a energia se volta para o interior, convidando-nos a refletir sobre nossas ações e direções. Ela também é caracterizada por uma diminuição na libido e atividade sexual, refletindo um movimento biológico natural de repouso. Isso a torna propícia para a prática da meditação e para uma maior conexão com nossa própria essência. Esse período coincide com um momento em que a seiva das árvores e muitas plantas concentram-se em seus caules e raízes, fazendo com que frutos e flores não estejam em seu auge para a colheita. No entanto, é um momento ideal para semear, pois essa energia direcionada para as raízes torna a lua nova um período particularmente fértil para iniciar novos empreendimentos. O período é ideal para o perdão e para uma busca mais profunda pelas camadas ocultas da realidade. É também um bom momento para planejar e lançar novos objetivos e intenções, aproveitando a fertilidade desta fase lunar.

- **Lua crescente:** ocorre durante a transição entre a lua nova e o quarto crescente. Nesse estágio inicial, a porção visível da Lua se assemelha a uma "unha" no céu, gradualmente aumentando até cerca de 34% de sua superfície se tornar visível a partir da Terra. Este momento lunar é regido por uma energia de recomeço, representando a luta em direção aos objetivos, a construção de bases sólidas e a busca pela emancipação pessoal. É um momento de tomada de decisões, de persistência diante de obstáculos e de comprometimento para concretizar metas. Neste período é essencial tomar decisões com maturidade e sabedoria, evitando ações impulsivas e ilusórias. As escolhas feitas agora terão impacto ao longo de todo o ciclo lunar, assim como acontece na natureza, onde as sementes plantadas determinam os frutos colhidos na próxima etapa. Essa fase lunar é marcada pelo poder de atração, expansão e fortalecimento. Por isso, é propício buscar prosperidade, abundância e crescimento espiritual. Excelente oportunidade para iniciar novos empreendimentos, trabalhos ou relacionamentos, dependendo do que você planejou alcançar. Na prática mágica, a lua emergente oferece um terreno fértil para diversas abordagens. Associada a temas como relações amorosas, recomeços, conquistas, realce da beleza e boa sorte, é um momento ideal para a criação de amuletos e para captação de público e clientes. A energia deste momento pode impulsionar nosso ritmo nos negócios e fortalecer a imunidade física. Feitiços de cura, rituais de consagração e rituais para promover crescimento em várias áreas também encontram apoio na lua emergente.

- **Quarto crescente:** ocorre quando a Lua forma um ângulo de 90 graus em relação ao Sol e à Terra, permitindo que metade de sua superfície seja observada aqui do nosso planeta. O quarto crescente marca a continuação do ciclo de crescimento e amadurecimento da Lua. Associada à experimentação, esta fase da lua representa as tentativas, oportunidades e em direção às nossas conquistas. É momento de flertar com possibilidades amorosas, realizar reuniões e conversas que precedem a concretização de contratos, além de abranger processos que antecedem sucessos ou até mesmo desafios. Nas aplicações mágicas, a energia do quarto crescente é favorável a diversos objetivos. Relaciona-se a temas como amor, conquistas, atração, realce da beleza e boa sorte. Um período poderoso para a criação de amuletos que atraem energias positivas e para atrair público e clientes em negócios. Rituais de consagração realizados neste momento que visam potencializar a atração, atratividade e crescimento em várias áreas tendem a ser mais poderosos. Assim como a Lua está em um processo de crescente iluminação, nossas intenções também são impulsionadas a crescer e a se desenvolver. Momento de aproveitar a energia da Lua em ascensão para direcionar nossos esforços em busca de nossos objetivos, seja nas relações, no trabalho ou em outros aspectos da vida. Ao sintonizarmos com a energia do Quarto Crescente, estamos em harmonia com o fluxo natural dos ciclos e potencializamos nossas práticas mágicas em direção ao crescimento e sucesso.

- **Crescente convexa:** momento de transição entre o quarto crescente e a lua cheia. Neste período, a porção iluminada da Lua vista do céu noturno torna-se cada vez mais ampla. É hora de aproximar nossos objetivos, uma etapa que antecede as vitórias almejadas. É a sensação de ansiedade antes de receber um grande prêmio, de saber os resultados de um teste, de conquistar uma vaga esperada ou de receber a promoção desejada. No entanto, também pode trazer a necessidade de lidar com possíveis decepções e surpresas inesperadas antes do desfecho final esperado. Esta fase oferece uma oportunidade para ajustar e proteger o que é valioso, pois é durante esta transição que o inesperado muitas vezes ocorre. Na prática mágica, a crescente convexa oferece diversas possibilidades. Associada a temas como relações amorosas, preparação para imprevistos, busca por proteção, aprimoramento da vidência, fortalecimento de intenções e desejos, além de aspectos como conquista, beleza e boa sorte. Durante este período, é propício criar amuletos e realizar rituais voltados para atrair público e clientes, melhorar as condições de trabalho, fortalecer a imunidade física e até mesmo praticar feitiços de cura. Assim como a Lua está em um processo de crescimento e expansão nesta fase, nossa energia e intenções também se expandem, preparando o terreno para os resultados que buscamos. A fase crescente convexa nos convida a trabalhar com as influências cósmicas para alcançar nossos objetivos e enfrentar os desafios com uma abordagem mágica e intencional.

- **Lua cheia:** contraparte da lua nova, nesta fase, a Lua encontra-se no lado oposto da Terra em relação ao Sol e toda a sua face iluminada é claramente visível em nosso planeta. Símbolo de plenitude, eternidade e força, a lua cheia representa também parceria e união, é versátil e potencializa e intensifica qualquer intenção mágica. Os poderes mágicos dela atingem o auge de sua manifestação. A seiva das plantas nesta fase concentram-se nas folhas e nos frutos, tornando-os perfeitos para a colheita por estarem mais suculentos. Na Magia, pode ser trabalhada em feitiços de atração, fertilidade, beleza, amor, paixão, libido, força e poder. Além disso, é um bom momento para práticas de cura, para aguçar a intuição e habilidades psíquicas. Todos os tipos de Magia são evidenciados e potencializados durante esta fase lunar. A energia da lua cheia é tão intensa, que muitos rituais e celebrações mágicas são agendados para essa época. As marés emocionais podem ser sentidas mais fortemente, assim como a conexão com o mundo espiritual. Oportunidade única de canalizar a energia lunar para alcançar resultados significativos em nossos feitiços e práticas mágicas.

- **Minguante convexo:** a fase minguante convexo ocorre como a transição entre a lua cheia e o quarto minguante. Neste período, a Lua começa gradualmente a perder luminosidade e a porção visível dela corresponde à parte oposta da fase crescente gibosa. Nesta etapa, é aconselhável adotar uma abordagem de espalhar, disseminar e desconcentrar. É hora de dispersar a energia acumulada, para resolver problemas que também se dispersarão. Além disso, indica a importância de compartilhar recursos e considerar o bem-estar dos outros. Os relacionamentos formados durante a fase minguante convexo tendem a ser bastante resistentes. No entanto, eles também podem atrair indivíduos que têm tendência a impor suas opiniões de maneira intransigente. Isso pode resultar em dinâmicas nas quais um dos parceiros acaba cedendo e submetendo-se à vontade dominante do outro. No âmbito mágico, esta fase oferece oportunidades para trabalhar com temas de partilha, dispersão, humildade, bondade, irmandade e divisão. Momento propício para lidar com situações judiciais relacionadas a heranças e partilhas de bens. A energia da Lua durante esta fase favorece a maturação e a resolução de questões que requerem uma abordagem mais distribuída e equilibrada.

- **Quarto minguante:** na fase quarto minguante, a Lua atinge uma posição em relação à Terra e ao Sol que resulta em metade dela sendo visível no céu noturno. Esta etapa corresponde ao oposto do quarto crescente no ciclo lunar. O quarto minguante representa a dissolução do ciclo. Está associado a períodos de perda, experimentações malsucedidas e falhas. Esta fase fala das tentativas frustradas, das coisas que não se concretizaram e dos esforços que não resultaram em sucesso. Neste período, a vida parece entrar em um processo de declínio e nos deparamos com os primeiros encontros com finais, perdas e morte. É uma época que nos convida a compreender que os ciclos naturais e inevitáveis estão presentes em todas as áreas da vida. Em termos mágicos, esta fase oferece a chance de trabalhar com energias de dissolução, banimento, lidar com perdas, encontrar conforto na solidão, enfrentar desfechos e desenvolver a compreensão, a maturidade e o aprendizado advindos das vivências que a vida nos impõe. Além disso, é propícia para práticas de proteção e para lidar com situações relacionadas a encerramentos e finalização de ciclos.

- **Lua minguante:** momento em que a porção visível do satélite natural gradualmente diminui, sinalizando o início do ciclo lunar novamente, culminando na lua nova. Representa o desfecho do ciclo, o término e a conclusão, assim como o amadurecimento alcançado ao fim de uma jornada. Ela nos brinda com a sabedoria necessária para a introspecção, a reflexão e a reavaliação de atitudes, ideais, projetos e compromissos que assumimos. Oportunidade perfeita para reconhecer os aspectos que precisam ser transformados, abandonar situações que não renderam frutos, deixar de investir em empreendimentos que não vingaram e concluir todas as pendências. A lua minguante oferece a você a chance de eliminar tudo aquilo que não mais deseja ter presente em sua vida ou em seu entorno. Isso abrange mudança de emprego, de residência e até mesmo realização de grandes faxinas para se desfazer de resíduos energéticos indesejados, além de doar itens que não têm mais utilidade, pode ser interessante realizar banimentos, purificações, criação de elixires, amuletos e banhos de proteção. Esta Lua é um convite para tomar decisões difíceis, porém essenciais, encerrando situações que já cumpriram seu ciclo. Pode ser de muita valia cortar vícios, eliminar maus hábitos, encerrar relacionamentos e atividades nocivas, assim como finalizar e concluir etapas de vida quando a lua estiver nesta fase.

- **Lua Negra ou Lua Balsâmica:** nos três últimos dias da fase minguante, encontramos o que é conhecido como "Lua negra" ou "Lua balsâmica", uma fase associada às energias mais sombrias, que detêm o poder tanto de criar quanto de destruir, simbolizando a dualidade entre vida e morte, assim como a passagem entre os diferentes mundos. Esta é uma fase lunar particularmente delicada, mesmo para praticantes experientes da Magia. A Lua Negra facilita o acesso às profundezas da psique humana, tornando-se boa para trabalhos de transformação profunda, manipulação do inconsciente e exploração de vidas passadas. Qualquer trabalho realizado durante esta fase pode causar um impacto irreversível em uma pessoa, destruindo padrões de condicionamento e comportamento. Esta característica pode ser vantajosa para a libertação de elementos que já não são úteis, para superar limitações ou para curar traumas profundos. É importante considerar que ao explorar o subconsciente, existe certo risco de despertar traumas latentes ou de criar novos bloqueios. Em termos mágicos, a Lua Negra oferece a sua energia de destruição, banimento, acesso à sombra, reconhecimento da morte como parte do ciclo de vida, bem como a possibilidade de realizar trabalhos envolvendo o inconsciente.

Os ciclos da Lua duram cerca de 7 a 8 dias cada, resultando em uma lunação completa de aproximadamente 28 dias. Aproveitar os ciclos lunares é uma maneira eficaz de alinhar nossas intenções e desejos com as forças cósmicas que estão em constante mudança. A lua nova marca o início do ciclo, para semear novas intenções. À medida que a Lua "cresce", podemos ver nossas intenções ganhando impulso, culminando na poderosa lua cheia, onde a energia está no seu ápice.

Mas, como você bem sabe, certos desejos e intenções pedem mais força ou precisam se estender por períodos mais longos. É aqui que as velas desempenham um papel vital. Velas de longa duração, como as que queimam por 7 dias ou mais, permitem manter o foco e a conexão com nossas metas ao longo de várias fases lunares.

Escolha a cor que corresponde à sua intenção mágica. Limpe-a energeticamente para remover quaisquer energias indesejadas. Isso pode ser feito com incenso ou água salgada. Em seguida, consagre a vela, infundindo-a com suas intenções e pedidos, você pode desenhar sigilos mágicos ou símbolos, faça como preferir.

Selecione o momento lunar apropriado para acender a vela, para que ela acompanhe o crescimento ou o declínio lunar, acenda a vela e concentre-se na chama (se conseguir fazer no escuro melhor). Deixe-se envolver pela luz da vela. Observe as danças da chama e sinta seu calor e energia. Concentre-se na conexão que está estabelecendo entre a chama da vela e a luz lunar. Feche os olhos e respire profundamente. Projete sua consciência para o céu noturno, visualizando a Lua em sua fase correspondente. Você é uma extensão dessa luz lunar, conectando-se com sua energia. À medida que se sintoniza com a vibração da Lua, sinta que sua energia se mescla com a dela. Você está se tornando um canal para a energia lunar, criando uma ponte entre o plano terreno e o celestial. Agora, traga gradualmente essa energia lunar concentrada de volta para a vela. Imagine que a luz da Lua está fluindo através de você e infundindo a vela com a mesma luminosidade mágica.

Enquanto segura a vela, visualize sua intenção sendo absorvida pela chama, como se fosse uma transmissão de desejos e Magia. Sinta o poder da Lua e sua intenção se fundindo na vela.

Então diga essas palavras de poder:

Lua e vela juntas estão,
sobre o ciclo dela fortaleço minha intenção!

Sua intenção, visualização e emoção são os elementos-chave para que esse processo seja bem-sucedido. Ao unir-se à energia da Lua, você está trabalhando em harmonia com as forças da natureza para manifestar suas intenções mágicas, confie no processo e deixe fluir.

FACES DO SOL

Existe uma poderosa essência da energia mágica que reside na ciclicidade e nos movimentos que permeiam o Universo. Em vez de conduzir um feitiço ou ritual isolado, que começa e termina em um único momento, podemos entrelaçar nossa magia com as fases poderosas presentes na Lua, no Sol, nos planetas e nos ciclos sazonais. A Magia deixa de ser um ato isolado e se torna uma dança harmoniosa com os ritmos do cosmos. Quando trabalhamos em consonância com esses ciclos, estamos participando de um diálogo ancestral, compartilhando intenções com as estrelas, planetas e elementos, permitindo que nossa magia flua em harmonia.

Os trabalhos mágicos de encadeamento se revelam extremamente valiosos quando nos deparamos com desejos complexos ou objetivos de grande envergadura que demandam esforço e dedicação. A Magia, por si só, já é uma ferramenta poderosa, mas sua eficácia se eleva quando combinada com uma estratégia bem elaborada. Portanto, em situações em que almejamos avanços profissionais, a conclusão de uma graduação, o florescimento de um empreendimento, os encadeamentos mágicos, a quebra de maldições, ou mesmo feitiços robustos de proteção, são abordagens ideais para alcançar resultados concretos.

Para questões de tal magnitude, a criação de um feitiço encadeado que se nutre dos ciclos naturais revela-se particularmente eficiente. Ao canalizar suas energias diretamente a partir de elementos em crescimento ou declínio, você proporciona à sua Magia uma base sólida e um poder extra, não somente devido à conexão energética com esses ciclos, mas também devido à natureza contínua do trabalho.

A palavra "sol" deriva do latim *solis* e representa a estrela central que desempenha um papel fundamental no nosso Sistema Solar. O sol é o ponto ao redor do qual todos os outros corpos celestes, como planetas, cometas, asteroides e até satélites, gravitam e se movem. Mais uma vez, a Magia encontra inspiração na observação e na simbologia presente na natureza ao nosso redor. A notável dança celestial, onde esses diversos corpos orbitam em torno do Sol, possui um profundo significado simbólico. Essa movimentação cósmica nos traz à reflexão sobre questões mais profundas, tais como nosso próprio brilho interior, o magnetismo pessoal que exercemos, aquilo que nos impulsiona, e que dá sentido à nossa existência.

O Sol, em sua centralidade, torna-se um poderoso símbolo que reflete inúmeras qualidades e temas. Ele nos remete à nossa verdadeira vontade, à força primordial que nos move na jornada da vida. Também simboliza nosso ego e a maneira como expressamos nosso poder pessoal. A energia e o calor irradiados pelo Sol correspondem ao empoderamento que buscamos em nossas ações e decisões.

Além disso, o Sol é um lembrete constante de que, assim como os corpos celestes encontram equilíbrio e harmonia em sua órbita ao redor dele, também devemos buscar estabilidade em nossa vida, garantindo que estejamos centrados e alinhados com nosso propósito mais profundo.

A luz solar assume um papel primordial como a principal fonte de energia para a Terra. Sua energia é fundamental para a ocorrência da fotossíntese em diversos organismos, onde a água e o dióxido de carbono se unem para produzir oxigênio.

Ao longo da história, diversas culturas pré-históricas e antigas atribuíram ao Sol uma aura sobrenatural, chegando a considerá-lo como uma divindade. Civilizações como os Incas, na América do Sul, e os Astecas, no México, desenvolveram complexos sistemas de veneração religiosa voltados para o Sol. Estas culturas reconheciam na luz solar uma força vital e divina, essencial para a fertilidade da terra e para a prosperidade de seus povos.

A reverência ao Sol também se manifestou em construções monumentais que celebravam os fenômenos solares. Locais como Nabta Plaia, no Egito, Mnajdra, em Malta e Stonehenge, no Reino Unido, testemunham a importância dada ao Sol em diferentes partes do mundo. Um exemplo notável é a pirâmide do Templo de Kukulcán, em Chichén Itzá, no México. Esta pirâmide foi habilmente projetada de forma que, durante os Equinócios de primavera e outono, a luz solar projeta sombras que se assemelham a serpentes subindo pela estrutura, criando um espetáculo impressionante e ritualístico.

O Sol, com seu poderoso brilho e sua capacidade de sustentar a vida, continua a inspirar admiração e reverência, lembrando-nos da interconexão entre todos os elementos do Universo e o papel vital que a luz solar desempenha em nossa existência. Deidades solares ocupam um lugar central nas mitologias de diversas culturas ao redor do mundo. O fato de encontrarmos figuras divinas relacionadas ao Sol em civilizações separadas por distâncias geográficas e períodos históricos comprova a profunda importância que o Sol possui para a humanidade.

Desde culturas antigas até as mais primitivas, observamos a presença de rituais e celebrações sazonais voltados para a veneração do Sol. Estes povos compreendiam a influência direta do Sol nas mudanças climáticas e nos ciclos vitais da natureza, como o plantio e a colheita. Essas festividades buscavam agradar ao Sol como forma de assegurar uma vida mais harmoniosa e abundante.

Na Bruxaria Moderna, os Sabbats desempenham um papel semelhante ao celebrar as transformações sazonais impulsionadas pelas variações de temperatura e luz solar. Compreender as diferentes faces do Sol e trabalhar com elas de maneira mágica pode ser profundamente enriquecedor. A jornada do Sol ao longo do dia e das estações do ano espelha os ciclos da vida: do amanhecer radiante ao crepúsculo, da luz à escuridão e novamente à luz. Essa compreensão nos lembra da inevitável alternância entre momentos de brilho e sombra, ressoando com os desafios e triunfos que todos experimentamos.

Assim como o Sol atravessa seus próprios ciclos de movimento, nossa vida também é permeada por fluxos e refluxos. A Magia Solar nos ensina a tirar proveito desses ciclos, a abraçar as mudanças e a encontrar equilíbrio em meio à dualidade. O Sol, símbolo universal de vitalidade e renovação, lembra-nos de que mesmo nas horas mais escuras, a promessa de um novo amanhecer permanece.

- **Nascer do sol:** momento em que a escuridão da noite é rompida pela luz radiante, símbolo marcante de renovação e início. Esse movimento do Sol ao longo do dia reflete o ciclo de nascimento e está intrinsecamente ligado ao jovem Deus em sua forma recém-nascida. Nos primeiros raios de luz que rompe o horizonte, podemos sentir a energia desse Deus emergindo, anunciada pelo canto dos pássaros. Este momento carrega consigo a força primordial do primeiro impulso que possibilita abraçar mudanças. Período benéfico para abordar assuntos como novos empregos ou direções na vida. Assim como um recém-nascido que dá seu primeiro choro para afirmar sua presença no mundo demanda cuidados e desenvolve sua força e imunidade, esse momento do nascer do sol pode ser utilizado para se fortalecer e compreender feridas emocionais. É hora de obter benefícios relacionados à renovação da esperança e da confiança. Durante a aurora, podemos buscar cura para um coração partido e encontrar resiliência para superar desafios. Assim como o jovem Deus solar, que emerge todos os dias trazendo luz e vida ao mundo, podemos nos sintonizar com essa energia rejuvenescedora do nascer do sol, que nos lembra da constante oportunidade de recomeçar, de lançar nossas intenções e sonhos no horizonte e permitir que a luz nos guie e nutra à medida que crescem e se desenvolvem.

- **Sol da manhã:** o sol da manhã, que emerge logo após a noite ser rasgada pela luz do amanhecer, traz consigo a energia de um Deus em pleno crescimento, um adolescente que se manifesta com traços marcantes de personalidade. Durante as primeiras horas da manhã, a energia solar se torna poderosa e ativa, momento para consolidar projetos, fomentar crescimento e expansão, especialmente quando relacionados ao estudo e busca por conhecimento. Esta fase também oferece a energia ideal para ampliar os aspectos positivos da vida que nos trazem prazer. É um período muito interessante para enfrentar situações que demandam coragem, à semelhança dos adolescentes que se lançam ao desconhecido sem reservas. Esta mesma força de desprendimento pode ser invocada em nossa realidade. Além disso, o sol da manhã traz calor e harmonia para nossos lares e relacionamentos, infundindo-os com paixão e fervor, como se cada dia fosse único e inigualável. Assim como os jovens, esta fase solar evoca coragem para abraçar o desconhecido e enfrentar desafios com ousadia. Neste momento do dia, a energia ressoa com a paixão e a determinação, uma época em que os sonhos são grandiosos, os amores são eternos e não há limites para conquistar a vastidão do horizonte. É um período poderoso para nos reconectarmos com nosso poder pessoal, livrando-nos das sombras impostas pela sociedade que tenta nos definir de maneiras que não nos pertencem. No sol da manhã, podemos recordar e revigorar nossa autenticidade e domínio pessoal.

- **Sol do meio-dia:** este é o ápice do poder solar, ocorrendo no momento de maior calor durante o dia. É uma fase de maturidade, quando reconhecemos a necessidade de voar com nossas próprias asas e percebemos que possuímos o poder necessário para conquistar nossos desejos. As inseguranças da juventude já não nos atormentam mais e estamos preparados para buscar sonhos maiores que tragam estabilidade e realização. Este é o momento perfeito para trabalhar com habilidades, tanto físicas quanto mentais. A energia intensa e vigorosa dessa fase também é favorável para questões legais e para tratar de problemas judiciais ou lançar proteções mágicas e ataques, aproveitando a potência dessa energia, assim como acontece na lua cheia. A saúde e a energia física e sexual são grandemente beneficiadas nesse momento, que pode ser usado para revitalizar relações que estão mornas e sem ânimo, fortalecer a virilidade masculina e apoiar processos de gravidez em que o potencial masculino esteja comprometido. Além disso, o sol do meio-dia é ideal para energizar cristais, pedras e outros Instrumentos Mágicos frequentemente utilizados em rituais, especialmente aqueles que possuem uma conotação mais enérgica e assertiva, como os Athames, por exemplo. Nesta fase, podemos aproveitar a plenitude do poder solar para avançar em nossos objetivos com determinação, fortalecer nossa energia vital e criar resultados impactantes em nossas práticas mágicas.

- **Sol da tarde:** à medida que o sol declina, passando das três da tarde, deparamo-nos com o sol que é reconhecido como o "Deus Pai". Neste estágio, o sol já alcançou a maturidade e compreende que suas forças não são mais as mesmas. Sua juventude ficou para trás e ele agora carrega a responsabilidade de solidificar as coisas para que, quando chegar o momento de sua partida, tudo esteja em ordem. A energia deste sol se torna naturalmente mais protetora e receptiva. Neste momento, podemos direcionar nossos feitiços para questões de consolidação, como a compra de imóveis, a busca por empregos estáveis e a proteção de filhos e animais de estimação. Esta fase também é propícia para obter maior clareza e discernimento ao enfrentar decisões difíceis que possam causar impacto profundo ou drástico na nossa vida. Este período do dia é particularmente favorável para atividades relacionadas à colheita ou à plantação tardia e nos permite realizar sonhos importantes que possam ter sido deixados de lado por algum motivo durante nossa juventude. Momento adequado para fortalecer os laços familiares e unir pessoas pelas quais temos apreço. Nesta fase, a sabedoria e a estabilidade do Deus Pai nos apoiam, proporcionando uma oportunidade de trabalhar na construção de bases sólidas e no cuidado com aquilo que valorizamos profundamente em nossa vida.

- **Pôr do sol:** o momento do pôr do sol marca o declínio das forças do Deus, que neste estágio é visto como o Ancião ou o Senhor da Morte. Enquanto o sol se põe, suas energias perdem brilho e se esvaem gradualmente. A paisagem é banhada em tons de laranja, rosa ou vermelho incandescente, à medida que o Sol desaparece pouco a pouco, mergulhando no escuro da noite. O Deus entra nos mistérios que se ocultam por trás dos véus, coberto pelo que é secreto e além da nossa compreensão. Este momento é propício para trabalhos que envolvam redução ou alívio, assim como questões relacionadas aos finais de ciclos. É um período adequado para lidar com o luto, a morte, término de relacionamentos ou até mesmo para diminuir a dor causada por traumas e relações tóxicas e abusivas e ainda oferece suporte para controlar o estresse, a ansiedade e qualquer sensação de peso ou confusão. O pôr do sol é também o momento ideal para estabelecer contato com os mortos e espíritos ancestrais. É uma oportunidade para chamar aqueles que já partiram quando precisamos de orientação, conselhos ou sabedoria antiga. Qualquer trabalho relacionado aos mortos, necromancia ou comunicação com o além é bem-vindo desde o pôr do sol até as camadas mais escuras da madrugada. Além disso, práticas de adivinhação, proteção, banimento, quebra de feitiços e maldições ganham intensidade maior durante este período. Para alinhar velas e intenções com as distintas energias das faces do sol, é aconselhável escolher velas de longa duração, e selecionar a cor correspondente à sua intenção mágica, conforme já discutido em capítulos anteriores. Antes de utilizar a vela, é importante purificá-la energeticamente para eliminar influências indesejadas. Isso pode ser realizado através do uso de incenso ou da água salgada. Você pode inscrever sigilos mágicos ou símbolos que tenham significado pessoal para você, de acordo com suas preferências. Ao acender a vela, busque sincronizar esse ato com a posição específica do sol. Invocar essa energia requer um processo consciente. Enquanto a vela queima, você pode entrar em um estado de concentração, focando sua atenção na chama. À medida que inspira e expira, permita-se mergulhar nesse momento, visualizando a energia do sol no céu. Sinta a força do fogo e do sol fluindo através de você, alinhando-se com sua essência. Imagine essa energia penetrando em sua própria aura e sendo transferida para a vela e então diga:

Sol e vela juntos estão, e sobre seu ciclo fortaleço minha intenção!

Lembre-se, cada passo deste processo envolve sua intenção e foco. Quanto mais intenso for seu envolvimento e visualização, mais eficaz será a vinculação entre a vela, as energias solares e suas próprias intenções. A sincronização com as fases do sol e a conscientização do ciclo solar acrescentam poder e profundidade ao processo mágico.

O PODER DOS CICLOS

Dentro do contexto da Bruxaria e das práticas mágicas, a natureza e sua intrínseca ciclicidade desempenham um papel de extrema importância e poder. Isso é claramente evidenciado ao observarmos a diversidade de tradições e os inúmeros livros que abordam este tema. Um exemplo notável é encontrado no livro *A Bíblia das Bruxas*, escrito por Janet Farrar e Stewart Farrar, ambos Sacerdotes da

Tradição Alexandrina de Bruxaria. Neste contexto, o calendário moderno das Bruxas, independentemente de Tradição ou grupo, tem suas raízes em séculos de sabedoria ancestral. Os Sabbats, celebrações sazonais que marcam pontos cruciais no ciclo natural do ano representam momentos de particular poder e importância. A Bruxaria, por sua vez, é firmemente alinhada com os ritmos naturais.

Através dessa ligação com a natureza, as práticas mágicas ganham uma dimensão mais profunda e autêntica. Os Sabbats não são apenas celebrações, mas também oportunidades para se sintonizar com os ritmos do mundo natural, absorvendo sua energia e sabedoria. Essas celebrações combinam elementos primitivos, remontando a festividades Pagãs de povos anteriores aos Celtas, com influências mais contemporâneas que incorporam os Solstícios e Equinócios modernos. Dessa fusão, surgem quatro datas antigas e quatro datas modernas, totalizando oito celebrações sazonais no calendário ritualístico amplamente reconhecido entre os praticantes modernos da Bruxaria. Estas festividades incluem Imbolc, Beltane, Lammas, Samhain, Ostara, Litha, Mabon e Yule.

Embora as oito festividades tenham uma profunda relevância para os Bruxos e Bruxas que seguem a Wicca e outras práticas similares, é importante ressaltar que o que ensinarei transcende essa estrutura e pode ser aplicado a várias vertentes mágicas, desde a feitiçaria até abordagens mais holísticas. O foco é explorar o poder dos Solstícios e Equinócios modernos, que oferecem práticas mais concisas e pontuais. Essas celebrações sazonais são altamente poderosas e de fácil assimilação, permitindo que você as incorpore em suas crenças e práticas mágicas de forma harmoniosa e enriquecedora.

No passado, as estações do ano eram divididas em duas partes distintas, cada uma com suas próprias características marcantes:

Na parte quente, havia três divisões notáveis: a primavera, caracterizada por temperaturas mais amenas e úmidas, proporcionando um clima moderado e agradável; o *Tempus Veranus*, traduzido como "tempo de frutificação", quando tanto a temperatura quanto a umidade alcançavam patamares elevados, propiciando um ambiente favorável para a produção de frutas; e o *Æstivum*, também conhecido como "estio", marcado por temperaturas elevadas e baixa umidade, caracterizando um período de calor intenso.

Na parte fria, eram encontradas duas divisões: o *Tempus Autumnus*, traduzido como "tempo do ocaso", assinalando o início da queda das temperaturas à medida que o ano avançava; e o *Tempus Hibernus*, traduzido como "tempo de hibernação", representando a época mais fria do ano, muitas vezes marcada pela presença de neve e pela ausência de fertilidade em alguns lugares.

Posteriormente, as estações foram redefinidas e ajustadas com base nas posições dos Equinócios e Solstícios, refletindo uma compreensão mais precisa das influências astronômicas sobre os padrões climáticos sazonais. Para entender os Solstícios, é fundamental abordar a noção de hemisférios, que correspondem às duas metades do Planeta Terra, divididas pela linha imaginária do Equador. O Solstício de Verão ocorre quando o Sol atinge sua maior intensidade em um hemisfério específico, resultando em mais horas de luz solar. Por outro lado, o Solstício de Inverno acontece quando a intensidade solar é menor, levando a menos horas de luz durante o dia.

O Solstício de Verão no Hemisfério Norte ocorre quando o Sol está diretamente sobre o Trópico de Câncer, o que contribui para os dias mais longos nesse hemisfério. No Hemisfério Sul, o Solstício de Verão coincide com o momento em que o Sol está perpendicularmente sobre o Trópico de Capricórnio, resultando em dias mais longos nesta região. A duração dos dias torna-se notavelmente maior do que a das noites, enquanto no Solstício de Inverno, ocorre o oposto, com noites mais longas do que os dias.

Os Equinócios, por sua vez, ocorrem quando nenhum dos polos da Terra está inclinado em relação ao Sol. É quando a luz solar e sua intensidade estão diretamente alinhadas com a linha do Equador, resultando em dias e noites de igual duração. Os Equinócios acontecem duas vezes por ano: em março, marcando o início da primavera no Hemisfério Norte e do outono no Hemisfério Sul; e em setembro, indicando o início do outono no Hemisfério Norte e da primavera no Hemisfério Sul. É crucial compreender que as estações do ano se desenrolam de maneiras distintas em diferentes partes do mundo. Isso é essencial, pois, ao trabalharmos com práticas mágicas relacionadas aos ciclos naturais, estamos sintonizando nossas energias com o alinhamento das forças naturais que estão se manifestando ao nosso redor.

A força contida na ciclicidade sazonal se revela como uma ferramenta versátil, permitindo que seja empregada desde o início até o desfecho, interligando uma estação à outra. Contudo, é igualmente possível selecionar apenas as estações que se encaixem às suas necessidades específicas. Considerando o Hemisfério Sul, e mais precisamente o Brasil, as estações podem não ser tão acentuadas como em outras partes do mundo, ainda assim, cada região possui características singulares que podem enriquecer a experiência mágica. É notável que ervas, flores, frutas e até mesmo os padrões de chuvas trazem consigo energias distintas quando observados à luz das estações a que estão vinculados. Todos esses elementos têm o potencial de serem incorporados à sua Magia com velas como elementos de reforço e simbolismo.

Assim, você pode aproveitar a riqueza das ervas associadas a cada estação, direcionando suas intenções mágicas de acordo com as energias naturais predominantes. Seja para invocar a energia revitalizante da primavera, a vitalidade do verão, a reflexão do outono ou a introspecção do inverno, a Magia das Estações pode ser uma aliada poderosa em suas práticas mágicas, especialmente quando conectada ao ciclo contínuo das estações.

Outono

No Hemisfério Sul, o outono começa entre 20 e 21 de Março, já no Hemisfério Norte começa por volta de 22 e 23 de setembro. Sempre que for outono no Hemisfério Sul será Primavera no Hemisfério Norte e vice-versa. Este período do ano tem características próprias e que normalmente são mais visíveis em regiões de clima temperado e subtropical onde podemos ver a famosa queda das folhas tão característica desta estação.

A queda das folhas traz uma alusão muito poderosa sobre a observação da nossa vida, de nossos sonhos e objetivos e até mesmo uma análise de tudo o que temos colhido até aqui.

Perder as folhas é deixar para trás tudo aquilo que já não faz mais sentido, que atrapalha nosso desenvolvimento e impede o crescimento e desenvolvimento de nossos planos, é o momento de perceber tudo o que não faz mais sentido para que durante o inverno o que não fluir possa morrer e dar espaço para o novo surgir.

Outra coisa muito importante deste período é que as plantas frutíferas nessa época do ano tendem a amadurecer seus frutos, é uma estação de colheita abundante e produtiva, o que ressalta ainda mais a ideia de olharmos com atenção tudo aquilo que temos tido como resultados. Você está num bom momento neste período do ano, se sim, comemore, aproveite seus frutos. Se não, observe com atenção o que fez de errado e comece a pensar em planos para mudar sua realidade.

Em alguns lugares do Brasil, durante este período, acontece uma alteração nas condições do tempo. Podemos perceber quedas na temperatura e até mesmo ver nevoeiros em regiões de altitude maior como no Sudeste e Sul do país. É um ótimo momento para observarmos o que está tapando a nossa visão. Assim como a neblina que é comum em algumas regiões e impede de vermos o caminho, o momento é de ter cautela nas decisões e observarmos se o que estamos vendo é realmente o que é.

FEITIÇOS: os encantamentos para quebra de barreiras que impedem a evolução e o crescimento ganham muito poder neste período do ano. Assim como os trabalhos de proteção, podemos também fortalecer nossas colheitas e trabalhar magicamente para desmascarar inimigos e pessoas que podem estar fingindo ser o que não são.

CORES DE VELAS: amarelo, laranja, marrom e tons de verde podem ser usados neste período. É importante também usar cores da estação da região onde você mora.

Inverno

No Hemisfério Sul acontece entre os dias 21 de junho, já no Hemisfério Norte entre os dias 22 de dezembro e suas características são bem diferentes.

O inverno como vemos nos filmes, cheio de neve e com as pessoas presas em casa acontece com muita força no Hemisfério Norte. O Hemisfério Sul é marcado pela diminuição das temperaturas e da umidade.

A baixa da temperatura em ambos os lugares do mundo traz o recolhimento. É natural que nos tempos mais letárgicos e menos produtivos, nossas emoções se tornam mais intensas e por vezes melancólicas. Estamos falando não só do inverno que hiberna os animais, mas do tempo que pede recolhimento para nossa alma.

No Brasil, o inverno normalmente é uma estação seca. Isso acontece, porque existe uma grande diminuição do processo de evaporação, caracterizado, no geral, pelos baixos índices de umidade, nevoeiros e geadas, que se intensificam principalmente nos estados localizados no centro sul do país.

Definitivamente, o inverno não é o momento de tomarmos decisões difíceis, tão pouco de colocarmos nossos planos mais mirabolantes em ação. Muito pelo contrário, o inverno pede para olhemos com muita atenção para nossos objetivos, nossas dores, feridas e frustrações. Durante este tempo de recolhimento, procuremos respostas e organizemos os planos para fazer diferente quando as estações forem quentes e favoráveis.

FEITIÇOS: todos os feitiços e rituais relacionados à proteção da família, dos negócios e dos animais são bem-vindos, afinal de contas, é principalmente durante o inverno que precisamos que todos estejam seguros. Rituais de reconhecimento e acolhimento das dores, dos medos e dos traumas ganham muito poder neste período do ano. Assim como os feitiços e rituais relacionados aos ancestrais e aos desencarnados. O inverno é um momento do ano muito interessante e potente para se conectar com os antepassados e trazer para perto de nós o poder de nossos aliados já falecidos.

CORES DE VELAS: azul, branco, marrom, cinza e preto podem ser usadas neste período em seus rituais e feitiços. É importante também usar cores da estação da região onde você mora.

Primavera

Normalmente no Hemisfério Sul a primavera tem início por volta do dia 22 de setembro. Já no Hemisfério Norte, começa por volta do dia 20 de março.

A primavera é muito conhecida como a estação das flores, uma característica que é vista em boa parte do mundo, quando a temperatura está equilibrada e tudo na natureza aponta para o verão que logo chegará.

Assim como as flores desabrocham, chegou a hora de iniciarmos os nossos projetos e de colocar em prática tudo aquilo que estamos maquinando enquanto o inverno estava presente. Após observarmos tudo o que precisa ser mandado embora e termos resolvidos todas as pendências emocionais, chegou finalmente o momento em que tudo na natureza conspira com o nosso sucesso e realização.

Em alguns lugares do Brasil teremos uma recorrência de chuvas na primavera, podendo se tornar ainda mais frequentes conforme a chegada do verão. A temperatura também fica bem equilibrada e o ar está com um umidade excelente.

As chuvas da primavera trazem um poder de abundância gigantesco e podem ser utilizadas em feitiços de prosperidade e até mesmo na proteção de nossos negócios e objetivos. Assim como a temperatura está se reorganizando e tomando novamente o equilíbrio, é hora de estabilizar nossa vida, nossos sonhos e objetivos.

FEITIÇOS: encantamentos relacionados ao nascimento e à fertilização são interessantes de serem lançados neste período do ano. Magias e rituais que falem sobre a alegria de estar vivo e sobre o despertar de nossos propósitos também ganham muito poder neste período sazonal. Magia, feitiços e rituais que visem a união e o equilíbrio entre as famílias, amigos e pessoas que possam estar brigadas também são favoráveis de serem trabalhados na primavera, da mesma forma que rituais para a saúde de grávidas, crianças recém-nascidas e animais.

CORES DE VELAS: rosa, azul, roxo, amarelo, verde e cores que sejam alegres e vibrantes são muito interessantes de serem usadas. É importante também usar cores da estação da região onde você mora.

Verão

No Hemisfério Sul o verão acontece por volta dos dias 21 e 22 de dezembro. No Hemisfério Norte entre 20 e 21 de junho. É muito difícil falar de verão sem imaginar dias ensolarados com céu azul, poucas nuvens e muito calor. Fora que em vários países é comum as férias escolares e, em regiões litorâneas, o turismo passa a ser constante.

O verão marca o poder da vitalidade, é momento de acordar o que está adormecido, os animais estão férteis, o mundo vibra em cores e em calor, demonstrando fortemente o poder da vida. Durante o verão os dias são mais longos e as noites mais curtas, a temperatura fica mais alta, o que pode causar maior evaporação da água e consequentes pancadas de chuvas.

Existe muita energia neste momento sazonal que pode ser usada para fazer com que as coisas ganhem vida e poder. É comum também neste período do ano ficarmos mais agitados e nos sentimos mais cansados, porque a energia de criação flui com muita facilidade por tudo.

FEITIÇOS: magias e rituais voltados para a fertilidade são muito bem-vindas, quando falamos de uma fertilidade voltada aos filhos ou auxiliando pessoas que desejam engravidar. Os rituais para iluminação, especialmente quando se trata do poder pessoal e do brilho natural, tornam-se muito mais certeiros nesta época do ano. Força, vigor e poder num sentido geral também se tornam constantes neste período do ano, favorecendo e dando poder extra a magias, feitiços e rituais voltados à batalha, guerras, vistorias e questões judiciais. Todos os âmbitos relacionados ao contato físico, ao sexo e ao prazer são extremamente ampliados, sendo um momento muito bom para apimentar relações e dar início a romances calorosos, os famosos "amor de verão".

CORES DE VELAS: vermelho, vinho, amarelo, preto, laranja e todas as cores que trazem calor e intensidade. É importante também usar cores da estação da região onde você mora.

Para efetivamente incorporar as estações como aliadas em seus feitiços e rituais de Magia com Velas, é essencial que você vivencie cada estação de maneira intensa e conectada com o ambiente ao seu redor. Comece essa jornada praticando alguns exercícios simples, permitindo-se experimentar as sutilezas das mudanças sazonais. O primeiro exercício que proponho é a observação atenta da natureza ao seu redor. Preste atenção nas flores que desabrocham, nas chuvas que caem e nas frutas que amadurecem. Sinta a energia de cada estação e colete elementos que a representam, como flores, frutos, sementes e até mesmo água da chuva. Utilize esses elementos como agregadores em seus feitiços, permitindo que eles carreguem a essência das estações naturais. Além disso, esteja atento ao seu próprio humor e emoções em cada estação, fazendo anotações em seu livro das sombras para criar um registro pessoal dessa conexão.

O segundo exercício envolve a correlação das cores predominantes em cada estação com velas coloridas. Identifique as cores que representam cada estação no ambiente ao seu redor. Em seguida, selecione velas correspondentes a essas cores. Acenda cada vela individualmente e concentre-se em magnetizar o poder da estação específica em cada uma delas. Observe como as velas respondem a essa conexão energética, permitindo que a Magia das Cores e das estações se entrelacem em seus rituais.

Ao praticar esses exercícios, você vai cultivar uma profunda conexão com as estações e seus ciclos naturais, que permite um trabalho mais significativo com as energias sazonais em seus feitiços e rituais, incorporando a Magia da natureza em suas práticas mágicas. Lembre-se de que essa conexão pessoal com as estações irá enriquecer sua jornada mágica e aprofundar seus resultados.

Assim como nas fases da lua e do sol, é possível potencializar magias ao longo do ciclo sazonal, utilizando velas de maior duração para acompanhar a jornada da estação. O processo é semelhante, envolvendo preparação, conexão e vinculação energética, mas desta vez focado na energia da estação específica.

Siga o ritual de preparação que você já aprendeu: limpeza energética da vela, consagração com suas intenções e símbolos mágicos, e acenda a vela no momento que a estação começa. Enquanto a chama da vela brilha, projete sua consciência na energia da estação, sintonizando-se com seu poder e vibração.

Para consolidar essa conexão, utilize a seguinte frase de poder enquanto direciona sua intenção à vela:

Verão (nome da estação) e vela juntas estão,
sobre seu poder fortaleço minha intenção!

Repita essa frase de poder com convicção, permitindo que suas palavras amplifiquem a ligação entre a vela e a energia da estação. Sinta a fusão dessas energias, como se a vela se tornasse um veículo para a manifestação das suas intenções em harmonia com o ciclo natural. Essa técnica permitirá que suas intenções estejam alinhadas com as forças sazonais de maneira contínua, tornando-se uma prática poderosa de Magia sazonal com velas.

MAGIA ASTROLÓGICA

Também conhecida como "Magia Planetária", esta é uma prática que se concentra nos sete planetas clássicos e nas diversas forças, divindades, anjos e energias associadas a cada um deles. É importante notar, que a Magia Planetária não deve ser confundida com a Astrologia tradicional. Enquanto a Astrologia busca compreender o Universo de forma holística e interpretar o movimento dos planetas como influências sobre os eventos terrenos, a Magia Planetária utiliza os planetas como fontes de energia para potencializar suas práticas mágicas.

Nessa abordagem, os planetas são vistos como impulsionadores de energia e o momento em que se realiza feitiços e rituais é escolhido estrategicamente para sincronizar com a energia planetária desejada. Ao contrário da Astrologia, que interpreta os trânsitos planetários como influências específicas, na Magia Planetária a conexão com essas energias se dá de maneira mais direta e intencional, independentemente dos movimentos celestes. Os planetas clássicos, incluindo o Sol, a Lua, Marte, Júpiter, Vênus e Saturno, possuem suas próprias egrégoras energéticas únicas. Ao trabalhar com eles em práticas mágicas, busca-se alinhar essas energias às fontes de poder cósmico que eles representam. Isso permite que aqueles que praticam a Magia Planetária obtenham influências específicas dessas energias em seus rituais, feitiços e trabalhos mágicos.

Em essência, a Magia Planetária é uma forma de aproveitar as energias dos planetas como aliados poderosos para impulsionar intenções e alcançar resultados desejados em um nível mágico e espiritual. E ainda oferece uma maneira única de trabalhar com as forças cósmicas para manifestar mudanças em conformidade com as energias planetárias escolhidas.

Através dos séculos, um variado grupo de filósofos, cientistas e estudiosos mergulharam na exploração dos planetas, investigando desde seus efeitos físicos até suas influências mágicas, holísticas e cabalísticas. Essa abordagem multifacetada nos fornece uma série de abordagens e vertentes para o trabalho mágico com esses corpos celestiais. Neste contexto, encontramos uma vasta gama de práticas e conceitos, incluindo seres, forças e divindades que simbolicamente se alinham com as egrégoras de poder dos planetas, oferecendo portas de entrada para as energias contidas em cada um deles.

Na Magia com Velas, podemos empregar o poder da magia Planetária como uma espécie de bateria que amplifica e alimenta nossas intenções durante os rituais executados. Isso pode ser alcançado de diversas maneiras, podendo criar velas específicas a partir de materiais selecionados, em dias da semana e horários precisos, para capturar o poder particular de cada planeta. Outra abordagem envolve a realização de rituais encadeados nos horários e dias da semana correspondentes, um método que vocês aprenderão em detalhes em breve.

Ao adentrarmos este mundo, descobrimos que os planetas oferecem uma rica tapeçaria de influências e energias. Nossa tarefa é compreender como direcionar essas forças em harmonia com nossas intenções.

A Energia do Sol - Domingo *(Dies solis)*

Um dia originalmente consagrado ao Deus Sol pelos povos Pagãos ancestrais, também assume importância etimológica e bíblica. Chamado de "O dia do Senhor" (*dies Dominicus*) na língua latina, marca o início da semana. No dia 7 de março de 321 da EC, o imperador Constantino I decretou que o domingo deveria ser um dia de descanso. Nos primórdios do cristianismo, os fiéis se reuniam no domingo para celebrar a Eucaristia e, posteriormente, no Primeiro Concílio de Nicéia (325 EC), o domingo foi oficializado como um dia sagrado para os cristãos.

A influência regente do Sol confere ao domingo uma aura propícia para a exploração da espiritualidade. Representando nossa luz interna e externa, esse dia nos conecta à centelha divina que reside em nós. É o momento propício para buscar conexões com os Deuses, expressando gratidão ou buscando energia espiritual. Na Roma Antiga, os romanos honravam diversos Deuses no domingo, realizando oferendas e mostrando reverência.

O domingo está intrinsecamente ligado a conceitos de renovação, nascimento e inícios. Favorece a confiança, o bem-estar, a criatividade e o crescimento. Momento auspicioso para atividades relacionadas à cura, honra, poder, amizade, saúde e ganhos financeiros. Além disso, é o dia da semana associado à vitória, honrarias e fama. Indicado para quem busca tratar de questões ligadas a emprego, soluções rápidas em assuntos profissionais, empreendimentos e interações com autoridades. Representa também a busca pelo brilho e calor do Sol.

O ciclo solar, com sua luz transformadora que percorre o dia, ressoa com diversas divindades que têm vínculos estreitos com temas como nascimento, criação, luz e o próprio Sol. Assim, o domingo é muito mais do que um dia da semana – é um momento de conexão espiritual, crescimento pessoal e celebração da luz interior e exterior.

CORRESPONDÊNCIAS

Dia: domingo
Signo: Leão
Número: 6
Elemento: Fogo
Metal: ouro
Cores: amarelo, dourado, laranja.

Pedras: citrino, topázio, diamante, âmbar, entre outras.

Plantas: o Sol é regente de todas as resinas, como olíbano, resina de aroeira, benjoim, estoraque e por aí afora. Das ervas, ele tem domínio sobre aquelas que apresentam uma cor dourada ou amarelada como açafrão, assim como as plantas que gostam ou tenham hábitos interligados à luz solar como o girassol. Também é regente de muitas plantas que têm as flores douradas ou de cor laranja.

A Energia da Lua - Segunda-feira *(Dies lunæ)*

Considerado o segundo dia da semana, a segunda-feira tem suas raízes no latim *secunda feria*, significando "dia de descanso". O termo "feira" tem sua origem na Semana Santa, período de repouso que culmina no domingo de Páscoa. Nos tempos antigos, este dia era dedicado à veneração à Lua. A segunda-feira está estreitamente associada à Lua, carregando consigo uma conexão profunda com a fluidez e a continuidade dos ciclos. Talvez seja por essa ligação que a segunda-feira seja frequentemente vista com apreensão, muitas vezes sentida como cansativa e arrastada, porque, em última análise, ela reflete os inícios de uma jornada, assim como os ciclos de desenvolvimento da Lua.

A Deusa Diana era venerada na segunda-feira, acompanhada por Perséfone, a senhora que transita entre a Terra e o Submundo. Em várias culturas, a Lua é associada à alma, guardiã da história de todas as coisas e da própria divindade. A segunda-feira representa a força que nos conecta às nossas vidas passadas, recordando-nos de que, o que somos hoje, é uma fusão de experiências vividas, evoluindo em um ciclo contínuo.

Este dia possui um profundo poder de despertar percepções, intensificar a intuição, explorar memórias e navegar pelas profundezas do inconsciente. Magias relacionadas à cura emocional e ao trabalho mediúnico são especialmente eficazes neste período, bem como feitiços e rituais que abordam movimentos cíclicos. A Lua, normalmente associada à Magia e aos feitiços, faz da segunda-feira um momento propício para buscar técnicas mágicas novas, ampliar habilidades psíquicas, explorar viagens astrais, sonhos, clarividência e imaginação, além de harmonizar o lar e influenciar pessoas.

Devido à influência da Lua sobre as marés, trabalhos com a ancestralidade ganham vigor neste dia. Como nosso sangue em grande parte é composto por água, ele se torna uma fonte de poder. Feitiços e rituais que envolvem contato com a linhagem consanguínea ou afetam pessoas conectadas por essa ascendência são particularmente eficazes durante este período.

CORRESPONDÊNCIAS

Dia: segunda-feira
Signo: Câncer
Número: 9
Elemento: Água
Metal: prata
Cores: branco, prateado, azul.
Pedras: pérola, quartzo-branco, pedra da lua, opala, entre outras.
Plantas: a Lua rege as folhas de ervas que têm natureza fria, que de algum modo estejam frequentemente na água ou que sejam mais suculentas. Plantas noturnas ou que desabrocham flores à noite também podem ser associadas à Lua.

A Energia de Marte - Terça-feira *(Dies Martis)*

O terceiro dia da semana possui sua origem no latim *tertia feria*, significando "terceiro dia de descanso". Este dia é dedicado a Marte, o Deus da Guerra. A história de Roma foi marcada por inúmeros conflitos militares, tornando a cidade um epicentro de adoração a essa divindade. De acordo com uma lenda, a intensa devoção a Marte levou-o a oferecer um escudo resistente, simbolizando a duração da cidade de Roma. A partir desse momento, as oferendas a esse Deus foram estabelecidas para ocorrerem nas terças-feiras.

Marte, o Senhor da Guerra, infunde neste dia a vontade de triunfar, a força e a determinação para alcançar nossos objetivos. Representa a ação instintiva que precisa ser conscientemente direcionada. A terça-feira oferece uma oportunidade para analisar como temos empregado nossa energia no cotidiano, avaliando se temos dedicado nosso tempo a atividades produtivas ou não.

Este dia também é indicado para lidar com situações que exigem enfrentamento, seja de problemas, seja de pessoas, seja de circunstâncias. Mesmo que seja necessária uma abordagem direta e firme, Marte desperta a coragem e a impulsividade necessárias para resolver questões que foram adiadas por muito tempo. A energia da terça-feira é especialmente apropriada para rituais que visam a abertura de caminhos, alcançar objetivos, vencer concursos, lidar com agressões, ambições, discussões, lutas, dinamismo e motivação. Está conectada à vingança, à defesa física e mágica, sendo um dia associado à coragem e força física. Além disso, possui forte ligação com paixão, desejo, fetiche e luxúria em sua ampla amplitude. Marte representa a coragem de prevalecer, a agressividade que leva à luta. Portanto, a terça-feira favorece tanto o ataque quanto a proteção. Momento para canalizar a força interior, buscando vitórias e enfrentando desafios com resiliência.

CORRESPONDÊNCIAS

Dia: terça-feira
Signos: Áries e Escorpião
Número: 5
Elemento: Fogo
Metal: ferro
Cores: vermelho, laranja.
Pedras: cornalina, hematita, rubi, entre outras.
Plantas: Marte é regente das ervas que normalmente têm espinhos, que vivem em locais secos ou desérticos e que tem de algum modo propriedades vasodilatadoras e estimulantes. Assim como as que possuem ardor como a pimenta ou a cebola e plantas de coloração vermelha.

A Energia de Mercúrio - Quarta-feira *(Dies Mercuri)*

O quarto dia da semana origina-se do latim *quarta feria*. Regida pelo planeta Mercúrio, de acordo com as tradições romanas, a quarta-feira pode ser associada tanto aos mercadores quanto aos ladrões. Mercúrio era considerado o protetor Divino de todos os comerciantes, a devoção a ele garantia sucesso nas transações comerciais. Conhecido como o "Mensageiro dos Deuses", Mercúrio está intimamente ligado à eloquência, inteligência e comunicação. Ele nos outorga domínio sobre nosso entorno, especialmente sobre as interações com as pessoas através do diálogo e da comunicação. Em situações em que a persuasão é necessária, a quarta-feira é um dia altamente propício.

É interessante observarmos nossa própria capacidade de transmitir pensamentos aos outros. Estamos realmente conseguindo nos comunicar e expressar nossas verdadeiras ideias? Essa introspecção pode ser útil para melhorar nossa habilidade de comunicação, sobretudo em metas que dependem da colaboração de outras pessoas. Para aqueles que são naturalmente mais reservados e enfrentam dificuldades com o diálogo, os poderes associados a este dia podem ser empregados para desenvolver habilidades comunicativas.

Mercúrio, o planeta do movimento, favorece também mudanças rápidas, viagens, trabalho, questões judiciais, clareza mental, sabedoria e finanças. Abre caminho para os estudos e qualquer atividade que requeira inspiração, já que sua energia está centrada na troca, na negociação e na conciliação. Mercúrio também confere poder a objetos cotidianos. Um Deus psicopompo, tornando o diálogo e o contato com os mortos mais acessíveis neste dia. Adivinhação, habilidades psíquicas e trabalhos para abrir os véus entre os mundos também são favorecidos sob sua influência.

CORRESPONDÊNCIAS

Dia: quarta-feira
Signos: Gêmeos e Virgem
Número: 8
Elemento: Ar e Terra
Metal: mercúrio e alumínio
Cores: amarelo, laranja e roxo.
Pedras: ágata, água marinha, ametista, aventurina, topázio, entre outras.
Plantas: Mercúrio é regente de todas as plantas que naturalmente perdem parte da casca em seu processo de desenvolvimento se descamando, assim como todas as sementes que são aromáticas. As ervas que têm uma natureza fina, leve e aérea com caules longos e raízes a mostra no ar são relacionadas também a este planeta.

A Energia de Júpiter - Quinta-feira *(Dies Iovis)*

O quinto dia da semana, conhecido pelo termo latino *quinta feria*, é dedicado a Júpiter, considerado pai dos Deuses, detentor do poder de controlar os ventos e desencadear tempestades, raios e trovões. Na mitologia nórdica, uma divindade semelhante é representada por Thor, dotado de poderes igualmente impressionantes. Júpiter, o Deus-Pai na mitologia romana, simboliza autoridade, força, prosperidade e exerce grande influência sobre os territórios. Seu domínio favorece a expansão, riqueza e generosidade, sendo um ícone de autoridade e poder gerado a partir dela.

A quinta-feira é propícia para avaliarmos como estamos exercendo nossa própria autoridade e para observar se estamos moldando nossa realidade ou sendo guiados pelas vontades alheias. Um dia para refletir sobre nossa generosidade, assegurando que crenças limitantes não nos levem a servir aos outros em detrimento de nosso próprio bem-estar. Sendo Júpiter o maior dos planetas, sua influência é especialmente benéfica para aqueles que buscam expandir algo, como um negócio. Contudo, é importante notar que Júpiter amplifica o que já existe, requerendo que o praticante busque novos conhecimentos caso desejar ultrapassar seus limites atuais. No caso de problemas, a regência de Júpiter pode ocasionar um aumento da dificuldade ao invés de sua resolução.

No âmbito mágico, a quinta-feira é adequada para atividades ligadas ao sucesso, negócios, disputas legais, sorte, felicidade, saúde, prosperidade, vigor, liderança, fama, crescimento, dignidade, visão e atividades públicas. A energia de Júpiter oferece um impulso significativo para tais empreendimentos.

CORRESPONDÊNCIAS

Dia: quinta-feira

Signos: Sagitário e Peixes

Número: 4

Elemento: Fogo

Metal: estanho

Cores: azul, roxo.

Pedras: ametista, lápis-lazúli, safira, entre outras.

Plantas: Júpiter é regente dos frutos aromáticos e plantas que são frequentemente grandes, comestíveis e nutritivas. As flores que tem coloração roxa e plantas e ervas que tem um padrão de número quatro em suas pétalas e formação.

A Energia de Marte - Sexta-feira *(Dies Veneris)*

O sexto dia da semana é conhecido como *sexta feria* em latim e é regido pela Deusa Vênus, a divindade do amor, cuja influência é representada pelo planeta de mesmo nome. A energia de Vênus favorece todos os aspectos ligados ao amor, incluindo amizade, reconciliação e beleza. A sexta-feira é também dedicada às artes, como música, cinema, teatro e moda, refletindo a influência de Vênus sobre assuntos relacionados ao amor, casamento, diversão, plantações, cuidados com a aparência, decoração, além de questões domésticas e sociais. Este dia é marcado pelo companheirismo, cumplicidade, afinidade e paixão, sendo ideal para cultivar o amor-próprio e para se envolver em assuntos românticos e pedidos relacionados ao amor.

Apesar de o seu estereótipo de afetividade e romance ser associado à sexta-feira, é importante ressaltar que Vênus também é a Deusa que abrange diferentes facetas da afetividade e do desejo. Neste sentido, a sexta-feira é um bom momento para abordar questões mais profundas, como traumas, inseguranças e aspectos ligados à aceitação, disforias e fetiches.

Vênus desperta em nós a busca pela beleza, harmonia e equilíbrio, tanto em nosso entorno quanto em nosso interior. É um dia voltado para conquistas e para a abundância, especialmente devido à sua associação com a fertilidade. Assim, a sexta-feira é recomendada para práticas mágicas relacionadas à prosperidade financeira, aumento da libido, satisfação de desejos, prazer e até mesmo fertilidade e gravidez.

CORRESPONDÊNCIAS

Dia: sexta-feira

Signos: Libra e Touro.

Número: 7

Elemento: Ar e Terra

Metal: cobre

Cores: verde e rosa.

Pedras: esmeralda, jade, lápis-lazúli, quartzo-rosa, turquesa, entre outras.

Plantas: Vênus tem domínio sobre todas as flores, principalmente as de aroma doce, e as ervas que são vistosas, com folhagem e frutos macios e doces como a maçã.

A Energia de Saturno - Sábado *(Dies Saturni)*

Sétimo e último dia da semana. Derivado do latim *sabbatum*, que por sua vez tem origem na palavra hebraica *shabat*, o dia de descanso semanal no judaísmo, que se inicia ao anoitecer de sexta-feira e termina ao anoitecer de sábado. A raiz hebraica *shavat* significa cessar, em alusão ao descanso Divino após a criação do mundo, como narrado no livro do Gênesis. Este dia é consagrado a Saturno, conhecido como o Deus do Tempo na mitologia romana. Segundo a lenda, Saturno foi deposto por Júpiter e exilado no Lácio, na Península Itálica, onde se dedicou à agricultura e ao pastoreio. Sua influência ganhou popularidade entre os latinos, que o chamavam de *Saturnia Tellus*.

O sábado é propício para cultivar a paciência e para concretizar projetos de longo prazo que podem estar estagnados. A analogia alquímica da transformação do chumbo (representando Saturno) em ouro (representando o Sol) simboliza a jornada espiritual de ascensão por meio da disciplina, do trabalho árduo e da responsabilidade.

Neste dia, podemos refletir sobre o uso do tempo em nossa vida, avaliando como o empregamos e o que estamos fazendo para nosso próprio crescimento espiritual e o daqueles ao nosso redor. Saturno governa os mistérios da vida e da morte, tornando o sábado adequado para meditação, busca por objetos perdidos, resolução de pendências, adivinhações, lançamento de feitiços de ataque ou defesa psíquica, além de assuntos relacionados à morte, longevidade, encerramento de ciclos, disciplina, proteção, libertação, organização, estudos, terra, exorcismo e términos.

CORRESPONDÊNCIAS

Dia: sábado

Signos: Capricórnio e Aquário

Número: 3

Elemento: Terra

Metal: chumbo

Cor: preto

Pedras: obsidiana, ônix, turmalina-negra, jade, entre outras.

Plantas: Saturno é regente de raízes profundas e tem poder sobre as plantas com flores nada chamativas, quase imperceptíveis, folhagem verde desbotada ou marrom, aroma desagradável e incômodo. As plantas de banimento e de flores negras ou bem escuras também são regidas por este planeta.

A Tabela de Horário Planetário é uma ferramenta mágica que nos conecta aos poderes cósmicos dos planetas e influencia nossos feitiços e rituais de maneira astrológica. Essa tabela é uma representação dos períodos diários em que cada planeta exerce maior influência sobre nosso mundo. Cada dia da semana está associado a um planeta que têm suas próprias características e influências únicas, desde a força combativa de Marte até a sabedoria de Mercúrio. A tabela marca os horários em que cada planeta governa, permitindo-nos sintonizar nossos trabalhos mágicos com as energias celestiais.

Ao consultar a Tabela de Horário Planetário, é possível descobrir quais momentos do dia estão impregnados com as energias específicas de cada planeta. Essa sabedoria possibilita escolher o momento ideal para lançar feitiços, realizar rituais ou até mesmo meditar, maximizando o poder e a ressonância de suas práticas mágicas.

HORÁRIO PLANETÁRIO

DIA

HORAS	DOMINGO	SEGUNDA	TERÇA	QUARTA	QUINTA	SEXTA	SÁBADO
1H	Sol	Lua	Marte	Mercúrio	Júpter	Vênus	Saturno
2H	Vênus	Saturno	Sol	Lua	Marte	Mercúrio	Júpter
3H	Mercúrio	Júpter	Vênus	Saturno	Sol	Lua	Marte
4H	Lua	Marte	Mercúrio	Júpter	Vênus	Saturno	Sol
5H	Saturno	Sol	Lua	Marte	Mercúrio	Júpter	Vênus
6H	Júpter	Vênus	Saturno	Sol	Lua	Marte	Mercúrio
7H	Marte	Mercúrio	Júpter	Vênus	Saturno	Sol	Lua
8H	Sol	Lua	Marte	Mercúrio	Júpter	Vênus	Saturno
9H	Vênus	Saturno	Sol	Lua	Marte	Mercúrio	Júpter
10H	Mercúrio	Júpter	Vênus	Saturno	Sol	Lua	Marte
11H	Lua	Marte	Mercúrio	Júpter	Vênus	Saturno	Sol
12H	Saturno	Sol	Lua	Marte	Mercúrio	Júpter	Vênus

NOITE

HORAS	DOMINGO	SEGUNDA	TERÇA	QUARTA	QUINTA	SEXTA	SÁBADO
13H	Júpter	Vênus	Saturno	Sol	Lua	Marte	Mercúrio
14H	Marte	Mercúrio	Júpter	Vênus	Saturno	Sol	Lua
15H	Sol	Lua	Marte	Mercúrio	Júpter	Vênus	Saturno
16H	Vênus	Saturno	Sol	Lua	Marte	Mercúrio	Júpter
17H	Mercúrio	Júpter	Vênus	Saturno	Sol	Lua	Marte
18H	Lua	Marte	Mercúrio	Júpter	Vênus	Saturno	Sol
19H	Saturno	Sol	Lua	Marte	Mercúrio	Júpter	Vênus
20H	Júpter	Vênus	Saturno	Sol	Lua	Marte	Mercúrio
21H	Marte	Mercúrio	Júpter	Vênus	Saturno	Sol	Lua
22H	Sol	Lua	Marte	Mercúrio	Júpter	Vênus	Saturno
23H	Vênus	Saturno	Sol	Lua	Marte	Mercúrio	Júpter
24H	Mercúrio	Júpter	Vênus	Saturno	Sol	Lua	Marte

Essa tabela é uma ferramenta dinâmica que vai guiá-lo pelos caminhos da harmonia cósmica. Acredita-se que sincronizar suas ações mágicas com essas influências planetárias pode aumentar a eficácia de seus intentos.

Através da Tabela Planetária, tem-se a oportunidade de entrelaçar seus feitiços com as energias celestiais que fluem dos astros. Com um aprofundamento mais detalhado, o que infelizmente não podemos explorar totalmente nesta obra, muitas outras conexões astrológicas podem ser exploradas. Isso inclui criaturas, seres e espíritos que estão intrinsecamente ligados e alinhados com os planetas. Aqui, no entanto, meu objetivo é oferecer uma ferramenta poderosa e direta. Imagine-a como uma bateria de energia mágica adicional. Ao alinhar suas práticas de Magia com a Tabela Planetária, poderá vincular suas magias com velas aos dias e horários específicos e assimilar as correntes de energia emanadas pelos astros conectados a esses momentos.

Essa conexão cósmica permite aproveitar as vibrações planetárias, canalizando-as diretamente em suas intenções mágicas. Lembre-se, cada planeta traz suas próprias qualidades e influências únicas. Ao sincronizar suas práticas com essa energia, fundirá a Magia da Terra e dos Céus em seus rituais. No entanto, é essencial estudar com dedicação e compreender profundamente as interações entre os planetas, suas correspondências e como alinhar suas intenções com essas forças astrais. Com essa ferramenta em mãos, é possível trilhar um caminho de Magia mais refinada e conectada, permitindo que sua arte flua em sintonia com os mistérios do cosmos. Lembre-se, as estrelas podem ser suas aliadas, mas o coração e a intenção que colocar em suas práticas são o verdadeiro motor de sua Magia.

Para aproveitar ao máximo a tabela planetária em sua Magia com Velas, você tem a possibilidade de direcionar seus feitiços de maneira estratégica, com base nos dias da semana de maior influência ou nas horas que estão correlacionadas com a energia planetária.

EXEMPLO DE PEQUENA VIGÍLIA: se deseja trabalhar com uma transição energética mais específica, pode acender uma vela por 8 horas, começando às 5 da manhã e terminando ao meio-dia de uma sexta-feira, regida por Vênus. Essa vela representa uma conexão contínua da energia venusiana durante sua queima, de um período de Vênus para outro. Isso pode ser usado para promover uma mudança gradual ou suave em aspectos relacionados ao amor e à beleza.

EXEMPLO DE MÉDIA VIGÍLIA: imagine acender duas velas, cada uma queimando por 12 horas, totalizando 24 horas. Esse processo pode ser realizado durante uma sexta-feira, o dia de Vênus, que é regido pelo amor e relacionamentos. Essa vigília de velas pode ser dedicada a fortalecer e a estabelecer uma relação afetiva que precisa ser aprimorada. A influência constante de Vênus durante todo o dia contribuirá para o direcionamento da energia desejada.

EXEMPLO DE LONGA VIGÍLIA: outra abordagem é utilizar velas com uma duração mais prolongada para alinhar-se com um trânsito energético maior. Um bom exemplo é começar um feitiço em um dia específico, como uma sexta-feira, e deixá-lo queimar continuamente por 7 dias ou até mesmo um mês, finalizando no mesmo dia da semana. Isso cria uma conexão duradoura com a energia venusiana ao longo de um período mais extenso.

Lembre-se de que a escolha dos dias e horas, bem como a duração das velas, deve estar alinhada com sua intenção e o resultado desejado. A tabela planetária é uma ferramenta poderosa que pode adicionar um novo nível de intenção e foco aos seus rituais de Magia com Velas, permitindo que você aproveite as influências planetárias para direcionar suas energias de maneira eficaz.

X. ALÉM DAS CHAMAS

Usando os Métodos Mágicos

Os feitiços e rituais que envolvem velas são notavelmente diversificados, uma vez que as velas facilmente se integram com outros materiais mágicos. Essa versatilidade é um aspecto fascinante, especialmente quando reconhecemos a ampla gama de materiais e técnicas mágicas disponíveis, que podem servir como fontes adicionais de energia, enriquecendo seus feitiços e rituais. Isso estabelece uma conexão única entre a Magia e sua própria essência pessoal.

Cada indivíduo é singular, e isso se estende à Magia que praticamos. A Magia ganha vida quando cultivamos uma relação íntima e profunda com ela e se torna mais eficaz quando é uma expressão genuína de quem somos como seres únicos. Neste contexto, a vela se torna uma extensão natural dessa expressão, como um meio de canalizar nossas intenções e energia para o mundo. A combinação de velas com outros objetos mágicos pode ser similar a um encontro harmonioso de forças. Por exemplo, cristais, ervas, óleos essenciais e símbolos podem ser incorporados às práticas de velas para intensificar seus efeitos. Cada componente adicionado contribui com sua própria energia e significado, criando uma sinfonia de influências que ressoam com seus objetivos.

A Magia, então, torna-se uma dança de elementos escolhidos para conjurar seus desejos. O processo é uma expressão artística, onde você é o artista e a Magia é sua tela. A escolha de cores, materiais e formas e suas combinações é baseada em intuição e conhecimento. Dessa forma, seus feitiços e rituais se transformam em criações autênticas, infundidas com sua essência e propósito.

Portanto, permita que a Magia com Velas seja um reflexo fiel de sua jornada espiritual. Explore, experimente e adapte as práticas às suas necessidades e gostos pessoais. Ao fazer isso, você cria uma Magia verdadeiramente única e poderosa, alinhada com sua energia e intenção. A interseção das velas com outros elementos mágicos abre um mundo de possibilidades, onde a Magia se transforma em um meio de autodescoberta e manifestação.

O USO DAS ERVAS

A utilização das ervas como ferramenta de cura remonta aos tempos pré-históricos, sendo um aspecto fundamental da história da medicina. Um dos registros mais antigos que temos sobre o uso de ervas é o *Pen-ts'ao*, um livro escrito pelo Imperador Chinês Shen-nung (3737 – 2697 AEC). Esse livro apresenta uma compilação de mais de 300 receitas envolvendo ervas medicinais, demonstrando a rica tradição chinesa no uso terapêutico das plantas. Os antigos egípcios também são reconhecidos por sua prática da medicina herbal. O Papiro Ebers, um registro ancestral, testemunha a presença da medicina herbal no Egito Antigo. Mais de 2.000 médicos especializados em ervas exerciam sua arte nessa civilização, evidenciando a importância das plantas na promoção da saúde e tratamento de doenças.

A contribuição grega para o conhecimento das ervas medicinais é igualmente notável. Os gregos empreenderam estudos aprofundados das propriedades e efeitos das plantas, adicionando um nível de observação científica. Aristóteles, renomado botânico e filósofo grego, cultivava mais de 300 ervas medicinais em seu jardim, realçando o valor que a civilização grega atribuía às propriedades curativas das plantas. O conhecimento das ervas na medicina chinesa também é de suma importância. A medicina tradicional chinesa enfatiza o uso de remédios à base de ervas como um componente vital do tratamento. A relação entre a saúde humana e as plantas é profundamente enraizada na cultura chinesa, resultando em uma vasta compreensão das propriedades e aplicações das ervas.

Esses exemplos ressaltam como o uso terapêutico das ervas transcende culturas e épocas, formando um legado de sabedoria que perdura até os dias de hoje. As civilizações antigas reconheceram nas plantas uma fonte valiosa de cura, estudando e refinando seu conhecimento sobre as propriedades medicinais das ervas.

Ao trabalhar com a Magia das Ervas, os praticantes exploram as energias latentes nas plantas, sintonizando-se com suas vibrações para alcançar metas mágicas. Cada erva emana um fluxo distinto de influências, que pode ser direcionado e manipulado com sabedoria e intenção. Assim, a Magia com as ervas é uma dança sutil de compreensão e alinhamento, onde os praticantes aprendem a harmonizar suas intenções com as potências naturais presentes nas plantas, o que aqui compreendemos como o poder individual de cada uma delas.

No âmago da Magia reside o conceito de poder. Essa força, que tem sido identificada por uma miríade de nomes e representações ao longo das eras, por vezes era um mistério guardado em segredo, enquanto em outros momentos, era amplamente aceita por aqueles que reconheciam sua influência. Scott Cunningham em sua obra *Enciclopédia das Ervas Mágicas de Cunningham* diz:

> "Poder é aquilo que gerou e mantém a existência do Universo. É o que faz as sementes brotarem, os ventos soprarem e o nosso planeta girar. É a energia subjacente ao nascimento, à vida e à morte. O poder subjacente à Magia das Ervas é amorfo, indescritível, eterno. Os poderes inerentes às ervas são moldados pelo seu ambiente, aroma, cor, forma e outros fatores. Substâncias semelhantes frequentemente vibram em frequências similares."

As ervas, portanto, são, além de ferramentas, parceiras na exploração do vasto oceano do poder universal. Nesta jornada, os praticantes descobrem a interconexão entre o mundo vegetal e a tapeçaria cósmica, descobrindo uma fonte inesgotável de sabedoria, cura e transformação.

Os atributos inerentes às ervas são intrinsecamente influenciados pelo seu ambiente, aroma, cor, forma e uma série de outros fatores. É como se as próprias plantas absorvessem e transmitissem os segredos da natureza que as cercam, resultando em qualidades mágicas únicas. A essência da Magia com as ervas reside na utilização dessas plantas para desencadear as mudanças necessárias. Cada erva carrega consigo um padrão distinto de energias, tão individualizado quanto os traços faciais de diferentes pessoas. A beleza dessa prática reside na interação entre o praticante e a planta, quando as energias da natureza e da vontade humana convergem. Empregadas em rituais e feitiços, elas se tornam canais através dos quais as intenções do praticante se comunicam com as forças do Universo. Assim como cada ser humano possui uma identidade única, cada erva possui uma assinatura energética singular que pode ser entrelaçada com os propósitos mágicos.

Ao cultivar uma compreensão profunda das características das ervas, os praticantes adquirem a capacidade de alinhar essas propriedades com suas próprias intenções, canalizando a energia vital da natureza para moldar a realidade desejada. A Magia das Ervas, portanto, é uma colaboração entre a sabedoria ancestral das plantas e a vontade consciente do praticante, resultando em transformações sutis e poderosas no tecido do Universo.

Dentro da Magia com Velas você pode utilizar as plantas da seguinte maneira:

Queimar as ervas: ao refletir sobre o passado, é possível ver que o fogo representou a primeira interação química com a qual os primeiros seres humanos tiveram contato de maneira espontânea. Essa conexão inicial com o fogo revelou suas propriedades únicas: proteção, calor e luminosidade. O elemento Fogo, assim como a chama recém-acesa, é capaz de introduzir o novo na realidade com incrível velocidade. Portanto, o fogo se apresenta como um recurso mágico para trazer mudanças e novidades à vida de forma acelerada. É válido reconhecer que o elemento Fogo possui a capacidade de nos conectar com o Divino, servindo como um portal, além disso, o fogo também encarna a energia da transmutação e do banimento, sendo um agente de mudança e purificador. Durante a prática mágica, a queima de ervas secas na chama da vela pode ser empregada com diversos propósitos, seja para transmutar, seja para atrair, seja para repelir algo específico.

A seleção das ervas a serem queimadas na chama da vela está intrinsecamente ligada à intenção mágica. Espinhos podem ser queimados como defesa mágica ou para desfazer feitiços; o louro pode ser empregado para atrair prosperidade; a camomila, para acalmar; as pimentas, para rituais de ataque. A criatividade desempenha um papel fundamental nesse processo, uma vez que você pode explorar diversas combinações de ervas e intenções para alcançar resultados mágicos únicos. A prática de queimar ervas na chama da vela é uma manifestação tangível da alquimia mágica, em que as energias da planta e do fogo se mesclam para criar uma transformação poderosa. Como os primeiros seres humanos que se conectaram instintivamente com o fogo, a Magia com Velas e com ervas nos permite explorar a interação profunda entre os elementos naturais e os reinos espirituais, manifestando mudanças e influências sutis em nossa realidade.

Alfinetar as ervas na vela: a prática de espetar velas transcende a simples representação de um objeto físico que buscamos influenciar. Ao espetar a vela, não estamos apenas simbolizando um ato de ataque, estamos cravando uma intenção protetora em nosso feitiço. Os espinhos, que desempenham um papel vital na defesa das plantas, podem ser incorporados neste processo, enriquecendo a simbologia e a energia da Magia.

Os espinhos, presentes em muitas plantas como mecanismos de proteção e sobrevivência, desempenham função semelhante no âmbito mágico. Algumas plantas possuem espinhos venenosos, capazes de causar irritações na pele e coceiras, ampliando ainda mais a gama de associações possíveis neste contexto ritualístico. Cravar espinhos na vela incorpora energia de batalha, força e domínio, assemelhando-se ao espírito da guerra e à força do movimento agressivo. Essa prática pode ser tanto utilizada para atingir alguém com a intenção de prejudicar quanto para trazer uma proteção energética, evitando que influências negativas prejudiquem você. A ação de espetar a vela com espinhos simboliza não apenas um ataque, mas também um ato de autoafirmação e proteção, tornando-se um recurso mágico poderoso para direcionar e fortalecer suas intenções no mundo espiritual e manifestá-las na realidade física.

Chá: a prática de acender uma vela sobre o chá de uma planta compartilha uma conotação e intenção semelhantes àquela de acender sobre água. Este processo é frequentemente empregado quando se deseja reduzir a energia de algo ou cancelar a influência de alguém, de um feitiço, de uma ação legal ou de qualquer situação em andamento. Esta abordagem também se revela valiosa para neutralizar possíveis ataques mágicos e feitiços direcionados a você. Além disso, pode ser eficaz para dissipar tristeza, angústia e diminuir a intensidade de crises de ansiedade, permitindo que a energia seja absorvida pela água e, por fim, dissipada da pessoa afetada pelo feitiço. Para aprimorar essa técnica mágica e direcionar sua intenção, é possível incorporar o chá ou a infusão de uma ou mais ervas relacionadas ao propósito desejado. A escolha das ervas adequadas reforça a sintonia entre a vela, a água e a energia da planta, potencializando a eficácia do processo. Ao selecionar ervas com atributos específicos, você pode influenciar de maneira mais precisa o resultado pretendido, aproveitando as propriedades mágicas e curativas das plantas para direcionar a energia de forma assertiva e alcançar os resultados desejados.

Outra prática interessante é a de acender velas flutuantes sobre a água, que queimam até o fim com a intenção de iluminar a escuridão e superar os desafios. Este gesto simbólico carrega consigo uma poderosa metáfora, representando a capacidade de enfrentar adversidades e encontrar a luz mesmo nas situações mais obscuras.

Esta técnica combina os elementos Fogo e Água, unindo a energia transformadora da chama com a fluidez e a emotividade da água. Enquanto a vela queima, suas chamas refletem na superfície da água, criando uma imagem que evoca a superação das trevas por meio da luz. Esta prática é frequentemente utilizada em rituais de purificação, cura emocional e renovação espiritual, permitindo que o simbolismo da vela flutuante inspire e fortaleça aqueles que a executam. Acender velas flutuantes sobre a água é um convite a meditar sobre os desafios que enfrenta e a visualizar a luz do fogo como uma fonte de orientação e clareza. À medida que a vela queima, alinhamos nossa intenção com a transformação positiva, ao mesmo tempo em que permitimos que a água represente a fluidez e o fluxo da vida. Assim, essa prática se torna uma oportunidade de nos conectarmos com a profundidade das nossas emoções, encontrarmos força interior e evocarmos a iluminação espiritual mesmo nos momentos mais difíceis.

ÓLEOS DE CONSAGRAÇÃO

De fato, o ato de ungir uma vela com óleo transcende a simples aplicação física. O óleo cria uma espécie de escudo energético que pode envolver a vela, manifestando a intenção de proteção ou depositando sobre ela os desejos mais profundos. Nesse processo, o óleo age como um veículo que fixa a intenção na vela, solidificando-a e evitando que se desvaneça.

A prática de untar uma vela com óleo e, posteriormente, passá-la por ervas ou outros materiais, visa imbuir a vela com a sua vontade de modo a amplificar e a incorporar a energia desses objetos. A vela, ao absorver as propriedades das ervas ou dos elementos escolhidos, é revestida com uma camada adicional de significado e poder. Isso, por sua vez, intensifica a eficácia do feitiço ou ritual, ao unir as forças desses elementos em prol da intenção desejada.

Imagine esse processo como a fusão de diferentes correntes de energia. A vela representa o foco central, enquanto o óleo e as ervas são como rios que convergem para esse ponto. Ao unir essas correntes, a energia flui harmoniosamente, criando uma sinergia que potencializa a Magia. Assim como uma vela ungida brilha mais intensamente quando acesa, essa prática energética visa inflamar e fortalecer a intenção do praticante, conferindo-lhe um meio tangível de direcionar seu desejo.

Certamente, a prática de untar velas com óleo pode ser enriquecida ao incorporar diversos tipos de substâncias que estejam alinhadas com a intenção do feitiço. Além do óleo, elementos como mel, melaço, líquidos corporais como cuspe ou suor e outras substâncias podem ser utilizados de maneira criativa para potencializar a energia do ritual. No entanto, a escolha desses elementos deve ser cuidadosa, mantendo-se em consonância com a narrativa e o propósito do feitiço. A ideia por trás dessa abordagem é criar uma conexão simbólica e energética entre a vela e os materiais utilizados para untá-la. Por exemplo, se o objetivo é realizar um feitiço de amor, o uso de mel pode ser altamente apropriado, visto que o mel é frequentemente associado à doçura e à união.

Ao incorporar substâncias relacionadas ao feitiço, você está adicionando camadas de significado e energia à prática. Ervas trituradas, terra, areia, fuligem, serragem, pó de ferro, enxofre e outras substâncias têm suas próprias conotações mágicas e podem servir como poderosas ferramentas para ancorar e ampliar a intenção do feitiço.

CRISTAIS

Os cristais, desde sua formação primordial, têm acompanhado a história do nosso planeta ao atravessar diversos processos metamórficos. Considerados uma espécie de "DNA" terreno, os cristais são extraídos da terra pelos seres humanos para serem utilizados em diferentes contextos, como decoração, práticas religiosas, energéticas e terapêuticas. Cristais carregam em si a essência de milhões de anos de evolução planetária, oferecendo um registro químico que atesta a existência da Terra ao longo das eras. A presença dos cristais na ciência contribuiu para a compreensão da evolução terrestre, visto que funcionam como testemunhas silenciosas de múltiplas eras geológicas. Essas pedras carregam consigo um legado de transformações cósmicas, revelando a complexidade de sua natureza ao longo de incontáveis ciclos de mudança.

A formação dessas gemas está entrelaçada com os primeiros passos da vida onde habitamos a Terra, permeando os ciclos eternos de ordem e caos, nascimento, transformação, morte e renascimento. Ao contemplar um cristal, estamos diante de um fragmento da história terrestre, um eco da jornada cósmica que moldou a Terra desde seus primórdios até o presente. A energia e a vibração únicas de cada cristal nos permitem sintonizar com as forças da natureza, compreendendo que esses minerais preciosos são guardiões de segredos ancestrais e aliados poderosos para aqueles que buscam equilíbrio, cura e sabedoria. Dessa forma, a utilização dos cristais se torna não apenas uma prática espiritual, mas também uma reverência à longa história da nossa casa planetária, um testemunho vivo da beleza e complexidade que envolve a Terra.

Para aprimorar ainda mais a utilização dos cristais em seus trabalhos mágicos com velas, é essencial compreender como eles influenciam a energia de sua Magia. Trago aqui duas perspectivas que nos permitem compreender o papel dos cristais neste processo, mostrando como eles podem infundir energia e intensificar nossos feitiços e rituais.

Primeiro, é crucial reconhecer que os cristais podem levar milhares de anos para se formar, atravessando processos de pressão, desenvolvendo-se em câmaras subterrâneas, cristalizando-se a partir de substâncias líquidas. Todo esse percurso confere a essas pedras uma energia natural e poderosa. Dentro desse contexto mágico, muitos os consideram como baterias naturais, formadas ao longo do tempo por meio da interação contínua com os quatro elementos. Através dessa perspectiva, os cristais tornam-se receptáculos das energias elementais, prontos para serem canalizados e potencializados em nossos feitiços.

Outra abordagem ressalta a formação dos cristais e sua sólida conexão com as energias sutis que permeiam tanto o mundo físico quanto o espiritual. Durante o processo de desenvolvimento, os cristais se ligam profundamente às esferas elementais da natureza, ganhando uma consciência que se origina do constante contato com os quatro elementos. Essa perspectiva os vê como portais de conexão com as energias primordiais e criadoras dos elementos, quase como figuras elementais. Ao se conectar com um cristal, o magista pode adentrar as memórias da terra em que ele se formou e aprender segredos que apenas aquele cristal pode revelar, transformando-o não apenas em uma bateria mágica, mas também em um aliado de poder vivo e consciente.

Você tem a opção de incorporar a energia dos cristais vestindo suas velas com pó, pedaços e lascas. Esta prática permite que a energia desses cristais se conecte ao seu feitiço, fortalecendo suas intenções. No entanto, pessoalmente, prefiro explorar outra abordagem ao utilizá-los como parte de mandalas mágicas. Ao fazer isso, você não apenas agrega a energia dos cristais, como também infunde a energia dos símbolos, criando uma combinação poderosa e equilibrada. Esta abordagem de combinar cristais e símbolos em mandalas cria uma sinergia ímpar, onde cada elemento contribui para o todo de maneira única. Os cristais trazem suas qualidades energéticas distintas, enquanto os símbolos atuam como uma linguagem codificada que comunica suas intenções de forma precisa e poderosa. É uma maneira de trabalhar com camadas de energia, construindo uma matriz mágica que ressoa com os elementos do Universo e os princípios arquetípicos da Magia.

MANDALAS

Dentro do contexto mágico com velas, é bastante comum a prática de circundá-las de forma criativa ou integrá-las a desenhos e sigilos feitos, o que chamo aqui carinhosamente de "mandalas mágicas". Ao adotar essa abordagem, as velas não apenas simbolizam a própria intenção, como também se tornam parte de um padrão energético mais amplo e significativo. Quando uma vela é circundada por um objeto ou material específico, ela pode representar a proteção ou o envolvimento de algo ou alguém com energia. Essa prática visualmente evoca o conceito de uma barreira de energia, criando uma ligação entre a vela e o propósito mágico que está sendo buscado.

Por outro lado, quando velas são posicionadas de maneira a compor ou envolver um sigilo mágico, elas podem ser vistas como condutores de energia vital, infundindo o símbolo com força e intenção. Essa prática é especialmente eficaz para ativar sigilos, trazendo-os à vida através das chamas das velas acesas.

Neste contexto, é possível utilizar uma variedade de materiais para criar os desenhos e padrões que envolvem ou incorporam as velas. Ervas, galhos de plantas, espinhos e pós mágicos podem ser dispostos de maneira estratégica para fixar as velas em suas posições, contribuindo para a construção da narrativa mágica e para a intensificação da energia envolvida. Vale ressaltar que a seleção dos materiais e a disposição das velas devem ser feitas com base em conhecimento mágico sólido, de forma a garantir que cada elemento escolhido esteja em harmonia com o propósito do ritual.

Símbolos mágicos, sigilos e letras têm o potencial de serem entrelaçados com as formas das ervas, resultando em uma prática mágica rica e dinâmica. Ao combinar as propriedades das ervas com os significados e intenções dos símbolos, é possível criar uma fusão poderosa de energias, ampliando o impacto da Magia realizada. Quando desenhamos símbolos mágicos nas superfícies das ervas, estamos essencialmente imbuindo essas plantas com a energia e o propósito do símbolo em questão. Isso resulta em uma sinergia única, onde as características vibracionais da planta se misturam e harmonizam com os aspectos simbólicos do desenho. Por exemplo, se você estiver buscando proteção, poderia desenhar um sigilo protetor com as folhas de uma erva com propriedades protetoras, como a unha de gato. Essa prática não só intensifica o poder mágico da ação, como também agrega uma dimensão adicional à Magia. Cada erva, com suas formas distintas, traz sua própria energia natural para a combinação, resultando em uma fusão única de forças.

Círculo: símbolo que evoca a essência da vida e da proteção, manifestando-se abundantemente na natureza através de formas circulares e ovais – dos ovos aos ventres das grávidas, dos óvulos à própria Terra que habitamos. A mandala circular, em particular, carrega consigo significados profundos de eternidade, perfeição e divindade, pois não possui um início ou um fim. Ela também reflete os ciclos intrínsecos a todas as coisas, simbolizando o nascimento, o crescimento, a maturidade e a morte. Essa representação nos lembra de que cada fase tem seu momento certo, e aquilo que está destinado a acontecer não pode ser evitado.

Para nós, Bruxas e Bruxos, o Círculo desempenha um papel central em nossos rituais mágicos. Não apenas funcionando como um escudo protetor, mas também como uma encarnação de nosso próprio universo pessoal. Quando adentramos o espaço sagrado do Círculo, tornamo-nos os Deuses de nossa própria realidade, moldando a vida conforme nossas intenções e desejos. Dentro desse espaço, somos os cocriadores de nossa jornada, conectando-nos com as energias do cosmos e dirigindo a Magia de acordo com nossas vontades.

O Círculo Mágico é uma fronteira que transcende o físico e adentra os domínios do espiritual. É um espaço onde as barreiras entre os mundos se tornam tênues, permitindo que nos conectemos com forças ancestrais e entidades divinas. Ao traçar o Círculo, estamos traçando um portal para a esfera da Magia, onde a energia flui livremente e nossas intenções se manifestam de forma poderosa.

Dentro deste Círculo, podemos conjurar, manifestar e transformar. Somos cocriadores de nossos próprios destinos, guiados pelas forças elementais que representam os pilares fundamentais da vida. Terra, Ar, Fogo e Água são invocados para nos auxiliar em nossa jornada, enquanto o Círculo mantém essas energias em equilíbrio, resguardando-nos da influência externa.

A mandala de Círculo, em sua essência representativa de eternidade e divindade, revela-se uma ferramenta poderosa ao ser incorporada a trabalhos mágicos com velas. Colocar suas velas e intenções no centro dessa mandala pode conferir uma dimensão amplificadora e direcionada a diversos tipos de magias e rituais. A Magia da proteção encontra um aliado na mandala de círculo, onde a energia circular atua como um escudo, envolvendo e resguardando. Seja para proteção de pessoas, lugares ou animais, essa mandala pode ser empregada como um veículo para fortalecer a intenção mágica. Da mesma forma, em situações de aceleração ou despertar da vida, potencializando a vitalidade e o ritmo de crescimento.

Especificamente em magias para proteção de gestações frágeis, a mandala circular pode ser um canal para estabelecer uma barreira de energia protetora ao redor da mãe e do bebê em desenvolvimento. Da mesma forma, ela pode ser empregada para fomentar a concepção, cultivando uma atmosfera de fertilidade e apoio à formação de uma nova vida.

Nos rituais que celebram a ciclicidade, a mandala de círculo desempenha um papel fundamental. Se adornada com cristais energizantes, esses rituais podem ser intensificados, aproveitando a energia aceleradora dos cristais para sincronizar com os ritmos naturais do Universo. As fases da lua, por exemplo, podem ser honradas e trabalhadas de maneira mais profunda e conectada.

Quadrado: a mandala quadrada, em sua estrutura geométrica e simbólica, traz consigo o poder da estabilidade e perfeição. Por meio dessa figura, múltiplas culturas enxergam a representação da Terra, onde os pontos cardeais encontram-se definidos. Dentro dela, os elementos primordiais da criação – Ar, Terra, Fogo e Água – estão presentes e entrelaçados.

Essa figura geométrica é frequentemente empregada em espaços sagrados, como altares e templos, com o objetivo de materializar e ancorar as energias invocadas. A simbologia do quadrado está intrinsecamente ligada à solidez e sua presença em ambientes sagrados amplifica a intenção de estabilidade e harmonia. Um exemplo ilustrativo é a carta 4 de Paus, que apresenta quatro firmes varas fincadas no solo, transmitindo a ideia de sustentação e equilíbrio. Na geometria sagrada, o quadrado é considerado um dos "sólidos platônicos", formas tridimensionais que possuem significados

espirituais profundos. O quadrado, o tetraedro, o octaedro, o dodecaedro e o icosaedro são considerados formas fundamentais que representam diferentes aspectos da realidade cósmica. No ocultismo e na espiritualidade, o quadrado pode representar a quarta dimensão, que está além das três dimensões do espaço físico. Uma dimensão vista como espiritual, onde o tempo e o espaço se unem, possibilitando uma compreensão mais profunda da realidade.

Ao empregar a mandala quadrada em seus rituais mágicos com velas, você pode se alinhar com sua essência de estabilidade e permanência. Ao colocar sua vela no centro dessa mandala, um poderoso foco é estabelecido para equilibrar energias, sejam elas individuais, coletivas, espaciais. A mandala quadrada é uma ferramenta ideal para enraizar, estabilizar e fortalecer projetos que buscam uma base sólida para crescer e prosperar. Por meio da combinação da simbologia do quadrado com o poder da vela e de sua intenção mágica, você cria uma sinergia que amplifica as forças de estabilidade, equilíbrio e permanência em suas práticas rituais. A mandala quadrada se torna um canal para a manifestação de suas metas e objetivos concretos, conferindo-lhes a solidez necessária para se manterem de pé e florescerem com sucesso.

Triângulo do Fogo: o Triângulo do elemento Fogo aponta para cima, em direção aos céus. Tradicionalmente, este símbolo possui conotações associadas à heteronormatividade, sendo muitas vezes interpretado como uma representação fálica ereta, simbolizando fertilidade e vitalidade. No entanto, é importante notar que as interpretações desse símbolo podem variar de acordo com as diferentes culturas e contextos. Além de sua conotação associada à masculinidade e à fertilidade, é símbolo de poder e controle, representando força ativa e reativa. Associado a tradições ocultistas e herméticas, onde é visto como um símbolo de poder e Magia, muitas vezes é utilizado em rituais de invocação e evocação de entidades espirituais, simbolizando a conexão entre o mundo terreno e o mundo espiritual. Devido à sua natureza enérgica e assertiva, é muito usado em magias de vingança e justiça. Ele pode ser incorporado em feitiços que buscam equilibrar injustiças, punir ofensores ou buscar retribuição. Apontado para cima simboliza a ascensão espiritual e a busca por estados superiores de consciência. Pode ser utilizado em meditações e rituais para estimular o crescimento espiritual e a expansão da consciência. Devido à sua associação com o falo e a masculinidade, também é visto como um símbolo do masculino Divino nas tradições espirituais. Representa energia ativa, impulso criativo e ação assertiva.

Nas práticas mágicas, esta mandala pode ser utilizada para amplificar a potência dos feitiços, conferindo-lhes maior vigor e solidez. Especialmente em casos de Magia de ataque, vingança ou manipulação, é bastante eficaz, uma vez que carrega consigo um poder assertivo de imposição e controle.

Além disso, a natureza ascendente do Triângulo do Fogo facilita o encaminhamento das energias, tornando-o útil para direcionar intenções e acelerar processos, inclusive questões judiciais. Sua conexão com o elemento Fogo também sugere a capacidade de purificação e transformação, tornando-o um aliado em rituais de limpeza e renovação.

Triângulo da Água: em formato de cálice, esta geometria singular frequentemente evoca a ideia de nutrição e fertilidade, estabelecendo um elo com a essencialidade da água para a vida. Tanto física, emocional quanto espiritualmente, o símbolo evoca a energia da nutrição que alimenta nosso ser. A Água, como elemento de fluidez e sensibilidade, encontra sua essência refletida no Triângulo da Água. Sua forma, com a ponta voltada para baixo, sussurra-nos a natureza descendente da água, uma metáfora visual para a profundeza de nossas emoções e do inconsciente. Nessa dança de simbolismo, o cálice invertido simboliza a conexão com os abismos emocionais e os recônditos do inconsciente.

Este intrigante emblema triangular não apenas representa, mas também amplia nossa ligação com a intuição, a sensibilidade emocional e as camadas mais sutis do subconsciente. É uma chave que abre portas para meditações enriquecedoras e práticas de desenvolvimento espiritual, mergulhando em um entendimento mais profundo das complexidades emocionais e acessando insights intuitivos. A associação ao elemento Água e a simbologia do cálice abre as portas para a exploração dos reinos interiores do inconsciente. É um farol que guia jornadas de autoconhecimento e exploração do self, iluminando os recantos esquecidos da psique humana.

Usando esta mandala em seus feitiços, você traz para realidade uma sinfonia de cura, tanto física quanto emocional, este símbolo se torna uma ferramenta de amplificação dos efeitos benéficos da energia de cura. A energia revitalizante da água, quando canalizada através deste símbolo, potencializa os processos de cura e equilíbrio, restaurando não apenas o corpo, mas também o âmago das emoções.

Além disso, sua conexão com a intuição e profundidade oferece um caminho para aprimorar habilidades psíquicas e sensitivas. A clareza da clarividência e a intuição da vidência encontram terreno fértil neste símbolo, ampliando horizontes e dissolvendo véus entre o visível e o oculto.

Com sua formação geométrica e narrativa simbólica, convida-nos a mergulhar nas correntes do nosso interior mais profundo. Um instrumento versátil, que se entrelaça harmoniosamente em uma ampla gama de práticas espirituais, trazendo consigo a promessa de revelações emocionais, vislumbres intuitivos e um renascimento curativo que flui como as águas que ele personifica.

Triângulo do Ar: representado com um triângulo apontando para cima com um traço cortando-o no topo, simbolizando a natureza ascendente, como os picos das altas montanhas associado à mente, ao intelecto, à comunicação, à clareza mental e à liberdade de pensamento. Representa a expansividade e a ascensão do pensamento.

É uma ferramenta poderosa para invocar inspiração e liberar a mente de limitações, pode ajudar a concentrar sua mente, abrir novos horizontes e acessar insights profundos. O ar também está associado à purificação e à proteção, podendo ser utilizado em rituais de purificação de espaço, limpeza de energias negativas e proteção contra influências indesejadas.

Este símbolo possui uma característica fascinante: ele pode servir como um canal para transmitir mensagens e direcionar intenções aos reinos espirituais. Imagine estar em meio a conflitos e desentendimentos com alguém que você ama profundamente, e, por algum motivo, essa pessoa bloqueia a comunicação e se afasta. Neste cenário, a Magia envolvendo este símbolo pode ser uma valiosa aliada para levar as palavras não ditas diretamente ao coração da pessoa amada.

Com a ajuda deste símbolo, é possível estabelecer uma conexão sutil e espiritual, transcendendo as barreiras físicas e emocionais. Ele atua como um canal de comunicação, permitindo que suas intenções e sentimentos alcancem a outra pessoa de maneira profunda e significativa. Mesmo quando as palavras falham, a energia e a intenção por trás delas podem ser transmitidas através desse símbolo, tocando o âmago do coração daqueles que estão distantes.

Essa prática mágica oferece a oportunidade de reconciliação, cura emocional e, possivelmente, a restauração da conexão com aqueles que são importantes em nossa vida. Ela demonstra a capacidade da Magia de transcender as limitações mundanas e abrir caminhos para cura, compreensão e comunicação com os reinos espirituais. É um poderoso lembrete de que, mesmo quando as palavras não podem ser pronunciadas pessoalmente, o amor e a intenção podem encontrar um meio de se fazerem presentes e serem ouvidos.

]**Triângulo da Terra:** aqui o triângulo aponta para baixo, com um corte em sua ponta, representando as camadas que estão abaixo da linha do solo no qual pisamos. Essa forma é um reflexo visual da força e da fundamentação associadas a esse elemento. É frequentemente associado a questões relacionadas à abundância, à prosperidade, à saúde, à segurança e à estabilidade.

Símbolo que invoca as energias da terra que sustentam o crescimento e a colheita, eficaz para rituais que visam proporcionar estabilidade, segurança e proteção. Pode ser usado em feitiços para fortalecer lares e relações familiares. O Triângulo da Terra é uma ferramenta que estabelece uma conexão mais profunda com a natureza e pode ser usado em práticas para celebrar e honrar os ciclos naturais e se reconectar com o ambiente ao nosso redor.

Este símbolo ajuda a trazer equilíbrio e fundamentação àqueles que estão passando por momentos de instabilidade ou mudanças significativas em suas vidas, também pode ser interpretado como a representação visual dos princípios do cultivo e da colheita, que podem ser aplicados não apenas à agricultura, mas também a projetos e empreendimentos pessoais.

O Triângulo da Terra vai além do que é imediatamente perceptível, proporcionando uma conexão profunda com a ancestralidade e com os espíritos de nossa linhagem familiar. Além disso, permite-nos estabelecer contato com aqueles que já partiram, buscando sabedoria e insights que possam revelar aspectos ocultos de nossos caminhos de vida. Muitas vezes, esses aspectos invisíveis podem ser barreiras que nos impedem de alcançar nossos objetivos. Por meio deste símbolo, abrimos uma ponte para o passado, honrando nossos antepassados e buscando sua orientação. O símbolo contém um vasto acervo de experiências, sabedoria e conhecimento acumulado ao longo das gerações. Ao invocá-los, podemos acessar essa fonte de insights e conselhos que muitas vezes se encontram fora do alcance de nossa compreensão cotidiana.

À medida que nos conectamos com nossos antepassados e espíritos familiares, ganhamos clareza sobre esses padrões e recebemos orientação sobre como superá-los. É uma porta para o passado que se abre para iluminar o presente e guiar o futuro, permitindo que alcancemos nossos objetivos com sabedoria e clareza.

Estrela de 5 pontas: o Pentáculo, uma figura que transcende os véus do tempo, emerge como um dos símbolos mais proeminentes e empregados no vasto território do ocultismo. No ocidente, sua icônica forma é associada aos cinco elementos primordiais – Ar, Terra, Fogo, Água e Espírito – um cântico visual que entoa o perfeito equilíbrio entre essas forças arquetípicas. Como uma partitura cósmica, ele harmoniza as sinfonias dos elementos, convergindo-os em um todo harmonioso, que ressoa com significados múltiplos e complexos, refletindo a própria tapeçaria da existência. Este símbolo multifacetado simula o equilíbrio inerente à natureza e à espiritualidade. É a alquimia da união, onde todas as forças cósmicas convergem, fundem-se e transcendem. Nas entranhas da Bruxaria e do ocultismo, o Pentáculo vai além do tempo, ele é um farol que ilumina os caminhos da Magia e da conexão divina. Embora sua rica tapeçaria de significados possa se misturar, não se perde o poder e a profundidade que ele emana. Cada faceta do Pentáculo reverbera como um eco de seus mistérios. À medida que desvendamos as camadas deste símbolo, é inevitável o convite à criatividade e à exploração. O Pentáculo, com sua profunda conexão com a energia criadora, coloca-se como uma tela em branco para a Magia do indivíduo. Em sua rica complexidade, é uma escolha hábil para uma variedade de propósitos rituais. Da mesma forma que um artista pinta sua tela, o praticante da Magia pode canalizar a essência do Pentáculo em uma miríade de formas. Seja como um escudo de proteção, uma lente para se comunicar com o Divino, uma chave para abrir portais de energia ou um catalisador para transmutação, o Pentáculo desenha um mapa vibrante de possibilidades. Cada linha e ângulo é uma ponte para diferentes dimensões mágicas. Através dele, as forças são canalizadas, os véus são finamente tecidos e a intenção do magista é selada no reino etéreo.

A estrela é um portal de infinitas manifestações, uma encruzilhada, onde as forças cósmicas se entrelaçam e dançam em perfeita harmonia. Sua simbologia intrincada transcende os limites do tempo e do espaço, unindo as dimensões do Universo. Essa estrela, com seus múltiplos pontos convergentes, é o retrato vivo da alquimia, da união e da síntese das forças universais. Sua linguagem mística se desdobra em um convite para explorar as vastidões da Magia, concedendo às intenções um poder amplificado e transformador.

Como uma ferramenta mágica, a estrela concede ao praticante uma paleta rica de potencialidades, uma expressão visual da interconexão de todas as coisas.

Dentro deste manto estelar, a criatividade encontra seu palco. Cada ponto da estrela é um farol que irradia sua energia única, uma fonte de poder que pode ser sintonizada para cumprir qualquer intenção mágica. Através dessa linguagem cósmica, os praticantes são convidados a transcender os limites e a explorar as profundezas da magia.

Cada estrela é como um catalisador que ativa e amplifica as intenções, conferindo-lhes uma ressonância cósmica. Combinar esse símbolo com a energia das velas e cristais é mergulhar nas profundezas de uma Magia expansiva e transformadora. As velas, com suas chamas dançantes, são os pilares que sustentam as intenções, enquanto os cristais, com sua essência ancestral, são as lentes que focalizam e direcionam a energia.

A estrela guia o caminho, proporcionando um meio de conduzir o poder e as intenções em um fluxo sinuoso de Magia. Um farol que ilumina os desejos mais profundos, uma âncora que mantém a conexão com os reinos mais elevados. Portanto, ao adotar o formato estelar em suas práticas de Magia com Velas e cristais, você está alinhando-se com o cosmos, convocando as forças da criação para dançar ao ritmo de suas intenções. Com criatividade e discernimento, essa estrela brilhante é um veículo que transporta sua Magia para as estrelas e além, potencializando cada feitiço e ritual que você escolhe manifestar. Como um farol no céu noturno, a estrela na Magia com Velas e cristais ilumina os caminhos do possível, lançando luz sobre o desconhecido e concedendo vida às suas aspirações mais profundas.

Espiral horária e anti-horária: vamos contemplar o movimento de um relógio analógico como uma metáfora para as energias e movimentos positivos. Nos relógios, os ponteiros avançam no sentido horário, marcando a passagem do tempo de maneira contínua. Neste contexto, podemos extrair a essência da espiral horária, onde a progressão e a continuidade se entrelaçam, refletindo na materialização das intenções. Entretanto, uma dualidade se apresenta quando consideramos a espiral anti-horária, que segue o caminho inverso. Esta é a mandala da regressão, do retrocesso, da dissolução. Ela sugere um movimento que desafia a linearidade do tempo, convidando a uma contemplação profunda sobre os ciclos de vida, transformação e renovação.

A espiral horária se converte em uma aliada para concretizar objetivos e construir alicerces sólidos para o crescimento. Ela abraça a noção de que cada passo adiante é um tijolo na construção da jornada da vida. Assim como os ponteiros de um relógio não param, essa espiral impulsiona o movimento incessante em direção às metas.

Por outro lado, a mandala da espiral anti-horária é um espelho das marés cósmicas que nos impelem a revisitar nossas raízes e as profundezas do ser. Ela oferece a oportunidade de desconstruir o passado, lançar luz sobre memórias enterradas e desvendar os mistérios que residem no inconsciente. Quando abraçamos essa espiral, mergulhamos na arte de soltar, dissolver e permitir que o antigo se transforme em fertilizante para o novo.

As espirais representam dois aspectos complementares da jornada humana: avançar e recuar, progredir e refletir. Ao trabalhar com essas energias, abrimos portas para um entendimento mais profundo da natureza cíclica da vida. As espirais se tornam um lembrete constante de que, assim como os ponteiros de um relógio, nossa existência é moldada por movimentos simultâneos de avanço e regresso.

Utilizando essas espirais em suas práticas, você explora os ritmos do Universo. As intenções ganham a chance de dançar entre o fluxo constante do tempo e o retorno às origens. Ao dominar essa dança, você desenha um mapa para sua própria evolução, permitindo que as espirais guiem sua jornada em busca da compreensão, realização e crescimento.

Veja como aplicar essas mandalas em suas práticas mágicas com velas:

- *Espiral anti-horária para dissolução de energias densas:* para desfazer laços com energias negativas, fixe uma vela no centro de uma espiral anti-horária enquanto permite que essas energias se desprendam e se dissolvam no éter. Para banimentos e purificações utilize a espiral anti-horária para direcionar a energia para fora, liberando o que não é mais necessário. Para movimento de regressão e exploração de memórias passadas, ou para analisar traços comportamentais, mergulhe na espiral anti-horária e siga o fluxo de volta no tempo. Em maldições e situações excepcionais, a espiral anti-horária pode ser empregada para direcionar energias desfavoráveis, sempre lembrando da responsabilidade que isso implica.

- *Espiral horária:* para elevação de energias positivas e construção de uma aura de positividade, coloque uma vela no centro de uma espiral horária, permitindo que ela atraia e concentre boas vibrações. Para energizar ou carregar objetos, cristais ou amuletos com energia, use esta espiral, já que ela impulsiona a vitalidade desses itens. Para disseminação de energias leves, com o intuito de compartilhar boas energias com um local, objeto ou pessoa, deixe que a espiral horária espalhe essa luminosidade. Para fomentar a criatividade em um novo projeto, use a espiral horária para infundir sua energia criativa nas etapas iniciais.

MAGIA NUMÉRICA COM VELAS: O SEGREDO DAS COMBINAÇÕES

Na vastidão do tempo e dos mistérios, as origens da numerologia como prática mágica remontam aos primórdios da humanidade. Desde tempos ancestrais, os números têm sido considerados portadores de significados mais profundos, transcendendo o mundo tangível e adentrando os reinos espirituais. A Magia dos números ecoa através das eras e culturas, é nas antigas civilizações que encontramos as primeiras sementes da numerologia mágica. Na Babilônia, por exemplo, os sábios estudavam os padrões numéricos das estrelas e dos eventos celestiais, buscando entender a influência dos números na vida terrena. Essa prática lançou as bases para a crença de que os números poderiam ser usados para decifrar os mistérios da existência.

Contudo, foi na antiga Grécia que a numerologia começou a florescer em um sistema mais elaborado. Pitágoras, renomado matemático e filósofo, acreditava que os números eram a essência do Universo e detinham um profundo significado espiritual. Sua famosa Escola Pitagórica desenvolveu o sistema de numerologia que relacionava números e letras, associando valores numéricos às letras do alfabeto grego. Eles acreditavam que cada número tinha características específicas que poderiam revelar segredos sobre o mundo natural e as questões humanas. A influência dos ensinamentos pitagóricos permeou o pensamento mágico ao longo dos séculos. A partir daí, culturas como a egípcia, a judaica e a cristã começaram a incorporar a numerologia em suas práticas espirituais e religiosas. Na tradição judaica, a Gematria associava letras hebraicas a números, permitindo a interpretação mais profunda de textos sagrados.

Na Idade Média, a numerologia passou a ser mais amplamente utilizada para adivinhação e interpretação divinatória. Manuscritos herméticos e grimórios alquímicos continham códigos numéricos secretos que, acreditava-se, poderiam desbloquear os mistérios do cosmos. A Magia cabalística, em particular, desenvolveu-se em torno de um profundo entendimento das correlações entre letras, números e princípios Divinos. A Renascença trouxe de volta o interesse pela Magia e pela numerologia, com estudiosos ocultistas como Agrippa e Paracelso explorando as relações místicas dos números e a influência sobre a vida humana. Esse período também viu o surgimento do Tarô, no qual cada carta carrega um número e um significado esotérico, estabelecendo uma conexão profunda entre a numerologia e a adivinhação.

À medida que os séculos progrediam, a numerologia foi evoluindo e se adaptou às mudanças culturais e filosóficas. A Nova Era do século 20 trouxe um ressurgimento do interesse pela espiritualidade alternativa, e a numerologia emergiu como uma ferramenta popular para autoconhecimento, orientação e prática mágica.

Hoje, a numerologia mágica continua a cativar os buscadores espirituais, oferecendo um meio de explorar o profundo vínculo entre números e a essência do Universo. Ao decifrar os códigos numéricos ocultos, os praticantes de numerologia mágica buscam compreender e moldar suas vidas com base nas influências cósmicas que os números carregam. Essa jornada nos leva muito além do mundo material, desvendando segredos que conectam o microcosmo ao macrocosmo.

Desde os antigos mistérios até as práticas contemporâneas, os números são as pedras fundamentais que sustentam os pilares da compreensão espiritual. A importância dos números em diversas tradições é uma prova da sua natureza universal e atemporal como ferramentas de conexão com o Divino e o místico. Na Kaballah judaica, a Gematria associa valores numéricos a palavras e frases, revelando camadas ocultas de significado nos textos sagrados. O *Zohar*, uma das principais obras da Kaballah, explora os aspectos místicos dos números e sua relação com as *Sefirots*, as dez emanações divinas. Os números não apenas desvendam a profundidade das Escrituras, como também conectam os praticantes com a essência do Criador.

No hinduísmo e no budismo, os números têm um papel crucial na cosmologia e na meditação. A mandala, um símbolo sagrado que representa a totalidade do Universo, muitas vezes é composta por padrões numéricos específicos que refletem a ordem cósmica. Os chakras, centros de energia do corpo, são associados a números que representam diferentes níveis de consciência. A repetição de mantras em números específicos durante a meditação é uma forma de se alinhar com frequências espirituais elevadas. O I Ching, um antigo sistema chinês de adivinhação, usa hexagramas compostos por linhas quebradas e contínuas para representar diferentes padrões energéticos. Esses hexagramas são compostos por números que representam forças universais em constante fluxo. O estudo do I Ching permite que os praticantes interpretem os movimentos da vida e tomem decisões alinhadas com os ciclos cósmicos. A Astrologia também se entrelaça com a Numerologia, usando números para calcular posições planetárias e influências astrológicas. Os números associados a datas de nascimento e eventos cósmicos revelam traços de personalidade e potenciais espirituais.

Na essência oculta do Universo, os números são os arcanos que revelam a linguagem secreta das energias espirituais. Cada número é mais do que um mero símbolo matemático; é uma porta para os reinos sutis da consciência e do Divino. A relação entre números e energia espiritual é intrincada e profunda, permeando todas as dimensões da existência e ligando o microcosmo ao macrocosmo. A numerologia espiritual acredita que os números são os alicerces vibratórios que sustentam a realidade. Cada número carrega um conjunto único de qualidades vibracionais, que ressoam em harmonia com os princípios universais. Assim como a luz branca é desdobrada em um espectro de cores, a energia universal se manifesta através de padrões numéricos que tecem a trama da vida. Por meio da contemplação e da compreensão desses números, podemos desvendar os mistérios do nosso propósito e destino.

Os números não apenas descrevem nossa jornada espiritual, mas também podem ser usados como ferramentas mágicas para canalizar e direcionar energia. Ao combinar números específicos em rituais, meditações e feitiços, os praticantes podem invocar energias espirituais específicas para manifestar seus desejos e intenções. A sincronicidade dos números também é uma linguagem sutil da espiritualidade. Ver números repetidos como 11:11 ou 333 pode ser interpretado como um sinal do Universo, uma mensagem de que você está em sintonia com os fluxos Divinos. Esses momentos são convites para se conectar mais profundamente com sua espiritualidade e seguir o chamado interior.

A relação entre números e energia espiritual é um portal para a compreensão mais profunda da conexão entre o visível e o invisível, o material e o espiritual.

Na jornada mágica da numerologia, cada número de 1 a 9 detém segredos e mistérios que reverberam nos reinos espirituais e além. Cada número é um portal para um domínio único de energia, potencializando e moldando a Magia que permeia nossa vida. Os números de poder, de 1 a 9, são as chaves mestras para desvendar a essência do cosmos e para transformar vontade em realidade.

NÚMERO 1: criação e pioneirismo. Representa o início, a independência e a força de vontade. O número 1 é o fogo primordial que acende o impulso criativo. É o número que dá início aos projetos, ancorando a energia do novo e do potencial.

NÚMERO 2: dualidade e parceria. Representa a cooperação, a diplomacia e a harmonia. É a união de forças, a busca pelo equilíbrio e a conexão com a intuição. A energia que nos lembra da interdependência entre todos os seres.

NÚMERO 3: expressão e comunicação. Representa a criatividade, a expansão e a alegria. É a dança das palavras, a arte que brota do coração e a conexão com a alegria interior. A energia que nos convida a explorar o mundo com um olhar lúdico.

NÚMERO 4: estabilidade e fundação. Representa a solidez, a organização e a disciplina. É o alicerce sólido que sustenta os nossos empreendimentos. A energia que nos convida a trabalhar com persistência e a construir nossos sonhos sobre terreno firme.

NÚMERO 5: mudança e liberdade. Representa a aventura, a curiosidade e a adaptabilidade. É o vento que nos leva para terras desconhecidas, a busca pela experiência e a coragem para enfrentar as transformações.

NÚMERO 6: amor e harmonia. Representa a compaixão, a família e o equilíbrio. É o abraço que acalma, a conexão com as relações significativas e a busca pela harmonia interna e externa.

NÚMERO 7: sabedoria e introspecção. Representa a busca pelo conhecimento, a espiritualidade e a análise profunda. É o silêncio da mente, a conexão com os mistérios e a jornada para encontrar a verdade interior.

NÚMERO 8: poder e realização material. Representa a abundância, a autoridade e a prosperidade. É a Roda da Fortuna que gira, a energia que nos lembra da importância de honrar nosso próprio valor e manifestar nossos desejos terrenos.

NÚMERO 9: conclusão e transcendência. Representa a compaixão universal, a espiritualidade elevada e a transformação. É a semente que floresce, a energia que nos lembra de que a jornada terrena é efêmera e que nossa verdadeira essência transcende o tempo e o espaço.

Números Mestres

A combinação e sequência desses números formam padrões que revelam os caminhos da jornada espiritual. Além disso, números mestres como 11, 22 e 33 são considerados de elevada espiritualidade e potencial evolutivo. Esses números carregam energias intensas, desafiando os indivíduos a se alinharem com suas vibrações superiores. O que torna esses números diferentes dos demais é a intensidade e a profundidade das energias que são inerentes a ele. Enquanto todos os números têm um significado e uma vibração, os números mestres trazem uma carga mais elevada, conectando-se diretamente com as esferas espirituais e cósmicas. São como portais para o Divino, convocando aqueles que os encontram a elevar sua consciência, aprofundar-se em suas jornadas espirituais e a se tornarem os arquitetos de sua própria evolução. Os números mestres são como faróis de luz em meio à vastidão do Universo numérico, guiando-nos para a compreensão de nossa verdadeira natureza e potencial.

11: PORTAL DA INTUIÇÃO E DA ILUMINAÇÃO. Chamado de número mestre, o número 11 representa um portal para dimensões superiores de conhecimento e intuição. É o guardião das revelações espirituais e da iluminação interior. Carrega consigo a energia do despertar da consciência e do reconhecimento da conexão entre o mundo material e o espiritual. Sua natureza dupla, com dois dígitos idênticos, simboliza a dualidade que é transcendida quando a intuição é desenvolvida e usada como guia. Convida a mente a se abrir para as mensagens ocultas do Universo e a confiar nas inspirações que vêm do âmago do ser.

22: MESTRE CONSTRUTOR. Número que possui o poder de manifestar o impensável. É conhecido como o Mestre Construtor, porque carrega consigo a capacidade de materializar grandes visões e transformá-las em realidade tangível. Este número ressoa com a energia da construção sólida, do planejamento estratégico e da habilidade de trabalhar com os detalhes para alcançar resultados grandiosos. É um alquimista que transforma sonhos em estruturas concretas, lembrando-nos do potencial ilimitado da mente humana quando guiada pela determinação e pela visão.

33: MESTRE DA CURA. Considerado um número mestre, embora com menos frequência do que os anteriores, o 33 é conhecido assim, porque carrega a energia da compaixão, da cura espiritual e do serviço altruísta. Ressoa com o desejo de elevar a consciência coletiva e de ajudar os outros a encontrarem seu propósito espiritual. Representa a união do corpo, mente e espírito, buscando a harmonia e a cura em todos os níveis. É uma inspiração para aqueles que buscam usar seus dons em prol do bem-estar do mundo.

Assim como um artesão molda o barro para criar sua obra-prima, você pode esculpir a realidade com os números, usando-os como suas ferramentas. Obviamente que a Magia com Velas ganha poder quando trabalhada juntamente à numerologia, que pode ser usada de algumas maneiras interessantes.

Números intencionais

Escolha números que estejam em sintonia com a intenção de sua prática mágica. Cada número carrega uma vibração única e pode influenciar a energia do seu feitiço. Por exemplo, o número 7 é frequentemente associado a mistérios e a intuição. Use 7 velas roxas para fazer um Círculo e se sentar dentro dele com a intenção de ampliar sua intuição. O número 9 está ligado à conclusão e transformação. Com 9 velas em um ritual o poder do número será atraído.

Numerologia de data e hora

Escolha datas e horários para realizar seus rituais com velas, ou então reduza a um único dígito datas de aniversário ou eventos importantes, na intenção de achar um número correspondente a pessoa ou ao momento. Por exemplo, a data 25 de julho de 2023, pode ser reduzida a 2 + 5 + 7 + 2 + 0 + 2 + 3 = 21, que por sua vez é reduzido a 2 + 1 = 3. Sendo assim 3 velas podem ser usadas para representar este momento, dia ou pessoa.

SIGILOS NUMÉRICOS: crie sigilos mágicos utilizando números que representam sua intenção. Esses sigilos podem ser desenhados nas velas antes de acendê-las, incorporando a energia numérica diretamente na chama. O processo de criar um sigilo numérico envolve reduzir uma frase de intenção a uma sequência de números, que são então combinados em um desenho único.

MEDITAÇÃO COM NÚMEROS: antes de acender a vela, medite sobre o número que escolheu. Deixe sua mente mergulhar na vibração deste número, explorando suas associações e significados. Visualize a energia do número fluindo através de você e sendo canalizada para a vela. Esta meditação ajuda a sincronizar sua consciência com a energia numérica, aumentando a conexão entre sua intenção e o feitiço.

NÚMEROS E CORES CORRESPONDENTES: além dos números em si, considere as cores das velas em relação à numerologia mágica. Cada cor possui uma vibração específica que pode ser combinada com os números para criar uma sinfonia de energia. Por exemplo, se você está trabalhando com o número 5 (mudança) e a cor azul (paz e comunicação), pode escolher uma vela azul e combinar esses elementos para promover mudanças harmoniosas.

A MAGIA DOS AROMAS

Desde os primórdios da história humana, o encontro com o mundo dos aromas ocorreu em paralelo ao fascínio pelo fogo. A humanidade teve seu primeiro e intrigante contato com o perfume, um reino sensorial que há muito permeia nossa existência, no indescritível rastro aromático da fumaça. Esse encontro enigmático e essencial assemelha-se à relação inicial com o elemento Fogo em si. Os primeiros sinais de nossa relação com os perfumes emergiram da fumaça resultante da queima de madeira, tanto por consequência natural, como pela ação provocada pelo homem. O aroma entrelaçado nesse nebuloso emaranhado de fumaça trouxe à humanidade uma nova dimensão de experiência sensorial. Como testemunha silenciosa das eras passadas, o perfume tem acompanhado o desdobramento das sociedades, marcando presença em rituais, cerimônias e cotidiano. Sua trajetória é ecoada pelo próprio nome que carrega, remanescente do latim *per fumum*, sinalizando sua conexão inextricável com as fragrâncias nascidas a partir do humilde fumo, que em suas primeiras essências lançou os alicerces desse reino mágico.

Assim como o fogo, o perfume atravessou fronteiras e culturas, trazendo consigo os ecos das antigas civilizações. Nas sutilezas do aroma, encontramos a história das dinastias que se ergueram e caíram, das tradições que foram tecidas e desfeitas.

Das pirâmides do Egito à sedução do Antigo Oriente, das cortes renascentistas à expansão das rotas comerciais, o perfume se tornou mais do que uma mera fragrância; tornou-se uma testemunha do tempo, um laço entre gerações e uma expressão da complexidade da alma humana. Hoje, enquanto seguimos em nossa jornada através da intrincada teia do tempo, os perfumes continuam a nos envolver em seus mistérios aromáticos. Cada fragrância carrega as lembranças das eras passadas, a essência de uma conexão que transcende a física e mergulha no âmago da experiência humana. Assim como os primeiros lampejos de fogo que iluminaram a escuridão ancestral, o perfume permanece como uma constante, uma ponte olfativa que liga o passado ao presente, a humanidade ao cosmos aromático que nos cerca.

O vínculo ancestral entre o perfume e o sagrado ressoa através das páginas da história, traçando uma trilha que se origina nas antigas civilizações. Um elo evidente desse enlace se revela na civilização egípcia, onde os perfumes, unguentos, óleos, incensos e resinas eram reverenciados não apenas como essências terrenas, mas como oferendas sagradas destinadas aos Deuses e à purificação de lugares divinamente consagrados.

A rica teia de usos do perfume e óleos entre os antigos egípcios ilustra uma ligação profunda e multifacetada. Estes aromáticos tesouros eram intrincadamente entrelaçados no tecido do cotidiano, desde a esfera da higiene pessoal até a manifestação da vaidade. A utilização destes preciosos aromas fluía como um rio constante, percorrendo a vida de seus portadores. Entre a civilização egípcia, encontramos brincos concebidos com um espaço oco que se destinavam a ser preenchidos com perfumes. O ato de usar esses brincos não apenas adornava, mas também conferia um rastro aromático àqueles que os vestiam. A fragrância impregnava roupas e pele, emanando uma essência sutil que acompanhava seus movimentos.

Além disso, a relação simbiótica entre os perfumes e o sagrado era dada com maestria nos rituais egípcios. A queima de incensos e resinas perfumadas transcendia a mera função sensorial, mergulhando nas profundezas do religioso. Os vapores aromáticos eram oferendas que elevavam a conexão entre o humano e o Divino, preenchendo os espaços consagrados com uma presença espiritual tangível. A essência dessa tradição reverente perdurou ao longo das eras, deixando um legado que atravessou continentes e épocas. Hoje, enquanto seguem os passos do passado, os perfumes continuam a ser mais do que uma composição aromática; são testemunhas das aspirações humanas em direção ao sagrado. Como o incenso que se elevava nas cortes egípcias, esses aromas evocam uma ligação imemorial, um eco da humanidade em busca de uma conexão transcendente, permeando o espaço e o tempo com fragrâncias que transcendem a materialidade e ressoam com o Divino.

O legado das civilizações passadas floresce em práticas contemporâneas, nas quais os aromas são usados tanto na aromaterapia como na Magia. Assim como os povos antigos acreditavam que essências podiam abrir portas para a divindade, a aromaterapia nos lembra do poder dos aromas para conectar nossa essência interna à paz e à cura. Na Magia, os aromas também desempenham um papel central, infundindo feitiços e rituais com suas essências sutis. A tradição de usar incensos e óleos aromáticos para invocar energias, atrair desejos e criar um ambiente propício para a Magia persiste até os dias de hoje. A seleção cuidadosa de óleos e ervas aromáticas pode elevar a energia de um espaço ritual e fortalecer a intenção de um feitiço. Como nos tempos antigos, os aromas agem como pontes entre o visível e o invisível, entre o terreno e o transcendental.

Da antiguidade ao presente, os aromas são mais do que simples fragrâncias; são portadores de memórias ancestrais e condutores de energia. Eles entrelaçam passado e presente, unindo culturas e práticas através do fio invisível do olfato. Nos aromas, encontramos um lembrete sutil de que somos parte de uma tradição mágica que transcende o tempo, conectando-nos aos Deuses, aos sábios e às forças misteriosas que permeiam o mundo.

Além disso, os aromas podem induzir estados alterados de consciência, muitas vezes ancorados nas emoções que eles despertam. Um aroma floral suave pode induzir uma sensação de tranquilidade e relaxamento, enquanto um aroma cítrico e refrescante pode revigorar e energizar. Essas respostas emocionais não são apenas superficiais; elas têm o potencial de influenciar nossa percepção da realidade e até mesmo de expandir nossa consciência. Por exemplo, o aroma de incenso usado em práticas espirituais pode ser um portal para estados meditativos profundos. O incenso, com suas notas terrosas e espirituais, pode guiar a mente para além dos limites do cotidiano, permitindo que mergulhemos em estados de contemplação e conexão espiritual.

Os aromas também estão intimamente ligados às práticas que utilizam óleos essenciais extraídos de plantas para promover bem-estar emocional e físico. Cada óleo essencial possui um perfil aromático único que pode influenciar nossa psicologia e nossas emoções. Óleos como lavanda podem acalmar a ansiedade, enquanto o óleo de hortelã-pimenta pode aumentar a clareza mental e a energia. Portanto, os aromas não são apenas fragrâncias agradáveis; eles são chaves para nossas emoções e estados de consciência. Ao explorar os aromas e suas influências sutis, podemos acessar camadas profundas de nossa psique e até mesmo transcender nossa realidade cotidiana, permitindo-nos explorar os reinos das emoções, da espiritualidade e da expansão da mente.

Explorar o reino dos aromas é como desvendar os segredos das plantas que deram origem aos óleos aromáticos, infundindo-os com sua essência mágica. Esta conexão entre aromas e energia vegetal eleva a potência dos feitiços de Magia com Velas a novos patamares. Entretanto, é a influência profunda no nosso inconsciente que merece destaque, tal como mencionei anteriormente em relação ao sistema límbico. Neste contexto, minha intenção é focar em uma abordagem mais emocional, ressaltando como os aromas podem evocar emoções que nos permitem entrar em estados de consciência capacitadores. Afinal, para que nossos rituais mágicos fluam harmoniosamente, é vital alinhar nossas emoções com nossas intenções.

Desta forma, além de qualquer tabela aromática ou correspondências predefinidas, é fundamental que você compreenda a interação única entre cada aroma e suas emoções. Cada cheiro evoca uma resposta singular em você, podendo ser um gatilho poderoso para aprimorar suas práticas de Magia com Velas. Considerando o fato de que nossas memórias, emoções e experiências estão profundamente entrelaçadas com o sistema límbico, utilizar aromas estrategicamente em sua Magia é como manipular as alavancas de sua mente subconsciente. Assim, ao selecionar um aroma específico, você pode convocar emoções que amplificam sua determinação, confiança e positividade, criando um ambiente ideal para que seus feitiços ganhem vida.

Enquanto cada aroma é dotado de suas próprias propriedades mágicas, o truque aqui é o foco na conexão emocional que estabelecemos com eles. Ao compreender a sinergia entre os aromas e suas emoções, você terá uma chave valiosa para acessar estados de consciência empoderadores, transformando seus rituais mágicos em jornadas profundamente significativas e eficazes.

A seguir, veja algumas ideias que podem ser interessantes para empoderar ainda mais seus rituais e feitiços:

UNÇÃO DE VELAS COM ÓLEOS AROMÁTICOS: escolha um óleo essencial que corresponda à sua intenção mágica, como lavanda para relaxamento, patchouli para prosperidade ou um perfume que traduza a emoção que deseja trazer. Aplique algumas gotas na vela visualizando sua intenção. Acenda a vela e deixe que o aroma preencha o ambiente, intensificando sua Magia.

AROMATIZAÇÃO DO AMBIENTE: utilizando velas de rechaud, ou aquelas que já vem em copos, coloque gotas de essência sobre a parafina para que ela vá queimando e enchendo o ambiente com o aroma que escolheu para criar a atmosfera ritualística.

FUMIGAÇÃO DE ESPAÇOS: queime ervas aromáticas, resinas ou incensos em sua vela ritualística que estejam alinhados com seu objetivo mágico. Acenda uma vela que também corresponda à intenção, potencializando a energia mágica do ambiente.

COMBINAÇÃO DE CORES E AROMAS: selecione velas de cores que estejam em harmonia com sua intenção e, em seguida, escolha um óleo aromático que também esteja alinhado. Por exemplo, uma vela verde para abundância pode ser unida ao aroma de hortelã. Acenda a vela e respire profundamente o aroma enquanto se concentra na realização de sua intenção.

ESCRITA DE FEITIÇOS AROMÁTICOS: escreva um feitiço ou intenção mágica em um pedaço de papel. Em seguida, dobre o papel e unte-o com algumas gotas de um óleo essencial correspondente. Coloque o papel dobrado sob a chama de uma vela que tenha relação com o que deseja e acenda-a, permitindo que o aroma infunda o feitiço enquanto a vela queima.

Ritual de passagem: utilize aromas e velas para marcar momentos significativos de sua vida, como inícios, términos ou transições. Acenda uma vela que simbolize o que você está deixando para trás e outra que represente o que deseja manifestar. Acompanhe o ritual com um aroma que sustente o propósito da mudança.

ALFABETOS ANCESTRAIS NA MAGIA

Os símbolos desempenham um papel fundamental na prática da Magia, pois possuem conexão direta com nosso subconsciente e se fortalecem por meio do contato e repetição. Uma vez que a repetição reafirma seu significado em nosso inconsciente, toda vez que utilizamos um símbolo, estamos reforçando seu poder.

É de extrema importância compreender o que um símbolo representa, pois caso contrário, ele pode despertar uma reação oposta ao desejado ou até mesmo não causar efeito algum por falta de coerência. A sociedade em que vivemos nos ensina o significado de diversos símbolos, seja na escola, seja com os nossos pais, no ambiente de trabalho, ou em qualquer outro lugar Quando compreendemos o significado de um símbolo, ele evoca em nós um estado emocional específico que fortalece nossa magia e direciona nossa intenção, tornando-se um gatilho de poder. Um exemplo são os semáforos de trânsito, que desde pequenos, ainda no ensino fundamental, aprendemos o significado das cores, para entender quando atravessar a rua e quando não atravessar, e assim, não causar acidentes. Ao aprender seu significado, toda vez que vemos o semáforo conseguimos interpretar suas cores e, automaticamente, reforçamos seu simbolismo e sabemos o que fazer.

Dentre os símbolos, há aqueles de grande antiguidade e outros vinculados a ordens mágicas ou civilizações há muito extintas. Devido ao longo período de uso por pessoas e culturas, esses símbolos acumulam uma carga energética, espiritual e emocional significativa. Alguns símbolos antigos passam a assumir novos significados, podendo inclusive ser proibidos devido a interpretações deturpadas. Por exemplo, a suástica, que originalmente representava o movimento solar, poder e vitória, foi pervertida e associada ao genocídio durante o regime nazista. O símbolo que outrora representava luz e triunfo, tornou-se um ícone de morte e atrocidades. Portanto, é essencial a compreensão profunda dos símbolos e sua história para utilizá-los de maneira eficaz na Magia. Quando empregados com sabedoria, os símbolos se tornam pontes poderosas entre nossa intenção mágica e as energias universais, amplificando nosso poder de manifestação e transformação.

Uma abordagem adicional para compreender os símbolos é a partir da perspectiva da psicanálise, onde eles representam as formas pelas quais nossos desejos, conflitos e tendências inconscientes ganham uma representação indireta e figurada. Essa representação ocorre tanto em nível íntimo, no indivíduo, quanto de maneira cultural por meio da linguagem, mitos, costumes e outras manifestações. Dentro dessa visão psicanalítica, nossa linguagem possui limitações, uma vez que opera em um nível racional, interpretando o que lemos com base no nosso conhecimento prévio. Isso pode levar a diversas compreensões e até mesmo a erros de comunicação, já que palavras podem ser percebidas de formas distintas, adquirindo sentidos estranhos ou controversos em relação ao significado pretendido. É aqui que a simbologia emerge como um suporte tangível para expressar ou transmitir aquilo que desejamos criar ou comunicar. A análise psicanalítica dos símbolos desvela camadas mais profundas do nosso psiquismo, permitindo-nos explorar os significados subjacentes às nossas escolhas simbólicas. Os símbolos atuam como pontes entre o consciente e o inconsciente, possibilitando a expressão de conteúdos complexos e por vezes inacessíveis através da linguagem convencional. Essa interconexão entre símbolos, emoções reprimidas e impulsos inconscientes é um terreno fértil para o trabalho mágico, permitindo a exploração e a transformação de aspectos internos muitas vezes esquecidos ou ocultos.

Ao empregar símbolos em práticas mágicas, estamos não apenas alinhando nossa intenção consciente com os poderes universais, mas também dialogando com nosso mundo interior de maneira profunda e transformadora. Compreender o simbolismo por meio da psicanálise e das lentes mágicas amplia nossa capacidade de criar, manifestar e curar, pois incorporamos em nossa magia a rica tapeçaria de nosso subconsciente e da cultura em que estamos imersos.

A evolução dos símbolos e da escrita reflete a jornada do homem ao longo do tempo, onde as necessidades humanas de expressão e comunicação guiaram a criação de pictogramas, fonogramas e letras em diferentes períodos históricos. Há cerca de 17 mil anos atrás, no Paleolítico Superior, as paredes das cavernas testemunharam a concepção de representações visuais que retratavam a vida cotidiana e os sentimentos da humanidade primitiva. Embora a escrita ainda não tivesse sido inventada nesse período, a expressão artística nas cavernas permitia que as emoções e experiências encontrassem um meio de manifestação tangível. As pinturas e ilustrações em cavernas do Paleolítico Superior fornecem um vislumbre da conexão ancestral entre o homem e a representação simbólica. Esses registros, conservados ao longo das eras, encapsulam as iniciações das primeiras formas de comunicação visual e simbólica.

É de conhecimento que a invenção da escrita não se deu de forma súbita, mas, sim, de maneira gradual e ponderada, estendendo-se por terras da Europa, Ásia e norte da África durante a Idade Antiga, aproximadamente por volta de 4.000 AEC. Foi um marco que se consolidou quando os símbolos e sinais passaram a ser organizados em alinhamentos lineares ou sobrepostos, refletindo a aspiração de corresponder ao pensamento humano de forma mais sequencial.

A escrita em placas de argila não apenas refletia a comunicação cotidiana e a contabilidade primitiva, mas também marcou um passo crucial na evolução da expressão humana. Ao transformar a linguagem em uma forma tangível e duradoura, a escrita pictográfica abriu portas para uma nova era de compartilhamento de conhecimento, pensamentos e histórias, que mais tarde se desdobraria em sistemas de escrita mais complexos, abrindo os caminhos para a Magia da palavra escrita e a preservação dos segredos místicos.

Vale ressaltar, que a discussão em torno da utilização de alfabetos antigos em feitiços e da incorporação de símbolos mágicos de grimórios históricos é uma coisa que atrai tanto céticos quanto entusiastas, criando uma constante busca por compreensão e verdade. A questão central não reside apenas em se esses elementos adicionam poder à Magia, mas, sim, em como eles ressoam com a individualidade de cada praticante e com o propósito subjacente de seu trabalho mágico. A verdadeira força de incorporar alfabetos antigos e símbolos históricos reside no vínculo pessoal que se estabelece entre o praticante e essas formas arcaicas de comunicação. Muitos argumentam que utilizar tais elementos pode trazer um senso de autenticidade e conexão com as raízes ancestrais da Magia, evocando um sentimento de ressonância com tradições antigas e saberes esotéricos.

Entretanto, é vital lembrar que a Magia reside na intenção, emoção e crença de quem a pratica. O poder dos símbolos e alfabetos antigos não está em sua mera utilização, mas em como eles são compreendidos e interpretados pelo praticante. É aqui que entra o cerne da questão: se alguém não se sente confortável ou não compreende plenamente o significado por trás desses elementos, sua eficácia pode ser comprometida.

Além disso, a complexidade de trabalhar com línguas mortas e símbolos arcaicos pode ser um desafio. Utilizar alfabetos como latim, grego ou hieróglifos egípcios demanda não apenas um conhecimento básico, mas também uma compreensão profunda dos contextos culturais e linguísticos. A tentativa de usar esses elementos sem o devido entendimento pode, de fato, resultar em interpretações errôneas ou até mesmo em efeitos adversos.

A prática de incorporar tais alfabetos remonta a ordens secretas que escolheram essa forma de escrita como um meio de resguardar seus conhecimentos e mistérios. Ao adotar esses símbolos arcaicos, essas ordens aumentaram a dificuldade de acesso a informações internas não compartilhadas com o público em geral, promovendo um aura de exclusividade e desafiando aspirantes a adentrarem seus círculos internos.

Essa estratégia tem um efeito duplo: por um lado, desperta um fascínio natural pela antiguidade e pelos segredos ocultos que esses alfabetos podem conter. Por outro lado, cria uma necessidade de aprendizado, uma busca por compreensão que pode ser interpretada como uma iniciação em si mesma. Muitas ordens mágicas consideram o estudo e a prática de alfabetos específicos como uma parte essencial de sua iniciação, exigindo que os novos membros se engajem em trabalhos ritualísticos e meditativos que envolvam esses símbolos.

Nestes contextos, os alfabetos antigos não são apenas um meio de comunicação, mas uma linguagem esotérica que transcende o intelecto. O envolvimento constante com esses símbolos cria uma relação íntima entre o praticante e o alfabeto, uma conexão que se estende para além do plano cognitivo e penetra nas camadas profundas do inconsciente. À medida que os praticantes se envolvem em exercícios rituais e meditativos com esses alfabetos, suas mentes e emoções se sincronizam com a energia desses símbolos, permitindo que eles se tornem uma extensão natural de sua prática mágica.

A questão é, usar ou não usar alfabetos mágicos, escritas mortas e transcrições em outras línguas? A resposta a essas questões não é um simples sim ou não. É mais sobre a jornada pessoal do praticante, sua conexão emocional com esses símbolos e sua capacidade de integrá-los de maneira autêntica e respeitosa. A Magia está enraizada na intenção, e essa intenção deve ser canalizada através de meios que ressoem verdadeiramente com o indivíduo, independentemente de quão antigos ou poderosos sejam os símbolos escolhidos.

A MAGIA DOS NOMES

A relação entre os símbolos, a escrita e os alfabetos e a prática mágica com velas é uma interconexão essencial que une o poder simbólico à Magia com Velas, ampliando as possibilidades de manifestação das intenções e desejos do praticante. Desde o início deste livro, tenho enfatizado como as velas podem servir como elos energéticos, como símbolos tangíveis que representam nossas vontades e anseios. A similaridade entre os símbolos, os alfabetos e as velas reside na sua capacidade de se tornarem canais de expressão de nossas emoções mais profundas, desencadeando estados de consciência que fortalecem a Magia que realizamos.

Tanto os símbolos quanto as velas são portadores de uma energia singular. Assim como um símbolo transcende a linguagem escrita para tocar nossas emoções e o nosso subconsciente, uma vela vai além da sua forma física e da luz para incorporar a energia da intenção que a envolve. Ao unir esses dois elementos, estamos fundindo dois poderosos veículos de transformação: o simbolismo e a energia vital da chama. Essa combinação não apenas amplifica a manifestação de nossas intenções mágicas, como também desperta nossas emoções e sentimentos subjacentes, dando substância concreta à nossa magia.

Os símbolos, como gatilhos mágicos, desencadeiam emoções que estão alinhadas com o nosso desejo, potencializando o feitiço que estamos realizando. Da mesma forma, as velas atuam como catalisadores energéticos, emanando a luz que ilumina nossas aspirações. Ao integrar símbolos nos rituais com velas, estamos criando um elo profundo entre a energia que desejamos invocar e a representação visual tangível do nosso desejo. Isso resulta em um processo mágico mais rico, onde nossas emoções se tornam a cola que une nossa intenção e o mundo espiritual.

É fascinante perceber como os símbolos estão intrinsecamente entrelaçados em nossa vida desde o momento do nosso nascimento. Quando uma pessoa é batizada, ela é agraciada com um nome, um conjunto de letras que se traduz em um símbolo. Esse nome se torna um selo, uma representação que a identifica no mundo. Para compreender a importância desses símbolos, podemos refletir sobre situações corriqueiras que ilustram sua influência.

Imagine que alguém cometeu um erro de escrita em seu próprio nome no RG. Ao precisar utilizar o documento, isso causaria uma confusão e falta de reconhecimento, pois o símbolo do nome não corresponderia ao seu verdadeiro eu. Analogamente, se um CPF for inserido de forma equivocada em um processo bancário, haverá uma discordância entre o símbolo e a pessoa, resultando em impedimentos e erros no processo. Da mesma forma, um endereço postal incorreto fará com que correspondências se percam no caminho, pois o símbolo representativo da localização não estará alinhado à realidade.

Assim como um código de barras parcialmente apagado não pode ser lido corretamente no caixa de um supermercado, um nome ou conjunto de símbolos que não esteja em harmonia com a realidade não poderá expressar de maneira precisa quem somos e o que representamos. Aqui reside a importância do cuidado que os Bruxos mais experientes têm ao solicitar informações pessoais. Pedir não apenas o nome, mas também a data e a cidade de nascimento e até mesmo documentos pessoais, é uma maneira de compilar os símbolos que nos definem no contexto social. Cada detalhe é um símbolo que se agrega ao código que nos identifica no mundo, como peças de um quebra-cabeça que, quando encaixadas corretamente, revelam a imagem completa de quem somos.

Os Bruxos antigos compreendem que o conhecimento desses símbolos pessoais permite criar conexões energéticas mais precisas e eficazes em suas práticas. Ao entender a simbologia que nos cerca, abrimos portas para alinhar nossa magia com nossa verdadeira essência. Dessa forma, os símbolos não apenas são ferramentas de comunicação, como também são chaves que desbloqueiam nosso potencial mágico, permitindo que nossas intenções fluam de maneira coesa e poderosa no Universo.

SIGILOS: O ELO ENTRE VELAS E DESEJOS

Os sigilos constituem uma parte valiosa do repertório mágico. De maneira simplificada, um sigilo pode ser definido como um símbolo, concebido a partir de uma frase, um nome ou números. É, em essência, uma síntese visual que condensa uma pessoa, uma emoção ou uma ideia em um único emblema.

A utilização dos sigilos é diversificada e versátil. Eles podem ser insculpidos nas velas, preenchidos com óleos essenciais e ervas, desenhados em um pedaço de papel e fortalecidos por uma vela acesa em cima, ou mesmo representados por uma fileira de velas alinhadas conjuntamente. Essa gama de possibilidades ilustra a adaptabilidade dos sigilos, permitindo que se adequem a uma variedade de práticas. Uma característica distintiva dos sigilos é a capacidade de transformar informações cotidianas em símbolos pessoais. Elementos como placas de carro, endereços ou nomes podem ser transmutados em sigilos, conferindo uma aura mais íntima e até mesmo enigmática à Magia. Dessa maneira, o ato ritualístico é envolto em um véu de "sigilo", ampliando a sensação de confidencialidade.

A criação de um sigilo envolve um processo de condensação simbólica, no qual o significado é comprimido em um único emblema. Esse processo requer uma compreensão do que se busca manifestar e da conexão entre onde a energia concentrada no sigilo é liberada no momento em que ele é ativado, seja por meio da queima, do preenchimento ou de qualquer outro método escolhido.

Os sigilos operam como catalisadores poderosos, atuando como intermediários entre o mundo físico e o espiritual. Eles encerram em si a essência do que buscamos manifestar e, quando energizados com nossa intenção, desencadeiam um fluxo contínuo de energia direcionada. Portanto, ao dominar a arte de criar e usar sigilos, ampliamos nosso arsenal e fortalecemos nossas práticas com uma ferramenta versátil e eficaz.

Ritual da Síntese Arcana - Como ativar um sigilo

Aqui está um método simplificado para a criação e ativação de sigilos mágicos. É crucial seguir cada passo com precisão e prestar especial atenção à construção do símbolo. Além disso, é de extrema importância considerar se o sigilo será destinado ao uso pessoal ou se será compartilhado publicamente.

No caso dos sigilos pessoais, a prática comum envolve o ato de rasgá-los ou destruí-los após a ativação, de forma a não deixar rastros visíveis de sua criação. Isso reflete uma abordagem de ocultação, em que o sigilo é concebido como um segredo individual, intimamente ligado ao praticante e às suas intenções. Ao destruí-lo, ele é liberado ao Universo, desvinculado de sua forma original e entregue ao fluxo mágico. Existe também um outro viés de interpretação pautado em uma ação mais psicológica, onde ao ser destruído, o sigilo se torna uma forma mental. Que no inconsciente pouco a pouco irá direcionar a Bruxa rumo a sua concretização. Por outro lado, os sigilos públicos são projetados para alcançar uma audiência mais ampla, moldando percepções e interações. São projetados para estimular a curiosidade, atrair a atenção e, em alguns casos, até manipular a psique coletiva. Quando um sigilo é incorporado em uma imagem amplamente visível, sua intenção é difundida em uma escala muito maior. Ambas as abordagens têm suas próprias forças e desafios, e a escolha entre elas depende da intenção da Bruxa e do impacto que deseja criar no mundo interior ou exterior.

PREPARAÇÃO:

Escolha uma intenção clara e específica para o seu sigilo. Pode ser um desejo, uma meta ou uma energia que você deseja manifestar. Liste as letras que compõem a frase que expressa sua intenção. Elimine todas as letras repetidas e reorganize as restantes em uma ordem que pareça harmoniosa e balanceada para você.

CRIAÇÃO DO SIGILO:

Transcreva as letras reorganizadas através de um dos gabaritos que mais gostar, o que irá facilitar demais a sua vida. Caso queira fazer de forma mais artística, comece a moldar as letras em formas abstratas, curvas e linhas interconectadas. Não se preocupe em que as letras sejam claramente visíveis, o objetivo é criar um símbolo único e distinto.

À medida que desenha o sigilo, mantenha sua intenção em mente. Visualize como seria alcançar seu objetivo e infunda essa energia no processo de criação.

TABELA NUMEROLÓGICA

1	2	3	4	5	6	7	8	9
A	B	C	D	E	F	G	H	I
J	K	L	M	N	O	P	Q	R
S	T	U	V	W	X	Y	Z	

EX: AMOR = 1469

O QUADRADO

2	5	7
4	8	1
9	6	3

Transcrevendo as frases ou palavras que condizem com sua intenção com base nesta tabela numerológica, torna-se possível adquirir uma sequência numérica. Você usar os gabaritos abaixo, para que sua criação de sigilos seja tranquila e rápida.

EX: QUERO TER SORTE

8+3+5+9+6 = 31   2+5+9 = 16   1+6+9+2+5 = 23

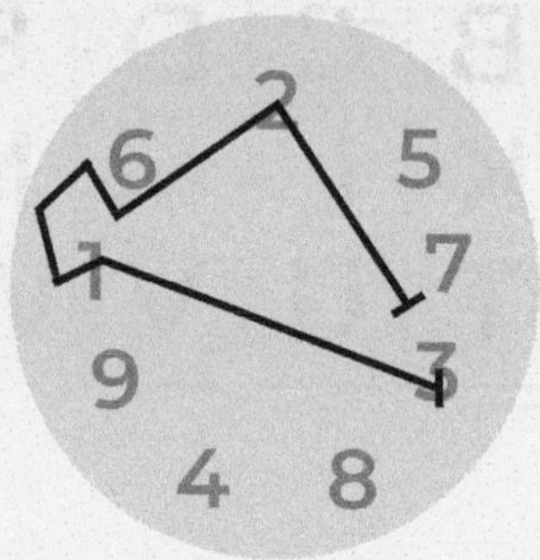

O exemplo a seguir facilita o trabalho com a criatividade para quem está em busca de padrões visuais.

Para dar início ao processo basta escrever o que deseja. Comece excluindo todas as vogais. Depois tire as letras repetidas até que tenha um padrão.

PROTEJA A MINHA CASA E FAMILIARES

PROTEJA A MINHA CASA E FAMILIARES

PRTJ MNH CS FMLRS

PRTJMNH CSFL

Use o exemplo a seguir para criar um padrão aleatório de traços. Em cima deles, aplique sua imaginação, crie um desenho, um símbolo simples ou o que achar mais interessante.

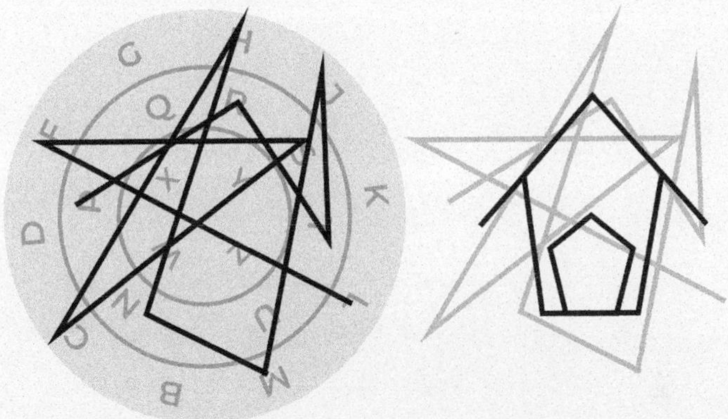

Ativação do Sigilo

Pegue uma vela, pode ser em uma cor correlacionada a sua intenção, marque o sigilo nela, acenda a vela e concentre-se na chama. Visualize a energia da vela carregando o sigilo com sua intenção.

Permaneça por um tempo neste processo de concentração e mentalização, deixe a vela queimar até o final sem interrupções.

Seu sigilo então estará magnetizado e em ativação.

A ativação ritualística de sigilos é uma prática profundamente pessoal e íntima. Isso envolve a criação do sigilo de acordo com uma intenção particular, seguida pela ativação por meio da queima. Esse processo, frequentemente realizado em um ambiente de meditação ou concentração profunda, tem raízes antigas e é inspirado pela tradição alquímica e cerimonial. A queima não é apenas um ato simbólico, mas uma liberação mágica de energia direcionada para o Universo. À medida que o sigilo é consumido pelo fogo, a intenção é liberada, ecoando nas dimensões espirituais, esperando pela realização. É um ato de transmutação, onde o desejo é transformado em energia pura e liberado para a vontade do cosmos. A partir daqui cabe a você esquecer a imagem criada, ou usá-la em seu cotidiano conforme sua intenção.

XI. MAGIA PRIMAL

O Elo com o Sobrenatural

Explorando nosso corpo mais de perto, deparamo-nos com uma riqueza de recursos mágicos presentes em nossos próprios óleos, fluidos e líquidos. Essa profunda conexão com a própria essência biológica e física revela um caminho para uma Magia mais visceral, afastando-se da abordagem fria e rasa das redes sociais. Neste contexto, reconhecemos que somos intrínsecos ao todo, assim como as plantas, os cristais e os elementos naturais, e que nossa própria composição física é dotada de poder. Na esfera de uma Bruxaria que transcende o tempo, emerge uma prática conhecida como "4S da magia": SUOR, SALIVA, SANGUE E SÊMEN. Cada um desses elementos carrega consigo uma potência mágica capaz de ser canalizada para inúmeras situações e propósitos.

Essa abordagem nos convida a abraçar uma compreensão mais profunda e orgânica da Magia, utilizando os recursos que fluem dentro de nós para moldar a realidade de acordo com nossas intenções. O suor, produto da atividade física e emocional, a saliva, que carrega a essência de nossa comunicação, o sangue, veículo de nossa vida e vitalidade e o sêmen, portador do potencial criativo e germinativo, todos esses elementos podem ser incorporados aos rituais e feitiços, tornando a Magia uma expressão genuína de nossa conexão com o Universo e com nossa própria natureza intrínseca.

O SUOR E OS ÓLEOS DE NOSSO CORPO

Nossa pele é revestida por um manto hidrolipídico, uma fina camada composta principalmente por água e óleos. Essa essência, elaborada pelas glândulas sebáceas presentes na pele, possui várias funções essenciais para a saúde e proteção cutânea. O suor, em sua essência, é uma manifestação da energia vital que flui através de nosso corpo. Quando incorporamos essa substância em nossos rituais, estamos introduzindo um elemento intrínseco ao nosso ser, potencializando assim a conexão entre nosso microcosmo individual e o macrocosmo abrangente. O suor, como expressão física de nossas emoções, esforços e vitalidade, pode ser utilizado para uma variedade de propósitos mágicos.

Assimilando os usos dessa composição, podemos entender que nosso suor não apenas carrega um apelo pessoal, marcando a Magia com nossa singularidade, mas também confere a ela uma dimensão de territorialidade e autenticidade. Uma das principais funções dos óleos presentes em nossa pele é a proteção. Eles estabelecem uma barreira defensiva na superfície cutânea, inibindo a perda excessiva de água por evaporação. Essa barreira também exerce o papel de escudo contra substâncias irritantes ou patogênicas, impedindo sua penetração na pele e, assim, minimizando o risco de inflamações e infecções.

Incorporar o suor em práticas mágicas, principalmente em rituais voltados para a pessoa que as realiza, pode fortalecer essas camadas protetoras e auxiliar na manutenção da energia pessoal, tornando-a revitalizada e harmonizada.

O suor desempenha um papel fundamental em nossa biologia, não apenas na regulação da temperatura corporal, mas também na comunicação química entre os seres humanos. A atração sexual e física está fortemente ligada a esses sinais químicos que são transmitidos por meio dos odores presentes no suor.

É nesse suor, que se encontram os compostos químicos responsáveis pelos odores pessoais únicos de cada indivíduo. Esses odores pessoais têm um impacto significativo na atração sexual e física. Acredita-se que eles possam atuar como sinais de compatibilidade genética e imunológica entre parceiros em potencial. Estudos indicam que pessoas são mais atraídas por odores que são geneticamente diferentes das suas próprias assinaturas químicas, o que poderia ser uma vantagem na reprodução ao aumentar a diversidade genética da prole.

Além disso, os odores pessoais também podem indicar informações sobre a saúde e a condição física de um indivíduo. Pessoas com uma saúde geral melhor e um sistema imunológico mais forte podem produzir odores mais atrativos para possíveis parceiros. Esses sinais subconscientemente influenciam nossas escolhas de parceiros e podem desempenhar um papel importante na atração sexual. No entanto, essa mesma propriedade dos óleos cutâneos também pode ser utilizada em sentido oposto. Assim como o suor pode ser empregado para atrair e aproximar, ele pode ser direcionado para afastar e criar aversão. Em rituais de afastamento, pode-se explorar a capacidade do suor em gerar sentimentos de repulsa ou desagrado, tornando-se uma ferramenta poderosa para distanciar determinadas pessoas de sua vida.

A incorporação do suor em práticas mágicas segue uma abordagem semelhante ao uso de óleos de unção. Esse método proporciona uma maneira visceral e pessoal de infundir a energia do corpo nos rituais mágicos.

Para realizar essa prática, existe um processo simples e eficaz: após participar de uma atividade que resulte em uma quantidade adequada de transpiração, passe a vela ao longo do seu corpo. Ao fazer isso, a vela absorverá os óleos corporais produzidos naturalmente pela pele durante a transpiração. Esses óleos carregam as suas energias e essência pessoal, tornando a vela um veículo poderoso para canalizar suas intenções mágicas. Mais tarde, pode também amplificar o potencial da vela imbuída, adicionando ervas e símbolos mágicos alinhados com o propósito específico do feitiço. Essa prática não apenas intensifica o vínculo entre você e o feitiço, como também agrega um toque mais profundo e autêntico à sua Magia.

Outra coisa que pode ser feita principalmente para aquelas pessoas que têm nojo do próprio suor é secar ele com um papel absorvente e queimá-lo. Então, a partir das cinzas do papel, vista a vela. Use um óleo como base coloque as cinzas nele e depois sobre a vela, ou simplesmente misture as cinzas com mel, melaço ou outro óleo, criando uma mistura única com sua energia.

Ao utilizar o suor dessa maneira, as características únicas do seu corpo serão incorporadas à sua energia pessoal no trabalho mágico, o que pode trazer uma conexão mais íntima e poderosa com as forças que busca manipular.

A SALIVA

A saliva pode ser explorada para potencializar seus trabalhos mágicos. Ao considerar a relação entre a saliva e a Magia, estamos essencialmente aproveitando as propriedades naturais e as substâncias contidas nesse fluido biológico.

A saliva não é apenas uma substância que facilita a mastigação e inicia o processo de digestão. Ela contém enzimas, proteínas e até mesmo substâncias químicas que podem ser úteis quando direcionadas de forma intencional em um ritual. Ao adicionar algumas gotas de sua saliva a uma mistura, a poção será infundida com sua própria energia, tornando-a mais pessoal e potente. Sua saliva pode ser utilizada para ungir velas, objetos rituais ou amuletos, conferindo-lhes suas intenções e energias. Assim como o suor, a saliva também possui uma conexão direta com seu corpo e sua identidade. Ela é única e carrega consigo suas características genéticas e energéticas. Ao usar sua saliva em rituais, uma ligação direta entre sua essência pessoal e sua prática mágica está sendo criada.

Da mesma forma que auxilia na digestão física, a saliva pode ser simbolicamente usada para "digerir" problemas emocionais ou situações complicadas, permitindo que você processe e supere essas questões. Se considerarmos suas propriedades naturais e suas funções biológicas, podemos explorar diversas aplicações mágicas que abrangem desde o convencimento até a proteção e a purificação. Em feitiços que envolvam a persuasão ou a manipulação de outras pessoas, a saliva pode servir como uma representação tangível de sua influência sobre a situação. Isso é particularmente eficaz em para magias que visam convencer alguém ou guiar as circunstâncias a seu favor.

As propriedades antimicrobianas da saliva têm implicações mágicas notáveis. Ela pode ser empregada para proteger contra influências negativas ou ataques energéticos, agindo como uma barreira que neutraliza potenciais ameaças. Essa capacidade de proteção também se estende à higiene oral, onde a saliva ajuda a manter a boca limpa e livre de bactérias prejudiciais. Isso torna a saliva uma adição poderosa a feitiços de purificação, limpeza e proteção espiritual.

Quando se trata de ações mais assertivas, como lidar com falsidades, fofocas e até mesmo maldições, a saliva assume um papel significativo. Seu uso em feitiços que buscam revelar a verdade, desmascarar mentiras e desfazer influências negativas pode ser altamente eficaz. A energia pessoal presente na saliva pode servir como um agente poderoso para desfazer enganos e remover obstáculos causados por ações maliciosas. Mas não se engane, da mesma forma que ela exerce grande poder e habilidade em trabalhos mágicos de proteção, banimento e ações antifofocas... é também é uma aliada poderosa para confusões, maldições, azarações e feitiços de mal dizer em geral.

Analogamente, na Magia, podemos aproveitar as propriedades da saliva para promover a harmonia e a comunicação entre as pessoas. Assim como a saliva age para equilibrar o ambiente oral, ela pode ser usada energeticamente para equilibrar interações interpessoais. Por exemplo, em situações em que grupos de pessoas estão envolvidas em conflitos ou têm dificuldades de convivência, a saliva pode ser empregada de forma simbólica para dissolver o rancor e criar um ambiente mais propício para a compreensão mútua.

Utilizando a saliva de maneira mágica, você pode criar um feitiço ou ritual que envolva o uso de uma vela impregnada com sua saliva, essa abordagem simbólica reflete em sua totalidade o uso mais simples e qualificado de aplicar esse potencializador em sua Magia com Velas.

SÊMEN E FLUIDOS VAGINAIS

Explorando os reinos da Magia, encontramos mais uma gama de líquidos que podem ser utilizados como componentes mágicos: o sêmen e os fluidos vaginais. Ambos são frequentemente empregados em rituais e feitiços relacionados à fertilidade e, até mesmo, à amarração amorosa.

É fundamental reconhecer que o sêmen, frequentemente considerado a semente da vida, possui um vasto potencial para fortalecer rituais, infundindo-os com vitalidade e um impulso criativo intrínseco. Este fluido pode ser comparado a um coringa poderoso, capaz de enriquecer uma ampla gama de magias, seja para promover crescimento, nascimento, fortalecimento ou a intensificação geral de energias. Portanto, ao incorporar o sêmen em rituais e feitiços, você está infundindo sua Magia com uma poderosa energia de propagação, fertilidade e renovação. A energia masculina e criativa inerente ao sêmen torna-o especialmente valioso para os que buscam manifestar mudanças, estimular o crescimento de projetos ou ideias e aumentar a vitalidade de qualquer empreendimento.

Outra aplicação relevante do sêmen é a associação com a territorialidade, tornando-o apropriado para Magias de amarração e proteção do espaço pessoal, especialmente em relação a parceiros conjugais e à segurança da prole, caso você seja pai. O sêmen, neste contexto, pode potencializar feitiços de proteção de maneira abrangente, especialmente quando o alvo está conectado geneticamente ou emocionalmente por meio da relação sexual.

Entretanto, é crucial destacar que o sêmen também pode transmitir infecções sexualmente transmissíveis (ISTs) e está ligado a questões de saúde. Além disso, ele pode evocar memórias emocionais e traumáticas. Por isso, o sêmen pode ser relacionado facilmente a maldições. Quando utilizado de forma direcionada e cuidadosa, ele pode ser um poderoso catalisador para criar efeitos adversos físicos, emocionais e espirituais. Compreender a dualidade de energias associadas ao sêmen é fundamental ao empregar essa substância em Magia. Enquanto detém o potencial de fertilidade, vitalidade e conexões íntimas, também carrega consigo implicações relacionadas ao bem-estar físico e a influências emocionais.

É importante mencionar que, ao trabalhar com este material, a intenção é de suma importância. Seja em feitiços de fertilidade, seja na potencialização de rituais, seja em outras abordagens mágicas, a energia e a intenção que você direciona para esses elementos são fundamentais para a eficácia de suas práticas. Como em todas as formas de Magia, o respeito e a compreensão das propriedades de cada elemento são essenciais para utilizar seus potenciais de maneira ética e alinhada com suas metas.

A lógica por trás deste insumo corporal não difere muito. Produzidos pelas glândulas localizadas nas paredes do canal vaginal, esses líquidos têm importância para várias funções. Durante o período fértil do ciclo menstrual, eles podem variar em consistência e quantidade trabalhando para sobrevivência e transporte dos espermatozoides em direção ao óvulo. Assim como o sêmen, compartilham características que estão relacionadas à vida e à criação. Isso confere a eles um imenso potencial para amplificar rituais de forma abrangente, promovendo um aumento significativo de poder e estimulando a vitalidade e a criatividade. Essa substância pode ser um elemento poderoso em diversos tipos de atos ritualísticos, promovendo o crescimento, o renascimento, o fortalecimento e o resplandecimento de maneira abrangente.

Assim como no caso do sêmen, também é possível fazer utilização desses fluídos em feitiços de proteção territorial, especialmente no contexto de relações conjugais ou na proteção da prole, caso você seja mãe. A ligação genética ou afetiva sexualmente estabelecida entre indivíduos pode ser fortalecida por meio do uso intencional deste material em feitiços e rituais.

É crucial destacar a significativa ligação entre diversos aspectos do vigor do corpo, incluindo possíveis associações com questões emocionais e traumáticas. Como resultado, têm sido incorporados em práticas que abordam uma ampla gama de intenções, inclusive maldições. Quando empregados de maneira precisa e apropriada, podem ter o potencial de causar impactos físicos, emocionais e espirituais.

A sua utilização em Magia requer uma compreensão profunda das implicações envolvidas e um respeito pelas escolhas e limites de todos os envolvidos. Tanto o sêmen quanto os fluidos vaginais são carregados de significados simbólicos relacionados à fertilidade, vitalidade e potencial criativo. Eles contêm em si as sementes da vida, quando direcionados com intenções claras e responsáveis, podem impulsionar a Magia de maneira marcante. No entanto, é crucial lembrar que essas substâncias estão ligadas à saúde e a contextos emocionais. Portanto, ao utilizá-las, é essencial considerar cuidadosamente as implicações éticas, pessoais e de bem-estar envolvidas. O uso consciente e respeitoso garantirá que suas intenções sejam manifestadas de maneira harmônica e eficaz.

Os líquidos de nossos corpos carregam não apenas as energias sutis daqueles que os produzem, como estão associados a diversos aspectos da intimidade. Primeiro, os praticantes devem manter uma higiene rigorosa ao coletar e manipulá-los.

Isso inclui a lavagem completa das mãos e genitais antes da coleta, bem como a utilização de recipientes limpos e estéreis para contê-los. O uso de luvas descartáveis também pode ser considerado, a fim de evitar qualquer risco. Além disso, é fundamental obter o consentimento pleno e informado de todas as partes envolvidas. A manipulação destes elementos é uma escolha pessoal e íntima, e é crucial respeitar os limites e desejos de cada indivíduo. O consentimento deve ser dado livremente e sem coação, garantindo que todos estejam confortáveis com o uso dos fluidos em questão. Outro aspecto a considerar é a prevenção de doenças sexualmente transmissíveis (DSTs) e infecções. É essencial que os praticantes estejam cientes dos riscos associados ao, incluindo a possibilidade de doenças. Se houver qualquer risco potencial de contaminação, é altamente recomendável que sejam tomadas precauções adicionais, como a realização de exames.

Em última análise, o uso destes insumos é uma jornada que exige um equilíbrio cuidadoso entre o sagrado e o que é humano, na qual as Bruxas podem explorar uma dimensão mais profunda da conexão entre o físico e o espiritual.

O Sangue

O tema que agora exploramos é um dos mais intrincados na Magia, reverberando em uma cacofonia de emoções, crenças e tabus que podem tanto intrigar quanto perturbar. Trata-se da Magia com o sangue, uma prática que, quando revelada publicamente, muitas vezes gera reações diversas, desde choque até controvérsia. O sangue tem uma história profunda e enraizada em rituais, traçando seu percurso através dos séculos e interligando-se com várias tradições espirituais e culturas ao redor do mundo. Ao ser contemplado sob essa perspectiva, revela-se como um símbolo de incomparável poder – um ícone da vida, vitalidade e da conexão intrínseca com a essência da existência. Essa associação decorre do fato de que o sangue e o DNA estão intrinsecamente ligados no contexto da biologia humana, formando a mesma base da herança genética que molda nossa manifestação física.

O uso do sangue muitas vezes tem um enfoque em sua ligação profunda com o eu interior, com a ancestralidade e com a energia vital que flui através de todos os seres. Por meio de rituais cuidadosamente construídos, os praticantes buscam canalizar essa força intrínseca para influenciar seu mundo espiritual e material. O sangue torna-se um veículo de intenção, uma representação tangível da dedicação pessoal e da conexão com os poderes mais profundos do Universo.

Entretanto, é crucial reconhecer que a ritualística com sangue não deve ser encarado de maneira leviana. Ele exige um profundo respeito pela própria integridade física e emocional, bem como um entendimento aprofundado das práticas envolvidas. A manipulação do sangue não é apenas uma fusão entre o plano material e o espiritual, mas sim um ato que pode ter implicações profundas no âmbito da saúde física e psicológica. Da mesma forma, a ética desempenha um papel significativo. O uso do próprio sangue, de forma consciente e consentida, é uma escolha pessoal que deve ser tomada com plena consciência das implicações e pensamentos subjacentes. Além disso, é imperativo evitar práticas que possam causar danos físicos, tanto para si quanto para outras pessoas. A busca pelo conhecimento, o respeito pelas tradições e a compreensão das diferentes perspectivas sobre o uso do sangue na Magia são essenciais para garantir uma abordagem responsável e equilibrada.

Nosso sangue é como um livro de receitas da nossa existência, um arquivo que guarda a história de uma linhagem ancestral. Dentro deste contexto, o sangue pode ser empregado como um símbolo profundo de ligação com as raízes ancestrais, tornando-se um canal para acessar as energias e os poderes que se entrelaçam nessas conexões profundas.

É fundamental destacar que a relação entre o sangue e a prática da feitiçaria é profundamente enraizada em crenças e tradições específicas. Quando se trata de feitiçaria e Magia, algumas tradições acreditam que o sangue carrega consigo uma conexão íntima com a ancestralidade e a energia vital de um indivíduo. Entretanto, é importante ressaltar que nem todas os grupos mágicos enfatizam o uso do sangue como um elemento essencial em suas práticas. Além disso, o trabalho do sangue em rituais mágicos requer uma abordagem cuidadosa, com plena consciência das implicações físicas e energéticas envolvidas. A utilização do sangue como recurso mágico pode conferir um poder adicional que se estende a uma variedade de finalidades específicas, sejam elas positivas ou não. Esse fluido pode ser empregado para estabelecer vínculos, especialmente entre indivíduos que possuem laços sanguíneos, facilitando o envio de feitiços direcionados a filhos, mães, irmãos e outros parentes. Vale mencionar também que uma vez que o sangue é incorporado, ele estabelece-se um vínculo inextricável. Isso implica que sua Magia se torne mais facilmente detectável por praticantes experientes, possibilitando a identificação e eventual retaliação do feitiço, caso o alvo seja conhecedor de magia.

Uma coisa muito importante que não devemos ignorar, é que ao falar de sangue, refiro-me ao uso e significado mágico de seu próprio sangue, deixando muito claro que isso não é uma apologia, tão pouco uma obrigação. Nem se quer é uma necessidade mágica fazer uso de sangue em seus rituais. Caso seja sua intenção, que seja feita de forma segura e sem exageros, sem dor, sofrimento ou quaisquer outras demasias que vemos em filmes e séries por aí. Nunca considere nada maluco ou absurdo como grandes cortes ou perfurações, uma gota de seu sangue usando uma agulha esterilizada, ou um pouco de sua menstruação, já é suficientemente poderoso para atos mágicos, afinal de contas não é sobre a quantidade, mas, sim sobre o elo mágico e a doação energética que se faz presente no uso do sangue.

Qualquer procedimento que envolva manipulação ou remoção de sangue deverá ser realizado de acordo com os protocolos adequados, com o objetivo de garantir a saúde e o bem-estar do indivíduo envolvido. É fundamental respeitar as diretrizes médicas e higiênicas pertinentes, adotando medidas que minimizem qualquer risco potencial à saúde. Além disso, é essencial observar as leis e regulamentações locais relacionadas à região de fluidos corporais, levando em conta as considerações sanitárias e de segurança que tais regulamentações visam preservar. Isso garante não apenas a integridade física do praticante, como uma abordagem responsável e consciente no contexto mágico.

Existem diversas formas de fazer magia que não requerem o uso direto do sangue como componente. A Magia é uma prática versátil e flexível, e pode ser realizada de muitas maneiras diferentes, como já vimos. Símbolos, ervas, fases da lua, influências planetárias, cristais e outros elementos podem ser igualmente poderosos para alcançar resultados mágicos, de acordo com as técnicas e com interesse.

É importante ressaltar que o sangue é, de fato, um componente mágico de grande potência, capaz de influenciar magias tanto com propósitos benéficos quanto desfavoráveis, desde que manuseado de maneira adequada. No entanto, é fundamental possuir um domínio completo das técnicas ritualísticas. Isso envolve uma habilidade de entrar e sair de estados alterados de consciência, criar visualizações vívidas, estabelecer gatilhos emocionais e criar a atmosfera necessária para intervenções no feitiço. Além disso, é crucial entender a estrutura básica da construção de um feitiço para que ele flua sem obstáculos. Independentemente da abordagem escolhida, a responsabilidade ética e a consciência das preocupações são sempre aspectos centrais para a prática eficaz e harmoniosa.

A URINA

O uso mágico da urina é uma prática associada a diversos rituais em várias culturas ao longo do mundo.

A urina desempenha um papel vital, não apenas como meio de eliminar resíduos metabólicos do organismo, mas também como um potente símbolo de purificação. A capacidade da urina de liberar toxinas e substâncias indesejadas está intrinsecamente ligada à sua conotação simbólica associada ao macro e microcosmo, onde a ideia de purificação é uma constante. A aplicação dessa noção simbólica pode ser estendida às práticas ritualísticas, onde a urina é vista como um agente purificador que transcende seu papel físico. Em muitas culturas e tradições místicas, a urina tem sido usada como um elemento energético poderoso em feitiços direcionados para fins como banimento, quebra de feitiços e proteções espirituais.

Ao utilizar a urina nesses rituais, a intenção é se alinhar com a sua função de expulsar impurezas do corpo, extrapolando para uma dimensão energética. O ato de liberar toxinas físicas reflete simbolicamente a ideia de eliminar energias negativas ou influências indesejadas do ambiente ou do próprio ser. Assim, a urina é considerada uma ferramenta para afastar energias prejudiciais e fortalecer as barreiras protetoras.

Embora essa prática possa ser controversa e não seja amplamente aceita, é importante reconhecer que muitas tradições espirituais valorizam a simbologia e a intenção por trás dos rituais tanto quanto os aspectos práticos.

Essa conexão entre urina e Magia muitas vezes se baseia na observação do comportamento animal, onde marcar o território através da urina é um comportamento comum entre mamíferos, incluindo os seres humanos. Ao marcar uma área com sua urina, os animais estabelecem limites territoriais claros, também permite que os animais monitorem as populações e a densidade de indivíduos em uma área, e pode evitar superpopulação e competição excessiva por recursos.

Isso auxilia também a evitar confrontos físicos com outros indivíduos, uma vez que a mensagem olfativa é muitas vezes suficiente para comunicar quem é o detentor do território. A urina contém informações que podem revelar o estado de saúde, maturidade sexual e dominância do animal, ajudando a estabelecer hierarquias sociais e a evitar confrontos desnecessários.

Dentro da feitiçaria mais primitiva, certas tradições acreditam que a urina pode ser empregada como um meio de marcar um espaço ou objeto com a energia pessoal e intenção do praticante. Isso se relaciona com a crença de que a urina carrega uma assinatura energética singular, assim como ocorre com a digital de uma pessoa, ou como acontece diretamente entre os animais. Ao usar a urina para marcar um local ou objeto, acredita-se que seja possível deixar uma marca pessoal e energética que pode ser usada para transmitir Magia ou criar barreira energética. Vale ressaltar que, assim como em outras práticas mágicas que envolvem fluidos corporais, o uso da urina na Magia requer uma abordagem cuidadosa e consciente. Na minha experiência, percebi que o uso da urina pode ser particularmente eficaz em feitiços de proteção, especialmente quando se trata de resguardar um território, devido à associação com o comportamento observado em animais.

Uma observação interessante que pude perceber ao longo dos anos é que a urina pode ser surpreendentemente eficaz em feitiços voltados para o amor e para atração física. Talvez isso possa ser justificado olhando a própria natureza, em muitas espécies, a urina também é usada para atrair parceiros reprodutivos. Os feromônios presentes na urina podem indicar o ciclo reprodutivo do animal e desempenham um papel na seleção de parceiros.

Por isso a urina pode ser empregada para atrair o amor ou para fortalecer os vínculos emocionais e sexuais. Pode ser utilizada para despertar sentimentos amorosos ou para intensificar a paixão nos relacionamentos. Essas aplicações se baseiam na ideia de que a urina carrega consigo não apenas a assinatura energética única do praticante, como a capacidade de estimular sensações e conexões profundas.

XII. LÂMINAS, AGULHAS, METAIS E VÍNCULOS MÁGICOS

Athame, Punhal, Adaga, Faca de Cabo Preto o que são estes Instrumentos Mágicos tão falados na Bruxaria? Quais são os mistérios por detrás dessas ferramentas chamadas até mesmo de "Alma da Bruxa". Qual a relação deles com as lancetas, as agulhas e os alfinetes? E o que tudo isso tem a ver com Magia com Velas?

Considerado um Instrumento Mágico de grande destaque na Bruxaria e em diversas práticas esotéricas, o Athame, Adaga, Punhal ou Faca de Cabo Preto envolve um rico simbolismo e oculta significados que o ligam profundamente ao universo mágico. Muitas tradições Bruxas o consideram vital para desempenhar seus rituais e feitiços. A relação entre o Athame e as lancetas, agulhas e alfinetes é multifacetada. A imagem do Athame como uma extensão do braço do praticante é uma reminiscência das lancetas e agulhas que foram historicamente usadas em práticas rituais, tanto para fins mágicos como curativos. A "ponta de palmela", uma pequena lança de pedra pré-histórica, representa um precursor ancestral desses instrumentos. O simbolismo do corte e da punção como atos de transformação e conexão com o mundo espiritual é uma constante em muitas culturas antigas.

Ao longo da história, conforme a humanidade progredia para a era dos metais, o punhal e a adaga começaram a desempenhar um papel central em rituais mágicos. A sua lâmina afiada simboliza a capacidade de cortar através das barreiras entre o mundo material e o espiritual, bem como a habilidade de focalizar e direcionar o poder. O Athame, como o conhecemos atualmente, é uma evolução desse conceito ancestral, sendo uma ferramenta de poder mágico nas mãos dos praticantes contemporâneos.

A origem da palavra *athame* é notavelmente recente, surgindo pela primeira vez em 1949. O visionário Gerald Gardner, pioneiro na fundação da Wicca, introduziu essa palavra de forma marcante em um romance fictício intitulado *High Magic's Aid*. Esse livro é notável não apenas por sua natureza ficcional, mas por fornecer insights sobre os rituais modernos da Bruxaria. A utilização do termo "athame" por Gardner pode ser considerada um marco, pois antes disso a palavra não tinha sido amplamente adotada, apesar de existirem termos similares. Gardner optou por adotar a palavra como um nome específico para o Instrumento Mágico, que se assemelha a um punhal ou adaga, utilizado em rituais. No entanto, é interessante notar que termos semelhantes, como *artave*, *arthane* e *arthame*, podem ser encontrados em várias traduções francesas diferentes da obra *A Chave de Salomão*. Esse grimório desempenhou um papel significativo durante a era renascentista e, por erro, foi atribuído ao rei bíblico Salomão.

É provável que a presença desses termos nas traduções francesas d e *A Chave de Salomão* seja resultado de uma tradução incorreta da palavra latina *artavus*. Essa confusão linguística ilustra como os termos podem ser reinterpretados e assumir novos significados ao longo do tempo, especialmente em contextos esotéricos e mágicos.

A introdução do termo "athame" por Gardner teve um impacto profundo na terminologia da Bruxaria Moderna e na Wicca, em particular. Essa palavra agora é reconhecida e utilizada em muitas tradições mágicas, e seu papel como ferramenta simbólica e energética em rituais mágicos é uma característica marcante da prática contemporânea.

Athames, em sua essência, são lâminas. A conexão entre facas, espadas, agulhas e alfinetes possui profundas raízes históricas e simbólicas que traçam um elo entre a esfera esotérica e os contextos bélicos e de proteção. Ao longo da história, as lâminas têm desempenhado papéis multifacetados, abrangendo desde a guerra até a proteção. Os reis e líderes de guerreiros passavam suas espadas a seus descendentes como um símbolo de transferência de poder e legado. Esse ato não apenas transmitia autoridade, como representava a responsabilidade de continuar a linhagem e proteger o povo.

Da mesma forma, cavaleiros condecorados compartilhavam esse costume, deixando suas espadas como um legado simbólico para suas famílias, transmitindo a honra e as habilidades guerreiras adquiridas ao longo de suas vidas. Isso não apenas preservava a tradição, mas incentivava as gerações futuras a manterem-se fortes e resilientes.

As agulhas e alfinetes no sentido convencional têm uma relação similar de proteção e conexão. Como vistos na costura, nos bordados e nos artesanatos, esses objetos desempenham um papel essencial na união e na reparação. Eles podem ser símbolos de conexão, pois unem tecidos e materiais de maneira harmônica. Além disso, podem representar a habilidade de cuidar e de consertar, algo que também está intrinsecamente ligado ao conceito de proteção.

A relação desses elementos com a Magia com Velas é complexa e diversa. A simbologia da lâmina como um instrumento que corta através das barreiras, quando incorporada à Magia, pode ser empregada para direcionar e concentrar a energia mágica. Agulhas e alfinetes, com suas qualidades de união e reparação, podem ser usados simbolicamente para fortalecer a conexão entre intenções e o mundo espiritual, assim como selar energias e proteger o praticante.

Nas inúmeras lendas e contos, a lendária "Excalibur", espada do Rei Artur encontrada nas narrativas do Ciclo Arturiano da Bretanha, desempenha um papel profundamente mágico e simbólico. Este conto se entrelaça entre ficção e realidade, infundindo a espada com poderes mágicos e associando-a à legítima soberania da Grã-Bretanha. A história transcende a mera aparência física da espada, elevando-a a um símbolo poderoso. Excalibur não é apenas uma espada fincada em uma rocha, é um artefato dotado de significados mais profundos. O mito atribui a ela poderes extraordinários, como a capacidade de conceder vitória e sucesso a quem a empunhar. Sua natureza vai além do simples metal e ela se torna um instrumento que transcende a realidade cotidiana, influenciando o destino e a narrativa do próprio reino.

Além disso, a lenda da Excalibur traz à tona o conceito de soberania. A espada não escolhe apenas aquele que a consegue retirar da rocha; ela escolhe o herdeiro legítimo, aquele destinado a ser um grande rei. Essa associação de linhagem real e posse da espada confere à história uma camada adicional de simbolismo, destacando a importância da justiça, liderança e autoridade.

Esta lenda ilustra a maneira como os objetos, especialmente as armas, podem ser imbuídos de significados além de sua forma física. A Magia, os poderes místicos e as associações com a soberania transcendem a narrativa, refletindo valores culturais e ideais de liderança. Isso é especialmente relevante na compreensão das histórias míticas e seu impacto duradouro na forma como vemos o mundo e nossas próprias trajetórias individuais.

Há também uma crença profunda de que as espadas estão intrinsecamente conectadas ao espírito guerreiro, alimentando-se da energia desprendida em batalhas, das gotas de suor, do derramamento de sangue e das lágrimas derramadas. Essa perspectiva sugere que as espadas possuem um espírito próprio que pode conferir poderes ao seu portador. Em mitos e lendas, a espada muitas vezes representa não apenas um objeto físico, mas também um canal para habilidades sobrenaturais. Certas narrativas sustentam que a espada é capaz de infundir em seu possuidor características como inteligência, força e agilidade de um guerreiro consumado. Essa transformação simbólica é frequentemente ilustrada por histórias em que, sem a espada, o protagonista é apenas um indivíduo comum, mas ao empunhá-la, transcende as limitações de sua natureza original. A lâmina torna-se um gatilho mágico, que confere autoridade ao seu portador, transformando-o em um líder destemido. Nas lendas, encontramos relatos de espadas que parecem ter vida própria, agindo de forma independente. Essas histórias exploram o conceito de que as espadas possuem um poder inato, independentemente de serem empunhadas por alguém. Essa noção sugere que as lâminas carregam consigo uma aura, capaz de moldar destinos e desafiar ações humanas.

A visão de que as espadas estão imbuídas do espírito da guerra ressalta o poder da narrativa mítica e como ela pode transcender os limites da realidade cotidiana. A lâmina, mais do que um simples instrumento, torna-se um catalisador da força interior e da coragem, simbolizando a transcendência das limitações humanas e a conexão com um reino mais amplo de energia e significado.

Percebemos que as lâminas carregam uma linhagem poderosa, permeada por histórias que evocam um domínio sobre forças além do comum. Elas transcenderam sua forma física para representar um poder enraizado tanto na realidade quanto no reino espiritual. A ferida que inflige no mundo material espelha-se no mesmo grau no mundo etéreo. Nas mãos de um Mago, essas lâminas são mais que meros instrumentos; elas encarnam a essência verdadeira do controle e do poder sobre as entidades espirituais.

Sob essa perspectiva, adentramos o domínio da assimilação ritualística, onde agulhas, alfinetes, lancetas, tachinhas, anzóis e outros objetos pontiagudos se revelam como lâminas em proporções menores. Eles carregam consigo o potencial de outras lâminas, tornando-se pequenos instrumentos afiados que são pontos de conexão entre o mundo visível e o invisível. Assim como as lâminas maiores, esses instrumentos pontiagudos são canalizadores de energia, permitindo que os praticantes redirecionem forças e intenções. podem ser usados para traçar símbolos no ar, selar energias, direcionar o fluxo de poder e estabelecer conexões com entidades espirituais. agulhas e alfinetes, por exemplo, transcendem a mera funcionalidade física, tornando-se condutores de um poder oculto e profundo.

Ao longo deste processo, as lâminas transcendem o reino do mito, tornando-se veículos tangíveis de poder. A maneira como essas mini lâminas são utilizadas varia entre diferentes tradições de mistérios, mas há algumas observações intrigantes que merecem destaque. Uma delas é a importância de escolher agulhas de alta qualidade, confeccionadas a partir de materiais duráveis, especialmente ao executar feitiços de proteção, maldições e outras finalidades. Agulhas feitas de prata, ouro ou cobre, com espessura substancial, são preferíveis, pois são destinadas a ser usadas repetidamente. Embora muitos prefiram os kits que oferecem uma variedade de peças descartáveis, optar por agulhas feitas de materiais mais resistentes é uma abordagem valiosa.

A constância no uso delas é crucial para acumular energia ao longo do tempo. Essa acumulação é uma característica intrínseca da prática mágica, onde a conexão e a sintonia com um instrumento específico amplificam a sua eficácia. Conforme as agulhas são utilizadas em feitiços e rituais, elas se tornam portadoras de uma energia acumulada, reforçando sua capacidade de canalizar intenções e influenciar o mundo espiritual.

Embora existam momentos em que a utilização de agulhas ou alfinetes descartáveis seja apropriada, considerar a aquisição delas feitas de materiais resistentes pode ser um investimento benéfico a longo prazo. Essas agulhas se tornam mais do que meros objetos físicos; elas evoluem para símbolos condutores, transmitindo o poder acumulado de cada feitiço executado.

Assim, ter à disposição mini lâminas confeccionadas com materiais de qualidade e que possam ser reutilizadas, resultará em um Instrumento Mágico potencializado. Essa abordagem impulsiona a acumulação de energia e a conexão com o próprio artefato, tornando-o um canal mais eficaz para a manifestação de intenções. A reserva de materiais descartáveis é mais bem aplicada quando feitiços requerem elementos que devem ser descartados ou quando uma grande quantidade de lâminas é necessária. Um aspecto intrigante a se considerar é que os metais escolhidos para as mini lâminas possuem um poder simbólico próprio. Cada metal – ouro, prata, cobre e ferro – traz consigo significados e qualidades únicas, que podem influenciar o resultado mágico.

- **Ouro:** a energia vital que permeia você absorve incessantemente o calor do sol, conferindo uma intensidade única a essa força interna. O ouro, em sua essência, irradia com uma potência que emana do próprio astro solar, mantendo essa influência mesmo quando enterrado nas profundezas da terra. É um metal que pesa 19 vezes mais que a água, densamente compacto mas que, ao mesmo tempo, irradia o brilho cintilante do Sol. Assim, o ouro surge como um descendente direto da união entre o Sol e a Terra, carregando consigo essa dualidade de origens. A resistência do ouro é notável; ele pode ser martelado e moldado, transformado em folhas com uma espessura ínfima de 1/1000 de milímetro, e ainda assim manter sua integridade. Esse metal precioso evoca não apenas durabilidade física, como uma resiliência espiritual. A expressão "Limpa nossas almas da escuridão horrível e acende uma luz para a nossa compreensão" capta a aura metafórica e espiritual que o ouro representa. Não se trata apenas de uma substância física, mas de um catalisador que almeja purificar as profundezas internas, trazendo clareza e iluminação para a mente e o espírito. O ouro, devido à sua energia única, oferece uma gama de influências poderosas. É um aliado valioso para aqueles que buscam magnetismo, beleza e um brilho pessoal cativante. Além disso, pode auxiliar na resolução de questões relacionadas à autossabotagem e tristeza profunda. Sua energia intrínseca guia o indivíduo a transcender as sombras emocionais, voltando-se para o cerne do que é verdadeiramente significativo. A busca pelo brilho pessoal, pela transformação através da alegria e da expansão interior, é ampliada por essa influência. Assim, o ouro, com sua conexão com o Sol e a Terra, age como um farol de luz espiritual que ilumina o caminho da transformação, purificação e crescimento interior. É mais do que um metal; é uma âncora para o poder espiritual e a transcendência da escuridão.

- **Prata**: seu uso remonta aos tempos pré-históricos, ganhando destaque compreensível ao ser considerado "o metal da lua". A lua, como controladora da primeira forma material e estágio embrionário de todas as criaturas viventes, conecta-se profundamente à prata. Este metal está intrinsecamente ligado à fase inicial de desenvolvimento, sendo especialmente benéfico para as energias das crianças. Algumas tradições antigas passavam de avós para netos utensílios de prata gravados com iniciais, como taças, colheres e garfos, para impregnar suas refeições com a energia prateada e vitalizadora. Sua natureza extremamente líquida e a necessidade de se amalgamar com outros metais para adquirir firmeza refletem sua volatilidade, associando-se aos ciclos da Lua que regem as marés em constante mudança. Assim como a lua reflete a luz do sol, a prata, como o metal lunar, compartilha essa qualidade refletora, o que a torna um componente fundamental na criação de espelhos ao longo da história. Para além dessas propriedades, a prata exerce um impacto no aspecto emocional e psíquico do indivíduo. Sua influência favorece a maleabilidade e a flexibilidade das emoções, facilitando a inserção de pensamentos, ideias e intenções na mente de alguém. Esse aspecto pode ser usado para benefícios ou manipulação, pois permite acessar camadas profundas do inconsciente, proporcionando uma via para aprimorar sua vida ou, inversamente, induzir enganos. A prata também desempenha um papel crucial no trabalho mágico com seres e entidades espirituais, agindo como facilitadora na conexão com diferentes planos e dimensões, ampliando a vidência e a sensibilidade psíquica do praticante. Sua energia sutil e reflexiva atua como uma ponte entre o mundo material e o espiritual, permitindo um contato mais profundo com a esfera invisível. A prata transcende a mera substância metálica, transformando-se em uma ferramenta mágica e espiritual que influencia tanto o mundo emocional quanto o espiritual. Sua ligação à lua, sua volatilidade e sua capacidade de reflexão simbolizam o eterno movimento das energias e das influências que permeiam a realidade e nosso eu interior.

- **Cobre:** com sua natureza sensível, o cobre requer cuidado, carinho e paciência para ser mantido, necessitando ser polido regularmente para manter sua aparência. Ao contrário do aço ou do frio alumínio, o cobre emana uma energia calorosa, hospitaleira e carinhosa, criando um ambiente que eleva o espírito. Sua presença irradia um calor familiar, maternal e oferece sensações de conforto e proteção. No corpo da Mãe Terra, cada metal reflete uma força cósmica, cuja essência ele representa. O cobre, por sua vez, está associado a Vênus, a Deusa que, ao longo do tempo e sob diversos nomes, tem sido venerada: Ishtar, Astarte, Vênus, Afrodite. Portanto, o cobre tem o potencial de trazer à tona atributos como amor, beleza, harmonia e habilidades criativas, enriquecendo a vida e dando vazão à arte que floresce nos corações humanos. Sua tonalidade ecoa o matiz do sangue, trazendo à mente a linhagem dos antepassados e a vigorosa corrente que flui ao longo das gerações. Neste contexto, o cobre se apresenta como um elo vital que transcende as eras, capacitando a exploração de questões afetivas, como beleza e harmonia, juntamente ao cultivo de habilidades criativas. Com sua essência profundamente conectada às raízes familiares, este metal atua como uma ponte entre passado e presente. Uma qualidade única, tornando-o um aliado ideal para aqueles que buscam explorar sua genealogia e honrar os dons transmitidos pelos antepassados. Ele encoraja uma compreensão mais profunda da história familiar, possibilitando que traços de beleza, harmonia e criatividade presentes nas gerações anteriores se manifestem de maneira renovada na vida atual. Esse metal não apenas honra os que vieram antes, mas também proporciona um veículo para trabalhar com a Magia Ancestral. Ao entrelaçar o presente com o passado, o praticante pode invocar os poderes enraizados na linhagem, canalizando-os para os rituais e feitiços contemporâneos. A conexão com os antigos conhecimentos e forças oferece uma dimensão adicional à prática, permitindo que os praticantes acessem recursos que se estendem muito além do âmbito individual. Desta forma, o cobre não é apenas um metal físico, mas uma porta de entrada para a herança espiritual e a história da família. Sua capacidade de evocar as profundezas da ancestralidade enriquece a prática mágica, conferindo-lhe uma dimensão de sabedoria e poder enraizada no tempo. O cobre também possui um papel de destaque na esfera amorosa e sexual, desencadeando uma onda de abundância nas relações humanas. Sua intrínseca conexão com a fertilidade o transforma em um ímã poderoso para desejos e objetivos, impulsionando sua materialização no mundo real. Assim, através de sua ligação com o amor, a herança ancestral e a fertilidade, este metal se estabelece como um canal para a manifestação de forças profundas e essenciais. Essa qualidade permite que o praticante atraia, transforme e crie com maior eficácia e enriquecimento. O cobre, com sua influência vibrante, pode ser empregado para intensificar a paixão e o desejo em relacionamentos íntimos. Sua natureza calorosa e hospitaleira cria um ambiente propício para aprofundar as conexões emocionais e físicas, potencializando a troca de afeto e intimidade entre os parceiros. Além disso, a ligação com a fertilidade confere ao cobre a capacidade de amplificar a energia criativa, não apenas no contexto sexual, mas na geração de ideias e projetos. A influência da fertilidade do cobre liga as novas vidas, ela se estende à concretização de desejos e metas. Como um ímã mágico, o cobre atrai os objetivos e sonhos do praticante, ajudando a transformá-los em realidade tangível. Essa qualidade magnética se estende a todos os aspectos da vida, proporcionando um apoio substancial para a materialização dos anseios. A combinação do amor, ancestralidade e fertilidade dentro do cobre oferece uma abordagem holística para a manifestação de objetivos e relacionamentos saudáveis. Ao trabalhar com esse metal, o praticante se encontra diante de uma ferramenta poderosa que fortalece e enriquece múltiplos aspectos da vida, conectando o indivíduo às energias fundamentais da existência.

- **Ferro:** a maior parte do ferro presente na Terra tem uma origem antiquíssima, precipitando-se diretamente dos céus na forma de meteoritos – partículas cósmicas e poeira estelar. O ferro, em sua essência simples, emerge como o metal da coragem e da defesa, tornando-se uma ferramenta que amplifica a vibração enérgica dos desejos apaixonados do coração humano. Embora tenha uma associação com Marte, o planeta da Guerra, o ferro transcende sua conotação bélica e se transforma em um símbolo poderoso de nossa capacidade de concretizar nossos sonhos. Essa conexão ancestral com o ferro evoca um profundo senso de resiliência e fortaleza. Sua presença cósmica, trazida à Terra por meteoritos, ressoa como um lembrete de que somos parte de um vasto Universo e que nossos próprios desejos e aspirações têm raízes profundas no cosmos. O ferro, como metal, assume o papel de defensor não apenas dos corpos físicos, mas dos ideais e objetivos que inflamam nossos espíritos. Além de sua conotação defensiva, o ferro desafia a dualidade. Ele é um exemplo notável de como o poder de transformação pode emergir de processos naturais e cósmicos. Seu vínculo com Marte vai além da guerra, ele abraça a energia empreendedora e a força de vontade que impulsiona a busca de nossos objetivos. Quando incorporado à Magia, o ferro pode ser visto como uma força que protege e nutre nossos desejos e metas, podendo auxiliar na formação de um escudo energético, afastando influências negativas e proporcionando um espaço seguro para que nossos sonhos possam florescer. Em vez de ser apenas uma ferramenta de confronto, o ferro assume o papel de guardião, protegendo e nutrindo a chama dos nossos anseios. Se imaginarmos a Terra como um ser humano, o cinturão de ferro e carvão que circunda seu núcleo ecoa a analogia do coração humano, que irriga o corpo com vida. O fogo que permeia o confins de nosso Planeta, liberando calor enquanto flui, reflete nosso sistema circulatório vital – uma corrente enriquecida com ferro, semelhante ao sangue que percorre nossas veias. Neste contexto, o ferro se torna um símbolo vívido de nossas emoções intensas e avassaladoras. Na mitologia grega, o grande fogo de Hefesto arde no centro da Terra, onde ele forja as armas divinas em sua oficina de ferreiro. A fumaça que emerge de suas forjas encontra seu caminho pelas chaminés das grandes montanhas vulcânicas, ocasionalmente liberando rochas fundidas e lava. Esse cenário mitológico ecoa a interação entre as forças interiores da Terra e as manifestações externas de vulcões e forjas humanas, onde as armas e a guerra encontraram sua presença durante a Idade do Ferro. O ferro abraça o poder da forja e da transformação, abarcando também elementos de explosividade, raiva e a intensidade que remete à adrenalina associada a Marte, o planeta da Guerra. Este metal, em sua natureza, traz consigo a capacidade de insuflar ação e movimento em várias circunstâncias, tornando-se um aliado inestimável para feitiços que envolvem tanto ataque quanto defesa espiritual. A energia enraizada no ferro reflete sua relação com a força interior da Terra e, por extensão, com nosso próprio poder pessoal de transformação. Seu simbolismo se estende além da mera influência bélica, conectando-se com a determinação e coragem necessárias para enfrentar os desafios da vida. Esse metal, moldado em forjas que ecoam com marteladas, representa o calor da ação e a vontade de concretizar nossos objetivos. O ferro pode ser empregado para estimular a iniciativa e o impulso em direção a metas específicas. Sua presença sutil pode infundir um feitiço com a energia necessária para manifestar mudanças rápidas e eficazes. Além disso, a ligação com Marte potencializa as qualidades de proteção, tornando-o um componente valioso para encantamentos que buscam segurança e resiliência contra influências indesejadas. Vale ressaltar que, ao trabalhar com o ferro, é fundamental considerar sua natureza dual – capaz tanto de criar quanto de destruir. Assim, sua Magia – pode ir além de feitiços de ataque ou defesa, ela abrange todo o espectro da manifestação de intenções. A energia do ferro pode ser direcionada de maneira equilibrada, não apenas para enfrentar desafios e adversidades, como para criar novos caminhos e oportunidades. Ao utilizar o ferro, o praticante pode invocar a energia da forja direto do magma de nosso Planeta, incorporando-a em rituais de transformação pessoal e manifestação de desejos. Essa conexão profunda com a essência elemental e cósmica do ferro amplifica o poder , infundindo-a com as energias de coragem, determinação e ação, características inerentes a esse metal tão vital na história da humanidade.

É crucial compreender que ao trabalharmos com objetos na Magia, estamos utilizando-os como veículos para direcionar nossa energia e intenção. Essa dinâmica ocorre porque, ao fincar ou espetar agulhas durante um feitiço, estamos não apenas realizando uma ação física, mas estabelecendo uma representação simbólica e emocional. Esse conceito se enraíza na ideia do poder da narrativa, onde cada feitiço se desdobra como uma história que contamos por meio dos materiais usados, dos gestos empregados e dos significados subjacentes.

Neste contexto, todo feitiço se torna uma jornada que manipula nosso subconsciente. O conjunto de elementos presentes em um feitiço – desde as lâminas até as velas e os gestos específicos – cria gatilhos que ressoam em nossos aspectos internos e inconscientes. Esse alinhamento entre elementos tangíveis e simbólicos capacita a manifestação de acordo com nossa intenção.

Assim, o ato de espetar velas, por exemplo, vai além do simples gesto físico. Ele assume o papel de catalisador para manifestar uma variedade de intenções – desde proteção e ataque até causar mudanças específicas na vida de alguém. A própria ação de fincar as agulhas no ambiente mágico evoca emoções e intenções, e essa interação entre o mundo físico e o metafísico é o cerne da Magia. A imaginação e o significado pessoal atribuído às lâminas são fundamentais para moldar a eficácia e a direção do feitiço. Por essa razão, a Magia se torna um processo altamente personalizado, no qual cada praticante emprega símbolos e elementos que ressoam com sua própria energia e intenção.

Portanto, ao espetar velas ou trabalhar com qualquer outro elemento mágico, estamos entrelaçando narrativa, energia e intenção de maneira holística. Essa abordagem dinâmica não apenas ativa nosso inconsciente, como também amplia o potencial de manifestação, permitindo que nossos desejos e objetivos se materializem no mundo físico.

Porém, para além disso existem mais uma lógica de uso mágico que gostaria de apresentar aqui. Uma delas é a função das agulhas de estimular pontos específicos do corpo para promover o equilíbrio energético na acupuntura, aliviando dores, melhorando a função orgânica e estimulando processos de cura naturais. Essa prática faz parte da Medicina Tradicional Chinesa e tem sido utilizada há milhares de anos com o objetivo de tratar uma variedade de condições físicas e emocionais. As agulhas de acupuntura são inseridas em pontos específicos do corpo que estão localizados ao longo dos meridianos – canais pelos quais a energia vital chamada "Qi" ou "Chi" circula.

Acredita-se que o corpo humano é percorrido por um fluxo contínuo de energia vital, quando esse fluxo é bloqueado ou desequilibrado, podem surgir problemas de saúde. As agulhas estimulam pontos de acupuntura específicos para desbloquear o fluxo de energia e restaurar o equilíbrio energético. Elas também têm a capacidade de estimular a liberação de endorfinas, que são substâncias naturais que atuam como analgésicos. Isso ajuda a aliviar a dor muscular, articular ou crônica, sendo especialmente eficaz para condições como dores nas costas, enxaquecas e dores relacionadas a problemas musculares. A Medicina Tradicional Chinesa acredita que as emoções e o corpo estão interconectados. Alguns pontos de acupuntura estão relacionados a estados emocionais específicos. Ao estimular esses pontos, as agulhas podem ajudar a equilibrar as emoções e reduzir o estresse.

De certa forma, as agulhas podem ser comparadas a antenas energéticas, capazes de desobstruir e ampliar questões relacionadas à energia no corpo e no ambiente. Essa analogia se torna ainda mais intrigante quando consideramos práticas tradicionais e mágicas que envolvem o uso de agulhas, como espetar uma única agulha de prata em uma vela branca para realizar desejos.

A técnica de espetar uma agulha de prata em uma vela branca para concretizar desejos, revela uma compreensão profunda do simbolismo da agulha. A prata é associada à energia lunar e intuitiva, enquanto a vela branca representa pureza e clareza de intenção. A união desses elementos cria um canal energético que direciona a intenção do praticante para alcançar seus objetivos. Expandindo essa prática, podemos explorar o potencial de agulhas feitas de diferentes metais. Cada metal possui suas próprias propriedades e correspondências energéticas. Explorar agulhas de diferentes metais não apenas amplia seu repertório, como também aprofunda nossa compreensão dos símbolos e propriedades energéticas desses materiais. Assim como as agulhas da medicina chinesa são inseridas em pontos específicos para influenciar o fluxo de energia, as agulhas podem ser utilizadas como condutores de intenção e energia em rituais e feitiços, conectando-se a um vasto universo de simbolismo e significados.

MAGIA DE LIGAÇÃO: A ARTE DO CONTÁGIO

Saber vincular uma pessoa, animal ou objeto a sua Magia é importante. Sem isso, seu feitiço não passa de um amontanhado de velas coloridas acesas em uma mesa. Como já disse antes, o poder dos nossos feitiços está em como conseguimos conectá-los espiritualmente, só assim a Magia é verdadeiramente gerada. Vincular uma pessoa, animal ou objeto a uma Magia é um processo no qual você estabelece um vínculo que os liga a seu feitiço. O objeto que for utilizado para este vínculo se torna uma âncora que liga ambas as partes, tipo um canudo que leva para outra extremidade a energia do desejo que está sendo direcionada. Esse objeto se torna um condutor ou um foco para a energia e a intenção do praticante, fortalecendo e direcionando a magia.

Este vínculo pode assumir várias formas, dependendo da técnica usada. Dentro da Magia com Velas, pode ser uma vela colorida com o nome da pessoa, uma vela de formato com a ideia e intenção ou quaisquer outras técnicas que gostar e que já aprendeu nos capítulos anteriores.

Quando realizado corretamente, direcionar energia se torna um processo muito mais assertivo Isso significa que o outro lado dessa corrente se torna um alvo fácil para a sua Magia e intenção. Assim, você pode influenciar ou afetar a outra pessoa com sua energia, mudar seu comportamento, suas emoções ou causar situações das mais diversas em sua vida. Pode enviar intenções, desejos ou energias específicas para a pessoa, animal ou objeto, buscando um resultado desejado.

Podemos usar esta ligação como uma forma de proteção. Ao vincular uma pessoa, animal ou objeto a uma Magia, você pode criar uma barreira energética ao seu redor, afastando energias negativas, influências indesejadas ou perigos potenciais. Em alguns sistemas, vincular uma pessoa, animal ou objeto a uma Magia pode facilitar a conexão com forças espirituais, guias ou deidades. Isso pode ser feito para buscar orientação, assistência ou proteção dessas entidades para a vida da pessoa.

Uma abordagem mágica que sempre fez sentido para mim é baseada em conceitos e leis trazidas por Isaac Bonewits, um renomado Bruxo, escritor e estudioso do ocultismo e da espiritualidade. Nascido em 1º de outubro de 1949, em Royal Oak, Michigan, nos Estados Unidos, seu legado perdura até hoje, mesmo após seu falecimento, em 12 de agosto de 2010. Isaac Bonewits deixou uma marca duradoura na comunidade Pagã ao promover o Paganismo como uma religião reconhecida e respeitada. Ele se considerava um neodruida e foi um dos fundadores da ADF (Ár nDraíocht Féin), uma organização dedicada à prática e ao estudo do druidismo Neopagão. Suas contribuições literárias foram notáveis, incluindo obras como *Real Magic* (*Magia Real*), *Neopagan Rites: A Guide to Creating Public Rituals That Work* (*Rituais Neopagãos: Um Guia para Criar Rituais Públicos que Funcionam*) e *Bonewits's Essential Guide to Druidism* (*Guia Essencial de Bonewits para o Druidismo*). Seus escritos abordam diversos temas, desde Magia e Paganismo até estudos ocultos. Ele foi um fervoroso defensor da liberdade religiosa e da tolerância, o que tornou seu trabalho relevante e inspirador para a comunidade Pagã e para todos que se interessam por Magia, espiritualidade e conhecimento oculto. As leis e conceitos propostos por Bonewits ajudaram a fundamentar muitas práticas e crenças dentro do Paganismo contemporâneo. Entre suas contribuições mais notáveis estão os "Sistemas de Correspondência", que relacionam diferentes elementos e símbolos. Esses conceitos continuam a ser aplicados em muitas tradições mágicas e espirituais, enriquecendo a compreensão da interconexão entre o mundo visível e o invisível.

A **Lei do Contágio** afirma que a energia, a essência ou as propriedades de um objeto podem ser transferidas para outro objeto com o qual ele teve contato físico. Essa transferência energética persiste mesmo após a separação dos objetos, criando uma ligação energética e uma influência recíproca. Na prática mágica, a Lei do Contágio é aplicada ao usar objetos pessoais ou materiais ligados a uma pessoa, situação ou intenção específica. Por exemplo, uma Bruxa pode empregar uma caneta em um feitiço de amor, infundindo o objeto com a energia do feitiço. Quando a pessoa alvo toca a caneta, ela é influenciada pela Magia. Esse princípio também é aplicado em feitiços que envolvem comida e presentes, destacando a importância de escolher com cuidado o que se consome e quais presentes aceita.

Além disso, a Lei do Contágio se estende ao uso de objetos de poder ou ferramentas sagradas. Esses itens acumulam energia ao longo do tempo. Quando usados em rituais, essa energia é transmitida e amplifica a eficácia do trabalho mágico. Vale destacar que essa lei não se restringe a objetos físicos, ela também engloba energias, emoções e intenções. Quando um grupo de pessoas se une para realizar um ritual ou feitiço conjunto, a energia coletiva e as intenções compartilhadas podem se contagiar, fortalecendo a potência da Magia realizada. A Lei do Contágio sugere que objetos ou substâncias que estiveram em contato físico continuam a interagir e a influenciar uns aos outros, transmitindo energia, essência ou propriedades, de forma semelhante a uma infecção que se espalha. Esse conceito ressalta a conexão sutil e poderosa entre o mundo material e o espiritual, ampliando o entendimento das forças que permeiam a Magia e a interconexão entre os seres e o ambiente ao seu redor.

A **Lei dos Nomes** é uma crença mágica que postula que o nome verdadeiro e completo de uma pessoa, animal ou objeto carrega informações essenciais sobre sua natureza, características e propriedades. Ao utilizar esse nome, é possível estabelecer uma conexão mais profunda e direta com o alvo, permitindo maior conhecimento e controle sobre ele.

Na prática mágica, a Lei dos Nomes é empregada através do uso de nomes sagrados, verdadeiros ou secretos associados a seres ou entidades mágicas. Acredita-se que ao usar o nome real de uma divindade, espírito ou entidade, a conexão estabelecida é mais íntima, tornando possível atrair sua atenção e influência de maneira mais eficaz. Da mesma forma, utilizar o nome completo de uma pessoa pode permitir um controle mais preciso. Por exemplo, durante um feitiço de cura, mencionar o nome da pessoa pode direcionar a energia de cura de maneira mais direta e eficiente. No entanto, é importante observar que nem todos os nomes possuem o mesmo poder ou significado. Em certas Tradições mágicas, os nomes são considerados sagrados e protegidos, sendo seu uso inadequado ou desrespeitoso associado a consequências negativas. A Lei dos Nomes destaca a importância de conhecer e usar os nomes verdadeiros e completos em práticas mágicas. Através desse conhecimento, acredita-se que seja possível estabelecer uma ligação mais profunda, obter maior compreensão e exercer controle mais efetivo sobre o alvo.

A **Lei da Associação** postula que se dois ou mais padrões possuem elementos em comum, eles interagem através desses elementos compartilhados. Além disso, controlar um padrão pode facilitar o controle de qualquer outro associado a ele.

A intensidade da influência aumenta à medida que os elementos em comum são mais proeminentes. Essa lei sugere que existe uma conexão e influência entre aquilo que compartilha características semelhantes. Por exemplo, se a pessoa que você almeja alcançar possui uma tatuagem específica, ter em mãos um desenho idêntico ao da tatuagem pode criar um vínculo energético baseado na semelhança entre os desenhos.

Na prática mágica, a Lei da Associação é aplicada quando um objeto é relacionado a uma determinada intenção ou energia. Outras peças que possuem elementos em comum com esse primeiro podem ser influenciadas pela mesma intenção ou energia. Um exemplo é observado nas tradições de Bruxaria, onde cada iniciado recebe um pingente com o símbolo da Tradição para proteção. Uma vez que os símbolos são idênticos, eles carregam a mesma intenção e poder, conforme determinado pela Tradição.

Assim, considerando essa lei, é possível criar vínculos energéticos ao direcionar um feitiço a uma pessoa através de algo que seja idêntico a uma coisa que a pessoa em questão possui, amplificando a influência da Magia.

A **Lei da Simpatia** se fundamenta na convicção de que existem laços sutis e energéticos entre diferentes elementos do Universo. Essas conexões podem abranger aspectos físicos, energéticos, emocionais e espirituais. Quando dois elementos compartilham características semelhantes, eles são considerados "simpáticos", o que implica que têm a capacidade de influenciar um ao outro.

Um exemplo ilustrativo dessa lei pode ser observado na prática de utilizar instrumentos e coisas pessoais na arte da feitiçaria. A crença subjacente é que algo que tenha pertencido a uma pessoa, como um fio de cabelo, uma peça de roupa ou um item de uso pessoal, retém sua energia única e essência característica. Ao incorporar esse pertence em um feitiço ou ritual, a energia e a intenção original da pessoa são transmitidas para aquele que está manipulando o material. Esse processo de transferência energética possibilita a conexão entre os indivíduos, permitindo que a influência e o poder da pessoa associada ao utensílio se manifestem no contexto mágico.

Desta forma, a Lei da Simpatia sustenta que conexões sutis e influências existem entre diversos elementos no Universo, permitindo que interajam e se influenciem mesmo a distância. Essa lei é especialmente empregada quando se trata de estabelecer vínculos energéticos.

Segundo a **Lei da Semelhança,** trabalhamos mediante o uso de correspondências simbólicas. Por exemplo, se alguém deseja atrair prosperidade e abundância, pode usar elementos que simbolizam riqueza, como moedas de ouro, cartão de crédito e por aí afora. Acredita-se que a presença desses elementos semelhantes à prosperidade ajudam a atrair e a manifestar essa energia em sua vida.

Esta lei também é aplicada na prática da Magia Simpática, na qual uma representação é usada para afetar um alvo semelhante. Por exemplo, em um feitiço de cura, pode-se usar uma boneca representando a pessoa doente, acreditando que ao manipular o artefato, a pessoa real será afetada positivamente. Essa lei ensina que o uso de imagens, símbolos e correspondências semelhantes a algo desejado ou a ser influenciado pode facilitar o controle e a influência sobre essa coisa. A criação de uma representação precisa ou semelhante é considerada uma forma de estabelecer uma conexão energética e direcionar intenções mágicas de forma efetiva.

Essa lei também é fundamental na prática de visualização criativa, onde o praticante imagina detalhadamente o resultado desejado como se já estivesse acontecendo, criando, assim, uma imagem mental semelhante ao objetivo mágico. Isso fortalece a intenção e a energia direcionada para a manifestação daquilo que se deseja.

Explorar esses assuntos neste momento do livro é de extrema relevância, uma vez que nos deparamos frequentemente com inúmeras pessoas que oferecem ensinamentos mágicos, muitas vezes reduzidos a meros truques. É inevitável não perceber a proliferação de vídeos e conteúdos onde indivíduos discutem a obtenção de sucesso através de práticas que podem soar, no mínimo, excêntricas. Neste contexto, é crucial ressaltar a importância de uma abordagem mais fundamentada e consciente na Magia. A utilização de elementos simbólicos, como nomes completos, fotos, datas de nascimento e coisas pessoais, tem sido popularizada de maneira excessiva, muitas vezes em um contexto desprovido de significado real. É notório que alguns até propõem medidas extremamente invasivas, como coletar chá e café em peças íntimas, cabelos, fragmentos de unha ou mesmo itens tão pessoais quanto camisinhas e absorventes usados.

No entanto, é crucial reiterar que a verdadeira Magia não reside apenas na acumulação de informações pessoais, mas, sim, na compreensão profunda dos princípios subjacentes seja nas leis mágicas, seja nos simbolismos que as cercam.

Na verdade, quando não temos uma compreensão profunda das bases teóricas e das leis que regem a Magia, todo esse cenário pode parecer um espetáculo absurdo. No entanto, ao investigar mais a fundo e desenredar os fios intrincados, a complexa tapeçaria revela um fio condutor que nos leva a compreender que existe, de fato, uma estrutura teórica subjacente e uma lógica por trás de tudo isso. A Magia pode muitas vezes parecer um turbilhão caótico de práticas aparentemente desconexas. No entanto, quando começamos a desvendar as camadas mais profundas, é evidente que há uma coesão subjacente, uma lógica que une as várias tradições e práticas mágicas. Ao adentrar essa jornada de compreensão, a "colcha de retalhos" que pareceu inicialmente confusa, transforma-se em uma rica tapeçaria de significados interconectados. Por trás das práticas aparentemente peculiares, emerge uma visão mais profunda das forças sutis que moldam o mundo e a nossa relação com ele.

Indubitavelmente, alguns dos temas abordados neste capítulo, embora tratados de maneira sucinta e técnica, são frequentemente negligenciados em outras obras literárias ou recebem pouca atenção devido às controvérsias que podem surgir ao discuti-los de maneira superficial. No entanto, é de suma importância que esses conceitos sejam assimilados e, a partir deste ponto, sirvam como um guia para uma busca mais aprofundada e abrangente, visando enriquecer e aprimorar as práticas mágicas. Embora eu saiba que alguns dos temas aqui colocados não são muito comentados devido a polêmica que pode ser causada, sua exploração detalhada oferece uma base para práticas mais autênticas e significativas. Ao abraçar esses conceitos, os praticantes são capacitados a direcionar suas energias de maneira mais eficaz, aprofundando sua conexão com o mundo sutil que os rodeia.

No entanto, é vital reconhecer que a busca por essa compreensão não deve ser superficial. Ao invés disso, ela deve ser embasada em um desejo genuíno de busca e respeito pelas complexidades e nuances envolvidas. A jornada para uma prática mágica mais profunda e completa exige dedicação e um compromisso em explorar além da superfície. Afinal, é através desse mergulho nas águas mais profundas da Magia que encontramos o verdadeiro tesouro de conhecimento e sabedoria. Portanto, ao abraçar esses temas, os praticantes têm a oportunidade de elevar suas práticas mágicas a um novo patamar de significado e eficácia.

XIII. LENDO O FUTURO NAS CHAMAS

Ceromancia e Vidência com Velas Ritualísticas

Ao explorarmos a história das práticas xamânicas e primitivas que envolviam o uso do fogo para vidência, mergulhamos em um mundo ancestral no qual o fogo não era apenas uma fonte de calor e luz, mas também um portal para os reinos espirituais e uma ferramenta sagrada para a comunicação com o Divino. Nas sociedades antigas, o fogo era visto como uma força mística capaz de transcender o mundo material e conectar os seres humanos com as dimensões espirituais.

Nas culturas xamânicas, que remontam há milhares de anos em várias partes do mundo, o fogo desempenhava um papel crucial nas práticas de vidência. Os xamãs, aqueles que eram considerados intermediários entre o mundo humano e o mundo espiritual, frequentemente utilizavam o fogo como uma ferramenta para entrar em estados alterados de consciência e receber visões. Os rituais de fogo eram vistos como uma forma de transcender os limites da realidade cotidiana e acessar o conhecimento oculto. Essas práticas eram especialmente proeminentes nas sociedades primitivas, nas quais o entendimento do fogo ia além de sua utilidade física. Em muitas dessas culturas, o fogo era associado a divindades e espíritos. Acreditava-se que as chamas eram uma manifestação da presença espiritual. O fogo era visto como um comunicador, capaz de transmitir mensagens e sinais dos Deuses e ancestrais. Nas práticas de vidência, os sábios e xamãs observavam as chamas e os padrões de fumaça em busca de insights e orientações.

Os rituais de fogo também eram usados para adivinhação e previsão do futuro. As chamas eram interpretadas como mensageiras das forças cósmicas e entidades espirituais, e os xamãs buscavam ler os padrões e movimentos das chamas para compreender os eventos vindouros. A fumaça que se elevava em espirais era frequentemente vista como um veículo para se comunicar com o mundo espiritual, e os xamãs interpretavam a direção e a densidade da fumaça como indicativos das respostas às suas perguntas. Os rituais de fogo muitas vezes ocorriam em locais sagrados, como altares ou centros cerimoniais, onde os xamãs e praticantes podiam se conectar com as energias cósmicas e receber revelações. O próprio ato de acender o fogo era uma forma de invocar o Divino e estabelecer uma conexão com as forças invisíveis que permeavam o Universo.

As práticas xamânicas e primitivas que envolviam o uso do fogo para vidência nos lembra que o fogo era mais do que um elemento natural, era um instrumento sagrado que transcendia as barreiras do tempo e do espaço. Essas práticas nos convidam a olhar para além das chamas visíveis e a reconhecer o fogo como um canal de comunicação espiritual, uma ponte entre o humano e o Divino. Ao estudarmos essas antigas tradições, somos lembrados da profundidade do entendimento humano sobre o fogo e sua capacidade de revelar os mistérios do Universo.

Desde os tempos remotos, as chamas foram vistas como portais entre o mundo material e o mundo espiritual, permitindo que os seres humanos se conectassem com forças cósmicas e entidades além do alcance dos olhos físicos.

A história da humanidade é entrelaçada com o fogo, uma das descobertas mais transformadoras e influentes na jornada evolutiva da nossa espécie. Desde os primórdios dos tempos, o fogo desempenhou um papel central nas culturas e nas práticas espirituais, especialmente quando se tratava de alcançar estados alterados de consciência. Os primeiros seres humanos, observando a dança hipnotizante das chamas, reconheceram algo mais do que simplesmente uma fonte de luz e calor. Eles perceberam que o fogo tinha a capacidade de alterar a percepção e transcender as limitações do mundo físico. Nasceram então os primeiros rituais de fogo, quando as comunidades se reuniam em torno das fogueiras para participar de experiências que iam além do mundano.

Vamos explorar algumas dessas práticas ancestrais que envolviam o uso do fogo e suas implicações espirituais e mediúnicas.

- **O Fogo na Índia Antiga:** os rituais de fogo na Índia antiga, conhecidos como *agni hotra*, eram realizados como oferendas aos Deuses e para purificação espiritual. Esses rituais envolviam a queima de oferendas no fogo, enquanto mantras eram recitados. Acredita-se que o fogo era um intermediário entre o mundo humano e o Divino, transportando as preces e oferendas para os planos celestiais.
- **Fogo em Tradições Nativas Americanas:** diversas tribos nativas americanas incorporavam o fogo em suas práticas espirituais. As fogueiras eram usadas para cerimônias de cura, comunicação com os espíritos e celebrações sagradas. Os visionários e líderes tribais frequentemente buscavam visões e orientações enquanto contemplavam as chamas, acreditando que o fogo tinha o poder de revelar verdades espirituais.
- **Fogueiras de Beltane:** na Tradição celta, o Festival de Beltane celebrava a chegada da primavera. Fogueiras eram acesas para honrar o Deus Solar Belenos e para afastar influências negativas. As pessoas saltavam sobre as fogueiras como um meio de purificação e renovação espiritual, acreditando que o contato com o fogo trazia bênçãos e proteção.
- **O Fogo dos Sufis:** como praticantes do misticismo islâmico, os sufis também incorporavam o fogo em suas práticas espirituais. O *sama*, uma dança giratória que os sufis praticavam, muitas vezes eram realizadas ao redor de fogueiras. O movimento em torno do fogo era visto como uma forma de transcendência espiritual, permitindo que os praticantes entrassem em estados meditativos profundos.

A busca pela alteração da consciência por meio do fogo era uma prática difundida entre as culturas ancestrais. As raízes da adivinhação pelo fogo remontam às civilizações antigas que enxergavam nesse elemento a representação de forças divinas. Nas civilizações mesopotâmicas, o fogo era venerado como uma manifestação da divindade e sua observação atenta permitia aos Sacerdotes obterem visões do além.

No Egito, o fogo era um intermediário entre os mortais e os Deuses, sendo incorporado em rituais de veneração. Na Grécia Antiga, o oráculo de Delfos, um dos mais famosos da época, utilizava o fogo como um meio para receber mensagens dos Deuses. Até mesmo os romanos, em sua busca incessante por respostas do além, praticavam a "lampadomancia", uma forma de adivinhação que envolvia observar as chamas de uma lâmpada acesa.

Diversos métodos foram desenvolvidos para realizar adivinhação por meio do fogo, cada um com suas variações culturais e abordagens específicas. Um dos métodos mais conhecidos é a observação das formas e padrões das chamas enquanto uma substância é queimada. Essa prática, conhecida como "piromancia", envolve a interpretação das sombras, movimentos e cores das chamas. Acredita-se que certos padrões podem revelar informações sobre eventos futuros, decisões importantes ou orientações espirituais.

Outra técnica comum é a leitura das cinzas resultantes de um objeto queimado, conhecida como "capnomancia". Essa prática envolve observar as formas que as cinzas assumem e interpretar esses padrões como símbolos ou mensagens. Além disso, a observação das faíscas que saltam das chamas, a fumaça que se eleva no ar e até mesmo a sonoridade do crepitar das chamas foram consideradas pistas para decifrar o futuro.

As abordagens para a adivinhação pelo fogo eram variadas, mas todas compartilhavam o propósito de penetrar nas cortinas do tempo. Os observadores de chamas estudavam a altura, a cor, o padrão e até mesmo o som das chamas para decifrar mensagens. Algumas tradições incorporavam objetos como pedras, ossos ou símbolos em chamas para revelar visões.

A adivinhação por meio do fogo não era apenas um ato superficial de previsão, ela frequentemente carregava significados espirituais e psicológicos profundos. A observação do fogo pode induzir um estado de contemplação e concentração, facilitando a entrada em estados alterados de consciência. Esse estado de transe poderia permitir que o adivinho se conectasse com o mundo espiritual e acessasse informações além dos limites da percepção cotidiana. Além disso, a prática de adivinhação com o fogo muitas vezes envolvia uma interação com o desconhecido e o mistério. Essa interação podia levar a uma sensação de conexão com algo maior do que a compreensão humana, conferindo uma sensação de significado e orientação em meio às incertezas da vida.

Os estados alterados de consciência muitas vezes facilitam o acesso à intuição em sua forma mais pura. O estado de transe, frequentemente alcançado através da meditação, da dança, do jejum ou do uso de substâncias rituais, permite que a mente racional seja temporariamente suspensa, abrindo espaço para a intuição e a percepção extrassensorial. Nesses estados, a mente intuitiva se torna mais sensível a insights, visões e mensagens vindas do subconsciente e do mundo espiritual.

A exploração das várias perspectivas sobre a adivinhação através do fogo se revela como um passo fundamental. Muitas vezes se fala sobre a interpretação visual das chamas dançantes, do crepitar da madeira em combustão e da serpenteante fumaça. No entanto, ao adentrar em minha própria jornada dentro dessa prática, descobri que há um aspecto muito mais profundo que se revela apenas quando somos capazes de mergulhar verdadeiramente em estados alterados de consciência. As respostas às questões formuladas por meio dos rituais de trânsito, utilizando o elemento Fogo como um portal sagrado, alcançam-nos de forma distinta por meio dessa ligação intrincada que ocorre numa esfera extrassensorial, algo psíquico e intelectualmente desafiador.

Neste contexto, torna-se evidente que a verdadeira compreensão das mensagens transmitidas pelo fogo é ampliada quando atingimos estados alterados de consciência. As chamas que dançam diante de nós, os estalos da madeira ardente e a fumaça ondulante são como símbolos enigmáticos de um idioma ancestral. Eles servem como condutores hipnóticos, assim como o efeito do som dos pneus na estrada que é um fenômeno intrigante e amplamente reconhecido. À medida que um veículo percorre uma estrada, os pneus geram um som constante e ritmado que pode ter um efeito sonífero sobre os ocupantes do veículo. Esse som repetitivo, muitas vezes acompanhado pela paisagem monótona das estradas longas e retas, têm a capacidade de induzir um estado de relaxamento e foco singular na mente dos indivíduos que estão dentro do carro. Este efeito é frequentemente comparado ao estado de transe. A hipnose é um estado de consciência alterado em que a mente está mais receptiva a sugestões e a influências externas. O som constante dos pneus na estrada cria uma espécie de padrão repetitivo que pode induzir uma forma de concentração focalizada, semelhante ao estado de transe.

Esse fenômeno está intimamente ligado à psique humana e à maneira como nosso cérebro responde a estímulos repetitivos e monótonos. A psique humana é suscetível a padrões e ritmos regulares, o que pode resultar em um estado de relaxamento e redução da atividade mental consciente. Essa diminuição da atividade consciente pode abrir espaço para um aumento na atividade do subconsciente, onde as sugestões e influências podem ser mais facilmente absorvidas. E é por isso que para mim um verdadeiro método de vivência através do fogo vem sim do estado alterado de consciência, e todos esses artifícios visuais e sonoros produzidos pelo fogo apenas nos auxiliam a chegarmos no ponto que precisamos.

Definitivamente, eu não acredito na adivinhação através do formato das chamas. Para mim, a arte divinatória está pautada na habilidade de se conectar com a linha tênue que liga todas as coisas, onde passado, presente e futuro caminham juntos e o inconsciente coletivo é um mar de informações que podemos acessar e extrair o que desejamos saber. A interpretação de formas inconstantes que podem facilmente ser corrompidas pelo desejo do indivíduo, na qual gigantescas margens psicológicas se abrem para que respondamos meramente o que queremos ouvir, a habilidade adivinhatória se torna uma muleta e não um instrumento de clareza e autoconhecimento para nossa vida.

O que eu mais vejo por aí são pessoas que fotografam suas velas ou seus caldeirões e, naquela dança inconstante das chamas, formas aleatórias surgem, podendo gerar uma interpretação pessoal. Na maioria das vezes, nada espiritual. Isso mais uma vez abre margem para diversas questões problemáticas. Outra coisa que acontece muito são as pessoas comprarem velas que não tem um bom pavio, com uma capilaridade bem mal organizada e sem tratamento nenhum de controle de chamas, ou com ceras de qualidade questionável, querer justificar a altura da chama ou a velocidade da queima como algo completamente espiritual, quando na verdade isso é quimicamente justificável.

Existe um fenômeno psicológico e psicanalítico nomeado de "pareidolia" e "apofenia". Esses termos são usados para descrever a tendência humana de atribuir significados reconhecíveis a estímulos ambíguos ou caóticos, como manchas de tinta, nuvens, padrões de texturas ou mesmo sons.

- **Pareidolia:** termo usado para descrever a tendência natural do cérebro humano de identificar padrões familiares ou formas reconhecíveis em estímulos aleatórios, muitas vezes relacionados a rostos, animais ou objetos familiares. Isso pode ocorrer quando vemos rostos em nuvens, formas de animais em manchas de tinta, ou até mesmo uma figura humana em uma parede com textura irregular. A pareidolia está ligada à nossa capacidade inata de reconhecer padrões e rostos em nosso ambiente, o que historicamente era importante para a sobrevivência e para a interação social.
- **Apofenia:** refere-se à tendência cognitiva de perceber conexões ou padrões significativos entre elementos que, na realidade, não possuem nenhuma relação direta. Isso pode levar a interpretações equivocadas ou ilusórias de informações ou estímulos, muitas vezes criando uma falsa sensação de significado ou padrão onde não existe. A apofenia é frequentemente associada à formação de crenças supersticiosas, teorias da conspiração e até mesmo à criação de associações não intencionais em campos como a análise de dados estatísticos.

Esses fenômenos estão profundamente enraizados na natureza humana e estão relacionados à nossa capacidade de processar informações visuais e padrões de maneira eficaz. Eles refletem a forma como nosso cérebro tenta organizar e dar sentido ao mundo ao nosso redor, muitas vezes encontrando familiaridade e significado em coisas que podem ser caóticas ou ambíguas. No entanto, também é importante reconhecer que a pareidolia e a apofenia podem levar a interpretações incorretas e a conclusões enganosas, especialmente quando aplicadas a contextos mais amplos, como análise de dados, percepção paranormal ou interpretações artísticas.

Eu sei que pode parecer um tanto quanto cético mas é muito importante a gente falar sobre isso, quanto mais margens a gente fechar para charlatões e pessoas que queiram se apropriar da nossa fé e das nossas práticas mágicas e ritualísticas, melhor. Este tema para mim é algo de extrema importância, porque eu vejo muita mistificação, principalmente nesta nossa era tecnológica. Vejo pessoas querendo se apropriar de questões que não são nada mágicas ou espirituais, para tirar dinheiro de outras pessoas. Muitos iniciantes acabam na mão de pessoas que se dizem espiritualistas e espiritualizadas e acabam tendo seus sonhos levados para o buraco, porque acreditam nessas interpretações vazias vindas de terceiros.

O desejo de compreender esses fenômenos é comum para aqueles que estão começando e que buscam desvendar os mistérios da magia e da espiritualidade. Em vez de abordarem inicialmente as questões químicas e físicas relacionadas aos fenômenos, algumas pessoas optam por criar narrativas elaboradas. Muitas vezes, essas histórias, longe de fornecerem clareza, acabam deixando os novos praticantes da Magia desorientados, repletos de apreensão e insegurança em suas jornadas mágicas. Isso ocorre porque, em vez de compreenderem as bases científicas por trás dos fenômenos, eles são apresentados a explicações fictícias e, por vezes, alarmantes. A adição de corantes, principalmente de marcas de má qualidade também muda a queima, o quanto a parafina escorre e a velocidade com que essa vela queima. Ervas, sais e o tipo de combustível que está dentro do seu Caldeirão também altera a cor e a altura da chama, assim como o ambiente tendo pouco ou muito vento também muda seu formato e aumenta a quantidade de fumaça.

A fogueira vai ser apenas o condutor do seu transe, por isso jamais dependa de terceiros para a interpretação de seus trabalhos adivinhatórios e ritualísticos, invista em conhecimento e prática, principalmente no que diz respeito a estados alterados de consciência.

GUIANDO-SE PELA LUZ: VIDÊNCIA ATRAVÉS DAS VELAS

A vidência através das chamas das velas, também conhecida como "piroscopia" é uma prática de adivinhação que envolve a interpretação das características e comportamentos da chama de uma vela enquanto ela queima. Acredita-se que as chamas das velas possam revelar insights, mensagens e informações sobre questões presentes, passadas ou futuras. Essa prática é baseada na crença de que os padrões, cores e movimentos das chamas podem conter simbolismos e significados capazes de serem decifrados pelos praticantes.

Na vidência através das chamas das velas, o praticante acende uma vela em um ambiente tranquilo e sagrado, muitas vezes como parte de um ritual ou cerimônia. Enquanto a vela queima, o praticante observa atentamente a chama e suas características. As interpretações são feitas com base em diversos aspectos da chama, incluindo sua altura, cor, intensidade, padrão de movimento e comportamento.

É importante observar que a vidência através das chamas das velas é uma prática intuitiva e simbólica e as interpretações podem variar de pessoa para pessoa. Não há regras estritas ou guias fixos para a interpretação das chamas, a prática é frequentemente influenciada pela intuição do praticante.

O que geralmente é dito por aí sobre vidência através das chamas das velas enquanto prática envolve observar atentamente a chama da vela enquanto ela queima. Diferentes características da chama são interpretadas de acordo com o contexto e a intenção da leitura. Algumas das interpretações mais comuns incluem:

- **Chama alta e brilhante:** geralmente associada a energias positivas, entusiasmo, sucesso e crescimento. Pode indicar que o feitiço ou intenção está em um caminho de realização.
- **Chama baixa e fraca:** pode indicar obstáculos, resistência ou a necessidade de mais esforço para alcançar o objetivo desejado.
- **Chama oscilante:** chama que oscila ou treme. Pode representar indecisão, instabilidade emocional ou incerteza na situação em questão.
- **Chama dividida em duas:** algumas Tradições interpretam isso como um sinal de mudanças iminentes ou uma escolha que precisa ser feita.
- **Chama que solta faíscas:** pode indicar uma situação carregada de energia, paixão ou emoções intensas.

Ainda dentro deste contexto popular, a cor da chama da vela também é algo que pode ser significativo:

- **Chama azulada:** pode representar espiritualidade, proteção e comunicação espiritual.
- **Chama amarelada:** associada à criatividade, inteligência e habilidades mentais.
- **Chama alaranjada:** pode indicar coragem, paixão e criatividade.
- **Chama vermelha:** relacionada a energia, ação, força e desejo.

A prática da vidência através da chama das velas geralmente envolve um ritual no qual a vela é acesa em um ambiente tranquilo e sagrado. O praticante pode meditar sobre a intenção, fazer perguntas ou simplesmente observar a chama, enquanto mantém sua mente receptiva às mensagens intuitivas que possam surgir.

Embora algumas pessoas vejam a vidência das chamas das velas como uma forma de prever o futuro, outras a veem como uma ferramenta para a introspecção, o autoconhecimento e a conexão com energias sutis. Esta prática também pode ser vista como uma forma de psicomancia, quando a mente encontra significado e simbolismo nas imagens e padrões que surgem naturalmente. As chamas podem agir como um espelho para os sentimentos e desejos internos do praticante, proporcionando insights profundos.

A partir de uma perspectiva pessoal, há uma apreensão em relação ao método de vidência que se utiliza das chamas das velas. A crença subjacente é que essa abordagem pode facilmente conduzir a interpretações incorretas e, por conseguinte, a conclusões que carecem de um fundamento sólido e confiável.

Além disso, a complexa interação da química presente nas velas pode ocasionar variáveis no processo de queima, influenciando fatores como o tamanho da chama e sua coloração, bem como outros aspectos que abordarei posteriormente.

Seria interessante encarar o uso das chamas das velas não como um método de psicomancia, mas, sim, como uma ferramenta que desempenha o papel de facilitadora no processo mediúnico. Nessa perspectiva, as velas são vistas como auxiliares importantes, contribuindo para a eficácia das práticas mediúnicas.

As velas, essencialmente, representam uma versão em escala menor de fogueiras ou tochas, assim como a dança das chamas em fogueiras pode induzir estados alterados de consciência, as chamas das velas também têm o potencial de criar tais estados. Essa ferramenta pode, de fato, ajudar praticantes a alcançar o estado mediúnico necessário para explorar a vidência de maneira mais natural e espontânea, usando sua própria mente e interpretando os símbolos que surgem ao longo do processo.

Meditação da Chama da Vela para Estado Alterado de Consciência

PREPARAÇÃO DO ESPAÇO

Escolha um local tranquilo e sem distrações para realizar sua meditação. Certifique-se de que a vela está posicionada em uma superfície segura e estável, à altura dos olhos.

PREPARAÇÃO PESSOAL

Sente-se confortavelmente em uma posição que permita manter a coluna ereta. Respire profundamente algumas vezes para relaxar.

ACENDENDO A VELA

Acenda a vela com um fósforo ou isqueiro. Enquanto faz isso, visualize-se explorando novos níveis de percepção e compreensão.

FOCO NA CHAMA

Fixe seu olhar suavemente na chama da vela. Não force a visão, apenas observe-a naturalmente. Perceba as sutis nuances de movimento e cor da chama.

RESPIRAÇÃO CONSCIENTE

Comece a respirar de forma consciente, focando na inspiração e expiração. Deixe que sua respiração se torne calma e profunda.

MANTENDO O FOCO

À medida que você mantém seu olhar na chama da vela, concentre-se na sensação da respiração. Caso sua mente se distraia, traga suavemente seu foco de volta à chama e à sua respiração.

ESTADO DE OBSERVAÇÃO

À medida que você continua observando a chama, permita que sua mente se abra para qualquer sensação, pensamento ou imagem que possa surgir. Não julgue, apenas observe.

APROFUNDANDO A CONEXÃO

Imagine que você está entrando na chama da vela, permitindo que sua consciência se misture com a energia da chama. Visualize-se envolto por uma luz suave e calorosa.

EXPLORAÇÃO INTERIOR

À medida que você se conecta com a energia da chama, comece a explorar seu interior. Observe as sensações, insights ou imagens que possam surgir. Sinta-se aberto para receber qualquer mensagem que possa vir.

TEMPO DE EXPLORAÇÃO

Continue nesse estado de observação e exploração pelo tempo que sentir ser adequado. Pode variar de alguns minutos a uma duração mais longa.

ENCERRAMENTO DA MEDITAÇÃO

Quando estiver pronto para encerrar, vá voltando pouco a pouco sua intenção para o seu corpo e para o ambiente que está.

Esta prática é notavelmente interessante, pois não apenas permite a exploração de estados alterados de consciência por meio da chama da vela, como também pode ser aplicada para manter um foco aguçado durante rituais que você deseja realizar. Esta abordagem pode ser incorporada antes de qualquer feitiço ou cerimônia, agindo como uma preparação que facilita a entrada em um estado de concentração profunda.

Ao adotar esse exercício, você cultivará um estado mental propício não apenas para a introspecção profunda, mas também para a execução das práticas mágicas com um nível elevado de concentração. Isso ocorre, porque a observação da chama da vela ativa os pontos de conexão com o seu inconsciente, permitindo que você mergulhe mais profundamente nos aspectos sutis da ritualística. Ao empregar este método antes de um ritual, você está estabelecendo um ambiente interno favorável para a Magia. A mente sintonizada e a consciência expandida criam uma fundação sólida para a realização do trabalho mágico. Ao entrar nesse estado de foco e conexão com o seu interior, você pode acessar recursos mentais e intuitivos que enriquecem sua prática.

Assim, a observação da chama da vela transcende a mera técnica de vidência, tornando-se uma ferramenta versátil para aprimorar diversos aspectos da sua jornada mágica. Desde a exploração dos reinos internos até a realização de rituais significativos, essa prática oferece um caminho para uma conexão mais profunda consigo mesmo e com as energias sutis que permeiam o mundo ao nosso redor.

MAGIA NAS GOTAS DE CERA: EXPLORANDO A CEROMANCIA

A ceromancia é uma forma antiga de adivinhação que envolve a leitura das formas e padrões obtidos pela cera derretida. Realizada através do gotejamento de cera derretida em um recipiente de água fria, como uma tigela, espera-se que a cera se solidifique rapidamente e crie formas variadas e intrincadas. O intérprete então analisa essas formas para obter insights e respostas sobre questões ou situações específicas.

Esta prática é também conhecida como "divinação por cera", "lecitomancia" ou *molten wax divination*. Embora não seja tão amplamente praticada como outras formas de adivinhação, como a leitura de Tarô ou a Astrologia, a ceromancia tem suas raízes em várias culturas antigas e é praticada em diferentes partes do mundo.

Esse é um processo profundamente simbólico e interpretativo, no qual o leitor analisa a forma, a cor, a textura e a disposição das gotas de cera solidificada na água. É um método que exige sensibilidade para decifrar os significados subjacentes a esses elementos e que se baseia na compreensão dos símbolos e padrões resultantes desse processo de adivinhação. Algumas interpretações podem ser baseadas em associações tradicionais de símbolos, enquanto outras dependem da intuição do leitor.

Uma tendência que frequentemente cativa a imaginação das pessoas é o desejo de decifrar os segredos ocultos por trás da maneira como uma vela queima. Essa prática envolve minuciosas observações da quantidade de "lágrimas" que escorrem pela vela, dos vestígios de parafina deixados para trás e de outros detalhes aparentemente misteriosos. No entanto, é crucial salientar que, apesar das aparências, essa arte muitas vezes carece de um fundamento mágico sólido.

A queima de velas, especialmente as coloridas de parafina, é um processo incrivelmente complexo e fascinante. Pode parecer que há uma ligação sobrenatural entre a chama e os eventos do dia a dia, mas, na realidade, essa relação é frequentemente aleatória e pode ser atribuída a uma série de fatores, incluindo a presença de corantes e outros aditivos.

Muitos mitos e lendas cercam a interpretação das velas, e ao longo da história, as pessoas procuraram presságios e sinais nas chamas que dançam. No entanto, a ciência nos ensina que as velas queimam de acordo com leis físicas bem definidas, e os resultados muitas vezes são moldados por elementos como a atmosfera circundante e a qualidade da vela em si.

Embora a mágica possa estar nos olhos de quem vê, é importante lembrar que a beleza da vela queimando reside, em grande parte, na sua simplicidade e na atmosfera que cria.

- **Diferenças na composição:** corantes adicionados à parafina podem ter composições diferentes das da própria parafina. Isso pode resultar em diferentes pontos de fusão e características de combustão, levando a uma queima inconstante. Às vezes, partes da vela podem derreter mais rapidamente do que outras, levando a desníveis e formação de buracos.
- **Distribuição desigual de calor:** alguns corantes podem afetar a maneira como o calor é distribuído durante a queima. Isso pode resultar em áreas da vela que derretem mais rapidamente do que outras, criando desníveis e fazendo com que a vela queime de maneira irregular.
- **Obstrução do pavio:** a presença de corantes ou pigmentos pode afetar o pavio da vela, causando obstruções ou bloqueios. Isso pode levar a uma queima desigual, onde partes da vela não são alimentadas adequadamente com cera líquida e, portanto, queimam mais lentamente.
- **Qualidade dos corantes:** corantes de baixa qualidade podem não se misturar uniformemente na parafina ou podem não ser compatíveis com a cera, levando a problemas de queima.
- **Tamanho das partículas:** a granularidade ou tamanho das partículas dos corantes pode afetar a forma como eles se dispersam na cera e como eles interagem com o pavio e o calor durante a queima.

É crucial entender que a eficácia de um feitiço não está necessariamente vinculada ao fato de a vela ter queimado até o fim. Nem a noção de que a vela "chora", e isso implica em falhas ou energias negativas, é uma interpretação equivocada. Também é importante frisar que os restos de cera não devem ser interpretados como mensagens sobrenaturais. A altura da chama de uma vela não é um indicador direto da presença de entidades espirituais.

A uma abordagem mais realista e objetiva, reconhecendo que o processo de queima das velas pode ser explicado por princípios científicos e que as interpretações fantasiosas frequentemente carecem de fundamento sólido. Isso permite uma prática mais consciente e conectada com a verdadeira natureza das energias e influências envolvidas.

Uma tendência que ganhou bastante popularidade no Brasil é a criação de vídeos nos quais as pessoas acendem velas e narram o andamento de seus feitiços. Muitas vezes, a abordagem empregada nessas narrativas é altamente fantasiosa e exagerada. Por exemplo, as velas são dispostas lado a lado e o narrador descreve a queima delas como se estivesse criando uma trama fictícia. Tais vídeos frequentemente se assemelham a fanfics elaboradas, distantes da prática fundamentada. Essas narrativas costumam ser feitas de forma que cada vela assume um papel específico na história. A interpretação da queima das velas é recheada de conclusões precipitadas e, por vezes, desprovidas de base sólida. A chama de uma vela é usada como indicativo de energias obsessivas ou presenças espirituais negativas, muitas vezes sem fundamento real.

É imperativo adotar uma abordagem mais sensata ao interpretar os sinais durante a queima das velas, evitando cair nas armadilhas da dramatização excessiva. Isso proporciona uma experiência mais genuína e enriquecedora, fiel às raízes e propósitos da Magia. Vale a pena destacar que os praticantes sérios de feitiçaria exigem uma dedicação significativa e a capacidade de atingir estados de consciência alterada durante o processo de lançamento de feitiços para terceiros. Diante disso, surge uma questão: onde haveria espaço para gravar um feitiço e ainda narrá-lo de maneira detalhada, como se fosse um enredo de uma série da Netflix?

É válido questionar a veracidade de toda essa narrativa, especialmente considerando que a espiritualidade é uma dimensão que transcende as provas factuais. A verdadeira espiritualidade é intrinsecamente pessoal e subjetiva, sua autenticidade não é determinada por meio de evidências tangíveis. Portanto, é crucial manter uma perspectiva crítica e discernimento ao considerar tais relatos e narrativas, mantendo o foco na busca do conhecimento genuíno e nas práticas fundamentadas.

A prática da feitiçaria e a adivinhação por meio das velas tem raízes profundas. As grandes ordens e escolas de iniciação conduzem seus aprendizes por um caminho de conhecimento dentro de círculos internos, e o que é compartilhado externamente muitas vezes funciona como um convite sutil para os mais atentos, visando despertar uma percepção mais verdadeira sobre a essência da Magia. Esse processo visa instigar a curiosidade que levará essas mentes a se tornarem buscadoras ávidas por movimentos autênticos e eficazes. A Magia que de fato gera resultados não costuma se exibir em grandes espetáculos, ela opera nas sombras e no silêncio. O propósito aqui é instigar uma reflexão profunda, despertando a vontade de questionar o que é amplamente divulgado e buscar, de fato, por resultados tangíveis. A verdadeira Magia funcional não reside apenas nas aparências, mas, sim, na manifestação concreta e efetiva de transformações desejadas. Este é um convite para que cada um trilhe o caminho do discernimento e da busca genuína e que produzam resultados palpáveis.

Considerando o exposto, quando se aborda a adivinhação, de forma a minimizar potenciais complicações, além de propiciar uma leitura mais precisa, faço a criação artesanal de uma vela exclusiva para isso. Neste processo, uso um pavio trançado de algodão que, devido à sua excelente capilaridade, permite a absorção eficiente da substância gordurosa.

A confecção dessa vela pode ser realizada de forma descomplicada, utilizando um recipiente de vidro comum, um copo qualquer disponível em sua residência e gordura vegetal, podendo ser óleo de coco ou uma combinação de gorduras vegetais, reservando a possibilidade de optar por cera de abelha, caso disponível. Evite a interação química de corantes e óleos essenciais e aromáticos para que não tenha interferência em nada, e particularmente, para quem possui sensibilidades alérgicas, como é o meu caso, evite a utilização de parafina.

Ao seguir este método, é possível criar velas mais naturais, menos propensas a causar reações alérgicas e cujas características físicas favorecem a prática de leitura das chamas e das formas que se manifestam durante a queima. Este procedimento artesanal oferece uma abordagem mais personalizada e cuidadosa, contribuindo para interpretações mais confiáveis e enriquecedoras durante as práticas adivinhatórias.

Montar a vela de forma artesanal é um processo simples e recompensador, então aí vai um exercício simples:

COMO MONTAR UMA VELA ARTESANAL

Inicialmente, fixe o pavio no fundo do copo escolhido com cola quente, em seguida, derreta a cera a ser utilizada. Uma vez derretida e despejada, aguarde pacientemente até que a cera solidifique, marcando o momento propício para acender a vela e iniciar as invocações pertinentes.

Conforme a vela se consome, atente-se ao desenvolvimento da cera acumulada na sua superfície. O objetivo é permitir que uma piscina de cera se forme. Neste ponto, em um recipiente de vidro, comece o gotejamento lento da cera derretida. A escolha por um vidro escuro é recomendável para facilitar a visualização dos padrões que se formam sobre a água e a cera, minimizando distrações externas proporcionadas por um recipiente transparente.

É importante lembrarmos de que a ceromancia, embora rica em simbolismo, pode propiciar interpretações variáveis e emocionais, uma vez que se baseia na leitura intuitiva dos desenhos resultantes. Neste sentido, recomendo a prática de algumas respirações profundas antes de iniciar o ritual, a fim de entrar em um estado alterado de consciência. A busca por um vínculo íntimo e mínimo contato com informações externas de futuros consulentes são aconselháveis, para evitar qualquer influência que possa comprometer a leitura autêntica e genuína das formas que emergem na água e cera.

Moldando o Poder: Velas Ritualísticas Feitas Sob Medida

A confecção e o uso de uma vela podem, de fato, constituir um ritual completo e poderoso. Quando uma vela é cuidadosamente elaborada, unindo diversos materiais mágicos, ela se transforma em uma representação tangível das intenções, energias e simbolismos que o praticante busca manifestar. Esse processo de criação, envolvendo a união de muitos dos elementos que já ensinei ao longo de nossa jornada neste livro. E aqui eu quero que você use o máximo de coisas que aprendeu para criar uma vela única, dotada de poder e significado mágico e que seja um ritual completo.

PASSO A PASSO PARA CRIAR UMA VELA RITUALÍSTICA

- **PASSO 1:** Escolha a Intenção
  Defina claramente a sua intenção para a vela ritualística. Pode ser um desejo, uma meta, um objetivo ou uma energia que deseja atrair ou manifestar.
- **PASSO 2:** Transforme a intenção em Sigilo
  Crie um sigilo que represente simbolicamente a sua intenção. O sigilo é uma representação visual única, que será ativada durante o ritual. Ele será responsável por amarrar todas as pontas soltas.
- **PASSO 3:** Escolha os Materiais de Base
  Selecione os materiais de base da vela, como a cera, o corante, a forma e o aroma. Escolha cores e aromas que estejam em sintonia com a sua intenção. Todas as suas dúvidas quanto a isso podem ser sanadas em capítulos anteriores
- **PASSO 4:** Prepare os Materiais e Ferramentas
  Prepare todos os materiais e ferramentas necessários para a confecção da vela, incluindo cera, pavio, corantes, fragrâncias e moldes. Certifique-se de estar trabalhando em um espaço limpo e organizado.

- **PASSO 5:** Construa a Vela
 Escolha o recipiente de vidro ou lata onde deseja fazer a vela. Limpe bem para garantir que não haja poeira ou sujeira. Corte o pavio de algodão trançado no tamanho desejado, considerando a altura do recipiente e deixando um pouco a mais para cortar posteriormente.
 Encha uma panela com água e coloque a cera de coco em uma tigela resistente ao calor. Coloque a tigela sobre a panela em fogo baixo para derreter a cera em banho-maria. Se estiver usando um termômetro, monitore a temperatura para que a cera não ultrapasse 82°C.
 Se desejar, adicione corante à cera derretida e mexa bem para que a cor se distribua uniformemente. Você também pode adicionar algumas gotas de óleos essenciais para dar aroma à vela. Lembre-se de que algumas essências podem alterar a cor da cera, então escolha cuidadosamente. Se a intenção for particularmente pessoal ou íntima, você pode escolher infundir a vela com uma pequena quantidade de fluido corporal, como saliva, sangue menstrual ou outros também já vistos neste livro. Certifique-se de fazer isso de forma segura e higiênica.
 Neste momento de fabricação você pode usar o poder das fases lunares, das faces solares, horário planetário e estação do ano na construção. Trazendo o poder deles no momento em que estiver moldando sua vela, imbuindo sua fabricação com a força escolhida.
 Cole o pavio no fundo do copo usando cola quente. Use um palito, prendedor de roupa ou qualquer outro objeto para apoiar o pavio na borda do copo e deixar ele centralizado.
 Com cuidado, despeje a cera derretida no recipiente até que alcance a altura desejada. Deixe um espaço de cerca de 1 a 2 centímetros entre a cera e a borda do recipiente. Certifique-se de que o pavio esteja centralizado e reto enquanto a cera ainda estiver líquida. Deixe a vela esfriar e a cera endurecer completamente.

- **PASSO 6:** Adicione Elementos Potencializadores
 Após a vela ter endurecido um pouco, mas ainda maleável, insira ervas, pedaços de cristais ou outros elementos que estejam alinhados com a sua intenção. Esses elementos irão potencializar a energia da vela.

- **PASSO 9:** Ative com seu Sigilo
 Após a cera ter endurecido, corte o pavio deixando cerca de 1,5 centímetros de altura acima da cera. Você pode usar tesouras ou cortadores de pavio para isso. Se necessário, limpe a superfície da vela para remover eventuais

resíduos ou imperfeições. É recomendado deixar a vela descansar por pelo menos 24 horas para que a cera se cure completamente antes de acendê-la. No momento em que sua vela ritualística estiver pronta, desenhe o sigilo sobre a vela e concentre-se na sua intenção. Olhe para o sigilo que criou e visualize a energia da sua intenção fluindo para dentro da vela. Escolha um momento tranquilo e propício para realizar o ritual, acenda a vela com intenção, concentrando-se na sua meta ou desejo. Enquanto a vela queima, visualize sua intenção se manifestando.

XIV. A CHAMA DA COMPREENSÃO

O que nos conecta nessa jornada?

Desde a minha infância, o fogo sempre exerceu um fascínio inabalável sobre mim, como acontece há muitos séculos para a humanidade. À medida que mergulhei na Bruxaria, uma religião, uma forma de expressão filosófica, um espaço cultural e tantas outras manifestações que a constituem, descobri que ela tem suas raízes profundamente fincadas na natureza e em suas forças.

Como a maioria dos praticantes novatos, não foi diferente no início da minha jornada. O encanto dos elementos capturou a minha imaginação e continua a ser uma das minhas maiores paixões até hoje. Os elementos, em particular o fogo, tornaram-se instrumentos através dos quais realizo a Magia, como um meio de introspecção, autodescoberta e como uma válvula de escape para as emoções que sinto e os desejos que alimento.

Nesta união com a Bruxaria e com os elementos, encontrei um espaço para explorar minha conexão com a natureza e comigo mesmo. Ao fazer uso do fogo como ferramenta de Magia, aprendi a transformar minhas experiências e sentimentos em rituais significativos, aproveitando o poder das chamas para iluminar o caminho da minha própria jornada. O fogo, em sua dança e calor, tornou-se um confidente e aliado constante na minha busca por autoconhecimento e transformação.

As velas passaram a ser um dos principais instrumentos da minha prática mágica, e sempre me intrigou o fato de, na maioria das literaturas ocultistas, elas serem mencionadas apenas superficialmente, sem que se aprofunde em sua rica história e nos usos rituais que vão além do que comumente consideramos como cotidiano.

A ideia de que uma vela fosse apenas isso, uma simples chama ou uma mera expressão de Magia por meio de suas formas e cores, parecia-me limitada demais. Isso despertou em mim o desejo de explorar mais a fundo, ir além do óbvio e do comum.

Em minha busca por uma compreensão mais atenta dos usos mágicos das velas, mergulhei nas páginas da história, buscando raízes ancestrais e conexões com o desenvolvimento humano. Afinal, as velas, ao longo dos tempos, têm sido mais do que apenas fontes de luz; elas têm sido condutores de mistérios, símbolos de devoção e portais para o transcendental. Minha jornada me conduziu a desvendar os segredos que as velas carregam, explorando as camadas mais profundas de sua Magia e seu poder na história da humanidade.

Assim como em todos os aspectos da minha vida, a fé não pode ser vivida de forma isolada. É imprescindível que eu examine a realidade tangível na qual estou imerso e encontre correlações com o todo que nos cerca. Buscar respostas apenas no reino espiritual e contentar-se com sensações e experiências extrassensoriais seria, para mim, uma busca vazia, incapaz de proporcionar respostas verdadeiras.

Foi essa busca incessante por compreender os simbolismos subjacentes aos rituais e feitiços envolvendo velas que me levou a explorar diversas disciplinas. Assumi uma abordagem que se baseou em observação histórica, cultural, semiótica, física, química e muito mais. Para desvendar por que o fogo simboliza conceitos tão fundamentais, como transmutação, iluminação e poder, precisei voltar meu olhar para nossas origens, para o homem primitivo e suas descobertas cotidianas.

Descobri que esses símbolos espirituais têm suas raízes na lógica de uso que se originou nas experiências e na sabedoria adquirida por nossos antepassados. Cada símbolo e cada significado atribuído ao fogo emergiram das descobertas feitas ao lidar com o fogo diariamente. Essa busca por compreensão, ancorada na realidade do homem e suas vivências, lançou luz sobre a profunda e enriquecedora tradição da Magia com Velas. Com base nessa exploração, pude conectar o espiritual com o prático, unindo as dimensões físicas e metafísicas na minha jornada.

A observação das diversas manifestações do fogo, como Fogueiras, Tochas, Caldeirões, Luzeiros e Velas, e como esses Instrumentos Mágicos têm sido usados para evocar poder, está ligada à sua rica história e à sua relação com os usos cotidianos. Essa interconexão reflete a ideia do macro e microcosmos, encapsulando o princípio de "assim como é em cima, também é embaixo". Trata-se de uma reflexão clara dos usos que emergem da vida diária.

É importante transcender a ideia simplista de que, por exemplo, o vermelho representa paixão, o branco simboliza paz e o azul trabalha as emoções. A compreensão genuína nos ensina que as cores nunca estiveram rigidamente associadas às velas de maneira única e absoluta. Elas adquirem uma ampla variedade de significados, influenciados pelas culturas em que estão imersas. Muitos dos significados que empregamos atualmente são produtos da expansão da arte europeia e da disseminação de seu pensamento através das escolas artísticas ao redor do mundo. De fato, o uso de cores na Magia é uma prática tão moderna quanto muitas correntes dentro da Bruxaria contemporânea.

A exploração dessas complexas relações entre os elementos e suas manifestações no mundo mágico e no cotidiano amplia nosso entendimento da Magia com Velas. Ela nos convida a mergulhar em símbolos e práticas, enriquecendo nossa compreensão do passado, do presente e do futuro.

As formas e símbolos carregam poder, porque estamos ligados a eles emocionalmente. Sua influência não se baseia apenas na sua existência ou antiguidade, mas, sim, na conexão que estabelecemos. No entanto, é importante reconhecer que esse é um campo repleto de equívocos, frequentemente explorado para criar conteúdos enganosos na internet, a fim de gerar engajamento. Com muita frequência, esses conteúdos superficiais nos conduzem a caminhos vazios e sem sentido.

No entanto, um olhar mais atento nos revela a verdadeira essência de como podemos aproveitar o poder dos ciclos que nos cercam. Assim como as velas eram originalmente utilizadas para medir o tempo, elas podem ser usadas para marcar os ciclos das estações, da lua, do sol e o movimento dos planetas. Uma maneira de unir todos esses elementos nas nossas práticas rituais.

Compreender as composições químicas das velas é igualmente crucial, pois elas podem afetar a forma como queimam e influenciar erroneamente a interpretação do progresso dos nossos feitiços. Isso pode gerar uma ansiedade desnecessária e nos impedir de fluir com a naturalidade que deveríamos.

Desmistificar essas questões e trazer um entendimento mais tangível e profundo é um caminho para recuperar a Magia e o controle em nossas práticas. Afinal, o conhecimento é uma poderosa ferramenta, e o verdadeiro poder reside na capacidade de compreender e moldar o mundo à nossa volta de maneira significativa.

Além de toda a minha pesquisa, que foi realizada com cuidado e dedicação e organizada com a intenção de enriquecer ainda mais as suas práticas, também compartilho as minhas experiências e os frutos das minhas experimentações. O meu objetivo é que, você, caro leitor, não se veja apenas imerso em um livro teórico, mas, sim, que tenha em mãos uma obra que seja sólida, capacitando-o para a prática e o crescimento pessoal.

Que este livro possa ser uma bússola para a sua jornada mágica, capacitando-o a explorar, experimentar e evoluir em sua própria busca espiritual, sem limites impostos, mas com o poder da compreensão e da prática.

Para mim, o processo de desenvolvimento deste livro não apenas trouxe iluminação e transformação, mas também me permitiu criar uma abordagem mais clara para entender os métodos mágicos que encontramos por aí. Nesse processo, pude separar o joio do trigo, distanciando-me do ruído de comunicações confusas e das narrativas fantasiosas, e, em vez disso, concentrando-me no que verdadeiramente capacita a Magia a se tornar um meio eficaz de alcançar objetivos e manifestar nossos desejos na realidade.

Essa jornada não apenas expandiu meu próprio entendimento, como também me possibilitou destilar o conhecimento e a experiência em um formato que, espero eu, possa inspirar e capacitar outros buscadores da verdade na Magia. Compreender a essência da Magia como uma ferramenta para criar mudanças palpáveis em nossa vida é um passo importante para transformar nossas aspirações em realidade. Acredito que, por meio deste livro, você também encontrará clareza e direção para sua própria jornada mágica.

Espero ter conseguido transmitir um pouco da verdadeira grandiosidade que é o fogo e sua notável influência na trajetória da humanidade ao longo dos séculos de evolução.

À medida que explora as páginas deste livro, é minha sincera aspiração que você possa ter olhado para objetos aparentemente cotidianos, como velas acesas em um jantar romântico ou uma fogueira crepitante com amigos, de uma maneira inteiramente nova através dos meus olhos e práticas. Desejo que esses momentos simples, que muitas vezes passam despercebidos em nossa vida agitada, se transformem em momentos de profunda magia e conexão.

Espero ter compartilhado nesta obra não apenas os fatos e a ciência por trás do fogo, mas também a reverência e o respeito que essa energia ancestral merece. Pois, ao compreendermos sua magnitude, podemos melhor apreciar a riqueza de sua influência em nossa vida e em nosso mundo, enxergando não só um elemento da natureza, mas também um símbolo da nossa própria jornada.

Que estas palavras incitem a chama da sua própria curiosidade e admiração, trazendo-lhe uma nova apreciação pelo fogo e pela Magia que reside nas pequenas chamas do nosso cotidiano.

APÊNDICE 1: SUA MAGIA, SUAS REGRAS

O Guia para Criar Feitiços Únicos

Para dar continuidade ao que exploramos até agora, é essencial definir o que exatamente é um feitiço. Em linhas gerais, um feitiço é um ato consciente executado através de rituais, palavras, gestos, o uso de objetos simbólicos e a manipulação de energias sutis, com o propósito de materializar uma transformação desejada na realidade. Essa prática antiga tem raízes profundas em várias tradições e culturas, e seu poder reside na crença e intenção por trás de cada ato mágico. À medida que mergulhamos mais fundo nesse mundo de mistério e significado, percebemos que os feitiços desempenham um papel fundamental em nossas narrativas e tradições, moldando nossas conexões com o inexplicável e o transcendental. É uma forma de Magia em que o praticante busca utilizar suas habilidades, conhecimentos e conexões com o mundo espiritual para influenciar o curso de situações em seu cotidiano.

Deve ficar claro que feitiços podem ser utilizados para diversos propósitos, como cura, proteção, amor, prosperidade, transformação pessoal, busca de sabedoria e até mesmo desejos e intenções não tão construtivas e positivas. Cada feitiço é criado com uma intenção específica e pode envolver diferentes elementos, dependendo das tradições e práticas individuais. O processo de lançar um feitiço geralmente envolve passos como preparação do ambiente, concentração mental, invocação de entidades ou deidades relevantes, uso de símbolos e objetos rituais, recitação de palavras ou cânticos, visualização criativa e direcionamento de energia, tudo pensado e organizado conforme a vertente mágica do praticante.

É importante ressaltar que os feitiços não são apenas meras palavras ou gestos vazios. Feitiços são reflexos da crença na interconexão entre o praticante, o Universo e as forças espirituais. São baseados na compreensão de que existem energias sutis e planos de existência além do mundo físico, e que é possível trabalhar com essas energias para manifestar mudanças. No estudo antropológico, o feitiço também pode ser analisado como um fenômeno cultural e simbólico. Com base em um estudo antropológico, podemos explorar como essas práticas mágicas se relacionam com o ambiente estudado, as pessoas, a cosmovisão e as crenças das comunidades em que são realizadas.

Feitiços são narrativas poderosas que possuem forma e função, essa narrativa é cuidadosamente desenvolvida com o objetivo de alcançar um desejo específico. A sua composição envolve a utilização de materiais, cheiros, cores e outros elementos simbólicos que são selecionados estrategicamente para evocar sensações e emoções no praticante de Magia. Essas sensações são fundamentais, pois direcionam o desejo até as camadas mais elevadas de energia, dando-lhe corpo e potencial para se manifestar na realidade física.

Cada elemento presente na narrativa do feitiço possui um significado simbólico que pode variar de acordo com as tradições e intenções individuais. Esses materiais escolhidos, como velas, ervas, pedras e símbolos, carregam em si uma energia particular e são incorporados para fortalecer a intenção do feitiço. Os cheiros e aromas utilizados podem despertar memórias, emoções e estados alterados de consciência que estão em sintonia com o desejo a ser manifestado. Ao combinar elementos simbólicos, o praticante de Magia se envolve em um processo criativo e ritualístico, onde a narrativa de seu desejo é cuidadosamente construída, ele canaliza sua intenção e direciona sua energia para que o desejo se torne realidade. A sensação despertada durante a execução do feitiço serve como um combustível para a manifestação do desejo nas camadas mais sutis e superiores de energia, permitindo que ele ganhe força e se concretize.

Para falarmos sobre como os feitiços funcionam, vamos brevemente falar sobre sua origem e onde, em tempos antigos, muito distantes dos de hoje, enraizadas nas crenças e práticas mágicas de diferentes culturas ao redor do mundo a arte da feitiçaria se manifesta. Especula-se que a Magia e os feitiços existam desde os primórdios da humanidade, com evidências de práticas mágicas encontradas em pinturas rupestres e artefatos arqueológicos.

É importante mencionar que a origem exata dos feitiços é difícil de determinar, pois a Magia é uma parte intrínseca das tradições orais e folclóricas que foram transmitidas de geração em geração. Diferentes culturas e regiões desenvolveram suas próprias formas de práticas mágicas e feitiços ao longo do tempo. Hoje em dia, a prática de feitiços continua a existir em diversas formas, desde as tradições indígenas e culturas folclóricas até sistemas de crenças contemporâneos, como a Wicca, a Magia Cerimonial e outras abordagens espirituais e mágicas modernas. Cada uma dessas tradições possui suas próprias origens e influências específicas. Em muitas tradições mágicas e sistemas de crenças, um feitiço se apoia em diferentes elementos para funcionar. Esses elementos podem variar dependendo da perspectiva cultural, espiritual ou mágica de cada pessoa ou grupo. Aqui estão alguns elementos comuns em que um feitiço pode se apoiar:

FORMATAÇÃO DE FEITIÇOS

A construção de um feitiço funcional, capaz de manifestar-se, demanda a consideração de determinados elementos essenciais. Esses pilares, que compartilharei com vocês, formam a estrutura fundamental dos feitiços que adoto em minha prática pessoal. Vale destacar que essa abordagem não se trata de uma verdade inquestionável, mas, sim, daquilo que se mostrou eficaz e coerente em minha experiência ao longo do tempo.

Intenção

A importância de uma intenção clara e objetiva na realização de um feitiço é fundamental para direcionar a energia e a ação mágica de maneira eficaz. A intenção atua como o motor que impulsiona o feitiço em direção ao seu objetivo desejado. Sem uma intenção bem definida, o feitiço pode se tornar vago e ineficiente, desperdiçando energia e não produzindo os resultados desejados. Uma intenção clara funciona como um guia, definindo o propósito específico do feitiço. Ela estabelece o que se busca alcançar, seja amor, proteção, prosperidade ou qualquer outro objetivo. Quanto mais detalhada e precisa for a intenção, mais focada e direcionada será a energia mágica.

Além disso, uma intenção clara ajuda a manter o foco mental e emocional do praticante. Isso é crucial, pois a energia que alimenta o feitiço é influenciada pela intenção que é colocada nele. Se a intenção estiver confusa ou ambígua, a energia também pode se dispersar ou se enfraquecer.

Uma maneira eficaz de estabelecer uma intenção clara é escrevê-la de forma concisa e específica. Isso não apenas ajuda a solidificar o objetivo, mas também serve como um lembrete tangível do que se está buscando alcançar. Visualizar o resultado desejado enquanto se estabelece a intenção também fortalece o poder do feitiço, já que a mente está direcionada para a manifestação desse objetivo.

A intenção clara e objetiva é um dos pilares fundamentais da Magia eficaz. Ela guia a energia, mantém o foco e estabelece o propósito central do feitiço. Portanto, ao realizar qualquer prática mágica, investir tempo e esforço na formulação de uma intenção clara é um passo crucial para alcançar resultados positivos e significativos.

Oráculos

A utilização de um oráculo, como cartas de Tarô, runas ou outros sistemas de adivinhação nos ajudam a verificar questões ocultas que podem impactar a eficácia de um feitiço. Os oráculos atuam como ferramentas para obter insights e orientações que podem influenciar as decisões e a abordagem mágica do praticante.

Ao lançar um feitiço, é essencial considerar não apenas a intenção clara e objetiva, mas também quaisquer fatores ocultos que possam afetar o resultado. O uso de um oráculo permite que o praticante acesse informações sutis e ocultas que podem não estar visíveis à primeira vista. Isso pode incluir bloqueios energéticos, influências negativas, oportunidades não percebidas ou até mesmo conselhos valiosos que podem fortalecer a intenção do feitiço.

Por exemplo, se alguém está prestes a lançar um feitiço para atrair amor, um oráculo pode revelar que questões passadas não resolvidas estão afetando a capacidade de receber amor. Essa informação oculta pode então ser abordada e resolvida antes de lançar o feitiço, aumentando assim a eficácia do trabalho mágico.

Da mesma forma, ao lançar feitiços em outras pessoas, é crucial verificar se existem restrições ou proteções mágicas que possam interferir no processo. Um oráculo pode oferecer insights sobre a melhor abordagem para lidar com essas questões, seja através de técnicas de limpeza energética, seja por negociação mágica, seja por ajustes na estratégia do feitiço.

A utilização de um oráculo na prática mágica oferece uma camada adicional de sabedoria e discernimento. Ele ajuda o praticante a tomar melhores decisões, a entender melhor o contexto mágico e a encontrar soluções para possíveis desafios.

Visualização

A visualização desempenha um papel fundamental na realização de feitiços e práticas mágicas. Ela é uma habilidade poderosa que permite ao praticante criar imagens mentais vívidas e intencionais, trazendo à vida energias, intenções e objetivos do feitiço. Através da visualização, é possível direcionar a energia mágica de forma mais focada e eficaz, tornando o feitiço mais poderoso e bem-sucedido. Ter um foco considerável e saber exatamente o que visualizar é de extrema importância para evitar qualquer tipo de interferência ou "ruído" no feitiço, que possa comprometer seus resultados. Quando a visualização não é clara ou há dúvidas sobre o que está sendo imaginado, a energia direcionada pode se dispersar ou não ser canalizada de forma adequada, resultando em questões indesejadas, também conhecidas como "cagadas mágicas".

Imagine o feitiço como uma flecha que deve atingir um alvo específico. Se a visualização não estiver clara, é como se a flecha fosse lançada sem uma direção precisa, podendo errar o alvo ou causar efeitos colaterais indesejados. Ter um foco claro e uma visualização nítida ajuda a garantir que a energia mágica seja direcionada com precisão para o objetivo desejado.

Para evitar esses ruídos mágicos, é importante praticar a visualização regularmente e desenvolver uma capacidade de concentração profunda. Isso implica não apenas em criar imagens mentais claras, como também envolver todos os sentidos na visualização. Quanto mais detalhada e envolvente for a visualização, mais eficaz será o feitiço.

A visualização é uma ferramenta mágica poderosa que pode ampliar significativamente a eficácia dos feitiços. Ter um foco considerável e uma visualização clara é crucial para evitar ruídos mágicos e garantir que a energia direcionada atinja o alvo desejado de maneira precisa e bem-sucedida. Praticar e aprimorar essa habilidade é essencial para um trabalho mágico bem-sucedido e livre de "cagadas".

Emoção

As emoções são como a energia que alimenta a intenção por trás de um feitiço, conferindo-lhe força e direcionamento. Estar alinhado emocionalmente com o que deseja realizar magicamente é essencial, pois nossas emoções são poderosas formas de energia que podem influenciar diretamente o resultado de um feitiço. Quando nos encontramos emocionalmente alinhados com a intenção do feitiço, nossas emoções se tornam um catalisador que potencializa a energia mágica que colocamos na prática. Se estamos realizando um feitiço de proteção, por exemplo, a conexão emocional com um sentimento de raiva pode ser canalizada para fortalecer a proteção que estamos buscando. A raiva, como uma emoção densa e poderosa, pode criar um vínculo profundo entre o plano físico e o espiritual, agindo como um ímã para atrair a energia necessária para concretizar o feitiço.

É aconselhável explorar um espectro mais amplo de emoções que estejam alinhadas com a intenção do feitiço. Por exemplo, para um feitiço de amor, pode ser mais adequado evocar sentimentos de alegria, compaixão e harmonia. Para um feitiço de cura, emoções de empatia e gentileza podem ser mais apropriadas.

Além disso, é importante lembrar de que a visualização e a intenção são igualmente fundamentais. As emoções complementam esses elementos, criando um "coquetel" mágico poderoso. Ao executar um feitiço, é recomendável cultivar e direcionar conscientemente as emoções relevantes, alinhando-as com a intenção e visualização do feitiço.

Vocalização

As palavras têm um poder mágico inegável, elas são como pontes que conectam a intenção do praticante com o mundo espiritual e energético, alinhando todos os elementos do feitiço em um todo coeso e direcionado. A utilização de palavras mágicas, encantos oralizados e frases repetitivas, conhecidas como "mantras", é uma técnica antiga e poderosa que amplifica a energia da Magia e intensifica a intenção por trás do feitiço.

Os encantos e palavras mágicas têm sido utilizados em diversas tradições esotéricas ao longo da história. Eles podem ser declamados, sussurrados ou entoados de forma ritmada para criar uma ressonância vibracional que ecoa no plano espiritual. Ao vocalizar essas palavras, o praticante entra em sintonia com as energias sutis do Universo, direcionando sua intenção de maneira mais clara e poderosa. Os mantras, por sua vez, são repetições de frases curtas que podem ter significados profundos ou sons sagrados. A repetição contínua de um mantra ajuda a focalizar a mente, criando um estado meditativo e permitindo que a intenção do feitiço seja incorporada mais profundamente na consciência do praticante. A repetição constante também cria uma vibração que ressoa com a energia da intenção, tornando-a mais eficaz.

A escolha das palavras é crucial, pois elas devem refletir com precisão a intenção do feitiço e a conexão que se deseja estabelecer com o plano espiritual. Cada palavra deve ser ponderada e escolhida com cuidado, carregando o significado e a energia necessários para fortalecer a manifestação mágica. Além disso, as palavras mágicas têm a capacidade de criar uma atmosfera de reverência e concentração, preparando o praticante para o trabalho mágico. Elas estabelecem um estado mental propício para a prática, sintonizando o praticante com as energias mágicas e espirituais que serão invocadas.

Materiais de trabalho

Os Instrumentos Mágicos atuam como canais para direcionar a energia, amplificar a intenção e criar uma conexão mais profunda entre o praticante e o plano espiritual. São extensões das mãos e da mente do Bruxo, facilitando a manipulação das energias sutis e a criação de um ambiente propício para a Magia acontecer.

Cada Instrumento Mágico tem sua própria simbologia e significado, e seu uso varia de acordo com as tradições e crenças individuais. Varinhas, Athames (faca ritual), Cálices, Pentáculos, Sinos, Tochas, entre outros. Cada Instrumento é escolhido por sua afinidade com determinados elementos, Deuses ou energias, tornando-se uma ferramenta que potencializa a conexão com essas forças.

Ao utilizar esses Instrumentos, o praticante concentra sua energia e intenção neles, permitindo que se tornem condutores eficazes para a energia mágica. Por exemplo, uma Varinha pode ser usada para direcionar e projetar a energia, enquanto um Cálice pode representar a conexão com a água e a intuição. O uso desses objetos ajuda a criar um estado mental propício para o trabalho mágico, auxiliando na focalização e na manifestação da intenção.

Além dos Instrumentos Mágicos, o uso de elementos naturais como ervas, cristais e aromas também desempenha um papel importante na prática mágica. Esses elementos têm propriedades energéticas específicas que podem ser correlacionadas com a intenção do feitiço. Por exemplo, o uso de ervas relacionadas à proteção em um feitiço fortalece sua energia e cria uma conexão mais profunda com o objetivo desejado.

Aqui também podemos colocar todos os outros tipos de ampliadores de poder como as fases da lua, as faces do sol, planetas, metais e por aí afora.

A escolha desses elementos deve estar alinhada com a crença pessoal da Bruxa e com a intenção do feitiço. A crença e a conexão emocional do praticante com os elementos são essenciais para que eles possam atuar como catalisadores de energia. Afinal, a Magia é tanto ciência quanto arte, e a intenção, a crença e a energia do praticante são fatores determinantes na eficácia de um feitiço.

Simbolismo

Os símbolos são formas de linguagem universal que transcendem as barreiras do tempo e da cultura, permitindo que os praticantes se comuniquem com as forças espirituais de maneira profunda e simbólica. Dentro dos feitiços, os símbolos podem ser originários de culturas antigas, religiões, tradições esotéricas ou até mesmo serem criados pelo próprio Bruxo, como os sigilos. Os símbolos mágicos têm a capacidade de concentrar e direcionar a energia, tornando-se um ponto focal para a intenção do praticante. Funcionam como uma espécie de portal ou canal de comunicação entre o mundo material e o espiritual. Ao concentrar a atenção e a intenção em um símbolo específico, o bruxo cria um vínculo energético e simbólico com a energia que o símbolo representa.

Os símbolos podem ser usados de diversas maneiras nos feitiços. Por exemplo, um símbolo mágico pode ser desenhado ou gravado em velas, amuletos, pentáculos ou outros objetos rituais, carregando-os com a energia da intenção. Os sigilos, que são símbolos criados pelo praticante a partir de uma frase de intenção e depois condensados em uma forma visual única, são exemplos poderosos disso. sigilos são ativados quando o praticante se concentra neles, visualiza-os ou os carrega energeticamente, liberando a intenção no plano sutil.

Além disso, a utilização de símbolos mágicos relacionados a uma pessoa ou alvo também é uma prática comum. Nomes, fotos, datas de nascimento e outros símbolos que representem a pessoa ou situação podem ser usados para direcionar a energia do feitiço. Eles funcionam como âncoras para a intenção, permitindo que a energia do feitiço seja direcionada de forma específica para o alvo. É importante destacar que os símbolos mágicos não precisam ser compreendidos de maneira racional. Eles operam no nível do subconsciente e do simbólico, ativando forças arquetípicas e energias sutis que vão além da compreensão consciente. Portanto, a crença e a conexão emocional do praticante com os símbolos são fundamentais para que eles se tornem eficazes na prática mágica.

Lei mágica

As leis mágicas desempenham um papel fundamental na criação e na realização de feitiços, pois fornecem uma base de funcionamento que direciona e canaliza a energia da Magia de maneira eficaz. Essas leis são princípios universais que regem o mundo sutil e espiritual, compreendê-las é essencial para que os praticantes possam alinhar e potencializar seus desejos e intenções por meio da Magia. Ao compreender e aplicar as leis mágicas, os praticantes conseguem criar feitiços que estão em sintonia com as forças do Universo, aumentando assim a probabilidade de sucesso.

No mundo da Magia e do ocultismo, é comum encontrar uma variedade de perspectivas e interpretações sobre as leis mágicas. Cada tradição, sistema de crenças e praticante individual pode ter uma abordagem única em relação a essas leis, resultando em uma diversidade de visões sobre como a Magia funciona e como as energias sutis interagem.

Essa multiplicidade de perspectivas reflete a natureza fluida e subjetiva da Magia. Enquanto algumas pessoas podem aderir rigidamente a uma interpretação específica das leis mágicas, outras preferem abordar esses princípios de maneira mais flexível, adaptando-os de acordo com suas próprias experiências, intuições e crenças pessoais.

As leis mágicas, muitas vezes trazidas à tona por diversas ordens mágicas e tradições esotéricas, são, de fato, mais visões filosóficas e espirituais do que conceitos cientificamente comprovados. Elas geralmente se baseiam na observação da natureza, na conexão entre o macrocosmo e o microcosmo, bem como na compreensão de como as energias sutis interagem no mundo ao nosso redor.

Essas leis, embora não possuam validação científica, desempenham um papel importante na cosmovisão mágica e espiritual de muitos praticantes. Elas oferecem uma estrutura conceitual que ajuda a explicar o funcionamento da Magia, a relação entre o homem e o cosmos e a interconexão de todas as coisas.

A adaptação das leis mágicas é importante por várias razões:

- **Diversidade de Tradições:** existem muitas tradições mágicas, cada uma com suas próprias abordagens e ensinamentos. As leis mágicas podem ser interpretadas de maneira diferente em cada tradição, e os praticantes muitas vezes escolhem aquelas que estão mais alinhadas com suas crenças e práticas específicas.
- **Experiências individuais:** cada pessoa tem experiências únicas no mundo da Magia e do Ocultismo. O que pode funcionar para uma pessoa pode não funcionar da mesma maneira para outra. Portanto, a adaptação das leis mágicas permite que os praticantes incorporem suas próprias experiências e percepções.
- **Evolução e mudança:** as crenças e práticas mágicas podem evoluir ao longo do tempo. À medida que os praticantes ganham mais conhecimento e experiência, eles podem desenvolver uma compreensão mais refinada das leis mágicas, o que pode levar a interpretações mais pessoais e adaptadas.
- **Intuição e conexão pessoal:** a Magia muitas vezes envolve trabalhar com energia sutil e espiritual. A intuição e a conexão pessoal desempenham um papel crucial na prática mágica. Ao adaptar as leis mágicas de acordo com sua intuição e conexão espiritual, os praticantes podem criar uma abordagem mais autêntica e significativa para a Magia.

Deuses, aliados mágicos e espíritos

O trabalho mágico em colaboração com Deuses, aliados mágicos, seres e espíritos é uma faceta importante e profundamente enraizada na prática mágica em muitas Tradições esotéricas e espirituais. Esses seres são frequentemente vistos como entidades que possuem conhecimento, poder e influência além do alcance humano, e podem ser invocados ou contatados para auxiliar na realização de feitiços e intenções mágicas.

Muitos Deuses, espíritos e entidades são considerados detentores de sabedoria ancestral e conhecimento oculto. Trabalhar com eles pode permitir que os praticantes acessem informações e insights que, de outra forma, seriam difíceis de obter.

Essas entidades são frequentemente associadas a uma quantidade considerável de poder e energia espiritual. Invocar ou solicitar sua ajuda pode infundir um feitiço com uma energia extra, tornando-o mais eficaz. Deuses e espíritos muitas vezes possuem áreas de especialização. Por exemplo, uma Deusa ligada à cura pode ser invocada para auxiliar em feitiços de saúde. Ter aliados mágicos que são especialistas em diferentes domínios pode aumentar a precisão e eficácia de feitiços específicos.

Muitos praticantes veem essas entidades como guias espirituais que podem oferecer proteção, orientação e suporte emocional durante a realização de feitiços e rituais. Isso pode proporcionar um senso de segurança e confiança durante o trabalho mágico. Quando contatados da maneira adequada e com respeito, esses seres podem acelerar o processo de manifestação dos desejos do praticante. Eles podem interceder nos reinos espirituais para alinhar as energias a favor da realização dos objetivos mágicos.

No entanto, é crucial abordar essas entidades com respeito e discernimento. Muitas tradições mágicas enfatizam a importância de estabelecer relações respeitosas e mútuas com esses seres, reconhecendo que eles não estão obrigados a atender a cada pedido humano. É necessário desenvolver uma conexão genuína e cultivar uma relação de confiança ao longo do tempo.

Além disso, a prática mágica envolvendo seres espirituais pode variar de uma Tradição para outra. Alguns praticantes preferem trabalhar com Deuses de panteões específicos, enquanto outros podem se conectar a espíritos ancestrais, aliados mágicos pessoais ou entidades arquetípicas. A escolha de com quem trabalhar depende da crença individual e das afinidades espirituais do praticante.

Cláusula de proteção

A prática da Magia é repleta de mistérios e potencialidades, mas também carrega consigo um grau de imprevisibilidade. É justamente essa imprevisibilidade que faz com que a inclusão de Cláusulas de Proteção em feitiços e rituais seja uma abordagem sábia e prudente. As Cláusulas de Proteção, essencialmente, funcionam como salvaguardas mágicas. São intenções deliberadamente colocadas dentro do feitiço, caso haja a necessidade de interromper ou neutralizar seus efeitos. Não se trata de uma falta de confiança no poder da Magia, mas, sim, de uma demonstração de responsabilidade e preparação para lidar com possíveis resultados inesperados.

A Magia, por natureza, lida com energias sutis e forças além do nosso entendimento comum. Portanto, mesmo os feitiços mais bem planejados podem ocasionalmente surpreender com resultados que fogem ao esperado. É nesse ponto que as Cláusulas de Proteção desempenham um papel vital. Elas garantem que, se algo sair do curso, o praticante tenha o controle para interromper a energia liberada pelo feitiço, evitando, assim, danos maiores.

Além disso, as Cláusulas de Proteção também permitem que o praticante adapte ou ajuste um feitiço conforme a mudança das circunstâncias. Situações podem evoluir, e o que inicialmente parecia um objetivo válido pode se tornar inadequado ou até mesmo indesejado. Ter a capacidade de desativar ou reverter um feitiço fornece flexibilidade e respeito à mudança. A analogia de um "botão de desligar" é pertinente aqui. Imagine a cláusula de proteção como um mecanismo de controle, um interruptor que você pode acionar se necessário. Um exemplo simples desse botão de desligar é o uso de um símbolo mágico, como um sigilo, que ao ser queimado ou destruído, interrompe a ação do feitiço.

A importância das Cláusulas de Proteção reside em seu papel de garantir que o praticante permaneça no comando da Magia que está evocando. São um lembrete de que a Magia, apesar de poderosa, requer também responsabilidade e cautela. Ao incorporar essa prática, os praticantes demonstram maturidade mágica, reconhecendo que, assim como a natureza, a Magia também possui suas nuances e surpresas.

Ancoragem

A ancoragem mágica é um princípio essencial dentro da prática da Magia, que busca transformar desejos e intenções em realidade por meio da conexão com elementos tangíveis do mundo físico. É uma manifestação da máxima "como acima, assim abaixo", no qual se reconhece que para algo se materializar no plano espiritual, é preciso criar uma ponte com o plano material. Imagine, por exemplo, que você deseja uma promoção no trabalho. Não basta apenas formular a intenção e lançá-la ao Universo. A ancoragem mágica implica em agir de forma concreta para que essa intenção seja efetivada. Neste caso, falar com seu chefe e quebrar as barreiras da comunicação são ações reais que ancoram o desejo de promoção. Você está colocando sua intenção em movimento, imprimindo-a em ações concretas que têm impacto no mundo físico.

Da mesma forma, quando se trata de proteger algo, como seu carro, a ancoragem mágica envolve imantar o objeto com energia de proteção. Não se trata apenas de lançar um feitiço e esperar que a proteção ocorra magicamente. A ancoragem requer que você direcione conscientemente essa energia para o objeto, seja visualizando-o envolto em uma esfera de luz protetora ou utilizando objetos materiais, como talismãs ou amuletos, que simbolizam essa proteção.

A ancoragem mágica é a fusão entre a intenção e a ação, entre o plano espiritual e o material. Ela reconhece que a Magia não é apenas um exercício mental, mas uma força ativa que trabalha em harmonia com as leis naturais do Universo. Quando ancora suas intenções em ações concretas, você cria um canal poderoso de comunicação entre seus desejos e o mundo ao seu redor. Além disso, a ancoragem também confere um senso de responsabilidade e comprometimento à sua Magia. Você não está apenas esperando que as coisas aconteçam, está ativamente cocriando a realidade que busca. Ações ancoradas têm um impacto duradouro e substancial, porque elas estabelecem uma conexão sólida entre o plano etéreo e o físico.

Portanto, na próxima vez que você realizar um feitiço ou ritual, lembre-se da importância da ancoragem mágica. Pergunte a si mesmo: "Como posso traduzir minha intenção em ações reais?" Ao fazer isso, você não apenas lançará seus desejos ao vento, como construirá um caminho sólido para que eles se manifestem no mundo material. A ancoragem é o elo entre a imaginação e a realização, e é aí que a Magia verdadeiramente se torna tangível.

Por essa razão, simplificando o processo de criação de um feitiço de maneira acessível e tangível, basta pegar um caderno e registrar todas as perguntas que serão apresentadas a seguir. Ao responder a cada uma delas de forma meticulosa, você elabora um feitiço de maneira técnica e estruturada. A etapa subsequente envolve a execução do feitiço, utilizando todo o seu cuidado, crença e conhecimento mágico acumulado.

Tabela de criação de Feitiço

Intenção: qual é o resultado que você deseja alcançar? Seja específico e claro ao definir o que quer manifestar.

Oráculos: consulte os oráculos em busca de dicas ou situações que exijam uma análise melhor.

Visualização: saiba exatamente o que visualizar, crie um contexto na sua cabeça para que ele esteja claro na hora do seu ritual.

Emoção: compreenda quais emoções e sensações precisam ser trazidas à tona na hora da ritualística, para que você tenha o elo emocional necessário para realização do feitiço.

Vocalização: tenha em mente quais palavras mágicas, frases ou mantras vai usar em seu feitiço para imantar a intenção desejada nele.

Materiais de trabalho: saiba com quais materiais irá trabalhar, escolha baseado na sua intenção e na sua conexão mágica.

Simbolismo: tenha em mente todos os símbolos que podem empoderar sua Magia. No caso de vincular pessoas mantenha fotos, data de nascimento e o que mais for necessário para um vínculo em mãos.

Lei mágica: tenha domínio das leis mágicas, para que sua Magia siga um curso forte de concretização.

Aliados mágicos e espíritos: feitiços com aliados mágicos tem 50% de chances a mais de serem efetivas então, mantenha-os ao seu lado.

Cláusula de proteção: não se esqueça da cláusula de proteção, ela pode salvar em casos de "cagada mágica".

Ancoragem: tenha uma ancoragem realista, só um vínculo verdadeiro pode tornar seu feitiço eficaz.

Com todas as respostas para os tópicos listados cuidadosamente anotadas e seguindo a estrutura que eles sugerem, você terá construído um processo sólido para seu feitiço. Cada ponto citado dá a fórmula para uma Magia com alicerces firmes. No momento da realização, permita que suas respostas guiem cada passo, trazendo à vida a Magia que você elaborou. Lembre-se de que a fé, a crença e a dedicação que você coloca em sua prática mágica são elementos essenciais para a eficácia do feitiço. Confiar na estrutura que você criou e permitir que ela guie seu trabalho mágico é uma maneira de garantir que cada feitiço seja uma expressão autêntica do seu poder interior.

Apêndice 2: Guiando a Chama

Dicas e Truques para sua Prática com Velas

Como queimar vela de 7 dias adequadamente

Certifique-se de que o local onde você vai queimar a vela seja seguro, longe de objetos inflamáveis, correntes de ar e fora do alcance de crianças e animais de estimação. Isso é muito importante, em geral as velas de sete dias vêm em recipientes próprios, ou com plásticos em seu entorno, nunca retire essa proteção, é ela que vai garantir sua segurança e das demais pessoas.

A durabilidade prometida por uma vela de sete dias é resultado de um tratamento especial aplicado ao pavio durante sua fabricação. Na verdade, muitas dessas velas são projetadas para queimar continuamente por aproximadamente sete dias, mas esse resultado não é alcançado apenas pelo tamanho da vela.

Ao examinar o pavio de uma vela de sete dias, é possível notar um toque especial: frequentemente, há um fiozinho de cobre incorporado. Esse fio de cobre serve a um propósito importante. À medida que a vela é acesa, o pavio conduz o calor para a base da vela, onde a cera começa a derreter. O fio de cobre age como um condutor térmico, permitindo que a cera derreta uniformemente ao redor do pavio, formando uma piscina de cera líquida.

Essa piscina de cera líquida é fundamental para a durabilidade da vela de sete dias. Ela garante que a vela queime de maneira constante e eficiente, mantendo uma chama contínua e minimizando resíduos. No entanto, essa piscina só é possível graças ao recipiente ou envoltório de plástico que geralmente cerca a vela. Esse recipiente é projetado para não pegar fogo, mesmo quando a vela está acesa, contendo a cera derretida, evitando vazamentos e ajudando a manter a queima uniforme. Embora o plástico envoltório seja projetado para ser resistente ao fogo, em algumas situações raras ele pode ser afetado pelo calor. Portanto, é recomendável manter a vela em um local seguro, longe de crianças, animais de estimação e objetos inflamáveis. Além disso, é importante observar o comportamento da vela enquanto ela queima e estar atento a qualquer sinal de anomalias.

Como remover velas de tecido

Espere o resfriamento antes de começar a remover a cera. Permita que ela esfrie completamente. Isso evitará que você se queime e minimizará os danos ao tecido. A seguir, retire os resíduos sólidos: use uma espátula de plástico ou uma faca sem corte para delicadamente raspar os resíduos sólidos de cera. Tenha cuidado para não arranhar o tecido. Aplique calor suave no tecido. Coloque um pedaço de papel absorvente, como papel toalha ou papel de jornal, sobre a área manchada. Passe um ferro a baixa temperatura sobre o papel. A cera derretida deverá aderir ao papel absorvente. Por último, use um solvente. Se ainda restarem resíduos de cera, aplique um solvente adequado ao tipo de tecido. Para tecidos delicados, use um removedor de manchas à base de água. Para tecidos mais resistentes, experimente um pouco de álcool isopropílico. Teste o solvente em uma área discreta antes de usá-lo na mancha visível.

Como descolar cera de vela de castiçais

É comum que cera de vela derretida acabe respingando e se acumulando nos castiçais ao longo do tempo. Se você está procurando maneiras eficazes de remover essa cera e restaurar a beleza dos seus castiçais, aqui estão algumas dicas simples para ajudar. Uma das maneiras mais eficazes de remover a cera de vela dos castiçais é utilizando o método do congelamento. Coloque os castiçais em um saco plástico e coloque-os no congelador por algumas horas. A cera ficará frágil e se soltará facilmente do metal ou vidro do castiçal. Outra técnica eficaz é aquecer levemente a área com cera usando um secador de cabelo ou um soprador térmico. A cera derretida vai amolecer e se soltar, permitindo que você a retire facilmente com um pano limpo. Usar água quente também funciona. Encha um recipiente com água quente (não fervente) e mergulhe o castiçal na água. Deixe a cera amolecer por alguns minutos. Em seguida, use uma esponja ou pano para remover suavemente a cera. Utilize óleo vegetal. Aplique um pouco de óleo vegetal, como óleo de cozinha, na cera endurecida. Deixe-o agir por um tempo para amolecer a cera. Em seguida, use uma espátula ou suas unhas para retirar a cera. Limpe o resíduo de óleo com um pano limpo.

O que fazer com a cera das velas queimadas

Após a conclusão de rituais mágicos que envolvam velas, frequentemente nos encontramos com a cera queimada que permanece como um lembrete das energias e intenções que foram canalizadas. No entanto, é fundamental abordar o descarte dessa cera de maneira consciente e responsável. A ação adequada não apenas respeita o ambiente, mas também preserva o significado mágico e espiritual do ritual. A primeira consideração ao lidar com a cera queimada é optar por um descarte responsável. É altamente recomendável evitar jogar os restos de cera diretamente na natureza, pois a parafina utilizada em muitas velas pode ser tóxica para a vida selvagem. Em vez disso, opte por descartá-los no lixo doméstico, de acordo com as diretrizes de coleta de resíduos da sua região.

Em algumas tradições, há o conceito de "realimentar" a energia do ritual. Se você está realizando rituais contínuos, pode derreter a cera queimada e usar para reabastecer futuras velas. Essa prática cria uma conexão contínua entre os rituais.

Uma abordagem espiritualmente enriquecedora é incorporar os restos de cera em futuros rituais. Coloque os pedaços em um saco de tecido ou em um recipiente especial e guarde-o em seu espaço sagrado. Essa cera pode servir como um lembrete tangível das intenções que foram manifestadas e como um condutor de energia nos próximos rituais.

Cuidado com castiçais de vidro

Os castiçais de vidro são peças populares de decoração usadas para segurar velas e criar um ambiente acolhedor e atraente. No entanto, é importante estar ciente dos riscos potenciais associados ao uso inadequado ou descuidado desses castiçais, que podem levar a perigos de explosão. Ao selecionar castiçais de vidro, opte por aqueles que sejam projetados especificamente para uso com velas. O vidro usado em castiçais deve ser resistente ao calor e capaz de lidar com as temperaturas geradas pelo calor da vela. Usar vidro inadequado ou de baixa qualidade pode aumentar o risco de quebra.

Uma medida que pode ser adotada é adicionar uma pequena quantidade de sal ou água na base do castiçal para ajudar a controlar a temperatura e evitar rachaduras ou explosões no vidro. No entanto, de forma geral, eu não costumo usar castiçais de vidro, pois, em minha experiência, eles tendem a quebrar de alguma forma.

As velas devem ser consagradas ou purificadas antes do uso?

Sim, a purificação das velas antes do uso é uma prática comum em muitos sistemas mágicos e espirituais, afinal de contas não sabemos quem teve contato com o material e com que intenção. Essa etapa é realizada para limpar a vela de energias indesejadas e impregná-la com intenções positivas e sagradas, tornando-a mais receptiva para o trabalho mágico. Existem diversas maneiras de consagrar ou purificar velas, e a escolha depende da tradição ou preferência pessoal. Alguns métodos incluem:

- **Defumação:** permita que a fumaça purificadora envolva a vela.
- **Sal e água:** passe a vela por água salgada ou sal grosso para purificá-la.
- **Cristais:** coloque a vela próxima a cristais purificadores, como ametista, quartzo ou selenita, para absorver energias negativas.
- **Visualização:** visualize uma luz branca ou dourada envolvendo a vela e purificando-a de qualquer energia indesejada.
- **Bênçãos:** recite uma bênção ou oração específica enquanto segura a vela, pedindo para que ela seja consagrada para seu propósito mágico.
- **Poções e óleos de unção:** existem diversas poções, águas florais e óleos de consagração que também tem essa função de purificar o objeto e então consagrá-lo mediante a sua intenção.

Lembrando que o objetivo da consagração ou purificação é criar uma conexão entre a vela e o praticante, preparando-a para receber a intenção desejada durante o ritual ou feitiço.

Untar demais a base da vela atrapalha a fixação dela

Quando se coloca uma vela em um suporte ou castiçal, é comum aplicar um pouco de cera derretida na base da vela para ajudar a fixá-la no lugar e evitar que ela fique balançando ou tombando enquanto queima. No entanto, se você aplicar uma quantidade excessiva de cera derretida na base da vela, pode ocorrer o efeito contrário. Um excesso de cera derretida pode criar uma camada muito espessa e desigual na base da vela, o que pode dificultar a fixação dela no suporte de maneira estável. Além disso, ao acender a vela, a cera extra na base pode derreter rapidamente e escorrer, o que pode causar bagunça e até mesmo apagar a chama da vela.

Portanto, é importante usar uma quantidade moderada de cera derretida ao fixar a vela, apenas o suficiente para criar uma aderência segura. Se você perceber que exagerou na quantidade de cera, é possível remover o excesso com cuidado enquanto ainda estiver líquido. Isso garantirá que a vela fique firme e queime de maneira adequada.

Qual é a importância do local onde a vela é acesa?

O local em que a vela é colocada e acesa pode influenciar diretamente a eficácia do feitiço ou do ritual realizado. O ambiente ao redor da vela pode estar carregado de energias positivas ou negativas. Escolher um local onde você se sinta confortável e seguro é fundamental para criar uma atmosfera propícia à Magia e à concentração. Muitas vezes, os locais são escolhidos com base em correspondências mágicas. Por exemplo, você pode escolher um local que esteja relacionado com a intenção do seu feitiço, como um espaço tranquilo para meditação ou um ambiente natural para rituais de conexão com a natureza.

Todo local onde a vela é acesa pode estar relacionado com um ou mais elementos, como Terra, Ar, Fogo e Água. Essa conexão com os elementos pode potencializar a energia do feitiço ou ritual. É importante escolher um local seguro e estável para acender velas, especialmente se elas forem deixadas queimando por um período mais longo. Evitar áreas onde há risco de incêndio ou de que a vela seja derrubada é fundamental.

Além do físico, o espaço energético também é importante. Pessoas e animais ao redor podem afetar a energia do local. Certifique-se de que o espaço esteja harmonizado e que você se sinta confortável energicamente. Sendo muito sincero, eu recomendo fortemente que as velas sejam acesas em altares específicos que tenham uma energia centralizada e focada para práticas religiosas.

É necessário recitar um encantamento ou mantra ao acender a vela?

Esta é uma prática comum em muitos rituais mágicos e feitiços. No entanto, a decisão de recitar ou não um encantamento ao acender uma vela depende do praticante, da Tradição mágica seguida e do propósito do ritual. Recitar um encantamento ou mantra pode ajudar a direcionar sua intenção e foco para o feitiço. As palavras escolhidas podem amplificar a energia da vela e alinhar sua mente com o objetivo desejado.

Encantamentos e mantras são compostos de palavras de poder que podem potencializar a energia do feitiço. Ao entoar essas palavras, você está invocando a força das palavras mágicas para fortalecer seu trabalho. Alguns praticantes usam encantamentos ou mantras para se conectar com entidades espirituais, deidades ou forças do Universo. Essas palavras podem servir como uma espécie de chamado ou convocação.

As palavras têm vibrações e frequências específicas. Ao recitar um encantamento, você está criando uma vibração que ressoa com sua intenção, uma sintonia entre suas energias e a energia do feitiço. Muitas Tradições mágicas têm encantamentos específicos para diferentes propósitos. Seguir esses encantamentos tradicionais pode ser uma maneira de se conectar com a sabedoria ancestral da prática.

Posso reutilizar velas antigas para feitiços?

Sim, você pode reutilizar velas antigas para feitiços, desde que tome algumas precauções e siga algumas etapas para garantir que a energia e a intenção da vela anterior não interfiram no novo feitiço. Antes de reutilizar uma vela antiga, é importante realizar uma limpeza energética para remover qualquer energia residual da vela anterior. Isso pode ser feito através de métodos como defumação, passar a vela sobre incenso ou sal grosso, ou visualizar a vela sendo purificada por luz branca. Após a limpeza energética, você pode reconsagrar a vela para o novo propósito. Isso envolve infundir a vela com sua intenção e energia específica para o feitiço que pretende realizar.

Quanto tempo devo deixar a vela queimando após o término do feitiço?

Esse tempo pode variar com base em várias considerações, incluindo o tipo de feitiço, a vela utilizada e sua intuição pessoal. Alguns feitiços podem exigir que a vela seja deixada queimando até o final, simbolizando a conclusão do trabalho mágico. Em outros casos, você pode optar por apagar a vela imediatamente após o feitiço.

Velas maiores, como as de 7 dias, podem queimar por vários dias. Nesses casos, é comum queimar a vela durante várias horas por dia até que ela se consuma completamente.

Confie em sua intuição e nas sensações que você recebe durante o feitiço. Se você sentir que a energia da Magia foi bem transmitida para a vela e que o trabalho mágico foi concluído, pode ser apropriado apagar a vela logo após o feitiço. Sempre priorize a segurança ao deixar uma vela acesa. Certifique-se de que a vela esteja em uma superfície estável, longe de objetos inflamáveis e fora do alcance de crianças e animais de estimação. Nunca deixe uma vela acesa sem supervisão.

Existe uma maneira correta de acender uma vela ritualística?

Diversas vozes ecoam sobre a preferência de acender velas apenas com fósforos, rejeitando a tecnologia e outros métodos similares. Contudo, não há uma norma universal que dite a maneira "correta" de acender uma vela. A verdade é que você tem a liberdade de escolher o método que for mais confortável para você e coerente com a sua prática ritualística. Por exemplo, não faria sentido levar um fogão para o centro do seu Círculo Mágico só para acender uma vela. O importante é que o processo seja genuíno e alinhado com o seu entendimento do ritual que está realizando.

Posso usar velas eletrônicas ou LEDs em vez de velas tradicionais?

É inegável que uma vela de LED não possui a mesma carga simbólica e poder mágico que uma vela tradicional. A ausência do fogo é apenas o primeiro aspecto que diferencia essas duas opções. C considero que a utilização de velas de LED em rituais mágicos seja inadequada e, de certa forma, contraditória. O fogo é um elemento central em muitas práticas mágicas, pois representa transformação, purificação e a conexão entre o plano material e espiritual. A vela tradicional, com sua chama dançante, carrega consigo um significado mais profundo e ancestral, enquanto a vela de LED não pode replicar essa riqueza simbólica. Ao optar por realizar um ritual mágico, é aconselhável escolher velas tradicionais para garantir uma experiência autêntica e alinhada com a tradição espiritual que você está seguindo.

APÊNDICE 3: LIVRO DAS SOMBRAS

As Páginas Ocultas do Grimório do Cedrec

Ao longo dos anos de minha prática na Bruxaria e na exploração das inúmeras sendas que ela abrange, desenvolvi, aprendi e testei inúmeros feitiços. Como é comum a todos que seguem esse caminho, experimentei resultados diversos, que variaram entre sucessos notáveis, fracassos e, por vezes, a ausência de qualquer resultado.

Aqui, compartilho alguns dos feitiços que mais me cativaram, aqueles que demonstraram grande eficácia e que talvez possam enriquecer a sua própria jornada mágica. Acredito profundamente que a partilha do nosso conhecimento é a chave para manter viva a chama da arte, pois, sem essa troca, estaríamos destinados a permanecer nas sombras do desconhecido.

Usando esses feitiços com a devida consideração e carinho, desejo que sua vida seja inundada de prosperidade e plenitude. Que a Magia que habita nessas páginas amplie seus horizontes e enriqueça a sua busca pessoal dentro do vasto reino da bruxaria.

Feitiço Escudo Mágico de Proteção

Um escudo mágico ou escudo psíquico é uma construção mental deliberada, uma forma-pensamento que criamos com uma programação específica. Essa programação tem um propósito definido e é alimentada por diversas fontes de poder, dependendo das preferências individuais de cada praticante. Essas fontes podem incluir egrégoras divinas, deidades, elementos, entre outras. Essa energia gerada é então mantida à nossa volta, formando uma espécie de bolha protetora que nos envolve constantemente, operando de maneira ativa e contínua.

Esses escudos são como sentinelas invisíveis, constantemente vigilantes, desempenhando o papel para o qual foram programados. Eles atuam como barreiras protetoras, ajudando a manter a harmonia e o equilíbrio em nossa vida mágica e psíquica, bem como nos protegendo contra influências indesejadas. Essa prática de criação e manutenção de escudos é uma habilidade valiosa em muitas tradições mágicas e espirituais, pois proporciona um nível adicional de segurança e discernimento para os praticantes enquanto navegam em suas jornadas espirituais e mágicas. É essencial lembrar que a eficácia de um escudo psíquico está ligada à sua programação e à energia com que é alimentado, tornando importante manter uma conexão constante com suas fontes de poder escolhidas para garantir sua eficácia contínua.

Durante a construção do seu escudo, você trabalhará intensamente com a visualização. Este passo é de suma importância, uma vez que a Magia se desenrola principalmente em nosso subconsciente. É através do poder da visualização que damos forma e vida à nossa Magia. Assim como em qualquer processo de criação de egrégoras e servidores, a construção do escudo psíquico se baseia na repetição e na fixação da intenção. Portanto, é altamente recomendável que você crie uma palavra de poder e um gesto associado que possa ser utilizado sempre que pensar em seu escudo. Esse gesto e palavra atuarão como âncoras, reforçando sua programação e fortalecendo a presença protetora do seu escudo.

Lembre-se de que a prática regular e a dedicação são essenciais para o sucesso na construção e manutenção de um escudo psíquico eficaz. Quanto mais você trabalhar com seu escudo, mais forte e confiável ele se tornará, proporcionando-lhe uma valiosa ferramenta de proteção e discernimento em sua jornada mágica e espiritual.

Uma forma pensamento, em geral, requer um período mínimo de 28 dias para se estabelecer completamente e começar a atuar com 100% de eficácia dentro da intenção originalmente definida. Durante esse período inicial e crítico, é fundamental que você fortaleça continuamente sua intenção usando a palavra de poder e o gesto que escolheu para ancorar seu escudo psíquico. Isso é de extrema importância, pois se você negligenciar o fortalecimento do seu escudo durante essa fase de implementação e consolidação, ele não conseguirá desenvolver a consistência mágica necessária e, consequentemente, não cumprirá adequadamente o seu propósito.

À medida que seu escudo psíquico envelhece, ele naturalmente se torna mais poderoso e autossuficiente. Nesse estágio, o fortalecimento se torna necessário apenas em momentos de perigo iminente, ao sair de sua casa, em situações energeticamente desafiadoras ou desconfortáveis, e pelo menos duas vezes ao ano, marcando o início e o fim, para garantir que ele continue a servir como uma defesa sólida e confiável em sua jornada mágica e espiritual.

MATERIAL NECESSÁRIO

Uma vela

Acenda a vela que você preparou para o feitiço.

Neste momento, faça uma invocação aos Deuses e Poderes aos quais costuma prestar culto, trabalhar ou com os quais tem afinidade. Peça a presença deles e sua orientação ao longo do ritual para fortalecer a energia e a eficácia do feitiço.

Coloque-se de pé e feche os olhos suavemente. Comece a respirar profundamente, enchendo seus pulmões de ar uma vez, depois duas e finalmente três vezes. Concentre-se em si mesmo neste momento, sinta cada parte do seu corpo. Tente perceber não apenas o seu corpo físico, mas também seus outros corpos sutis e espirituais, como a sua aura e seus pensamentos. Traga todos esses aspectos para bem perto de você.

Agora, visualize uma pequena luz surgindo no centro do seu peito. Esta luz começa a tomar forma e se transforma em uma pequena esfera luminosa. Concentre toda a sua atenção nesta bolinha de luz. À medida que você respira, veja-a crescendo lentamente de tamanho. Continue concentrado na respiração, permitindo que a esfera de luz cresça até que ela envolve todo o seu corpo. Imagine que ela está cobrindo você, seus corpos sutis, sua aura e sua mente completamente.

Consciente da esfera de luz que o envolve, sinta o seu poder e a sua potência. Neste momento, o seu escudo começa a se formar. Agora, convide os elementos a sua volta para entrar na visualização. Imagine suas cores e seus poderes fluindo para dentro da sua esfera de luz, tornando-a mais sólida, mais densa e até mesmo alterando sua cor. Sinta a força dos elementos alimentando e fortalecendo o seu escudo.

Em seguida, visualize a energia dos Deuses e seres que você invocou fluindo para dentro do seu escudo. Sinta-os preenchendo-o e tornando-o ainda mais forte e poderoso, talvez até mesmo mudando sua cor novamente.

Quando seu escudo estiver energicamente robusto e você sentir que está completamente envolvido por ele, abra os braços para tocar as extremidades do escudo e diga em voz alta ou mentalmente:

> Neste momento, eu concedo vida a você e o reconheço como meu, pois você obedecerá somente a mim e a mais ninguém. Com isso, atribuo-lhe uma missão a partir deste momento: você, esfera de energia, será o meu escudo de proteção.
>
> A sua função primordial será me resguardar de todas as coisas que possam causar dano, seja ele físico, psíquico, emocional ou espiritual. Você permitirá apenas a passagem de energias e forças que me beneficiem, seguindo sempre o meu critério pessoal.
>
> Este escudo se alimentará da força dos quatro elementos, bem como dos Deuses e seres que, a partir deste momento e de agora em diante me concederão sua proteção. Este resguardo será intransponível e somente ao meu comando e por minha vontade poderá ser desfeito. Assim seja e assim se faça!

Sinta a firmeza do seu escudo ao redor de você. Agora, escolha uma palavra ou gesto que usará para fortalecê-lo. Repita essa palavra ou realize o gesto três vezes, determinando que isso fortalecerá a sua vontade e tornará o seu escudo mais robusto e real sempre que o fizer. Abra os olhos lentamente e o seu escudo estará pronto.

Aqui estão algumas orientações gerais:

Lembre-se de, no mínimo, durante 28 dias consecutivos, usar a palavra ou realizar o gesto escolhido para fortalecer o seu escudo.

Quanto mais antigo o seu escudo, mais poderoso ele se torna. Portanto, o fortalecimento diário passará a ser necessário apenas em momentos de perigo, ao sair de casa ou em situações desconfortáveis ou energeticamente desafiadoras. Além disso, é recomendável fortalecê-lo pelo menos duas vezes ao ano, no início e no fim desses períodos.

Se em algum momento sentir que seu escudo está comprometido ou precisa desfazê-lo, feche os olhos, conecte-se com a energia ao seu redor e visualize-a se dissolvendo, retornando às suas fontes originais.

Feitiço para atrair dinheiro

Não é novidade que a cor amarela seja frequentemente empregada em trabalhos ritualísticos relacionados à prosperidade financeira e ganhos monetários, muitas vezes de forma inesperada. Essa cor de vela é especialmente adequada para impulsionar negócios em seus estágios iniciais ou quando eles parecem estar estagnados.

O amarelo possui uma forte conexão com a cor do ouro, que, mesmo nos tempos modernos, mantém seu valor inestimável. Ao longo da história, o ouro foi um dos recursos mais valiosos e desempenhou um papel crucial na economia como meio de troca. Nos filmes antigos, é comum ver saquinhos de moedas de ouro sendo usados para efetuar pagamentos.

Costumo recomendar a cor amarela para trabalhos mágicos com velas quando se trata de atrair dinheiro, embora muitas pessoas tradicionalmente optem pela cor verde. Para mim, o verde está mais relacionado à abundância, especialmente àquela associada à natureza, como a fartura de alimentos na despensa, não necessariamente ao dinheiro, que costuma ser o foco principal em muitos feitiços.

MATERIAL NECESSÁRIO

O número da sua conta bancária anotado em um papel
Papel e caneta
Tinta amarela, dourada ou verde
Uma vela amarela

Comece desenhando um sigilo que representa a prosperidade financeira. Use uma das técnicas que você aprendeu anteriormente para criar o sigilo.

Em um pedaço de papel, escreva o número da sua conta bancária e coloque o sigilo que você desenhou em cima do número da conta bancária.

Chame seus Deuses de culto, aliados mágicos, mestres e as energias com as quais você se conecta para trazer energia e amplificar o poder da sua Magia.

Acenda uma vela sobre o papel e concentre-se na chama. Visualize a prosperidade financeira fluindo em sua vida de maneira inesperada e abundante. Recite o encantamento:

Trago a riqueza e sua energia para minha vida,
Triplico infinitamente a abundância aqui concedida.
Não me faltará jamais a comida, a bebida, a saúde,
A moradia e o lazer, tudo será pleno e em virtude.

Jamais me faltará dinheiro, pois a partir de agora,
Infinitamente declaro, sempre abundante, sem estorvo.
Este feitiço não trará danos a mim ou a outrem,
Apenas riqueza, sem sofrimento, dor ou desdém.

Ele se alimenta das energias dos meus Deuses de culto,
E de todas as forças aqui convocadas, em todo ponto.
E que o movimento desta moeda siga o fluxo,
Atraindo fortuna e prosperidade, sem nunca ser escasso!

Deixe a vela queimar até o fim, enquanto mantém sua intenção de prosperidade em mente.

O Feitiço está feito, você colocou sua Magia diretamente no fluxo do dinheiro, agora a riqueza se fará presente.

Feitiço para magnetismo pessoal

O propósito deste feitiço é abrir as portas para oportunidades reais, preparando o solo para que seus desejos possam enraizar, crescer e prosperar. Às vezes, boas ideias não se concretizam devido à falta de preparação, conhecimento ou condições adequadas para a sua realização.

Esta Magia visa aprimorar o terreno onde seus projetos serão plantados, aumentando suas chances de sucesso. Uma característica interessante desse feitiço é sua capacidade de atuar como uma lupa ao longo do tempo. Ele revelará pontos fracos, tanto em você quanto no ambiente ao seu redor, proporcionando a oportunidade de fortalecê-los antes que afetem o desenvolvimento de seus objetivos.

MATERIAL NECESSÁRIO

Folhas de louro e alecrim
Fósforo, isqueiro ou acendedor
Óleo de unção
Prato raso
Uma vela Amarela

Comece pegando a vela amarela e unte-a cuidadosamente com o óleo de unção. Posicione a vela no centro do prato raso.

Comece a dispor as folhas de louro e o alecrim em volta da vela, criando um círculo com essas ervas ao redor da vela.

Agora, concentre-se em sua respiração. Gradualmente, libere sua mente de todos os pensamentos que possam distraí-lo durante a realização deste ritual.

Mantendo sua concentração e recitando o seguinte encantamento:

Luz brilhante que acalenta a alma, venha poderosa nesta magia rimada.
Ajude-me a concretizar todas as coisas que desejo.
Traga até mim oportunidades de realização, para tudo que almejo
Que assim seja e assim se faça, pois assim já é, a partir de agora.

Permita que a vela queime até o fim.

As folhas de louro e o alecrim podem ser descartados na natureza ou queimados em um Caldeirão, devolvendo sua energia à terra.

Este ritual com a vela amarela, louro e alecrim é uma maneira poderosa de atrair oportunidades de realização e fortalecer seus desejos.

Feitiço de proteção para casa e objetos valiosos

Esta é uma prática mágica realizada com o objetivo de criar uma barreira ou escudo de energia ao redor de uma residência ou de itens específicos para protegê-los contra energias negativas, influências indesejadas, ou qualquer forma de dano. Esses feitiços são destinados a manter um ambiente seguro e harmonioso e a preservar a integridade de objetos de valor pessoal ou sentimental.

A principal finalidade de um feitiço de proteção para casa é criar uma atmosfera de segurança, paz e positividade no espaço habitado. Isso pode ajudar a manter afastadas energias negativas, más intenções de terceiros ou mesmo problemas como furtos ou intrusões não autorizadas. Além disso, esses feitiços também podem contribuir para melhorar o bem-estar dos moradores, promovendo um ambiente mais tranquilo e propício ao relaxamento.

Esses feitiços podem variar em complexidade, desde rituais simples com velas e incenso até cerimônias mais elaboradas envolvendo símbolos mágicos e invocações. A eficácia desses feitiços está intimamente ligada à crença e à intenção do praticante, bem como ao uso correto de correspondências simbólicas e energéticas.

MATERIAL NECESSÁRIO

Qualquer incenso de proteção que preferir
Sal
Três cristais de ônix
Um pedaço de papel e uma caneta, ou a foto da casa
Um prato ou tigela
Uma vela preta

Escolha um momento tranquilo e silencioso para realizar o feitiço.

Se você deseja proteger o seu carro, escreva a placa do veículo, o tipo e o modelo no papel. Se preferir proteger a sua casa, escreva o seu endereço, incluindo o número e quaisquer características especiais que a identifiquem. Se tiver uma foto do veículo ou da casa, use-a como um símbolo adicional de ancoragem para o feitiço.

Coloque no prato os símbolos das coisas que deseja proteger, e com um punhado de sal, circunde os objetos.

Crie o triângulo do elemento Fogo com as pedras, deixando o prato no centro.

Acenda a vela no centro do papel, dentro do círculo de sal. Feche os olhos e visualize uma luz branca brilhante envolvendo sua casa, carro ou objetos. Veja essa luz como uma barreira impenetrável contra energias negativas e qualquer forma de intrusão. Recite o encantamento:

Minha casa e meus objetos protegidos serão.
E em amor e luz permanecerão.

Acenda o incenso na vela e passe-o em círculos algumas vezes sobre os objetos enquanto repete o encantamento:

Minha casa e meus objetos protegidos serão.
E em amor e luz permanecerão.

Deixe a vela e o incenso queimarem até o fim. Você pode guardar as pedras de ônix para outros feitiços e repetir este ritual sempre que sentir que precisa de uma proteção extra. Este feitiço cria uma barreira de proteção ao redor da sua casa, carro ou objetos, garantindo que apenas energias positivas possam entrar, além de manter tudo em amor e luz.

Feitiço para a proteção de animais

Destinado a oferecer proteção, cuidado e energia positiva aos animais, este feitiço pode ser realizado com a intenção de salvaguardar bichinhos de estimação e selvagens, ou até mesmo para apoiar causas relacionadas aos direitos ambientais.

O feitiço pode ter um direcionamento específico, para manter seus animais de estimação seguros de perigos físicos, doenças ou energias negativas. Isso pode ser particularmente útil em situações de perigo iminente, como uma cirurgia veterinária.

Pode ser usado para enviar energias de cura e para complementar cuidados médicos convencionais, promovendo uma recuperação mais rápida e completa. Os feitiços também podem ser usados para fortalecer o vínculo entre humanos e pets de estimação, promovendo uma relação mais saudável e harmoniosa, basta escrever o nome dos donos na vela quando for acender.

MATERIAL NECESSÁRIO

Alecrim, lavanda e camomila (ervas calmantes e protetoras)
Foto do animal que você deseja proteger
Uma vela bicolor branca e verde,

Escolha um local tranquilo onde possa realizar o feitiço sem interrupções. Escreva na vela o nome do animal e a acenda em cima da foto. Enquanto isso, concentre-se na intenção do feitiço: proteger e abençoar.

Coloque as ervas secas ao redor da vela acesa, formando um pequeno círculo. Isso simboliza a proteção que você está enviando. Recite a seguinte invocação:

Com esta chama, com esta luz,
Proteção e amor eu emano.
Sejam abençoados e sempre guardados.
Com todo o meu coração e intenção,
Por isso envio esta energia de proteção.

Deixe a vela queimar até o fim, sempre mantendo a segurança em mente. Se você precisar sair antes da vela terminar de queimar, apague-a com um abafador ou uma colher e termine de queimá-la em outra ocasião, mantendo a mesma intenção.

Quando a vela queimar completamente faça um chá com as ervas e goteje um pouco delas sobre o animal se for possível.

Feitiço para saúde e restabelecimento físico

Esta prática mágica tem como objetivo promover a cura, o bem-estar e a recuperação da saúde física de uma pessoa. Essa forma de Magia é uma das mais antigas e universais, pois a busca pela saúde e a cura de doenças sempre foi uma preocupação fundamental da humanidade. Os feitiços para saúde podem ser usados para tratar uma ampla gama de questões de saúde, desde pequenos desconfortos até condições mais graves.

É fundamental lembrar que os feitiços não devem substituir tratamentos médicos convencionais quando necessário. Eles podem ser uma prática complementar, mas nunca devem ser usados como única opção em casos sérios de saúde. Além disso, é importante obter o consentimento da pessoa que receberá o feitiço, pois a Magia deve ser usada com respeito e responsabilidade.

Os feitiços para saúde e restabelecimento físico funcionam através da manipulação das energias e das forças naturais. Eles normalmente envolvem a criação de um ambiente mágico, o uso de símbolos, velas, ervas, ou outros objetos carregados de significado e a recitação de encantamentos.

MATERIAL NECESSÁRIO

Cartas do Tarô: A Imperatriz, Quatro de Paus,
Sete de Ouros e Quatro de Copas
Uma foto dessa pessoa (opcional)
Uma vela marrom.

Disponha as cartas do Tarô em um quadrado, com a Imperatriz no topo, o Quatro de Paus à direita, o Sete de Ouros na parte inferior e o Quatro de Copas à esquerda.

No centro dessa mandala, coloque a vela marrom.

Escreva o nome completo e a data de nascimento da pessoa que deseja ajudar a melhorar a imunidade na vela. Isso vai representar a pessoa no centro da mandala. Se preferir, coloque uma foto da pessoa no centro.

Acenda a vela marrom com cuidado.

Feche os olhos e concentre-se na chama da vela, visualizando-a como uma luz curativa que emana para a pessoa cujo nome ou foto está no centro da mandala.

Recite o seguinte encantamento:

Que esta vela marrom seja o farol de cura e renovação,
Fortalecendo a imunidade, trazendo paz e perfeição.
Assim eu desejo e assim se faz.
Com a Magia do Tarô, a imunidade será eficaz.

Deixe a vela queimar completamente, concentre-se na energia da mandala e na intenção de fortalecimento da imunidade enquanto a vela arde.

Quando a vela terminar de queimar, a Magia estará completa.

Lembre-se de realizar esse feitiço com boas intenções e respeito pela pessoa que deseja ajudar.

Feitiço calmante

Num mundo cada vez mais frenético, onde o estresse e a ansiedade são companheiros frequentes, muitas vezes precisamos de um refúgio, algo que acalme nossa mente e restaure a serenidade interior. É aqui que os feitiços calmantes entram em ação, como rituais mágicos projetados para proporcionar alívio e paz. A vida contemporânea nos expõe constantemente a altos níveis de estresse e ansiedade. As pressões do trabalho, preocupações financeiras, desafios de relacionamento e a crescente demanda por multitarefas podem ser esmagadores. Em momentos como esses, os feitiços calmantes são como um bálsamo para a alma.

É vital lembrar que, embora os feitiços calmantes sejam ferramentas poderosas, eles não substituem a assistência de um profissional em casos de ansiedade severa, depressão ou outras condições de saúde mental. Se você sentir que suas emoções estão fora de controle e que isso está afetando significativamente sua qualidade de vida, buscar orientação de um especialista é um passo essencial.

Feitiços calmantes são aliados valiosos para nossa saúde mental e emocional, oferecendo uma pausa bem-vinda em um mundo agitado. Eles nos ajudam a recuperar a serenidade, a enfrentar o estresse e a ansiedade com mais equilíbrio. No entanto, é crucial reconhecer quando é hora de pedir ajuda profissional e combinar essas práticas mágicas com cuidados de saúde adequados, garantindo um equilíbrio harmonioso entre a Magia e o bem-estar.

MATERIAL NECESSÁRIO

Álcool de cereais
Um Caldeirão
Um fósforo
Um punhado de alecrim seco (alegria e vigor)
Um punhado de camomila seca (calmante)
Um punhado de valeriana seca (calmante)

Escolha um local calmo e seguro para realizar o feitiço. Se desejar, acenda um incenso de fragrância suave e coloque uma música suave para criar uma atmosfera tranquila.

Coloque o Caldeirão em um local seguro e adicione um pouco de álcool de cereais. Em seguida, acrescente os punhados de camomila, valeriana e alecrim ao Caldeirão.

Com muito cuidado, acenda o Caldeirão com um fósforo. Observe a chama hipnotizante dançando à medida que o fogo se acende.

Concentre-se na chama e recite o seguinte encantamento, quantas vezes forem necessárias, enquanto as chamas dançam:

Chama da serenidade, queima brilhante,
Ansiedade e estresse, agora se vão,
Deixando a tranquilidade reinar em meu coração.

Enquanto observa a chama, visualize qualquer tensão, ansiedade ou preocupação que estiver sentindo sendo dissipada, como fumaça se afastando. Visualize-se em um estado de profunda calma e tranquilidade.

Depois de recitar o encantamento, permaneça sentado em silêncio, aproveitando a atmosfera calma que criou. Sinta a paz e a serenidade enchendo você.

Permita que o fogo apague sozinho. Quando sentir que está pronto, agradeça ao Caldeirão e às ervas pela tranquilidade que trouxeram. Lembre-se de que este feitiço pode ser usado sempre que você precisar de um momento de tranquilidade e paz interior.

O feitiço utiliza as propriedades calmantes das ervas e a dança hipnotizante das chamas para criar um ambiente de serenidade. A Magia reside na sua capacidade de se conectar com essa energia tranquila e equilibrada, permitindo que ela flua através de você.

Ritual do Óleo consagrado para atrair a sorte

Óleos de consagração para a sorte são misturas de óleos essenciais e/ou óleos vegetais que são usados em rituais mágicos e espirituais para abençoar, consagrar ou atrair boa sorte e fortuna. A preparação de um óleo de consagração para a sorte envolve a mistura cuidadosa dos ingredientes escolhidos. É comum recitar encantamentos ou palavras de poder que reforcem a intenção de atrair a sorte.

Esses óleos podem ser aplicados em velas antes de serem acesas em rituais de atrair sorte e prosperidade. Também podem ser usados para ungir amuletos, talismãs ou objetos que desejamos que carreguem a energia da sorte. Algumas pessoas também os aplicam em si mesmas, como um perfume mágico, para atrair boa sorte e proteção ao longo do dia.

MATERIAL NECESSÁRIO

Azeite de oliva
Cascas de laranja
Cascas de tangerina
Folhas de hortelã
Um cristal de quartzo-transparente
Um frasco com uma tampa que vede bem

É essencial que esse óleo seja preparado em uma quinta-feira, o dia de Júpiter, de preferência durante os horários associados a esse planeta, como às 3 da manhã, às 13 ou às 20 horas. Na astrologia, Júpiter é frequentemente relacionado à sorte, expansão e abundância, sendo considerado o planeta das oportunidades.

Certifique-se de que o frasco esteja completamente limpo e seco antes de começar. Em seguida, coloque no frasco as cascas de laranja, tangerina e a hortelã.

Preencha o frasco com azeite de oliva, deixando um pequeno espaço no topo. O azeite possui uma rica história e uma ampla gama de usos em práticas mágicas, esotéricas e religiosas em todo o mundo. Em rituais de purificação, proteção e consagração, o azeite é frequentemente consagrado e usado como óleo de unção. Algumas Tradições de adivinhação, como a leitura de cartas de tarô ou runas, aplicam o azeite nas mãos do leitor antes de manusear as ferramentas divinatórias para aumentar a sensibilidade espiritual.

Nas culturas antigas, o azeite era uma base para a criação de unguentos medicinais que tratavam várias condições de pele e saúde quando aplicados topicamente.

Após preencher o frasco, feche-o cuidadosamente e agite-o suavemente para misturar os ingredientes. Enquanto faz isso, concentre-se em sua intenção de atrair sorte e prosperidade, recitando o seguinte encantamento:

Neste dia e a cada alvorada,
Sorte e felicidade são minha jornada.
Onde quer que eu esteja, minha estrela irá brilhar,
Pois assim eu quero e assim será!

Deixe o óleo repousar em um local tranquilo e escuro por pelo menos 30 dias. Se for possível, enterre-o nos pés de uma árvore frutífera e desenterre-o após esse período. Depois de uma semana de descanso, seu óleo consagrado para atrair sorte estará pronto para uso. Você pode aplicá-lo em velas, amuletos, em suas mãos ou em qualquer lugar onde deseja atrair a sorte.

Feitiço para abrir caminho

Um feitiço de abertura de caminhos é um ritual mágico projetado para remover obstáculos, desobstruir o fluxo de energia e criar oportunidades para o sucesso e a prosperidade. Ele serve para ajudar a pessoa a superar bloqueios, seja em sua vida pessoal, profissional ou espiritual, permitindo que ela alcance seus objetivos com mais facilidade.

Os feitiços de abertura de caminhos podem ser usados para várias finalidades, como atrair boa sorte, remover obstáculos financeiros, encontrar um novo emprego, superar desafios em relacionamentos ou mesmo para abrir caminhos espirituais e aumentar a conexão com forças espirituais ou divindades.

É importante lembrar que, embora os feitiços de abertura de caminhos possam ser uma ferramenta poderosa, eles não substituem o esforço pessoal e ação prática necessários para alcançar seus objetivos. Eles funcionam como um impulso energético adicional para ajudar a pessoa a avançar, mas é essencial combinar esses rituais com ações tangíveis em direção aos objetivos desejados.

MATERIAL NECESSÁRIO

30 cm de barbante vermelho
Álcool de cereais
Caldeirão
Velas bicolor branca e preta

Escolha um local tranquilo onde possa concentrar-se sem distrações.

Inicie o processo virando a vela, transformando a cabeça branca em base e criando uma nova cabeça na parte preta. Esse gesto simbólico representa a inversão de energias negativas para positivas.

Sente-se em meditação por alguns minutos, focando na intenção deste ritual. Visualize claramente os obstáculos que deseja eliminar e os caminhos que deseja desobstruir. Pegue o barbante e comece a fazer nós, enquanto mentaliza o que tem passado. Cada nó deve representar algo que está atrapalhando seu trajeto e que você deseja remover. Faça quantos nós forem necessários.

Acenda a vela e, em seguida, incendeie o barbante com a chama da vela. Enquanto o barbante queima, acenda o Caldeirão com ele. Concentre-se na chama como um símbolo de transformação e purificação. Visualize os problemas sendo consumidos pelo fogo, transformando-se em cinzas.

Recite o encantamento enquanto a chama queima:

Nós desatados, obstáculos sumindo,
Caminhos se abrindo, o destino sorrindo.
O que atrapalhava, já não atrapalha mais.

Deixe a vela e o Caldeirão queimarem até o fim, em paz. À medida que a chama diminui e os obstáculos se transformam em cinzas, sinta-se mais leve e receptivo às oportunidades que surgirão. Lembre-se de que este ritual é uma ferramenta poderosa, mas seu comprometimento e ação também são essenciais para moldar o seu próprio destino.

LEITURA SUGERIDA

The Story of Candles por Mary A. Wood

The Candle Maker's Handbook por Charles H. Frake

The Candle Bible por Rita Buchanan

The Complete Candlemaker por Susan Beal

The Arts of Japan: Ancient and Medieval por Seiroku Noma

Indian Candles por Sunita KohliEssa

Chinese Technology in the Seventeenth Century: T'ien-kung K'ai-wu por J.S. Diller

Psicologia das cores, de Eva Heller

Spirit of the Witch: Religion & Spirituality in Contemporary Witchcraft – Raven Grimassi

What Witches Do – Janet Farrar

Spells and How They Work – Janet Farrar

The Gates of Witchcraft: Twelve Paths of Power, Trance & Gnosis – Christopher Penczak

Wicca – Magickal Beginnings: A Study of the Possible Origins of the Rituals and Practices Found in this Modern Tradition of Pagan Witchcraft and Magick – Sorita d'Este & David Rankine

Lid off the cauldron – Patricia Crowther

The Craft: A Witch's Book of Shadows – Dorothy Morrison

The Spiral Dance – Starhawk

Essential Wicca – Estelle Daniels e Paul Tuitéan

The Book of Practical Candle Magic: Includes Complete Instructions on Candle-Making, Anointing, Incense, and Color Symbolism, as Well as a Selection of Candle Rituals – Leo Vinci

The Witch's Book of Spellcraft: A Practical Guide to Connecting with the Magick of Candles, Crystals, Plants & Herbs – Jason Mankey, Matt Cavalli, Amanda Lynn, Ari Mankey

A Arte da Invocação: Invocações, textos ritualísticos e orações sagradas para praticantes de Wicca, Bruxaria e Paganismo – Claudiney Prieto

Hutton, Ronald. *The Witch: A History of Fear from Ancient Times to the Present.* In "The Witch in History," edited by Diane Purkiss. London: Routledge, 1996.

Paranormal as an Ontological-Transformative Technology. Ethos 19, no. 2 (1991): 121-148.

Starhawk, Max Dashu, and Thea Faye. *Witchcraft as Goddess Religion*. The Pomegranate: The International Journal of Pagan Studies 2, no. 1 (2000): 7-23.

Salomonsen, Jone. *Enchanted Feminism: The Reclaiming Witches of San Francisco.* Nova Religio: The Journal of Alternative and Emergent Religions 11, no. 3 (2008): 88-89.

York, Michael. *The Emerging Network: A Sociology of the New Age and Neo-Pagan Movements*. Lanham, MD: Rowman & Littlefield Publishers, 1995.

Blain, Jenny. *Nine Worlds of Seid-Magic: Ecstasy and Neo-Shamanism in North European Paganism*. London: Routledge, 2002.

Berger, Helen A., and Douglas Ezzy. *Teen Witch: Wicca for a New Generation.* Ashgate Publishing, Ltd., 2007.

Schulke, Daniel A. *Viridarium Umbris: The Pleasure Garden of Shadow.* Three Hands Press, 2005.

Harvey, Graham. *Listening People, Speaking Earth: Contemporary Paganism.* London: Hurst & Company, 1997

Davies, Owen. *The History of Magic in the Modern Age: A Quest for Personal Transformation.* The Pomegranate: The International Journal of Pagan Studies 10, no. 2 (2008): 272-285.

Candle Magic: A Coveted Collection of Spells, Rituals, and Magical Paradigms – Phillip Cooper

Candles: Their Ritual Significance – Jennifer Martineau

The Candle – Igloo Books

The Secret History of the World – Mark Booth

The History of Lighting – R. W. Appleby

Candela: The Candle in Roman Antiquity – Sandra L. Ladd

Candles – Elaine Stavert

Encyclopedias of the history of technology: "The Oxford Encyclopedia of the History of Technology" and "Technology in World History"

A Magia dos Metais – Mellie Uyldert

Cunningham's Encyclopedia of Crystal, Gem & Metal Magic

The Sword: Myth & Reality: Technology, History, Fighting, Forging, Movie Swords – Thomas Laible

Weapon: A Visual History of Arms and Armor – Roger Ford

Blood Magic - Monique Joiner Siedlak

Esta edição foi composta pela Ardane, São Paulo, SP.
Os papéis utilizados foram o offset 90 g para o miolo e o cartão triplex para a capa.
O texto principal foi composto em fonte Minion Pro 11/13,8
e os títulos em Glamore 25/27.

Impresso no Brasil.